suhrkamp taschenbuch
wissenschaft 2439

Aus der Perspektive unterdrückter Gruppen ist das Leben der Reichen und Mächtigen nicht unbedingt begehrenswert, ja, es erscheint oft ignorant, korrupt, hässlich oder traurig. Menschen, deren Lebensrealität durch Erfahrungen der Gewalt und des Leids geprägt sind, besitzen hingegen häufig einen Zugang zu epistemischen Einsichten, ethischen Haltungen und ästhetischen Ausdrucksweisen, der privilegierten Subjekten fehlt. Ob sie diese Ressourcen erschließen können, hängt jedoch von bestimmten kollektiven Praktiken ab: davon, ob sie Mitglieder von Gegengemeinschaften sind. Befreiung kann daher nie durch Inklusion oder Integration in dominante Institutionen zustande kommen. Der Kampf um Befreiung ist vielmehr ein Kampf um Abolition.

Daniel Loick ist Associate Professor für Politische Philosophie und Sozialphilosophie an der Universität Amsterdam. Von ihm erschien zuletzt: *Nach Marx. Philosophie, Kritik, Praxis* (stw 2066, hg. zus. mit Rahel Jaeggi), *Juridismus. Konturen einer kritischen Theorie des Rechts* (stw 2212) und *Abolitionismus. Ein Reader* (stw 2364, hg. zus. mit Vanessa E. Thompson).

Daniel Loick

Die Überlegenheit der Unterlegenen

Eine Theorie der Gegengemeinschaften

Suhrkamp

2. Auflage 2024

Erste Auflage 2024
suhrkamp taschenbuch wissenschaft 2439
Originalausgabe

Umschlag nach Entwürfen
von Willy Fleckhaus und Rolf Staudt
Druck und Bindung: C. H. Beck, Nördlingen
Printed in Germany
ISBN 978-3-518-30039-8

Suhrkamp Verlag AG
Torstraße 44, 10119 Berlin
info@suhrkamp.de
www.suhrkamp.de

Inhalt

1. Im Reich der Maulwürfe
Einleitung

W. E. B. Du Bois fragte 1926 in Chicago in einer Rede über Kunst sein Publikum:

> Wenn ihr heute Abend ganz plötzlich zu vollwertigen Amerikaner:innen werden würdet, wenn eure Hautfarbe verblassen würde oder die Farbgrenze (*color line*) hier in Chicago auf wundersame Weise vergessen wäre, wenn ihr außerdem mit einem Mal reich und mächtig wäret: Was würdet ihr dann wollen? Was wäre euer erster Wunsch? Würdet ihr ein Auto mit den meisten PS fahren? Würdet ihr das prächtigste Anwesen an der Nordküste kaufen? Würdet ihr ein Rotarier oder ein Lion oder ein Was-auch-immer mit dem allerhöchsten Status sein wollen? Würdet ihr die auffälligsten Kleider tragen, die vornehmsten Abendessen geben und die längsten Zeitungsanzeigen schalten? Selbst wenn ihr euch solche Ideale ausmalt, wisst ihr in euren Herzen, dass dies nicht die Dinge sind, die ihr wirklich wollt. Ihr erkennt dies besser als der durchschnittliche weiße Amerikaner, weil wir, die wir in Amerika an den Rand gedrängt wurden, nicht nur eine gewisse Abneigung gegen das Geschmacklose und Grelle haben, sondern auch eine Vision davon, wie die Welt sein könnte, wenn sie wirklich eine schöne Welt wäre; wenn wir den wahren Geist hätten; wenn wir das sehende Auge, die schlaue Hand, das fühlende Herz hätten; wenn wir zwar kein vollkommenes Glück hätten, aber viel gute, harte Arbeit, das unvermeidliche Leid, das das Leben immer mit sich bringt, Opfer und Warten, all das – aber dennoch in einer Welt lebten, in der die Menschen wissen, in der sie gestalten, in der sie sich selbst verwirklichen und in der sie das Leben genießen. Dies ist die Art von Welt, die wir schaffen wollen, für uns selbst und für ganz Amerika.[1]

Aus der Perspektive unterdrückter, ausgebeuteter und marginalisierter Gruppen erscheint das Leben der Reichen und Mächtigen nicht unbedingt begehrenswert. Dies liegt daran, dass die Ausübung von Herrschaft die Herrschenden nicht unberührt lässt: Sie lässt ihre Lebensform zu einer ignoranteren, gemeineren, hässlicheren und traurigeren werden. Andererseits verfügen gerade unter-

1 W. E. B. Du Bois, »Criteria of Negro Art«, in: ders., *Writings*, New York 1986, S. 993-1002, hier: S. 994 f.

drückte Gruppen häufig über spezifische Vorteile: Wie Du Bois behauptet, wissen, wollen, fühlen, träumen sie nicht nur *anders* als die Mitglieder dominanter Gruppen, sondern *besser*.

Beschreibungen wie die von Du Bois finden sich in der Geschichte politischer und sozialer Bewegungen unzählige Male. Das verbotene Geheimwissen der Frauen, die utopische Vorstellungskraft der Arbeiter:innenbewegung, die erfüllende Nähe von Sorge-Beziehungen, die stabile Verlässlichkeit kollektiver Solidarität, der transgressive Rausch der politischen Aktion, der virtuose Einfallsreichsreichtum queerer Subkultur, die fragile Schönheit des bedrohten Alltäglichen – all dies sind Figuren, mit denen die Selbstreflexionen subalterner Gemeinschaftsformen trotz der Katastrophe ihrer materiellen Lebensumstände für sich Formen von Überlegenheit gegenüber ihren Unterdrücker:innen reklamieren. Diese Beschreibungen behaupten also eine Verkehrung von Überlegenheiten: Jemand kann politisch, ökonomisch, sozial oder kulturell unterdrückt sein, aber dennoch einen epistemischen, normativen, ästhetischen oder affektiven Vorteil haben.

Dieses Buch beginnt mit der Prämisse, dass es sich bei der performativen Zurückweisung der Pathologien der dominanten Lebensform und der Berufung auf die heilsamen Effekte der eigenen, die Du Bois und viele andere vorgenommen haben, nicht einfach um ideologische Irrtümer handelt, mit denen sich die Unterdrückten ihre miserable Situation schönreden. Es unternimmt vielmehr den Versuch einer systematischen Rekonstruktion und Verteidigung der Behauptung einer Überlegenheit der Unterlegenen. Dabei geht es um die Fragen: Wie lässt sich die Verkehrung von Vorteilen genauer beschreiben? Worin genau besteht die Überlegenheit der Unterlegenen – von welcher Art ist sie, welche Voraussetzungen und welche Einschränkungen gelten für sie? Wie kann diese Überlegenheit materialistisch erklärt werden, was sind ihre objektiven Bedingungen? Was folgt aus ihr – für eine kritische Gesellschaftsanalyse, für ein Nachdenken über gesellschaftliche Alternativen, für eine emanzipatorische Transformationstheorie? Wie sieht eine Politik aus, die aus der Perspektive einer Überlegenheit subalterner Praktiken heraus formuliert ist?

In ihrer Allgemeinheit mutet die Behauptung von einer »Überlegenheit der Unterlegenen« sofort absurd an. Sie scheint der faktischen Lage unterdrückter Gruppen, die von Gewalt und Leid,

Armut und Mangel, Trauma und Unglück geprägt ist, nicht zu entsprechen, mehr noch: sie scheint diese Situationen zu romantisieren, zu idealisieren, zu entschuldigen oder zumindest zu bagatellisieren. Die Ungerechtigkeit von Herrschafts- und Knechtschaftsverhältnissen besteht ja gerade darin, dass den Beherrschten – und nicht etwa den Herrschenden – etwas Wesentliches vorenthalten wird. Die Grundthese, die hier verfolgt werden soll, muss daher in zwei wichtigen Punkten präzisiert werden. Erstens kommen Vorteile von der Art, wie Du Bois und viele andere sie im Blick haben, unterdrückten Menschen offenkundig nicht schon an sich, das heißt *nicht qua ihrer Unterdrückung* und also *nicht automatisch* zu. Es gibt viele Unterdrückte, die sich in ihrer Armut durchaus nach einem Haus an der Nordküste oder einem vornehmen Dinner sehnen, es gibt auch Unterdrückte, die sich keine »schöne Welt« ausmalen können oder denen die Worte fehlen, ihre eigene Situation überhaupt als veränderbar zu begreifen. Mehr noch: Es gibt viele Unterdrückte, die selbst zu Unterdrückenden werden oder werden wollen, etwa weil sie menschenverachtenden Vorstellungen wie Rassismus, Sexismus, Antisemitismus, Homo- und Transfeindlichkeit anhängen. Die Vorteile, von denen hier die Rede ist, kommen also nur *bestimmten* unterdrückten Gruppen zu: solchen, die sich auf spezifische Weise zusammenschließen, organisieren und interpretieren. Zweitens darf die spezifische Überlegenheit von Unterlegenen nicht so verstanden werden, dass ihre soziale Situation *erstrebenswert* wäre, dass man also ihre Position einnehmen wollen sollte. Zwar ist es ihre soziale Positionierung, die ihnen Zugang zu besserem Wissen, Werten, Ausdrucksweisen und Gefühlen verschafft, aber der Gehalt dieser Vorteile ist selbst dynamisch: Er drängt auf die Überwindung von Herrschaftsverhältnissen, auf ein Verlassen der Position des Beherrschtseins. Wer von einer Überlegenheit von Beherrschten spricht, sagt also nicht, dass es gut ist, beherrscht zu sein, sondern im Gegenteil: dass es gut ist, von der politischen Perspektive von Beherrschten aus- und von dort aus weiterzugehen, das heißt: Herrschaft zu bekämpfen.

Epistemische, normative, ästhetische und affektive Vorteile sind keine *Gegebenheiten*, sondern *Errungenschaften*. Sie erschließen sich nur unter bestimmten Bedingungen und durch bestimmte Praktiken. Es gibt also einen Abstand oder eine Spannung zwischen einer gesellschaftlich formierten Perspektive und einer, die durch beherrschte Gruppen aktiv erarbeitet wurde. Dies deutet Du Bois an, wenn er zugesteht, dass sich seine Zuhörer:innen sicher von Zeit zu Zeit auch die Ideale der Mainstream-Gesellschaft ausmalen, dass sie aber »in ihrem Herzen« wüssten, dass sie diese eigentlich »nicht wirklich wollen«. Er fordert sie auf, sich von ihren unmittelbaren, aber verzerrten Neigungen zu distanzieren und sich auf die Stärke zu besinnen, die gerade aus dieser Distanz resultiert. Um zu wissen, was man »wirklich« will, um sich also zu seinen empirisch zunächst erlebten Wünschen, Begehren, Ansichten in ein kritisches Verhältnis zu setzen, bedarf es eines alternativen Interpretationsrahmens, der dabei hilft, Erfahrungen anders kognitiv einzuordnen und normativ zu bewerten. Eine Hausfrau der 1950er Jahre, die ihren häuslichen Alltag als dröge und sinnentleert erlebt, aber über kein Vokabular verfügt, ihre Situation als Form von Ausbeutung zu begreifen; eine trans* Jugendliche, die in Florida der 2020er Jahre lebt und über keine subkulturelle Anschlüsse verfügt und ihr eigenes Körpererleben als unnormal oder pervers empfindet; ein weißer Arbeiter im ländlichen Sachsen, dessen Alltagskultur ihm wenig Anlass für eine Überschreitung oder Hinterfragung, sondern vor allem für eine Bestätigung und Intensivierung der bestehenden Strukturen bietet – all dies (und vieles mehr) sind Beispiele dafür, dass die Erschließung einer Überlegenheit durch unterdrückte Gruppen auf vielfältige Weise scheitern kann. Auf der anderen Seite können oppositionelle kollektive Bezugsrahmen ein unterdrücktes Individuum von dieser Sprachlosigkeit, dieser Einsamkeit oder dieser Korruption befreien: nicht, indem es auf die dominante Position überwechselt (ein Rotarier, Lion oder ein Was-auch-immer wird), sondern indem sie ihm die Vorstellung davon eröffnen, »wie die Welt sein könnte, wenn sie wirklich eine schöne Welt wäre«.

Die Erschließung einer Überlegenheit der Unterlegenen hängt also wesentlich von spezifischen Formen der Kollektivierung zusammen, von der Art und Weise, wie sich beherrschte Menschen zusammenschließen oder zueinander verhalten. Sie ist das Resultat der Praktiken von *Gegengemeinschaften*: Gemeinschaften unterdrückter oder ausgeschlossener Gruppen, die zur dominanten Gesellschaft explizit oder implizit ein Verhältnis der Distanz bewahren. Der kollektive Bezugsrahmen, den Du Bois aufruft, wenn er von sich und seinen Zuhörer:innen in der ersten Person Plural spricht, ist keine rein intellektuelle Weltanschauung oder politische Einstellung, sondern verweist auf etablierte und tradierte Praktiken und Gewohnheiten. Gegengemeinschaften sind, wie die dominante Gesellschaft auch, von einer spezifischen Sittlichkeit geprägt, das heißt von eingespielten Bräuchen, impliziten Normen, kollektiven Handlungserwartungen und kulturellen Ausdrucksweisen. Anders als die Sittlichkeit der Mainstream-Gesellschaft beansprucht die Sittlichkeit von Gegengemeinschaften allerdings nie, mit sich selbst versöhnt zu sein. Sie verbleibt in einer ständigen Spannung, einem ständigen Konflikt: mit ihren sozialen Antagonist:innen, mit ihrer gesellschaftlichen Umgebung, mit anderen (Gegen-)Gemeinschaften, mit sich selbst. Es ist aber gerade diese Spannung, die zum Alltag aller Angehörigen von Gegengemeinschaften gehört, die ihnen bestimmte Vorteile verschafft. Denn anders als die Mitglieder dominanter Gruppen – anders als »der durchschnittliche weiße Amerikaner« (oder Deutsche) – sind sie es gewöhnt, mit Widersprüchen und Kontestationen umzugehen. Die Sittlichkeit von Gegengemeinschaften hat Fähigkeiten und Einstellungen kultiviert, die dynamisch und transgressiv sind. Dies sind Fähigkeiten und Einstellungen, derer es zur guten Ausübung unterschiedlicher Facetten sozialer Praxis bedarf: für die Produktion von Wissen, die Ermittlung von Normen, die Wertschätzung von Schönheit und das Erleben von Affekten. Wenn dies aber stimmt – wenn Gegengemeinschaften über epistemische, normative, ästhetische und affektive Vorteile gegenüber dominanten Gruppen verfügen –, dann kann Befreiung von sozialer Herrschaft nicht in der Inklusion, Integration oder Assimilation unterdrückter oder ausgeschlossener Gruppen in die Institutionen der bestehenden Gesellschaft bestehen. Der Kampf um Befreiung ist dann ein Kampf um Abolition.

Herrschaft und Knechtschaft

In seiner Rede setzt Du Bois voraus, dass es sich bei dem Verhältnis der schwarzen Community zu der Welt der prächtigen Anwesen an der Nordküste nicht einfach um eine Differenz, sondern um eine Form von Herrschaft handelt. Hierfür steht der Begriff der *color line*: Sie ist eine Linie, die nicht einfach zwei unterschiedliche Kulturen, sondern Herrschende und Beherrschte voneinander trennt. Herrschaft ist eine soziale Relation, in der eine Seite auf eine andere Seite machtförmig einwirkt, dabei aber selbst auch affiziert wird. Das Wesen von Herrschaft besteht also darin, sowohl einen Antagonismus als auch eine Totalität zu fabrizieren: Herrschende und Beherrschte bilden einen Gegensatz, weil sie oppositionelle Interessen und Perspektiven haben, zugleich aber auch eine Einheit, weil sie beide ein Teil derselben Beziehung sind. Sie können nicht ohne den jeweils anderen Part gedacht werden. Das Verhältnis bleibt weder Herrschenden noch Beherrschten äußerlich: Es konstituiert sie in ihren jeweiligen Subjektivitäten. Die Herrschenden subordinieren zwar die Beherrschten, sind dabei aber auch selbst dem Herrschaftsverhältnis unterworfen. Eine Königin, eine Kapitalistin oder eine Bundeskanzlerin übt Herrschaft über andere aus (und ist ihnen gegenüber privilegiert), ist darin aber selbst nicht freischwebend oder unabhängig, sondern selbst von diesem Verhältnis geprägt und vielfältigen Zwängen ausgesetzt.

Hegel hat in seinem kurzen, aber extrem einflussreichen Kapitel »Herrschaft und Knechtschaft« in der *Phänomenologie des Geistes* die erste und bis heute paradigmatische Analyse des Zusammenhangs von Herrschaftsverhältnissen und Subjektkonstitution vorgelegt. Historisch revolutionär war daran, Herrschaft nicht aufgrund naturrechtlicher oder transzendenter moralischer Argumente zu kritisieren, sondern durch eine Rekonstruktion der Genese moderner Subjektivität zu zeigen, dass unter Bedingungen asymmetrischer Anerkennung kein gelungenes Selbstbewusstsein möglich ist. Menschliche Lebensformen bedürfen zur Entwicklung von Unabhängigkeit der Bestätigung durch andere. Das Selbstbewusstsein ist, wie Hegel sagt, »nur als ein anerkanntes«:[2] Intersubjektivität ist die Bedingung von Subjektivität. Wer die anderen aber nicht als gleich anerkennt, ihnen also gar nicht den moralischen Status eines freien Subjekts zuspricht, kann von ihnen auch keine gehaltvolle Anerkennung erhalten. Wenn sich als Ergebnis eines geschichtlichen Kampfs Herrschafts- und Knechtschaftsverhältnisse herausbilden, so unterminiert das nicht nur die Position des Knechts, sondern auch des Herrn: Seine Subjektivität wird leer, eitel, einsam. Hegel treibt diese Analyse der Pathologien des herrischen Bewusstseins

2 G. W. F. Hegel, *Phänomenologie des Geistes*, Frankfurt/M. 1986, S. 145.

noch weiter, indem er nicht nur argumentiert, dass dem Herrn eine authentische Anerkennung entgeht, sondern sogar, dass der Knecht eine *bessere* Möglichkeit hat, diese zu erlangen: Durch seine alltäglichen Erfahrungen manifestiert sich in ihm bereits die »Wahrheit« über die Natur des selbständigen Bewusstseins. Dies begründet Hegel vor allem durch die Praxis der Arbeit. Indem er für den Herrn arbeiten muss, hat der Knecht nicht nur die Gelegenheit, eine Erfahrung von Selbstwirksamkeit zu machen, sondern ist durch diese Ausbeutung auch gezwungen, eine virtuell soziale Handlungsorientierung zu entwickeln. Damit drückt sich in seiner Aktivität etwas aus, was dem eigentlichen Wesen menschlichen Selbstbewusstseins virtuell entspricht: eine Verbindung von Selbständigkeit und Sozialität. Indem Hegel diese Erfahrung der Seite des Knechts und nicht der des Herrn zuspricht, stellt er philosophiegeschichtlich erstmals die Behauptung einer Überlegenheit der Unterlegenen auf.

Hegels Kapitel über Herrschaft und Knechtschaft beruht auf einer Reihe von Vereinfachungen, die Herrschaft und Knechtschaft zunächst als personale Beziehung mit nur zwei Polen figuriert. Er stellt keine materialistische Analyse an, sondern nur ein formales Schema bereit, in das sich die Erfahrungen, die von Du Bois und so vielen anderen Theoretiker:innen unterdrückter Erfahrungen artikuliert wurden, eintragen lassen. Dieses Schema wurde von unzähligen Befreiungsbewegungen aufgegriffen und umgedeutet, die die Verkehrung von sozialen und epistemischen Vorteilen aktualisiert und variiert haben.[3] In marxistischen, feministischen, antikolonialen und antirassistischen Theoriebildungen werden immer wieder ähnliche Motive aufgerufen: der *Kampf,* in dem eine Gruppe sich in der Lage zeigt, einer anderen eine herrschaftsförmige soziale Formation aufzuzwingen; *das Defizit des herrischen Bewusstseins,* das sich in Formen einer epistemischen Ignoranz, einer moralischen Indifferenz und Kälte, einer ästhetischen Hässlichkeit und einer emotionalen Verarmung artikuliert; *Vorteile des knechtischen Bewusstseins,* die etwa überlegene Einsichten, normative Orientierungen, ästhetische Ausdrucksweisen oder affektive Ressourcen beinhalten; Analysen über die *objektiven passiven Bedingungen*, aus denen die

3 Vgl. überblickshaft Hannes Kuch, *Herr und Knecht. Anerkennung und symbolische Macht im Anschluss an Hegel,* Frankfurt/M. 2013.

Vorteile des knechtischen Bewusstseins resultieren, die etwa in der Nicht-Integriertheit in die pathologische Gesellschaft, in der Ausübung bestimmter Tätigkeiten oder in spezifischen Sozialisationserfahrungen liegen können.

Hegel hatte spezifische Herrschaftsverhältnisse vor Augen, als er sein Schema entwickelte, nämlich solche, die zentral über Arbeit vermittelt sind. In der Hegel-Forschung ist umstritten, ob er sich dabei etwa auf die feudalen Leibeigenen, die Versklavung in Haiti oder die Hausangestellten der bürgerlichen Gesellschaft beziehen wollte. Dieser Streit zeigt bereits, dass Herrschaft in der Realität vielfältige Formen annimmt und sich auch nicht in der von Hegel beschriebenen Reinform vorfinden lässt. Herrschaft kann als direkte Gewalt und Vernichtungsdrohung, als politische Unterdrückung, als kapitalistische Ausbeutung und Überausbeutung, als Marginalisierung oder Unsichtbarmachung, als Vernachlässigung und Exklusion, als Normativität oder als Kommodifizierung auftreten. Versklavung, Lohnarbeit, sexuelle Objektifizierung, Internierung, Grenzkontrolle, die Vergiftung von Lebensgrundlagen, Gentrifizierung und Verdrängung, geschlechtliche (Fehl-) Identifikation, all das sind Beispiele von Herrschaft, die aber in ihrer Form, Vermittlung, Intensität und in ihren Auswirkungen stark variieren. Herr und Knecht stehen sich zudem selten frontal gegenüber: Herrschaft ist anonym, über weiträumige soziale Beziehungen vermittelt und beinhaltet regelmäßig mehrere verschiedene Artikulationen. (Kapitalismus, Sexismus und Rassismus haben jeweils eine ökonomische, kulturelle und politische Ausdrucksweise, die unterschiedlich intensiv sein können und auf komplexe Weisen miteinander interagieren.) Herrschaft verändert sich auch über die Zeit: So hat patriarchale Heteronormativität noch vor 50 Jahren die Form relativ starrer Ausschluss- und Disziplinierungsformate angenommen, beruht im postmodernen Neoliberalismus aber eher auf Formen der kommerzialisierten Vereinnahmung. Herrschaft ist zudem keine einzelne Handlung, sondern eine stabilisierte, institutionalisierte, eingespielte und häufig naturalisierte asymmetrische Subordinationsbeziehung zwischen heterogenen sozialen Gruppen. Viele marxistische Theoretiker:innen haben schließlich das Wesensmerkmal kapitalistischer Herrschaft darin gesehen, dass sie gerade keine direkte Beherrschung durch identifizierbare Akteur:innen darstellt, sondern sich in Form eines subjektlosen »stummen

Zwangs«[4] durchsetzt, in dem reale Personen nur noch die Rolle von »Charaktermasken« spielen.

Eine soziologisch informierte Verteidigung der These von der Überlegenheit der Unterlegenen darf daher nicht so schematisch und monolithisch vorgehen wie Hegel. Sie darf erstens Herrschaft nicht ökonomistisch verengen, sondern muss sie in ihren vielgestaltigen Erscheinungsformen und den damit korrespondierenden subjektiven Erfahrungen jeweils konkret analysieren; sie darf zweitens die Überlegenheit knechtischen Bewusstseins nicht als Teil eines formalen Schemas verstehen, sondern muss sich als prekäres Resultat eines kontingenten Subjektivierungsprozesses begreifen; sie darf drittens Herr und Knecht nicht personalisieren, also als individuelle Antagonist:innen imaginieren, sondern muss sie als kollektive soziale Positionen innerhalb eines übergeordneten Beziehungsgeflechts analysieren; sie darf viertens die Herrschaftsrelation nicht als statisch und kontinuierlich figurieren, sondern muss sie in ihren sich historisch ändernden Modulationen immer neu in den Blick nehmen; und sie darf fünftens die Positionen von Herr und Knecht (oder Arbeiterin und Kapitalistin, Mann und Frau, Kolonisator:innen und Kolonisierten) nicht dualistisch simplifizieren, sondern muss diffuse Zwischenräume und instabile Identitäten in die Analyse einbeziehen.

Du Bois weiß, dass die Vision einer »schönen Welt« nicht automatisch aus dem Alltagsbewusstsein seiner Zuhörer:innen emergiert. Er muss sie dazu auffordern, sich einer Ahnung bewusst zu werden, die in ihnen noch unentdeckt schlummert. Dies tut er, indem er sie in der ersten Person Plural adressiert: als ein »Wir«. Ob beherrschte Menschen sich als in der Lage erweisen, das strukturelle Potential auszuschöpfen, das sie aufgrund dieser Position haben, hängt nicht zuletzt davon ab, wie sie sich zueinander verhalten. Hegel verzichtet darauf, eine Möglichkeit auszuloten, die sich aus seiner eigenen Analyse eigentlich ergibt: die Möglichkeit nämlich, dass unterdrückte Individuen – Knechte beziehungsweise Mägde – ihren Herren den Rücken kehren, sich untereinander anerkennen und auf dieser gegenseitigen Anerkennungsbeziehung eigene Gemeinschaften gründen. Solche knechtischen Gemeinschaften haben durch die Geschichte hindurch für unterdrückte Gruppen

4 Vgl. zuletzt Søren Mau, *Stummer Zwang. Eine marxistische Analyse der ökonomischen Macht im Kapitalismus*, Berlin 2023.

einen essentiellen Erfahrungshorizont gebildet. Menschen, denen die Identifikation mit der etablierten Gesellschaft verunmöglicht ist, konstituieren eigene soziale Praxiszusammenhänge, die ihnen Formen der Selbstverwirklichung und Freiheit auch innerhalb herrschaftsförmiger Verhältnisse erlauben.

Gegengemeinschaften

Eine Gegengemeinschaft ist durch drei Merkmale definiert. Erstens sind ihre Mitglieder gesellschaftlich unterdrückt oder marginalisiert, das heißt, sie unterliegen Formen von ökonomischer, politischer, sozialer oder kultureller Herrschaft. Zweitens handelt es sich um Gemeinschaften in einem weiteren Sinne des Wortes, das heißt um relativ stabile und eingespielte Formen der Sozialität, die auf der expliziten oder impliziten Bestätigung ihrer Mitglieder beruht. Gegengemeinschaften können dabei verwandtschaftlich, freundschaftlich oder nachbarschaftlich geprägt sein, sich aber auch als oppositionelle Subkulturen und Szenen, politische Bewegungen, Gruppen und Parteien, subökonomische Formen der Kooperation oder bewusst betriebene Politik der Lebensformen, etwa in Kommunen oder Genossenschaften, konstituieren. Drittens ist eine Gegengemeinschaft durch eine entweder intentionale oder implizite Distanzierung von dominanten gesellschaftlichen Strukturen gekennzeichnet, die von subtilen Vorbehalten bis zu offener Opposition reichen kann (eben ein »Gegen-«).

Gegengemeinschaften sind Lebensformen in dem von Rahel Jaeggi definierten Sinn. Sie umfassen demnach »Einstellungen und habitualisierte Verhaltensweisen mit normativem Charakter, die die kollektive Lebensführung betreffen, obwohl sie weder streng kodifiziert noch institutionell verbindlich verfasst« sind.[5] Ebenso wie alle anderen Lebensformen sind auch Gegengemeinschaften also nicht als einzelne Praktiken, sondern als *Bündel von Praktiken* zu verstehen, sie beziehen sich nicht auf individuelle, sondern immer auf *kollektive* Lebensweisen, sie beinhalten mit der *Gewohnheit* ein eingespieltes und daher auch nicht immer bewusstes Moment, und sie haben einen *normativen* Charakter, das heißt, sie struktu-

5 Rahel Jaeggi, *Kritik von Lebensformen*, Berlin 2014, S. 77.

rieren Handlungserwartungen und -orientierungen ihrer Mitglieder. Lebensformen umfassen also eine existenziellere oder »tiefere« Dimension als Lebensstile, Moden oder kurzlebige Zusammenschlüsse, sind aber nicht so formell reguliert wie Institutionen oder Organisationen. Allerdings sind nicht alle Lebensformen Gegengemeinschaften, sondern eben nur diejenigen, die beherrscht sind (also nicht der Rotary oder der Lions Club), die genuin gemeinschaftlich sind (also nicht das Internetforum für vegane Küche) und die eine Distanz zu dominanten Idealen bewahren (also nicht Incels oder Pegida).

Der Begriff der Gegengemeinschaft hat eine Nähe zu einer Reihe ähnlicher Konzepte wie etwa dem der Subkultur, der Gegenöffentlichkeit, des oppositionellen Bewusstseins, der abolitionistischen Geographien oder der Undercommons. Stuart Hall und seine Kolleg:innen haben Mitte der 1970er Jahre beschrieben, wie sich in Jugend- und anderen Subkulturen Widerstand durch Rituale ausdrückt: Es ist nicht ein bewusstes politisches Programm, sondern Kleidungsstile, Körpergebaren, sprachliche Idiome oder musikalische Ausdrucksweisen, mit denen eine Zurückweisung der Werte der Mainstream-Gesellschaft artikuliert wird.[6] Anfang der 1990er Jahre hat Nancy Fraser die Vorstellung einer einheitlichen übergreifenden »Öffentlichkeit« kritisiert, von der viele liberale und auch viele kritische Theoretiker:innen unhinterfragt ausgehen, und auf die Wichtigkeit »subalterner Gegenöffentlichkeiten« hingewiesen, in denen unterdrückte Gruppen oppositionelle Interpretationen zirkulieren lassen.[7] Michael Warner hat dieses Konzept aufgegriffen, aber präzisiert: Eine Gegenöffentlichkeit ist nicht nur ein alternativer, sondern ein antagonistischer Diskurs, er steht zu den dominanten Diskursen und ihren Regeln in einem Verhältnis

6 Stuart Hall, Tony Jefferson (Hg.), *Resistance Through Rituals. Youth Subcultures in Post-War Britain*, London 1976; explizit zum Begriff der Gegenkultur J. Milton Yinger, *Countercultures: The Promise and Peril of a World Turned Upside Down*, New York 1984; als Klassiker der feministischen Subkulturforschung vgl. Angela McRobbie, *Feminism and Youth Culture: From ›Jackie‹ to ›Just seventeen‹*, London 1991; für ein Update einiger Einsichten der Subkulturforschung siehe Ken Gelder (Hg.), *The Subcultures Reader. Second Edition*, London/New York 2005.

7 Nancy Fraser, »Neue Überlegungen zu Öffentlichkeit. Eine Kritik der real existierenden Demokratie«, in: dies., *Die halbierte Gerechtigkeit*, Frankfurt/M. 1997, S. 107-150.

der radikalen Kontestation.[8] Jane Mansbridge benutzt den Begriff des »oppositionellen Bewusstseins«, um die Interpretationsmuster zu beschreiben, die die subjektive Seite politischer und sozialer Bewegungen auszeichnen. Mansbridge unterstreicht dabei, dass oppositionelles Bewusstsein keine Kapsel, sondern ein Spektrum ist; es ist dynamisch und wandelbar.[9] Ruth Wilson Gilmore betont den räumlichen Aspekt von solidarischen Gemeinschaften, wenn sie befreiende Sozialformationen als »abolitionistische Geographien« beschreibt.[10] Stefano Harney und Fred Moten schließlich nehmen in ihrem Begriff der Undercommons den Gedanken einer geteilten und frei verfügbaren Infrastruktur auf, wie er in der Idee der Commons ausgedrückt ist, verbinden ihn aber mit einem Moment der Beunruhigung und Unregierbarkeit. Die Undercommons sind eine Form der experimentellen Relationalität, die unterschiedlichen marginalisierten Gruppen offensteht, sich aber nicht institutionalisieren oder programmieren lässt.[11] Zwischen all diesen Konzepten gibt es viele Überschneidungen; es kommt häufig vor, dass sich ein und dieselbe soziale Formation sowohl als Gegengemeinschaft wie auch als Subkultur, Gegenöffentlichkeit, Gegenbewusstsein, befreiende Geographie oder als Undercommons beschreiben lässt. Der Begriff der Gegengemeinschaft nimmt viele Aspekte dieser anderen Begriffe auf, fokussiert aber auf die *soziale* Qualität der entsprechenden Zusammenhänge: auf die Art und Weise, wie ein Kollektiv seine gewohnheitsmäßigen Praktiken normativ aufeinander bezieht.[12]

8 Michael Warner, *Publics and Counterpublics,* New York 2002, S. 118-120.

9 Jane Mansbridge, »Complicating Oppositional Consciousness«, in: dies., Aldon Morris (Hg.), *Oppositional Consciousness. The Subjective Roots of Social Protest,* Chicago 2001, S. 238-264.

10 Ruth Wilson Gilmore, »Geographien des Abolitionismus und das Problem der Unschuld«, in: Mike Laufenberg, Vanessa E. Thompson (Hg.), *Sicherheit. Rassismuskritische und feministische Beiträge*, Münster 2021, S. 160-181.

11 Stefano Harney, Fred Moten, *Die Undercommons. Flüchtige Planung und schwarzes Studium*, Wien 2016.

12 Im deutschsprachigen Raum haben Bini Adamczak und Eva von Redecker Transformationstheorien entwickelt, die die Rolle subalterner Sozialität bei der radikalen Umwälzung gesellschaftlicher Strukturen betonen. Eine Theorie der Gegengemeinschaften kann an diese Überlegungen anschließen, akzentuiert aber jeweils andere Aspekte. Die Pointe des von Adamczak konturierten Begriffs der »Beziehungsweisen« besteht gerade darin, sowohl Nah- als auch Fernbeziehungen zu umfassen; Gegengemeinschaften verfügen demgegenüber über

Gegengemeinschaften sind notorisch schwer zu identifizieren, weil es so viele Grenz- oder Streitfälle gibt. Ist eine bestimmte Gruppe »unterdrückt« genug, ist sie »Gemeinschaft« genug und genug »dagegen«? Ein Grund für diese Schwierigkeit liegt darin, dass Gegengemeinschaften grundsätzlich in unreiner und instabiler Form auftreten. Eine Gruppe kann in der einen Hinsicht unterdrückt, in einer anderen aber unterdrückend sein; es kann innerhalb unterdrückter Gruppen zur Ausübung von Macht und Gewalt kommen; eine Gruppe kann für eine lange Zeit unterdrückt sein, sich dann aber anpassen. Eine Gemeinschaft kann unterschiedliche Dichte und Intensität annehmen: Sie kann in loserer oder in enger Form organisiert sein; sie kann offen oder geschlossen sein; Menschen können mehreren Gemeinschaften zugleich angehören, deren konkurrierende Handlungserwartungen auch Rollenkonflikte erzeugen können. Ebenso kann der Grad der Distanz von Gegengemeinschaften zu den dominanten Institutionen fluktuieren und variieren: Sie müssen nicht immer auf einem kohärenten und umfassenden Transformationsprogramm basieren, sondern können sich auch anhand spezifischer Anlässe der Unzufriedenheit oder Empörung kristallisieren; ihre Distanz kann eher diffus oder emotional sein; sie können in Bezug auf eine Frage eine oppositionelle, in Bezug auf eine andere eine reaktionäre Einstellung haben. Man darf sich Gegengemeinschaften daher nicht als homogene Blasen vorstellen, die separatistisch vom Rest der Gesellschaft abgetrennt sind. Eher als eine örtliche ist eine zeitliche Metapher angemessen: Gegengemeinschaften sind unreine Praxiskontexte, auf längere Dauer angelegte Aushandlungs- und Revisionszusammenhänge. Sie haben asynchrone Temporalitäten, Geschwindigkeiten, Entwicklungslinien, Vergangenheitsbezüge und Zukunftsaspirationen.

ein dichteres Netz sittlicher Praktiken. Redeckers Praxistheorie des radikalen Wandels beschreibt präzise das Zusammenspiel von Disaggregation, Assoziation und Kontamination, das für gegengemeinschaftliche Sozialität kennzeichnend ist, und entwirft darauf aufbauend eine überzeugende Theorie interstitiell vorbereiteten radikalen Wandels. Eine Analyse von Gegengemeinschaften betont demgegenüber die nicht-gewählten, heteronomen Konstitutionsbedingungen antagonistischer Praxiskontexte sowie die Bedeutung entgegenkommender gesellschaftlicher Desintegrationstendenzen und Krisen. Bini Adamczak, *Beziehungsweise Revolution. 1917, 1968 und kommende*, Berlin 2017, insbes. S 239-257; Eva von Redecker, *Praxis und Revolution. Eine Sozialtheorie radikalen Wandels*, Frankfurt/M. 2018.

Die irreduzible Unruhe und Unreinheit von Gegengemeinschaft bedeutet, dass alle Formen von Sittlichkeit, die sie herausbilden, von einer Reibung und Konfliktualität gekennzeichnet bleiben.[13]

Sittlichkeit

Bei Hegel beschreibt der Begriff der Sittlichkeit die Gesamtheit der gebräuchlichen und habitualisierten normativen Praktiken einer Gesellschaft. Er beruht dabei auf der starken geschichtsphilosophischen Idee, dass das soziale Gefüge der bestehenden Gesellschaft die letzte Emanation des Prozesses der Selbstverwirklichung des Geistes darstellt. Der Begriff ist zunächst vor allem gegen frühere philosophische Verständnisse von Freiheit gerichtet: Weil Freiheit sittlich verankert ist, kann sie nicht in der Umsetzung eines unvermittelten Naturtriebs, in einer individualistischen Verfolgung von Privatinteressen oder in einer unwirklichen, abstrakt gegen das Bestehende gerichteten Moral liegen.[14] Für ein Verständnis der besonderen Struktur von Gegengemeinschaften ist der Begriff der Sittlichkeit aus mehreren Gründen hilfreich. Erstens erfasst er sowohl die festeren als auch die eher flüchtigen alltäglichen Lebenspraktiken eines sozialen Kontextes. Gesellschaftliche Konventionen, Kulturen, Bräuche und Traditionen sind ebenso Teil der Sittlichkeit wie explizite Regeln, kollektive Entscheidungen, ge-

13 Die Vorstellung von »Gemeinschaft«, die im Begriff der Gegengemeinschaft zugrunde gelegt wird, nimmt daher Abstand von Phantasien der Fülle und Anwesenheit. Moten und Harney beschreiben die Undercommons als eine Form der »geteilten Unvollständigkeit«, die sie in eine Nähe zu Unregierbarkeit und Queerness rücken, vgl. Stefano Harney, Fred Moten, *All Incomplete*, New York 2021, insbesondere S. 122. Trotz des terminologischen Vorbehalts vieler queerer Theoretiker:innen gegenüber dem Gemeinschaftsbegriff beansprucht das Konzept der Gegengemeinschaft daher, auch queere Formen von Sozialität einzubeziehen. Zu einem Gemeinschaftsbegriff, der auf die Verlockung von Kommunion und Immanenz zu verzichten sucht, siehe auch bereits Jean-Luc Nancy, *Von einer Gemeinschaft, die sich nicht verwirklicht*, Wien 2018, zu einer Reflexion auf die Vor- und Nachteile des Gemeinschaftsbegriff für ein kollektives Leben, das Differenz erlaubt, siehe Sabine Hark, *Gemeinschaft der Ungewählten. Umrisse eines politischen Ethos der Kohabitation*, Berlin 2021, insbesondere S. 175-184.

14 Zu einer Rekonstruktion dieser verschiedenen Pointen des Begriffs der Sittlichkeit vgl. Axel Honneth, *Das Recht der Freiheit. Grundriß einer demokratischen Sittlichkeit*, Berlin 2011, S. 81-118.

meinsame Beratschlagungen und politische Agenden. Zweitens ist Sittlichkeit nicht das Ergebnis einer transparenten freiwilligen oder absichtlichen Planung, sondern das Ergebnis einer historischen Entwicklung. Sie impliziert ein passives Moment und ist daher für die Gemeinschaftsmitglieder nie vollständig verfügbar. Drittens versucht Hegel, die deskriptive mit der präskriptiven Dimension der Normativität in Einklang zu bringen. Jede soziale Beziehung bringt Normen und Werte hervor, die geeignet sind, die ihr innewohnenden Ziele zu fördern. Der normative Gehalt einer Praxis ist dieser also nicht äußerlich, sondern für sie konstitutiv. (Seiner kranken Freund:in Tee zu bringen, ergibt sich nicht aus einer abstrakten Regel, sondern aus der Natur der spezifischen Beziehung selbst: Dies ist es, was Freund:innen tun.) Daraus folgt viertens, dass Sittlichkeit die Kluft zwischen Moral und Neigung überwindet. Wenn man aufrichtig an einer sozialen Praxis teilnimmt, steht das eigene Handeln nicht im Widerspruch zur Neigung: Als Freundin *will* man seiner kranken Freundin Tee bringen. Dies führt schließlich dazu, dass die Dichotomie zwischen dem Rechten und dem Guten aufgehoben wird. Wahre Befriedigung oder ein »gutes Leben« kann nicht in ständiger Feindseligkeit gegenüber der normativen Struktur des sozialen Kontextes erreicht werden, der für das Individuum und seine Beziehungen konstitutiv ist. Nimmt man diese verschiedenen Dimensionen zusammen, so kann man die Sittlichkeit einer Gemeinschaft als ein historisch situiertes Set an transindividuellen, vorbewussten, emotional verwurzelten Verpflichtungen und Verbindlichkeiten bezeichnen, die in den gebräuchlichen Praktiken dieser Gemeinschaft impliziert sind. Hegel glaubte, dass die Institutionen der europäischen bürgerlichen Gesellschaft eine rationale soziale Ordnung mit einer Freiheit garantierenden Sittlichkeit darstellten. In diesem Buch soll das genaue Gegenteil gezeigt werden: Gerade diejenigen Gemeinschaften, die sich den spezifischen Institutionen der bürgerlichen Gesellschaft (wie Familie, Eigentum und Nationalstaat) widersetzen, haben eine überlegene Sittlichkeit entwickelt.

Als Du Bois behauptete, seine Zuhörer:innen würden sich »nicht wirklich« nach den Symbolen des Reichtums und der Macht sehnen, da sie in ihren »Herzen« eine Abneigung dagegen entwickelt hätten, muss er nicht an eine moralische Pflicht oder eine politische Überzeugung appellieren. Er kann sich auf die Normen berufen, die ihrer geteilten Praxis bereits inhärent sind: Er muss sie nicht *konstruieren*, sondern *explizieren*. Auch muss er die Anwesenden nicht auffordern, ihre Neigungen einer gebietenden Vernunft unterzuordnen, sondern braucht sie nur an Wünsche zu erinnern, die sie auf unbewusste Weise bereits haben. Bei Hegel kann man sich deshalb auf die Richtigkeit der in den bestehenden Institutionen manifestierten Sittlichkeit verlassen, weil diese sich geschichtlich herausgebildet und bewährt, also als vernünftig erwiesen hat. Anders als Hegel sich eingestehen konnte, ist aber die Gesellschaft, welche die Geschichte bislang hervorgebracht hat, nicht mit sich versöhnt, sondern zerrissen, von vielfältigen Antagonismen durchzogen. Die Persistenz sozialer Herrschaft – wie Klassenherrschaft, patriarchale und rassistische Herrschaft – hat daher auch antagonistische Sittlichkeiten erzeugt, also nicht nur plurale, sondern widerstreitende Gemeinschaftsformationen, deren normative Praktiken sich gegensätzlich artikulieren. Anders als die Hegel'sche, die hegemoniale Sittlichkeit ist die Sittlichkeit von Gegengemeinschaften somit nicht durch Versöhnung oder die Fingierung einer Versöhnung, sondern durch das Ausagieren von Widersprüchen und Reibungen geprägt.

Die Sittlichkeit von Gegengemeinschaften ist von der Sittlichkeit der dominanten Gesellschaft nicht isoliert, sondern in sie eingewebt. Antagonistische Sittlichkeiten existieren in einem Verhältnis der gegenseitigen Kontamination. Wer abends zu einem Treffen der National Association for the Advancement of Colored People (NAACP) geht, um sich eine Rede von Du Bois anzuhören, nimmt tagsüber und nachts auf vielfältige Weise auch am sonstigen gesellschaftlichen Leben teil: am ökonomischen Austausch, dem Familienleben, dem städtischen Milieu etc. Diese Verwobenheit erzeugt nicht nur frontale Konfrontationen, sondern noch häufiger auch Rollenkonflikte, antinomische Handlungserwartungen, asynchrone Entwicklungslinien und normative Paradoxien. Gegengemeinschaften besitzen also eine distinkte Form von Sittlichkeit, diese ist aber zugleich grundlegend konfliktuell.

Paul Gilroy hat argumentiert, dass gerade die Gleichzeitigkeit von Konflikt und Gemeinschaft ein Spezifikum der Konvivialität migrantischer Communities ausmacht. Die diasporischen Gegengemeinschaften, die sich heute in den globalen Metropolen versammeln, sind keine Exklaven ihrer Heimatländer inmitten einer

Mehrheitsgesellschaft, sondern hybride Gebilde, die stets zusammenspielen, mit- und ineinander verschränkt sind. Faktische Migrationsprozesse haben Multikulturalismus zu einem »gewöhnlichen Merkmal des sozialen Lebens« gemacht, was eine radikale Offenheit erzeugt, die jede Vorstellung geschlossener, fester und verdinglichter Identität unsinnig werden lässt.[15] Aus der Übung im Umgang mit Reibungen, die häufig humorvoll oder kreativ verarbeitet werden, resultiert also eine sittliche Überlegenheit gegenüber einer postkolonialen Melancholie, die noch immer an einer anachronistischen Vorstellung ethnischer Homogenität festhält und die auf Fremdheit und Andersheit nur phobisch und gewaltvoll reagieren kann. Ganz ähnliche Argumente finden sich auch in vielen anderen Theoretisierungen gegengemeinschaftlicher Sittlichkeit: Queere Subkulturen zeichnen sich gerade dadurch aus, dass sie einen transgressiven Umgang mit komplexen und ambivalenten Begehrensstrukturen erlauben; feministische Sorge-Praktiken sind von einem Ethos des produktiven Streits geprägt; politische Aktionen setzen durch polemische Konfrontationen subversiv Energien frei. Die Mitglieder von Gegengemeinschaften wissen um den umstrittenen und unabgeschlossenen Charakter des sozialen Lebens und sind im Umgang damit geübt. Es ist bedeutsam, dass Du Bois seinem Publikum kein »vollkommenes Glück« verspricht, sondern die Härten des Lebens ebenfalls erwähnt. Konflikt ist keine Störung oder Verzerrung sittlicher Stabilität, sondern deren Artikulation; die soziale Vollzugsweise gegengemeinschaftlicher Sittlichkeit ist agonal.[16]

15 Paul Gilroy, *After Empire. Melancholia or Convivial Culture?*, London/New York 2004, S. xi. Für eine Beschreibung einer hybriden Subjektivität, die sich in der Nähe und Auseinandersetzung mit der Grenze geformt hat, siehe auch bereits Gloria Anzaldúa, *Borderlands / La Frontera. The New Mestiza*, San Francisco 1987.

16 Eine Reihe von Autor:innen hat auf unterschiedliche Weisen versucht, Vergesellschaftung grundsätzlich als agonal zu denken. Eine prominente Quelle dieser Analyse ist die Psychoanalyse, die die Konfliktualität des Sozialen als irreduziblen Streit zwischen Lust- und Realitätsprinzip deutet, siehe etwa Sigmund Freud, *Das Unbehagen in der Kultur*, Gesammelte Werke Bd. XIV, Frankfurt/M. 1991, für eine konflikttheoretische Deutung der Psychoanalyse zuletzt Amy Allen, *Kritik auf der Couch*, Frankfurt/M. 2023. Eine politische Deutung hat Nicole Loreaux vorgelegt, »Das Band der Teilung«, in: Joseph Vogl (Hg.), *Gemeinschaften. Positionen zu einer Philosophie des Politischen,* Frankfurt/M. 1994; aus einer radikaldemokratischen Perspektive Oliver Marchart, *Das unmögliche Objekt. Eine postfundamentalistische Gesellschaft*; aus einer von Hegel geleiteten Perspektive Steffen Herrmann, »Agonale Vergemeinschaftung. Normative Grundlagen

Auf diese Weise wird die objektive, empirische Konfliktualität gegengemeinschaftlichen Lebens selbst zu einer Quelle der Normativität – beziehungsweise der Gegennormativität. Wie jede Sittlichkeit ist auch gegengemeinschaftliche Sittlichkeit von konstitutiven Werten gekennzeichnet, die diese Praxis ermöglichen. Anders als die dominante ist gegengemeinschaftliche Sittlichkeit dabei aber offen und dynamisch. Die Überlegenheit der Unterlegenen resultiert aus keiner Harmonie, aus keiner Sicherheit oder Identität, sondern daraus, dass ihre Sittlichkeit besser mit der irreduziblen Konfliktualität korrespondiert, die herrschaftsförmige Gesellschaften kennzeichnet, als diejenige ihrer Unterdrücker:innen.

Überlegenheit

»Ihr erkennt dies besser als der durchschnittliche weiße Amerikaner« – Du Bois' Geste ist nicht liberal. Es geht ihm nicht darum, dass die Sichtweisen, Gefühle und Geschmäcker schwarzer Menschen *auch* oder *gleichberechtigt* Teil einer pluralistischen Gesellschaft werden können. Seine Rede beinhaltet vielmehr eine explizite *Abwertung* dominanter und eine *Aufwertung* subalterner Weltanschauungen, Normen und Ausdrucksweisen. Die Kulturen auf den beiden Seiten der *color line* sind einander nicht indifferent. Ihre Sittlichkeiten erheben vielmehr implizite Geltungsansprüche, die miteinander in einem Konflikt stehen. In diesem Konflikt ergreift Du Bois' Partei: Diejenigen, die im geschichtlichen Kampf unterlegen sind, sind in einem epistemischen, normativen, ästhetischen und affektiven Sinn nun nicht ebenbürtig, sondern *besser.* Dieselbe provokative Geste findet sich immer wieder in den Reden, Schriften und Texten von Gegengemeinschaften. Georg Büchner betitelte 1834 sein Pamphlet »Der hessische Landbote« mit der Parole: »Friede den Hütten, Krieg den Palästen!«[17] Die amerikanische

des Gabentauschs bei Marcel Mauss«, in ders. und Thomas Bedorf (Hg.), *Das soziale Band. Geschichte und Gegenwart eines sozialtheoretischen Grundbegriffs*, Frankfurt/M. 2016, S. 120-142. All diese Autor:innen schreiben Agonalität der Sozialität insgesamt zu, ohne deren Erfahrung aber innerhalb eines Herrschaftsgefüges zu situieren.

17 Georg Büchner, »Der hessische Landbote«, in: *Werke und Briefe*, Frankfurt/M. 1979, S. 333-346.

queere Organisation Queer Nation verteilte 1990 Flugblätter mit dem Titel: »I Hate Straights!«[18] 2018 tauchte während der Proteste der Gelbwesten an den Wänden in Paris das Graffiti »A bas le caviar, vive le kebab« (»Nieder mit dem Kaviar, es lebe der Kebab«) auf. Diese Slogans sind polemische Explikationen der Normen, die für die sittlichen Praktiken von Gegengemeinschaften konstitutiv sind.

Der Begriff der *Überlegenheit* kann dabei als der generische Überbegriff für die unterschiedlichen (epistemischen, normativen, ästhetischen, affektiven) Facetten des Besserseins fungieren. Er bezeichnet die Gütekriterien, die eine Parteinahme motivieren, stellt aber keinen Dominanzanspruch: Dass etwas besser ist, heißt nicht, dass es anderes beherrschen soll. Subalterne Überlegenheit resultiert gerade aus politischer Unterlegenheit und ist daher per definitionem ohnmächtig, sie kann sich nie zu einem neuen Herrschaftsanspruch aufschwingen. Das Paradox, das in der Formulierung von der Überlegenheit der Unterlegenen ausgedrückt ist, verändert auch die *Art* der Überlegenheit selbst, sie ist eine schwache oder sich selbst unterminierende Überlegenheit. Überlegenheit ist kein Eigentum, nicht etwas, das man hat (und mitnehmen kann), sondern ein flüchtiges Kennzeichen einer Praxis, die auf die eigene Aufhebung gerichtet ist. Es geht also nicht darum, dass unterdrückte Gruppen das Subordinationsverhältnis einfach umdrehen und ihrerseits zu Unterdrücker:innen werden wollen. So ist die Überlegenheit der Unterlegenen keinesfalls mit dem maskulinistischen und kolonialen Triumphalismus zu verwechseln, der die gewaltgetränkten Ideologeme der *white* oder *male supremacy* kennzeichnet.

Woher soll man aber wissen, dass eine Lebensform »besser« als eine andere ist? Worin bewähren sich die »Vorteile« unterdrückter Gruppen? Der Komparativ, den Du Bois und viele andere verwenden, suggeriert, dass sich die Überlegenheit der Unterlegenen in einem direkten Vergleich zweier Sozialitäten ermessen lassen könnte. Dieser Vergleich kann aber nicht durch einen unabhängigen objektiven Richter angestellt werden: Es gibt keinen Gottesstandpunkt, von dem aus sich die Eigenschaften von Lebensformen neutral erfassen und gegeneinander abwägen ließen. Hütten oder Paläste, gay or straight, Kebab oder Kaviar sind keine Fragen,

18 Anonym, »History Is A Weapon: The Queer Nation Manifesto«, New York: n. p., 1990, online unter: ⟨https://www.historyisaweapon.com/defcon1/queernation.html⟩ [letzter Aufruf Juni 2023].

die sich durch Testwohnen, sexuelles Experimentieren oder einen Restaurantführer klären lassen. In der Geschichte haben politische und soziale Bewegungen daher häufig versucht, die Gewissheit der eigenen Überlegenheit auf andere Weise in einem festen Grund zu verankern. Angesichts einer Realität, in der *faktisch* nicht die Unterlegenen, sondern die Überlegenen überlegen sind, haben unterdrückte Gruppen eine Gewähr für die Qualität der eigenen Sittlichkeit häufig in einem Außen gesucht. Zwei Strategien sind dabei besonders zentral: eine geschichtsphilosophische und eine anthropologische.

Die geschichtsphilosophische Idee geht davon aus, dass sich die Falschheit der dominanten und die Richtigkeit der eigenen Lebensform in der Zukunft retrospektiv erweisen werden. »Die letzte Schlacht gewinnen wir« ist das Versprechen, dass sich das unendliche Leid, das Gegengemeinschaften widerfährt, einmal auszahlen wird, weil sich ihr Wissen, ihre Normen, ihre Schönheit, ihre Affekte später als die universell besseren herausstellen werden. Eine messianische Version dieser Vorstellung vom Gerichtshof der Geschichte findet sich bei Adorno, der dazu auffordert, »alle Dinge so zu betrachten, wie sie vom Standpunkt der Erlösung aus sich darstellten«.[19] Andere Ansätze verorten das Gericht über die Lebensformen nicht jenseits, sondern innerhalb der Geschichte. Martin Luther King sprach prominent von einem »Bogen des moralischen Universums«, der sich zur Gerechtigkeit neige; viele Bewegungen mobilisieren daher den Anspruch, »auf der richtigen Seite der Geschichte« zu stehen. Epistemische Standpunkttheorien haben häufig eine ähnliche progressive Gerichtetheit der Geschichte unterstellt; die zunächst exkludierten Beiträge marginalisierter Gruppen haben die hegemoniale Forschung bereichert und wurden schließlich allgemein als gültig anerkannt.[20] Auch Rahel Jaeggi versteht Geschichte als einen Lernprozess, in dem sich normativ anachronistische Lebensformen als dysfunktional und somit als krisenanfällig erweisen.[21] Allerdings hat die Vorstellung einer geschichtsphi-

19 Theodor W. Adorno, *Minima Moralia. Reflexionen aus dem beschädigten Leben*, in: ders., *Gesammelte Schriften*, Bd. 4, Frankfurt/M. 1997, S. 283.

20 Etwa bei Alison Wylie, »Feminist Philosophy of Science: Standpoint Matters«, in: *Proceedings and Addresses of the American Philosophical Association* 86, 2 (November 2012), S. 47-76.

21 Jaeggi, *Kritik von Lebensformen*; zur geschichtsphilosophischen Fundierung die-

losophischen Deckung der Überlegenheit der Unterlegenen allein schon aufgrund des Fortbestehens von Unterdrückung einiges an Überzeugungskraft verloren. Die Gewissheit, dass der Untergang des Kapitalismus »unvermeidlich«[22] sei, wie Marx und Engels im *Manifest* postulierten, ist heute zerbrochen; und auch von schrittweisen Reformen sind empirisch gesehen scheinbar keine nennenswerten Verbesserungen zu erwarten.[23] Die Referenz auf die Zukunft vermag daher empirisch gesehen immer weniger, die Behauptung von »Vorteilen« unterdrückter Lebensformen zu motivieren.[24]

Eine andere Strategie, sich der kontrafaktischen Überlegenheit der Unterlegenen zu vergewissern, funktioniert anthropologisch. Es entspricht den moralischen Überzeugungen vieler kämpfender Subjekte, die Gestalt der eigenen Sozialität nicht von der empirischen Aussicht auf Erfolg abhängig zu machen. Stattdessen wird häufig ein Bezug zu Vorstellungen idealer Humanität hergestellt: Dominante Lebensformen sind *unmenschlich*, subalterne Umgangsweisen *menschlich.* Dieser Zug ist bereits in Hegels Beschreibung von Herrschaft und Knechtschaft angelegt, wenn er davon spricht, das knechtische Bewusstsein sei die »Wahrheit des selbständigen Bewußtseins«.[25] Obwohl Knechtschaft »unmittelbar«, das heißt in der konkreten geschichtlichen Existenzweise, als Abhängigkeit erscheint, repräsentiert sie *eigentlich* das, was menschliche Selbständigkeit ausmacht, weil der Knecht, anders als der Herr, die Welt bearbeitet und darin sogar noch eine Haltung der Zugewandtheit

ser Idee sozialer Dynamiken als »Anreicherungsgeschehen« nun dies., *Fortschritt und Regression*, Berlin 2023.

22 Karl Marx, Friedrich Engels, *Manifest der Kommunistischen Partei*, in: *Marx-Engels-Werke* (MEW), Bd. 4, Berlin 1972, S. 474.

23 James Baldwin drückt diese Ungeduld aus, wenn er in einem berühmt gewordenen Interview seine weißen Mitbürger:innen fragt: »Ihr sagt mir immer, dass es Zeit braucht. Es hat die Zeit meines Vaters gebraucht, die Zeit meiner Mutter, die Zeit meines Onkels, die Zeit meiner Brüder und meiner Schwestern. Wie viel Zeit braucht ihr noch für euren Fortschritt?« Online: ⟨https://www.youtube.com/watch?v=TN4D6-UTPrc⟩ [letzter Zugriff Juni 2023].

24 Zumindest einige Gegengemeinschaften hoffen daher nicht mehr auf eine (revolutionäre oder reformistische) gesamtgesellschaftliche Verbesserung, sondern nehmen eine »pessimistische« Haltung ein, die eher aus einer Position der sozialen Nicht-Existenz heraus formuliert ist und die sich der instrumentalisierenden Mobilisierungen für die Interessen der politischen Linken verwehren, siehe etwa Frank Wilderson, *Afropessimismus,* Berlin 2021.

25 Hegel, *Phänomenologie,* S. 152.

zu anderen ausbildet. Ähnliche Figuren finden sich in vielen gegengemeinschaftlichen Beschreibungen und Reflexionen. Die Pariser Kommune konstituierte sich – in einer Situation der militärischen Unterlegenheit – mit dem Selbstbewusstsein, eine neue Menschheit von Freien und Gleichen zu repräsentieren, und denunzierte das *ancien régime* als inhuman.[26] Neuere Projekte der Gegenseitigen Hilfe, die eher aus Positionen der Marginalisierung als aus einer Überzeugung der eigenen Macht entstehen, halten dennoch an der Überzeugung fest, dass eine Orientierung an den menschlichen Bedürfnissen, das heißt am schieren Überleben, nur in Distanz zum atomisierenden und kompetitiven *racial capitalism* aufrechterhalten werden kann.[27] Aber auch anthropologische Begründungsfiguren sind prekär. Sie leiden notorisch daran, dass man das eigentliche Wesen des Menschen – das, was den Menschen jenseits seiner konkreten geschichtlichen Erscheinungsform ausmachen soll – nicht ermitteln kann. In politischen Kontexten stehen anthropologische Argumente daher oft im Verdacht, paternalistische oder autoritäre Politiken zu befördern.

Weder geschichtsphilosophische noch anthropologische Begründungen vermögen somit die Überlegenheit der Unterlegenen in einem starken Sinn zu *garantieren.* Gegengemeinschaftliche Geltungsansprüche behalten aus diesem Grund immer ein Moment des Provisorischen oder Hypothetischen: Sie harren (immer) noch ihrer Bestätigung. Dies bedeutet jedoch nicht, den Geltungsanspruch gegengemeinschaftlicher Sittlichkeit relativistisch zu einem Anspruch auf liberale Anerkennung zu depotenzieren. Allerdings findet sich die stärkste Begründung für die Überlegenheitsbehauptung nicht in einem Außen des empirischen Geschehens (in der Zukunft oder der Virtualität), sondern in seiner Immanenz. Gegengemeinschaftliche Sittlichkeit ist agonal, sie ist in ihrer Präsenz von Widersprüchen, Reibungen, Ambivalenzen und Unabgeschlossenheiten geprägt. Diese Agonalität ist situiert. Während hegemoniale Sittlichkeit sich häufig auf Vorstellungen von fixer Identität, homogener Gemeinschaft oder gesellschaftlicher Alternativlosigkeit stützt, die ideologisch durch Naturalisierungen abgestützt werden,

26 Dazu Kristin Ross, *Luxus für alle. Die politische Gedankenwelt der Pariser Kommune*, Berlin 2021.

27 Dean Spade, *Mutual Aid. Building Solidarity During this Crisis (and the Next),* London/New York 2020.

präsentiert sich der agonale Charakter des Sozialen in der realen Lebenswirklichkeit von Gegengemeinschaften mit einer anderen Intensität und Dringlichkeit. Deleuze und Guattari begründen die Überlegenheit der Minorität gegenüber der Majorität durch deren dynamischen und schöpferischen Charakter: Es gibt Minorität nur als *Werden,* während die Majorität in ihrem identitären Sein stagniert.[28] Weil die Majorität per definitionem versucht, eine Ordnung zu stabilisieren, ist die Minorität dazu in der Lage, eine Allianz mit heterogenen Kräften einzugehen und so kreative Kräfte freizusetzen. Deleuze' und Guattaris ontologische Formulierung lässt sich weiter ausbuchstabieren. Die Agonalität gegengemeinschaftlicher Sittlichkeit verschafft unterdrückten Gruppen Vorteile in verschiedener Hinsicht: Wahrheit, Freiheit, Schönheit und Affekt sind jeweils ihrem Begriff nach abhängig von Streit, Kämpfen und Transitionen. Gegengemeinschaftliche ist also deshalb besser als hegemoniale Sittlichkeit, weil sie besser den Praxisbedingungen entspricht, die für die Entfaltung all dieser Güter konstitutiv sind.

Wenn sich Gegengemeinschaften also in ihren realen Diskursen auf geschichtsphilosophische und anthropologische Gedankenfiguren berufen, so drücken sie damit noch etwas anderes aus: Sie bringen implizit eine Kontestabilität der herrschenden Ordnung zur Geltung, die gegenüber ihrer Leugnung durch die dominanten Gruppen klarerweise im Recht ist. An den Parolen »Krieg den Palästen«, »I Hate Straights« und »Nieder mit dem Kaviar« sind das Wichtigste nicht die Paläste, die Heteros oder der Kaviar, sondern der Krieg, der Hass und das Nieder mit – die performative Verweigerung, die herrschende Werteordnung als naturgegeben und unangreifbar zu akzeptieren.

Subjektivierung

»Wir, die wir in Amerika an den Rand gedrängt wurden«, haben laut Du Bois zugleich eine Abneigung gegen die Geschmacklosigkeiten der Reichen und Mächtigen und eine Vision einer wirklich schönen Welt. Offenbar ist es aber nicht schon die Marginalisie-

28 Gilles Deleuze, Félix Guattari, *Tausend Plauteaus. Kapitalismus und Schizophrenie*, Berlin 1980, S. 147 f.

rung selbst, die diese Abneigung und diese Vision fabriziert. Sie sind vielmehr das Ergebnis von bestimmten Praktiken, sie sind eine *Leistung*. Dies wirft die Frage nach dem Verhältnis von sozialer Situierung und politischer Positionierung auf: Wie verwandeln sich unterdrückte Menschen in politische Subjekte, wie wird die Klasse an sich zur Klasse für sich, wie werden unterdrückte Gruppen zu Gegengemeinschaften?

Jacques Rancière hat das Rätsel der politischen Subjektivierung so gefasst, dass politische in gesellschaftlichen Figuren zunächst »gefangen« sind.[29] Sie erscheinen dem Staat oder der Soziologie als gegebene Entitäten mit klar zu identifizierenden Funktionen und festen Plätzen. Der Kern von Politisierungsprozeduren besteht dann darin, zu diesen »natürlichen«, sozialen Identitäten in Distanz zu treten, zu ihnen einen Abstand herzustellen; die Grundlage politischer Subjektivierung ist zunächst eine Des-Identifikation. Diese Prozesse sind selbst umkämpft; es gibt keine gesellschaftliche Gruppe, die per se zur Initiierung dieses Prozesses disponiert wäre. Durch diese Operation öffnet sich darüber hinaus der Name des politischen Subjekts für eine Erweiterung; so schließt der Begriff der Proletarierin nicht nur die Arbeiterin ein, sondern virtuell alle, an denen ein Unrecht verübt wurde. Auch Deleuze und Guattari warnen davor, das Minoritärwerden einer empirisch vorhandenen Minderheit zuzuschreiben. Eine produktive Kraft kann die Minorität nur durch eine Differenz und eine Transition, nicht durch eine Identität oder eine Repräsentation (das heißt eine Verdopplung) entfalten. Selbst die Frauen (als soziale Situierung) müssen deshalb noch Frau (als Minorität) werden.[30] Bei Deleuze und Guattari trägt dieses Subjektivierungsverfahren ebenfalls einen universalisierenden Zug: »ein Frau-Werden, das den Menschen als ganzen betrifft«.[31] In diesem Sinne ruft auch Du Bois seine Zuhörer:innen nicht dazu auf, die Ideale, die sie sich ausmalen, einfach zu verfolgen und durchzusetzen, sondern dazu, zu ihnen in eine Distanz zu treten: Dies sind nicht die Dinge, die ihr wirklich wollt. Erst diese Distanzierung ermöglicht es, sich auf eine neue Weise zu kollektivieren: sich als ein Wir, als eine Gegengemeinschaft zu begreifen.

29 Jacques Rancière, »Gibt es eine politische Philosophie?«, in: ders., Alain Badiou, Rado Riha, Jelica Sumic, *Politik der Wahrheit*, Wien 1997, S. 64-93, hier: S. 72.

30 Vgl. Deleuze/Guattari, *Tausend Plateaus*, S. 397.

31 Ebd., S. 148.

Unterdrückte Gruppen und Gegengemeinschaften sind also nicht dasselbe. Allerdings neigen Ansätze wie die von Rancière, Deleuze/Guattari und anderen dazu, den kontingenten Charakter politischer Subjektivierung überzubetonen. Sie verstehen Politisierung als abstrakte Möglichkeit, als eine Option, die jederzeit allen offensteht, betten sie aber nicht in konkrete gesellschaftliche Kräfteverhältnisse ein. Dadurch wird ihr Politikverständnis tendenziell voluntaristisch: Es hängt nicht von objektiven Bedingungen, sondern nur von dem Kraftakt einzelner Akteur:innen ab, ob eine Kollektivierung erfolgreich ist. Es ist jedoch kein Zufall, dass Du Bois sich an ein schwarzes und nicht an ein weißes Publikum wendet, ebenso wie Marx sich an die Arbeiter:innen und nicht an die Kapitalist:innen, Fanon sich an die Kolonisierten und nicht an die Kolonisator:innen, Beauvoir sich an die Frauen und nicht an die Männer adressiert. Die Aufforderung, die eigenen Ideale zu hinterfragen, verbindet Du Bois mit der Berufung auf das, was seine Zuhörer:innen in ihren »Herzen« »eigentlich wissen«; was sie nur entdecken, aber nicht machen müssen. Es gibt also prä-subjektive Voraussetzungen, die die Möglichkeiten einer politischen Subjektivierung ermöglichen und begrenzen. Hierzu zählen die aufgrund von Herrschaft gemachten Erfahrungen, das, was unterdrückten Individuen ohne ihre Zustimmung widerfahren ist. Dazu zählen auch trans-individuelles, tradiertes Gegenwissen, Gegennarrative und Gegen-Imaginarien. Politische Subjektivierung, obschon sie immer ein des-identifizierendes Moment einschließt, erfolgt durch eine Explikation der normativen Struktur der sittlichen Praktiken von Gegengemeinschaften.

Es ist Gegenstand anhaltender Diskussion innerhalb politischer und sozialer Bewegungen, inwiefern und auf welche Weise auch Angehörige dominanter Gruppen Mitglieder von Gegengemeinschaften werden können. Offenbar kann diese Frage nicht einfach essentialistisch beantwortet werden: Teilnahme an Gegengemeinschaften ist niemals eine Frage des Wesens oder der Identität, sondern immer der Erfahrung. Auf der anderen Seite kann die Frage jedoch nicht formal umgangen werden, indem man die Bedeutung von Identitätsmarkern vollkommen negiert: Offenbar machen Angehörige dominanter und unterdrückter Gruppen auch unterschiedliche Erfahrungen. Zwischen diesen beiden Extrempositionen hat sich eine Reihe von Konzepten herauskristallisiert, um mögliche Konstellationen zu beschreiben. Dazu zählen der Begriff der Solidarität, der die Möglichkeit einer Gemeinschaftserfahrung an einen geteilten Kampf knüpft, der Begriff des (*race*, *gender* oder *species*) Traitors, also der Verräterin, der auf das Verlernen eingeübter dominanter Verhaltensweisen setzt, oder der Begriff der Allyship, der ein Bündnis dominanter mit unterdrückten Gruppen anstrebt, dabei aber auch eine Verantwortungsübernahme für eigene Privilegien einfordert. Auf der Basis eine Theorie der Gegengemeinschaften lässt sich zu dieser Frage sagen, dass das entscheidende Kriterium darin besteht, inwiefern Individuen, denen eine hegemoniale Subjektivität ansozialisiert wurde, dennoch an den sittlichen Praktiken von Gegengemeinschaften teilzunehmen in der Lage sind. Dies ist offenbar nicht einfach, aber auch nicht vollkommen unmöglich. Hierfür ist entscheidend, ob es ihnen gelingt, das *Vertrauen* strukturell unterdrückter Menschen zu erlangen.

Das Verhältnis von sozialer Situierung und politischer Subjektivierung ist also situiert, aber nicht determiniert. Es ist kontingent, aber nicht arbiträr. In der marxistischen Diskussion sind für dieses Zusammenspiel von Situierung und Kontingenz die Begriffe der Tendenz[32] oder des Aleatorischen[33] entwickelt worden. Beide Begriffe versuchen, an einer Neigung oder Disposition sozialer Phänomene, sich in eine bestimmte Richtung zu entwickeln, festzuhalten, ohne diese entweder teleologisch oder chaotisch zu vereinseitigen. Die beiden Begriffe suggerieren ein probabilistisches Verständnis von Entwicklungsmöglichkeiten: Es scheint *wahrscheinlich*, dass sich unterdrückte oder marginalisierte Gruppen politisch subjektivieren lassen. Obwohl dies auch mit der Sicherheit korrespondiert, mit der Du Bois sich auf das Herzensempfinden seines Publikums beruft, ist diese Wahrscheinlichkeitsrechnung fragwürdig geworden; numerisch gesehen beteiligt sich nur eine Minderheit von Menschen, die Formen sozialer Herrschaft unterliegen, an Gegengemeinschaften. Ein noch schwächerer und daher empirisch angemessenerer Begriff ist der des *Potentials*. Zu sagen, etwas liege im Potential einer Gruppe, bedeutet nicht, dass sie dieses Potential sicher oder auch nur wahrscheinlich ausschöpfen wird. Ebenso wenig bedeutet es, dass *nur* die Mitglieder dieser Gruppe über dieses Po-

32 Antonio Negri, »The Method of the Antagonistic Tendency«, in: ders., *Marx Beyond Marx. Lessons on the Grundrisse*, New York 1991, S. 41-58.

33 Louis Althusser, *Materialismus der Begegnung*, Berlin 2010.

tential verfügen. Allerdings impliziert der Begriff durchaus, dass das Potential eine spezifische Eigenschaft einer *bestimmten* Gruppe ist: Nicht alle verfügen über dasselbe Potential. Ob eine unterdrückte Gruppe eine gegengemeinschaftliche Sittlichkeit herausbildet, hängt von zahlreichen und komplexen, schwierig zu projizierenden Faktoren und Kräfteverhältnissen ab – und von den Kämpfen, in denen diese sich austragen.

Abolition

Wenn diejenigen, die in Amerika an den Rand gedrängt wurden, zugleich die sind, die eine bessere Vision einer wirklich schönen Welt haben, dann kann die Herstellung dieser Welt nicht einfach darin bestehen, dass auch sie zu »vollwertigen Amerikanern« werden. Die schöne Welt besteht nicht darin, dass die Hautfarbe schwarzer Menschen »verblasst«, dass sie also den Standpunkt der weißen Dominanzgesellschaft übernehmen. Befreiung von Herrschaft besteht nicht in der Inklusion der Beherrschten in die Herrschaft, also in der Expansion oder »Realisierung« hegemonialer Sittlichkeit. Befreiung von Herrschaft besteht vielmehr in der Aufhebung von Herrschaft und Knechtschaft *als Relation*. Für Du Bois kann diese Aufhebung nur durch eine Universalisierung gerade des subordinanten Parts vollzogen werden: die »schöne Welt«, die eine Gegengemeinschaft entwirft, soll für »das ganze Amerika« gelten.

Hegel beschreibt in der *Phänomenologie* Herrschaft und Knechtschaft als »verkehrt«. Herrschaft erscheint als eine Selbständigkeit, ist aber in Wahrheit eine Abhängigkeit; Knechtschaft erscheint als Abhängigkeit, ist aber in Wahrheit eine virtuelle Form von Selbständigkeit. Der Kampf des Knechts richtet sich daher nicht darauf, ebenfalls zum Herrn zu werden. Vielmehr muss sich der Knecht »vollbringen«, er muss »zur wahren Selbständigkeit sich umkehren«: »Aber wie die Herrschaft zeigte, daß ihr Wesen das Verkehrte dessen ist, was sie sein will, so wird auch wohl die Knechtschaft vielmehr in ihrer Vollbringung zum Gegenteile dessen werden, was sie unmittelbar ist.«[34] Nur durch diese Umkehrung können Herr-

34 Hegel, *Phänomenologie*, S. 152.

schaft und Knechtschaft *als Relation* aufgehoben werden, nur so kann sich der Knecht aus der Knechtschaft befreien, ohne in die Pathologien des herrischen Bewusstseins zu verfallen. Wie ist diese »Vollbringung« zu verstehen?

»Wenn das Proletariat die *Auflösung der bisherigen Weltordnung* verkündet«, schreibt Marx in seiner »Kritik der Hegelschen Rechtsphilosophie«, »so spricht es nur das *Geheimnis seines eigenen Daseins aus*, denn es *ist* die *faktische* Auflösung dieser Weltordnung. Wenn das Proletariat die *Negation des Privateigentums* verlangt, so erhebt es nur zum *Prinzip der Gesellschaft*, was die Gesellschaft zu *seinem* Prinzip erhoben hat, was in *ihm* als negatives Resultat der Gesellschaft schon ohne sein Zutun verkörpert ist.«[35] Durch diese Figur will Marx eine materialistische Erklärung revolutionärer Forderungen liefern. Das Proletariat bezieht seine Verkündungen nicht aus einem Außerhalb der kapitalistischen Gesellschaft, sondern generiert sie aus ihren eigenen, nicht vom ihm selbst erzeugten Bedingungen: Das, was es bereits auf negative Weise »verkörpert«, nämlich ein Leben ohne Eigentum, wird für alle gelten. Wie das *Manifest* postuliert, wird das Proletariat sich zunächst als Klasse zur »herrschenden Klasse« machen, dadurch aber zugleich die Klassenherrschaft insgesamt und somit auch sich selbst als Klasse »aufheben«.[36] Mit dem Begriff der Aufhebung werden ein destruktives und ein konstruktives Moment zusammengedacht: Die *Abschaffung* von Herrschaft und Knechtschaft erfolgt durch eine *Vollbringung* des knechtischen Standpunkts.[37] Auf diese Weise verliert die Eigentumslosigkeit auch den Charakter eines Negativen und wird zu etwas Positivem, sie ist keine »-losigkeit« mehr, sondern eine Fülle, ein Reichtum. (Der Spruch »Paläste für alle« ist daher keine

35 Karl Marx, »Zur Kritik der Hegelschen Rechtsphilosophie. Einleitung«, in: *Marx-Engels-Werke* (MEW), Bd. 1, Berlin 1976, S. 378-391, S. 391.

36 Karl Marx, Friedrich Engels, *Manifest der kommunistischen Partei,* in: *Marx-Engels-Werke* (MEW), Bd. 4, Berlin 1972, S. 482; vgl. dazu auch die markante Bestimmung des Proletariats als »eines Standes, welcher die Auflösung aller Stände ist«, Marx, »Zur Kritik der Hegelschen Rechtsphilosophie. Einleitung«, S. 390.

37 Es ist für die internationale Rezeptionsgeschichte bedeutsam, dass der Begriff der »Aufhebung« im Englischen häufig als *abolition* übersetzt wird (so etwa in Karl Marx, Friedrich Engels, *Manifesto of the Communist Party*, in: *Marx Engels Collected Works*, Bd. 6., London 1976, S. 477-519, hier: S. 506). Auf der anderen Seite wird der englische Begriff *abolition* im Deutschen häufig als »Abschaffung« übersetzt, das heißt auf seine destruktive Seite verkürzt.

gute Antwort auf Büchners Kampfansage »Krieg den Palästen«. Die Überwindung der Beherrschung der Hütten durch die Paläste vollzieht sich nicht durch eine Universalisierung der Paläste, sondern der Hütten – wodurch diese ihren Charakter als »Hütten« verlieren. Dabei sind Hütten und Paläste natürlich nicht in ihren architektonischen Erscheinungsweisen, sondern als Artefakte der Sittlichkeit der Armen respektive der Reichen zu verstehen.) Von einer Überlegenheit der Unterlegenen zu sprechen bedeutet daher auch nicht, Zustände der Ausbeutung und Unterdrückung zu romantisieren – die Überlegenheit besteht gerade darin, den Zustand der sozialen Unterlegenheit aufzuheben, indem der eigene Standpunkt bis zu einer Sprengung von Über- und Unterlegenheitsverhältnissen getrieben wird.

Mit dieser sich stark an das Hegel'sche Schema von Herrschaft und Knechtschaft orientierten Gedankenfigur haben Marx und Engels eine Blaupause für die Befreiungspolitiken auch vieler anderer Gegengemeinschaften bereitgestellt. Monique Wittig analogisiert die Situation von Frauen explizit mit der des Proletariats, wenn sie das Geschlechterverhältnis als einen »Klassenkampf«[38] beschreibt. Die Befreiung der Frauen kann daher nicht in einer »Gleichstellung«, also der Übernahme maskulinistischer Lebensformen durch die Frauen bestehen. Der revolutionäre Kampf besteht vielmehr in der Eliminierung des dominanten Parts der Relation, eine Strategie, die Wittig in der Praxis des politischen Lesbianismus verkörpert sieht.[39] In dieser Operation universalisiert sich also nicht das männliche, sondern das weibliche Prinzip, das, was in den Frauen »ohne ihr Zutun« verkörpert ist. Durch diese Durchsetzung des subordinanten statt des dominanten Parts wird die Kategorie der Geschlechterdifferenz – und somit auch das Subjekt »der Frauen« – schließlich selbst aufgehoben. In der Einleitung zu seinem wichtigen Sammelband *Fear of a Queer Planet* hat Michael Warner argumentiert, eine der Gründe für die anhaltende Produktivität des Attributs »queer« bestehe darin, dass es sich der Logik der einfachen Toleranz oder Repräsentation verwehrt, die eine heteronormative

38 Monique Wittig, »The Category of Sex«, in: dies., *The Straight Mind and Other Essays*, New York 1992, S. 1-8, hier: S. 3.

39 Für eine literarische Beschreibung einer sich an den Amazonen orientierten Gesellschaft Monique Wittig, *Die Verschwörung der Balkis*, München 1980.

Vorstellung von »Normalität« reproduzieren.[40] Statt sich als eine Art sexueller Interessensgemeinschaft innerhalb eines liberalen Pluralismus zu formieren, sollten Queers die Angst der hegemonialen Gesellschaft vor einem »queeren Planeten« beim Wort nehmen und ausgehend von der eigenen subversiven Praxis das heteronormative Regime grundlegend in Frage stellen. Auch wenn Warner die Bezeichnung von Queers als »Klasse« oder als »Community« skeptisch sieht, liegt in dem utopischen Projekt einer Abolition der heterosexistischen Matrix durch eine Pluralisierung von geschlechtlichen Ausdrucks- und Lebensweisen[41] ein ähnlicher Universalisierungsdrang subalterner Sozialität, wie sie Marx und Engels bereits vor Augen haben. Achille Mbembe verwehrt sich ebenfalls dem Programm, die seit dem Beginn der Moderne in Zonen des sozialen Todes verbannten schwarzen Leben einfach in den Bereich der europäischen Humanität zu integrieren. Wenn es eine Gemeinsamkeit aller Menschen gibt, dann besteht sie aktuell eher in einem »Schwarzwerden der Welt«, in der Ausweitung der Situation der Kolonisierten auf immer mehr Bevölkerungsgruppen. Mbembe nennt sie mit Fanon die »neuen ›Verdammten dieser Erde‹«: »die Vertriebenen, die Deportierten, die Ausgestoßenen, die illegalen Ausländer jeglicher Art«.[42] Die Figur des Schwarzwerdens der Welt hat für Mbembe nicht nur einen strategischen Charakter, als eine Verschiebung, die neue Allianzen ermöglicht, sondern bietet die einzig mögliche Basis für eine Rettung der Welt selbst. Wenn die koloniale Sittlichkeit auf die Institution von Spaltungen, Segregation und Hierarchie angewiesen ist, kann die »Gesamtheit« einer Menschheit also nur in ihrem Negativ, der Universalität der von ihr Ausgeschlossenen, repräsentiert sein. Die Operation der »Vollbringung«, der Geltendmachung dieser Position denkt Mbembe dabei nicht so sehr als eine Revolution, sondern als eine »Restitution und Reparation«,[43] eine Art gesellschaftlichen Neuanfang von unten.

40 Michael Warner, »Introduction«, in: ders. (Hg.), *Fear of a Queer Planet. Queer Politics and Social Theory*, Minneapolis 1993, S. vii-xxxi, hier: S. xxvi; für eine Interpretation des von Warner postulierten »Verallgemeinerungsimpulses« vgl. auch Mike Laufenberg, *Queere Theorien zur Einführung*, Hamburg 2022, S. 137 f.

41 Judith Butler, »Die Frage nach der sozialen Veränderung«, in: dies., *Die Macht der Geschlechternormen und die Grenzen des Menschlichen*, Frankfurt/M. 2011, S. 325-366.

42 Achille Mbembe, *Kritik der schwarzen Vernunft*, Berlin 2017, S. 323.

43 Ebd., S. 330.

In einem viralen Video, das während der Rebellionen für schwarze Leben in den USA 2020 aufgenommen wurde, verteidigt die Autorin und Aktivistin Kimberly Jones energisch die *riots* und Plünderungen, die im Nachgang der Morde an George Floyd und Breonna Taylor durch die Polizei auftraten.[44] Die Antwort auf die Frage: »Warum zerlegen schwarze Menschen ihre eigenen Stadtteile?«, so Jones, lautet: »Es sind gar nicht ihre eigenen.« Sie vergleicht die amerikanische Ökonomie mit einem Monopoly-Spiel, bei dem schwarze Menschen zunächst 400 Runden lang nicht mitspielen durften und bei dem selbst danach immer dann, wenn sie bescheidenes Kapital angehäuft haben, dieses durch staatliche und extra-staatliche Gewalt wieder zerstört wurde – das Spiel ist von Anfang an manipuliert. Durch die Aufstände in den amerikanischen Städten wird dieses Spiel in Frage gestellt: Der Gesellschaftsvertrag, der bislang eine Symmetrie von Spieler:innen und eine Fairness der Regeln fingiert hatte, wird aufgekündigt. In Momenten, in denen multiple Krisen zusammenkommen, können gesellschaftliche Routinen zusammenbrechen. Dies war 2020 der Fall: Eine Krise des Polizeiapparats, eine Krise der Fürsorge-Infrastruktur und der Gesundheitsversorgung, eine Krise der Lohnarbeit, eine Krise des Migrationsregimes und die anhaltende ökologische Krise haben politische Destabilisierungsprozesse beschleunigt und soziale Desintegrationstendenzen intensiviert. Weil die hegemonialen Normen noch in die dysfunktional gewordenen Institutionen der Ökonomie, Politik und Intimität investiert sind, kann eine Befreiung von Herrschaft nur durch die »Vollbringung«, das heißt durch die sich selbst aufhebende Universalisierung der Praktiken von Gegengemeinschaften erfolgen. Abolition beginnt durch eine Rekonstruktion, durch einen Neu-Aufbau gesellschaftlicher Institutionen ausgehend vom Standpunkt der beherrschten Gruppen – die Schaffung einer »schönen Welt« ausdrücklich für »das ganze Amerika«, also für alle, nach der Vision derer, die von der bisherigen Welt an den Rand gedrängt wurden. Weil es aber, anders als Hegel und auch als Marx dachten, Herrschaft und darum auch Knechtschaft nicht nur einmal, sondern mehrfach gibt und weil sich die Knechte und Mägde nicht einfach zusammenaddieren lassen, sondern oft genug miteinander konkurrieren und konfligieren,

44 Kimberly Jones, »How Can We Win?«, 1. 6. 2020, online: ⟨https://www.youtube.com/watch?v=sb9_qGOa9Go⟩ [zuletzt aufgerufen im Juni 2023].

hängt für die Zukunft vieles davon ab, ob und wie es den Gegengemeinschaften gelingt, sich für ein geteiltes Befreiungsprojekt zu einer koalitionären Sittlichkeit zu verbinden.

Theorie

Die kritische Theorie der frühen Frankfurter Schule hat aus der sozialen Integration des Proletariats in die Institutionen der bürgerlichen Gesellschaft und dem Scheitern einer Verhinderung des europäischen Faschismus den Schluss gezogen, gesellschaftsanalytisch den Begriff der Totalität vor dem des Antagonismus zu betonen. Innerhalb des »falschen Ganzen« gibt es demnach kein reales Subjekt mehr, das eine grundlegende soziale Transformation betreiben könnte. Adorno weist daher die Hegel'sche Dialektik von Herrschaft und Knechtschaft zurück; Herr und Knecht bilden keine zwei entgegengesetzten Formen von Bewusstsein, sondern sind beide nur Ausdruck wesentlich *derselben* Bewusstseinsformation. Das knechtische Bewusstsein markiert nicht die Negation, sondern den »Abdruck« des Positivs der Herrschaft; damit ist es, wie Adorno mit Bezug auf die Geschlechterdifferenz schreibt, »so schlecht wie diese«.[45] Die grundlegende Revision, die mit dem Werk von Jürgen Habermas verbunden ist, hat die negativistischen Vorzeichen des Projekts der kritischen Theorie aufgegeben, allerdings ohne wieder an das antagonistische Erbe des Marxismus anzuschließen. Habermas identifiziert eine immanente Verknüpfung der historischen Epoche der europäischen Moderne mit einer gesellschaftlichen Rationalisierungstendenz. Dies führt ihn dazu, die Aufgabe der Kritik nicht im Kampf gegen die Herrschaft als Relation, sondern in der Identifikation normativer Potentiale zu sehen, die im sozialen Leben bereits angelegt sind, aber noch ihrer Verwirklichung harren. Die Moderne bezeichnet Habermas daher als »unvollendetes Projekt«.[46] An dieser Konzeption, nach der die Bedeutung sozialer Bewegungen nur noch im Aufspüren spezifischer normativer »Geltungsüberhänge« besteht, hält auch die Anerkennungstheorie Axel Honneths fest.[47]

45 Adorno, *Minima Moralia,* S. 107.

46 Jürgen Habermas, *Die Moderne – ein unvollendetes Projekt,* Leipzig 1990.

47 Exemplarisch Axel Honneth, »Umverteilung als Anerkennung«, in: ders., Nancy

Die negativistische Gesellschaftskritik der älteren Frankfurter Schule und die affirmative Reformulierung des Totalitätsgedankens in der neueren haben gemeinsam, dass sie innerhalb der bestehenden Sozialformation kein Moment der radikalen Kontestation mehr ausmachen können. Beide Ansätze verkennen daher die Reichweite der politischen Ansprüche von Gegengemeinschaften. Zwar formieren sich die normativen Perspektiven von Gegengemeinschaften tatsächlich regelmäßig in Form einer »immanenten Kritik«, das heißt in einer Konfrontation der für eine soziale Praxis konstitutiven Norm mit ihrer realen Gestalt. Allerdings treibt diese Kritik über diese Sozialformation hinaus, sie sprengt sie von unten. Du Bois' Kritik der *color line* erinnert die amerikanische Gesellschaft an das Prinzip der Gleichheit, dem sie sich in ihrer Verfassung und ihren offiziellen Idealen verpflichtet hat. Dennoch impliziert diese Kritik nicht einfach die Forderung nach einer Vollendung oder Realisierung dieser Ideale. Als Materialist zeigt er vielmehr, warum es unter den bestehenden ökonomischen und politischen Bedingungen zu diesem Widerspruch *kommen muss*. Seine Kritik ist daher immanent generiert, aber nicht politisch immanent, sondern abolitionistisch: Sie drängt darauf, Verhältnisse zu überwinden, die beständig gegen die eigenen Normen verstoßen. Sie will keine Welt vervollständigen, sondern eine neue »schaffen«.

Anders als der traditionelle Marxismus behauptet, ist die Gesellschaft dabei nicht nur von einer einzigen, sondern von multiplen Herrschaftsachsen durchzogen, die sich gegenseitig verstärken, aber auch einander destabilisieren können. Jede dieser Antagonismen hat ihre eigenen Theoretisierungen hervorgebracht. Eine kritische Theorie der Gegengemeinschaften kann an die reichhaltigen Theoriebestände vieler anderer Traditionen anknüpfen, dazu zählen vor allem die Theorien der *Black Radical Tradition*, feministische und queere Theorien, post- und dekoloniale Theorien, Theorien der *disability studies* und ökologische Theoriebildungen. Kritische Theorie, heißt das, muss mit kleinem k geschrieben werden: Ihr Name darf nicht nur von einer »Schule« usurpiert werden. Ebenso, wie es bei einem Projekt der Befreiung darum geht, dass sich verschiedene Gegengemeinschaften zu einem koalitionären Projekt verbinden, muss sich eine gelungene Theoriebildung um eine kritische und

Fraser, *Umverteilung oder Anerkennung? Eine politisch-philosophische Kontroverse*, Frankfurt/M. 2003, S. 129-224, passim.

konstruktive Übersetzung heterogener begrifflicher Register bemühen. Eine kritische Theorie der Gegengemeinschaften kann dabei an versäumte Gelegenheiten und nicht ergriffene Möglichkeiten anknüpfen: Wie ließe sich anders über den Imperativ nachdenken, die Geschichte aus Perspektive der Unterdrückten zu schreiben, wenn sich beispielsweise Walter Benjamin und W. E. B. Du Bois kennengelernt hätten, die sich 1926 tatsächlich nur knapp in Moskau verpassten?[48] Welche neuen Analysen von Herrschaft und Knechtschaft hätten sich eröffnet, wenn es in den 1940er Jahren in New York zu einer echten Kollaboration zwischen Adorno und C.L.R. James gekommen wäre?[49] Wie müsste man die Geschichte der Frankfurter Schule neu schreiben, wenn Herbert Marcuses Studentin Angela Davis als eine Hauptvertreterin der »zweiten Generation« anerkannt werden würde?

Sprechposition

Die westlichen Wissenschaften haben jahrhundertelange dazu beigetragen, das Wissen von und über Gegengemeinschaften zu ignorieren, zu entwerten und zu zerstören. Das betrifft sowohl das Andere des europäischen Denkens in der kolonialen und imperialen Konstellation, also die epistemischen Ordnungen indigener Bevölkerungen, als auch das Andere in seinem Inneren, die Wissensproduktion von Arbeiter:innen, Frauen, Queers und rassifizierten Gruppen. Diese Negierung nimmt dabei unterschiedliche Formen an. Die drastischste ist die des Epistemizids, der völligen Leugnung und Vernichtung alternativer Denk- und Wahrnehmungsweisen, die zumeist der Legitimation von Dehumanisierungspraktiken und dem Raub von Ressourcen diente.[50] Gewaltvoll sind dabei auch

48 Die Verbindung der Arbeiten von Benjamin und Du Bois ist ein Forschungsprojekt von Alexander Weheliye, siehe seine Webseite »Modernity Hesitant«: ⟨https://sites.google.com/site/alexweheliye/civilizational-d⟩ [letzter Zugriff Juni 2023].

49 Diesen Vorschlag unterbreitet Henrike Kohpeiß, *Bürgerliche Kälte. Affekt und koloniale Subjektivität*, Frankfurt/M. 2023, S. 16-18; zur Begegnung von Adorno und James in New York vgl. Enzo Traverso, *Left-Wing Melancholia. Marxism, History, and Memory,* New York 2016, S. 173-178.

50 Vgl. Boaventura de Sousa Santos, *Epistemologies of the South. Justice Against Epis-*

epistemische Relationen, in denen eine dominante Seite sich das Wissen einer subordinanten Seite selbst wie eine Ressource aneignet. Solche Formen des epistemischen Extraktivismus können dabei die Form ökonomischer und rechtlicher Einhegungen annehmen, wie etwa bei der Patentierung von Saatgut oder dem Eigentumsanspruch westlicher Museen auf indigene kulturelle Artefakte.[51] Oft sind abwertende Strategien heute aber auch in wohlmeinende Narrative eingeflochten, wie etwa eurozentrische Vorstellungen von Fortschritt und Entwicklung, die marginalisierten Subjekten regelmäßig einen defizitären oder rückständigen Status zuweisen. Ebenso regiert ein epistemischer Dominanzanspruch in Strategien, Semantiken zu fixieren, Taxonomien zu ordnen, Diskussionen zu kontrollieren, Diskurse zu kanalisieren, sich vom Geschehen zu distanzieren und souverän den Überblick zu behalten. Schließlich kann er in Form einer Kommodifizierung und Kommerzialisierung kultureller Ausdrucksweisen auftreten, die sich nicht direkt als Abwertung, sondern eher als stereotype Romantisierung oder Idealisierung artikulieren, durch die gegengemeinschaftliche (Über-)Lebenspraktiken für den Genuss durch hegemoniale Konsument:innen vorbereitet werden.

Heutige akademische Praktiken stehen in dieser gewaltvollen Tradition. Sie reproduzieren auf vielfältige Weise Formen der Abwertung und/oder der Aneignung subalterner Wissensformen. Dazu zählen Praktiken des Ausschlusses, etwa wenn nicht-weiße oder nicht-cis-männliche Positionen nicht gelehrt, nicht eingeladen oder nicht zitiert werden, aber auch Formen des dominierenden Einschlusses, etwa wenn rassifizierte oder feminisierte Subjekte als symbolische Aushängeschilder (Token) einer dominanten Institution fungieren, ohne dass sie auf deren Gestaltung wirklichen Einfluss haben.[52] Auch kritische Theorien sind daher nicht davor gefeit, an Wissenschaftspraktiken zu partizipieren, die rassistisch, patriarchal und elitistisch imprägniert sind. Dies ist schon aufgrund ihrer Verortung innerhalb des universitären Apparates der Fall, der

temicide, London 2013; für den deutschen Kontext Hark, *Gemeinschaft der Ungewählten.*

51 Vgl. Linda Martín Alcoff, »Extractivist Epistemologies«, in: *Tapuya: Latin American Science, Technology and Society*, 5:1 (2022), S. 1-23.

52 Vgl. Sara Ahmed, *On Being Included. Racism and Diversity in Institutional Life,* Durham 2012.

dazu neigt, Wissen auf sehr spezifische (androzentrische, eurozentrische) Weise aufzubereiten und zur Darstellung zu bringen. Umso größer ist die Gefahr, wenn sie von Menschen betrieben werden, die in mehrfacher Hinsicht auf der dominanten, nicht auf der subordinanten Seite von Herrschaftsachsen verortet sind. Besonders heimtückisch funktionieren dabei auch im Bereich kritischer Theorien Strategien, die eigentlich auf eine größere Repräsentation marginalisierter Stimmen angelegt sind, zugleich aber unter der Hand im Zuge der Inklusion in einen Kanon deren Radikalität domestizieren und pazifizieren.[53]

Eine privilegierte Sprechposition bringt ein *epistemisches* Problem mit sich: Wenn, wie Standpunkttheorien überzeugend argumentiert haben, die soziale Situierung einer Sprecherin epistemisch relevant ist, dann haben Mitglieder von Gegengemeinschaften epistemische Vorteile: Aufgrund ihrer Erfahrungen und der von ihnen etablierten epistemischen Frameworks sehen sie etwas, was andere nicht sehen. Das heißt andersherum: Nicht-Mitglieder haben einen epistemischen Nachteil, sie neigen dazu, dass ihnen relevante Aspekte entgehen – sie haben einen schlechteren Zugang zu subalternen Wahrnehmungen, Interpretationsweisen und Archiven. (Sie wollen ihn häufig auch nicht haben, oder nur in begrenztem Maße, denn sie sind in die etablierten, gesicherten epistemischen Routinen affektiv investiert). Einige der Auswirkungen solcher epistemischen Blockaden sind in diesem Buch sofort offensichtlich: Alle Beispiele stammen aus dem europäischen oder US-amerikanischen Kontext, die konsultierten Theorien sind solche, die in Form von Texten artikuliert und im akademischen Rahmen einigermaßen akzeptiert sind, die Haupt-Stichwortgeber – Hegel, Marx und andere – haben sich selbst an der Devaluierung heterodoxer Wissensbestände massiv beteiligt. Einige der Auswirkungen des epistemischen Nachteils sind subtiler: Unzählige Fragestellungen kommen gar nicht erst vor, viele Rekonstruktionen sind nicht ausreichend nuanciert, einige Darstellungen sind trotz Vorsichtsmaßnahmen romantisierend oder einseitig. Eine dominante Sprechposition bringt aber auch ein *ethisches* und ein *politisches* Problem mit sich: Wie und unter welchen Umständen kann Theoriebildung, die hegemonialen

53 Vgl. Joy James, *In Pursuit of Revolutionary Love. Precarity, Power, Communities*, Brüssel 2023.

Normen gehorcht und dominanten Perspektiven folgt, gegenüber subalternen Stimmen gerecht und sorgsam verfahren? Wie kann sie zu einem Projekt kollektiver Befreiung beitragen?

Fred Moten und Stefano Harney haben das Verhältnis kritischer Intellektueller zu den etablierten akademischen Institutionen als ein »kriminelles« bezeichnet, also als ein Verhältnis der unrechtmäßigen und unautorisierten (Wieder-) Aneignung.[54] Damit meinen Harney und Moten nicht das Stehlen von Büromaterial, sondern das Stehlen von Bildung und von Zeit: Die Expropriation derjenigen Wissensbestände und Ressourcen, die den Ausschluss der Subalternen sicherstellen sollten, und ihre Verwendung für revolutionäre Zwecke. Ob diese kriminellen Taktiken funktionieren, hängt von dem Vorhandensein einer kollektiven Infrastruktur und eines gegenhegemonialen Bezugsrahmens ab, eben den Undercommons. Es scheint daher unproduktiv, das Problem der Sprechposition in einem juridischen Register als Frage der individuellen Lizenzierung aufzuwerfen, also als Frage, wer sich zu welcher Sache äußern *darf*. Wenn Befreiung irreduzibel ein kollektiver Prozess ist, dann geht es eher um eine Frage der Befähigung, also die Frage, wie wir uns selbst und die Arten unserer Theoriebildung so transformieren müssen, dass sie Teil eines gegenhegemonialen Diskurses werden *können*. Dabei spielen wiederum epistemische Fragen eine Rolle: Welche Inhalte, Formate, Interpretationen, Imaginarien sind für die gegengemeinschaftliche Praxis *interessant*? Aber auch normative Fragen sind leitend: Wie können marginalisierte Wissensformationen sorgsam erschlossen, wie können unsichtbar gemachte Traditionen gesehen, ausgeschlossene Stimmen gehört werden? Diese Fragen lassen sich nie allein und nie isoliert beantworten, sondern nur als Teil gegengemeinschaftlicher Praxis. Um den epistemischen Blockaden entgegenzuwirken, denen kritische Theorien unterliegen, sofern sie den Regeln des universitären Regimes folgen, ist es darum zunächst wichtig, das Vertrauen gegengemeinschaftlicher Wissenskontexte aufzubauen. Dies geht nur, indem man sich einem reziproken, das heißt immer unsicheren Dialog aussetzt, was eine Verantwortungsübernahme und Rechenschaftspflicht voraussetzt.[55]

54 Harney/Moten, *Undercommons*, S. 21.

55 Zum Dreiklang von Reziprozität, Rechenschaft und Responsibilität als Kennzeichen kritischer Theoriebildung vgl. Hark, *Gemeinschaft der Ungewählten*, S. 38.

Dieses Buch versteht sich als fallibler und reversibler Beitrag zu einem gegenhegemonialen Diskurs über die Bedingungen und Voraussetzungen radikaler transformativer Politik. Es ist sich seiner eigenen riskanten Widersprüchlichkeit bewusst.[56] Dass diese Widersprüche selbst Formen epistemischer Gewalt reproduzieren, ist die Gefahr – dass sie Quelle produktiver Kontestation werden, ist die Hoffnung dieses Projekts.

Maulwurf

Am Ende seiner Vorlesungen über die Geschichte der Philosophie analogisiert Hegel den Weltgeist mit einem Maulwurf:

> Oft scheint er sich vergessen, verloren zu haben; aber innerlich sich entgegengesetzt, ist er innerliches Fortarbeiten – wie Hamlet vom Geiste seines Vaters sagt, ›Brav gearbeitet, wackerer Maulwurf‹ –, bis er, in sich erstarkt, jetzt die Erdrinde, die ihn von seiner Sonne, seinem Begriffe, schied, aufstößt, daß sie zusammenfällt. In solcher Zeit hat er die Siebenmeilenstiefel angelegt, wo sie, ein seelenloses, morschgewordenes Gebäude, zusammenfällt und er in neuer Jugend sich gestaltet zeigt.[57]

Obwohl er für die Oberwelt lange Zeit unbemerkt ist, ist es der Maulwurf, der die Geschichte macht. Hegel lobt den Maulwurf vor allem für seine Ausdauer und Geduld: Unbeirrt vom eitlen Treiben an der Erdoberfläche wühlt er beharrlich weiter. Tatsächlich besteht das gesamte Dasein von Maulwürfen in *Bewegungen*, in der immer neuen Herstellung von *Durchbrüchen*, einem immer neuen *Aufwerfen.* Dieses ständige Umwälzen ist nicht einfach eine Form der Nahrungsbeschaffung oder Fortbewegung, sondern eine Existenzweise: Auch der Maulwurf selbst ist »innerlich sich entgegengesetzt«. Ebenso wenig wie mit der Welt ist er mit seinem eigenen Standpunkt versöhnt. (Umgangssprachlich nennt man auch eine Verräterin »Maulwurf«, eine Person, die unerkannt inmitten einer Gemeinschaft lebt, gegenüber der sie jedoch nicht loyal ist.)

56 Zur Arbeit mit Widersprüchen an der Schnittstelle von Akademie und Aktivismus vgl. Charles R. Hale (Hg.), *Engaging Contradictions. Theory, Politics, and Methods of Activist Scholarship*, Berkeley 2008.

57 G. W. F. Hegel, *Vorlesungen über die Geschichte der Philosophie III*, Frankfurt/M. 1986, S. 456.

»Brav gewühlt, alter Maulwurf!«[58] ist auch der Ausruf, den die Welt laut Marx tätigen wird, wenn die Revolution ihre unterirdische Vorarbeit vollbracht hat und ihr Werk der Umwälzung für alle sichtbar zutage tritt. Der Maulwurf steht bei Marx, wie schon bei Hegel, für das zielgerichtete und unbeirrbare Streben der Geschichte, das jedoch erst im Moment der Erschütterung der Erde wirklich bemerkbar wird. Die Metapher des Maulwurfs dient den beiden Philosophen dazu, das Prozesshafte und das Ereignishafte sozialer Transformation zusammenzudenken: Plötzlichen Umbrüchen sind lange und mühselige Praktiken vorangegangen, die häufig schwer sozialdiagnostisch zu erkennen und philosophisch zu beschreiben sind. Auch wenn er zoologisch gesehen ein Einzelgänger ist, haben sich Hegel und Marx allerdings darin geirrt, vom Maulwurf im Singular zu sprechen. Es gibt immer mehrere Maulwürfe, und ihre Wühlbewegungen sind selten synchron oder koordiniert. Deshalb sind ihre Bewegungen, anders als Hegel und Marx (und mit ihnen ein Großteil der marxistischen Tradition)[59] unterstellen, auch nicht linear, sie sind auf kein festes Ziel gerichtet.

Hegel und Marx täuschen sich darum auch, wenn sie glauben, der Maulwurf wolle zur Sonne. Sein Reich ist der Untergrund. Wenn seine Umwälzungen ein seelenloses und morschgewordenes Gebäude zum Einsturz bringen, dann schwingt er sich nicht zu ihm empor, sondern bringt es auf seine Ebene. Er wird nicht wie die Anderen, sondern lädt diese zu sich ein. Gut daran, ein Maulwurf zu sein, ist nicht die Sonne oder die Jugend, sondern das Fortarbeiten und das Entgegensetzen. Diese Bewegung ist es, die der Maulwurf den Oberirdischen eröffnet.

Bislang ist es nicht gelungen, einen Maulwurf zu züchten. In der Gefangenschaft sind Maulwürfe nicht fortpflanzungsfähig: »Ihre Anpassungsfähigkeit an den Terror menschlicher Naturbeherrschung ist minimal.«[60] Es ist daher eine Beleidigung, einen Maulwurf »brav« zu nennen. Ebendarum ist er der Held dieses Buches.

58 Karl Marx, »Der achtzehnte Brumaire des Louis Bonaparte«, in: *Marx-Engels-Werke* (MEW), Bd. 8, Berlin 1960, S. 196.

59 Etwa Rosa Luxemburg, »Der alte Maulwurf«, in: dies., *Gesammelte Schriften*, Bd. 4, Berlin 1970, S. 258-264.

60 Alfred Opitz, Ernst-Ullrich Pinkert, *Der alte Maulwurf: Die Verdammten (unter) dieser Erde. Geschichte einer revolutionären Symbolfigur*, Berlin 1979, S. 29.

2. Die Überlegenheit der Unterlegenen

1968 gründete der Community-Aktivist Frank Critchlow im Londoner Stadtteil Notting Hill das Restaurant The Mangrove. Das Mangrove war nicht nur eine Gaststätte für karibisches Essen, sondern auch ein Treffpunkt für zahlreiche Intellektuelle, Aktivist:innen und Künstler:innen; zu den berühmten Gästen zählten Diana Ross, Jimi Hendrix, Nina Simone, Vanessa Redgrave und Selma und C. L. R. James. Der Ort entwickelte sich schnell zu einem zentralen Bezugspunkt einer schwarzen Gegenkultur im von Rassismus und kolonialen Kontinuitäten geprägten Großbritannien. Kurz nach seiner Eröffnung wurde das Restaurant immer wieder Objekt von Polizeischikanen wie willkürlichen Razzien und Kontrollen, die zum Ziel hatten, das Restaurant zum Schließen zu zwingen. 1970 kam es zu einer öffentlichen Demonstration gegen die Polizeigewalt, bei dem neun Demonstrierende festgenommen und wegen Verschwörung und Aufwiegelung angeklagt wurden. Der Prozess, der von einem weißen Staatsanwalt vor einem weißen Richter und einer mehrheitlich weißen Jury gegen die »Mangrove Nine« geführt wurde, hat breite öffentliche Aufmerksamkeit erregt. Nachdem es den Angeklagten gelungen war, die Prozessführung zu politisieren und als Bühne zu nutzen, um ihrem Protest über den grassierenden Rassismus der britischen Polizei Ausdruck zu verleihen, wurden die Beschuldigten letztlich in den meisten Anklagepunkten freigesprochen. In den folgenden Jahren wurde das Mangrove jedoch weiterhin Zielscheibe regelmäßiger polizeilicher Schikanen; 1992 musste es schließen. Knapp dreißig Jahre später widmete der Regisseur Steve McQueen dem Mangrove einen gleichnamigen Film, in dem eindrücklich die Verknüpfung sittlicher Praktiken von unterdrückten Gruppen und deren politische Bedeutung gezeigt wird: Die Konfrontation zwischen Critchlow und seinem Gegenspieler, dem Polizei-Constable Pulley, findet nicht nur auf der Straße und im Gerichtssaal, sondern auch im Restaurant statt. Als Pulley zum ersten Mal ins Restaurant kommt und provokativ Würstchen und Eier bestellt, entgegnet ihm Critchlow: »Das Mangrove macht sowas nicht … es gibt bei uns nur scharfes Essen. Für eine bestimmte Art von Gaumen.«[1]

1 *Small Axe*, Season 1, Episode 1: *Mangrove*, UK/USA 2020, Regie: Steve McQueen,

Das Mangrove ist ein klassisches Beispiel für die Orte von Gegengemeinschaften. Die Bedeutung solcher Orte für die Artikulation moralischer Empörung und politischer Gleichstellungsforderungen wird zumeist auch in der Soziologie und der Sozialphilosophie anerkannt. In seinem Essay »Das Ich im Wir« untersucht etwa Axel Honneth die Bedeutung der Gruppensozialisation für die individuelle Persönlichkeitsentwicklung. Gemäß seinem anerkennungstheoretischen Ansatz geht er davon aus, dass die in Gruppen gemachte Erfahrung positiver Wertschätzung essentiell für eine gelungene Identitätsformierung ist. Für Honneth übernimmt die Gruppe insbesondere eine ausgleichende Funktion, wenn einzelnen Subjekten der Status als gleiche Rechtssubjekte vorenthalten wird. In Anlehnung an einen Begriff von Richard Sennett spricht Honneth davon, dass marginalisierte oder ausgeschlossene Gruppen häufig »Gegenkulturen des Respekts«[2] herausbilden, die von spezifischen Regeln der Verantwortung und Achtung geprägt sind, worunter etwa Familien, Gangs, Jugendkulturen oder breite politische und soziale Bewegungen zu rechnen sind. Für Honneth ist die Form des Respekts und das daraus resultierende Selbstwertgefühl ausdrücklich »kompensatorisch«: Gegenkulturen gleichen das Anerkennungsdefizit der Gesamtgesellschaft aus, indem sie ihre Mitglieder mit einer Art behelfsmäßiger Not-Anerkennung versorgen. Diese Sichtweise ist gesellschaftstheoretisch weit verbreitet; Gegengemeinschaften werden häufig in einem derivativen Vokabular beschrieben, wonach gegengemeinschaftliche Normen diejenigen der Mehrheitsgesellschaft nur imitieren und substituieren. Diese Perspektive übersieht aber die konfrontativen Aspekte gegengemeinschaftlicher Sittlichkeit und damit auch die Spezifik der Emotionen und Affekte, die sie bei ihren Mitgliedern erzeugt. Die normative Struktur von Gegengemeinschaften ist weder kompensatorisch noch defizitär, sondern antagonistisch und kontestatorisch. Ihre Verwirklichung zielt daher nicht auf Gleichstellung, Inklusion, Integration oder Assimilation, sondern auf Abolition.

Eine Darstellung, die die Bedeutung der Sittlichkeit von Gegengemeinschaften als Ausgleichung eines Defizits beschreibt, deckt

Transkript online unter: ⟨https://scrapsfromtheloft.com/tv-series/small-axe-mangrove-transcript/⟩ [letzter Aufruf Juni 2023].

2 Axel Honneth, »Das Ich im Wir«, in: ders., *Das Ich im Wir. Studien zur Anerkennungstheorie*, Berlin 2010, S. 261-279, hier: S. 269.

sich nicht mit dem Selbstverständnis vieler unterdrückter und ausgeschlossener Gruppen. Immer wieder haben diese darauf bestanden, dass ihre Lebensformen denen ihrer Unterdrücker:innen in einem bestimmten Sinne überlegen sind: So gehen epistemische Standpunkttheorien davon aus, dass Unterdrückungserfahrungen (wie sie etwa die Arbeiter.innen oder die Frauen machen) die Voraussetzungen für eine bessere Einsicht in die Natur gesellschaftlicher Ungerechtigkeit bieten; feministische *care*-Ethiken haben spezifische Moraleinstellungen und Handlungsorientierungen von Frauen zu identifizieren versucht, welche die Beschränkungen traditioneller, gerechtigkeitsorientierter Normkonzeptionen transzendieren; in Anlehnung an Foucaults Konzept der Ästhetik der Existenz haben etwa queere Subkulturen auf dem transgressiven Charakter der eigenen Lebensform gegenüber den bornierten Kulturpraktiken des Bürgertums insistiert; schwarze Communities haben ihren Selbstwert und ihre Würde durch eine eigene ästhetische Tradition und durch Slogans wie *Black is Beautiful* affirmiert – die Liste ließe sich endlos fortsetzen. Diese Überlegenheit lässt sich in verschiedene Facetten auffächern, sie besitzt eine epistemische, eine normative und eine ästhetische Dimension und sie hat einen spezifischen affektiven Ertrag. All diese Komponenten sind dabei in denselben Ermöglichungsbedingungen verankert, nämlich in den realen sittlichen Praktiken von Gegengemeinschaften. Wie kann es jedoch sein, dass jemand ökonomisch, politisch, kulturell oder sozial beherrscht ist, aber zugleich über epistemische, normative, ästhetische oder affektive Vorteile verfügt? Wie kann diese Umkehrung genauer verstanden werden?

Die Überlegenheit des knechtischen Bewusstseins

Die Bestimmung des Menschen als *zoon politikon*, als ein politisches oder soziales Tier, gehört zu den leitenden Prämissen einer Reihe von philosophischen Traditionen, vom (Neo-)Aristotelismus über den Hegelianismus bis zum Kommunitarismus und Republikanismus. Dieser Definition zufolge hat Sozialität für das menschliche Leben nie nur einen instrumentellen, sondern auch einen inhärenten Wert; »deshalb verlangen die Menschen«, schreibt Aristoteles in der *Politik,* »auch wenn sie durchaus keiner gegenseitigen Hilfe bedürfen, nichtsdestotrotz nach dem Zusammenleben«.[3] Aristoteles' Bestimmung zeichnet zum einen die menschliche Lebensform gegenüber anderen Lebensformen aus: Nur der Mensch besitzt das Sprachvermögen und die Vernunft, die für politisches Handeln nötig sind. Zum anderen ist die aristotelische Definition auch in einem normativen Sinne informativ; sie beinhaltet Exzellenzkriterien und gibt somit Auskunft über ideale Formen des menschlichen Lebens und Zusammenlebens. Die normativen Implikationen der aristotelischen Anthropologie lassen sich in objektiver und in subjektiver Hinsicht ausbuchstabieren. Aus der Grundannahme, dass der Mensch sich nur durch die Partizipation an sozialen Praktiken verwirklichen kann, wurde etwa die Schlussfolgerung gezogen, dass die objektiven Verhältnisse so eingerichtet werden sollen, dass sie eine solche Teilnahme zulassen. Zu den Bedingungen eines der menschlichen Lebensform angemessenen Gemeinwesens wurden in der politischen Philosophie unter anderem eine gemeinsame Hintergrundkultur, eine ausreichende Bildung und der Zugang zu kulturellen Gütern identifiziert. Um seinem Wesen als *zoon politikon* gerecht zu werden, muss der Mensch sich aber auch subjektiv eine soziale Handlungsorientierung zu eigen machen. Hierfür ist es nötig, den insbesondere für die Moderne typischen Individualismus zu überwinden und eine habitualisierte Gemeinwohlorientierung herauszubilden, die man als Tugend bezeichnen kann. Das optimale Zusammenspiel der objektiven und subjektiven Dimensionen hat zudem, so eine weitere Implikation der anthropologischen Prämisse, einen emotionalen Effekt, der sich mit Aristoteles als Glückseligkeit (*eudaimonia*) beschreiben lässt.

Hegel hat in seinem Gesamtwerk das Projekt einer Reaktualisierung dieser elementaren aristotelischen Prämissen unter Bedingungen der Moderne verfolgt. Dabei hat er nicht nur die verschiedenen Anerkennungsdimensionen spezifiziert, die menschliche Wesen für eine gelingende Identitätsentwicklung brauchen, und die damit korrespondierenden gesellschaftlichen Sphären mit ihren jeweiligen normativen Grammatiken identifiziert, sondern auch die Geschichtlichkeit des Sozialen erkannt. Die aktuellen Emanationen menschlicher Sozialität sind nicht, wie Aristoteles noch meinte, einfach Ausdruck einer biologischen Bestimmung, sondern Ergeb-

3 Aristoteles, *Politik*, Hamburg 1981, S. 88 (1278b).

nis geschichtlicher sozialer Kämpfe. Diese Kämpfe, so Hegel weiter, können zur Etablierung von Strukturen sozialer Herrschaft führen, die die menschliche Disposition zur Sozialität konterkarieren. Insbesondere im »Herrschaft und Knechtschaft«-Kapitel in der *Phänomenologie des Geistes* hat Hegel prägnant gezeigt, dass Verhältnisse, die auf Herrschaft und Knechtschaft basieren, kein gutes Zusammenleben im aristotelischen Sinne und damit keine menschliche Selbstverwirklichung ermöglichen. Dies liegt bekanntlich an der grundlegenden Asymmetrie dieser Beziehung: Denn der Herr wird zwar vom Knecht als selbständiges Wesen anerkannt, der Knecht jedoch nicht vom Herrn. Die revolutionäre Pointe von Hegels Beweisführung lautet nun, dass ein gelungenes Zusammenleben nicht nur für den Knecht, sondern auch für den Herrn verspielt ist. Weil er nicht von jemandem anerkannt wird, den er selbst als des Anerkennens würdig anerkennt, bleibt seine Selbständigkeit leer und eitel; der Herr befindet sich, in den Worten von Alexandre Kojève, in einer »existentiellen Sackgasse«.[4]

Der Knecht hingegen macht Erfahrungen, die dem Herrn entgehen. Hegel kommt so zu dem auf den ersten Blick erstaunlichen Befund: »Die *Wahrheit* des selbständigen Bewußtseins ist [...] das *knechtische Bewußtsein.*«[5] So wie die Herrschaft in ihr Gegenteil umschlägt (die Überlegenheit des Herrn entpuppt sich als Nachteil), so schlägt auch Knechtschaft in ihr Gegenteil um (die Unterlegenheit des Knechts ist in Wirklichkeit ein Vorteil). Diese Inversion der konventionellen Werteordnung nennt Hegel die »Dialektik« von Herrschaft und Knechtschaft. Der entscheidende Grund für die Überlegenheit des knechtischen vor dem herrischen Bewusstsein liegt in der Erfahrung der Arbeit: Während der Herr nur genießt, kann der Knecht die Welt bearbeiten und schafft so etwas Bleibendes. In diesem Bleibenden erblickt sich der Knecht erstens selbst in der Welt und kann auf diese Weise auch eine Erfahrung von Selbständigkeit machen. Zweitens ist der Knecht durch die Arbeit für Andere tätig, wodurch er auf befreiende Weise seine eigene Selbstsucht überwindet. Beide Aspekte der Arbeit sind unvollständig: Die Selbstständigkeitserfahrung wird dauernd dadurch ausgelöscht, dass der Knecht alles, was er herstellt, an den Herrn

4 Alexandre Kojève, *Hegel. Eine Vergegenwärtigung seines Denkens,* Stuttgart 1958, S. 48.

5 G. W. F. Hegel, *Phänomenologie des Geistes*, Frankfurt/M. 1986, S. 152.

weitergibt, und das Für-Andere-tätig-Sein bleibt einseitig, es wird nicht durch ein Entgegenkommen des Herrn beantwortet. Dennoch, insistiert Hegel, ist es gerade die knechtische Existenzweise, nicht die herrische, die die Basis für eine gelungene Sozialität bildet.

Um Hegels These von der Überlegenheit der Unterlegenen (also der »Wahrheit« des knechtischen Bewusstseins) plausibel zu machen, bieten sich zunächst zwei Interpretationen an. Die erste ist geschichtsphilosophisch: Die »Wahrheit« des knechtischen Bewusstseins erweist sich erst retrospektiv, sie wird erst vom Ende eines sinnhaft strukturierten Entwicklungsgangs her als dessen notwendiges Moment dechiffrierbar. Dann ist das knechtische Bewusstsein allein deshalb »wahrer« als das herrische, weil es auf eine noch nicht existente, zukünftige Wirklichkeit vorgreift (während das herrische historisch untergehen wird). Das Problem mit dieser – authentisch hegelianischen – Interpretation besteht darin, dass sich die Knechte von dieser Form der Wahrheit buchstäblich »nichts kaufen« können: Sie können lediglich darauf vertrauen, dass die geschichtliche Realität irgendwann mit ihrem bereits ausgebildeten Bewusstsein korrespondiert. Diese Deutung der Wahrheit als Antizipation ist zudem zu spezifisch, um die Glückserfahrungen zu erklären, die mit der Teilnahme an den sittlichen Praktiken von Gegengemeinschaften häufig einhergehen. Zwar gibt es durchaus Lebensformen, die allein aus der Erwartung einer kommenden Erlösung Gefühle der Befriedigung oder sogar der Ekstase ausbilden (die meisten dieser Gemeinschaften sind religiöser Natur), diese können aber nicht als stellvertretend für alle Formen von Gegengemeinschaften gelten.

Eine zweite Weise, Hegels These zu interpretieren, verfährt anthropologisch. Der Knecht ist dieser Lesart zufolge einfach näher an dem, was den Menschen wesentlich zum Menschen macht. Diese Interpretation kann sich auf aristotelische Prämissen stützen: Wer sich nur an seinen eigenen Interessen orientiert (wie in der griechischen Polis der »Idiot«, der vom gemeinschaftlichen Leben zurückgezogene Privatmann), missversteht, was ihn als Menschen eigentlich ausmacht. Der Knecht kann durch seine Arbeit nicht nur die Welt formieren, ihm ist auch eine besondere Form der Zugewandtheit angelegt: Er ist für andere tätig und überschreitet so den egoistischen Solipsismus des Herrn. Auf diese Weise ist es den Knechten selbst bei einem Fortbestand von Herrschaftsverhältnissen möglich, mit ihren Gattungseigenschaften in Beziehung zu treten. Dieser Bezug ist nicht unmittelbar gegeben, sondern muss durch eine spezifische Praxis herausgebildet werden, eben die Arbeit. Diese Arbeit kann auch bestimmte Emotionen erzeugen, wie Stolz auf die eigene Leistung oder ein Gefühl für den Wert des eigenen Beitrags für die Gemeinschaft. Genau gegen diese Vorstellung hat Marx mit seiner Entfremdungskritik Einspruch erhoben: Die Arbeit unter Ausbeutungsbedingungen entfremdet den Menschen gerade von seinen Gattungseigenschaften, statt deren Potential auszuschöpfen.[6] Diese Entfremdungsanalyse bringt die anthropologische Begründung der Behauptung eines Vorteils der knechtischen Existenz ebenso in theoretische Probleme: Woher soll man unter konkreten historischen Bedingungen wissen, was sein »eigentliches« Wesen ist?

Sowohl die geschichtsphilosophische als auch die anthropologische Interpretation versuchen die Behauptung der Überlegenheit der Unterlegenen dadurch zu stützen, dass sie nach einer externen Gewähr suchen: Das geschichtliche Telos und das menschliche Wesen nehmen die Position von invarianten Konstanten ein, die die Qualität gegengemeinschaftlicher Sozialität jenseits ihrer konkreten historischen Erscheinungsformen verankern sollen. Wenn diese beiden Strategien aber inzwischen unglaubwürdig geworden sind, bewährt sich die Überlegenheit von Gegengemeinschaften vielleicht gar nicht in einem Jenseits des realen Geschehens, sondern in dessen Immanenz. Hegel bietet nämlich neben der Arbeit noch ein weiteres Motiv an, das die knechtische von der herrischen Erfahrung unterscheidet: das des Kampfes. Zwar haben beide, Herr und Knecht, die Erfahrung des Kampfes gemacht, aber nur im Erleben des Knechts hat der Kampf eine existenzielle Bedeutung angenommen; er hat eine absolute Furcht vor dem Tod empfunden, die ihn zur Kapitulation bewogen hat. Für den Knecht war der Kampf also nicht nur ein Instrument, mit dem er eine Form von Bestätigung erreichen wollte, sondern er hat ihn vollkommen desubjektiviert. Das knechtische Bewusstsein, schreibt Hegel, »ist darin innerlich aufgelöst worden, hat durchaus in sich selbst erzittert, und alles Fixe hat in ihm gebebt«.[7] Diese Erfahrung der radikalen Furcht ist konkreten Existenz- und Erscheinungsweisen von Herrschaft und

6 Karl Marx, *Ökonomisch-philosophische Manuskripte*, in: *Marx-Engels-Werke* (MEW), Erg.-Bd. 1, Berlin 1968, S. 516-519.

7 Ebd., S. 154.

Knechtschaft nicht äußerlich, sie ist Teil ihrer unmittelbaren Realität. Hier eröffnet sich eine dritte Interpretationsweise der Behauptung von der Überlegenheit der Unterlegenen. Der Kampf ist keine Vorgeschichte von Herrschaft und Knechtschaft, sondern bleibt in den so etablierten Sozialverhältnissen präsent. Wenn es stimmt, dass sich die Knechte dieser irreduziblen Konfliktualität des Sozialen subjektiv mehr bewusst sind, weil ihre Sittlichkeit immer schon Ausdruck von Auflösung, Zittern und Beben ist, und wenn zugleich die Auflösung von Gewissheiten und Naturalisierungen einen inhärenten Wert besitzt, so lässt sich eine immanente Begründung für die Überlegenheit des knechtischen Bewusstseins formulieren. Um die Plausibilität der drei Deutungsangebote gegeneinander abzuwägen, ist es jedoch wichtig, zunächst das von Hegel beschriebene formale Schema zu verlassen und sich Phänomenen von Herrschaft und Knechtschaft in ihrer empirischen Gestalt zuzuwenden.

Überlegenheit als Antizipation

Hegels Analyse von Herrschaft und Knechtschaft hat in den letzten 200 Jahren unzählige Weiterentwicklungen und Anwendungen erfahren. Eine der prominentesten Anschlüsse stellt die Kapitalismuskritik von Karl Marx dar. Unter kapitalistischen Bedingungen, so lautet Marx zentrale Akzentuierung, kann die Arbeiterin keine wirkliche Erfahrung von Selbständigkeit machen, da alles in ihrer Arbeitswelt fremdbestimmt ist. Trotz seiner Betonung des entfremdeten Charakters knechtischer Arbeit hält Marx jedoch an Hegels These fest, dass die »Wahrheit« nicht im herrischen, sondern im knechtischen Bewusstsein zu suchen ist. Wie lässt sich diese These unter kapitalismuskritischen Vorzeichen verteidigen?

Als Klassengesellschaft produziert der Kapitalismus radikal heterogene Lebensrealitäten für das Proletariat und die Bourgeoisie, die sich unter anderem auch bis in unterschiedliche Sittenvorstellungen, Moralansichten, sinnliche Weltwahrnehmungen, ästhetische Ausdrucksweisen, Moden oder Geschmäcker nachvollziehen lassen. Die englische arbeitende Klasse etwa, schreibt Friedrich Engels, sei »ein ganz andres Volk geworden ist als die englische Bourgeoisie. [...] Die Arbeiter sprechen andre Dialekte, haben andre Ideen und Vorstellungen, andre Sitten und Sittenprinzipien, andre

Religion und Politik als die Bourgeoisie.«[8] Diese beiden »Völker« – Gemeinschafts- oder Sozialitätsformen – haben unterschiedliche normative Strukturen, das heißt im hegelianischen Vokabular »Sittlichkeiten«. Man kann das Proletariat in diesem Sinne daher auch als ein Milieu, als eine Form von Gegengemeinschaft beschreiben.

Der Kommunismus, schreiben Marx und Engels in der *Deutschen Ideologie,* »ist nicht ein *Zustand,* der hergestellt werden soll, ein *Ideal,* wonach die Wirklichkeit sich zu richten haben [wird]«, sondern »die *wirkliche* Bewegung, welche den jetzigen Zustand aufhebt«.[9] Marx und Engels wenden sich hier gegen einen Utopismus oder Moralismus, der die kommunistische Gesellschaft der bestehenden kapitalistischen Gesellschaft von außen gegenüberstellen will. Der Kommunismus, insistieren sie, darf nicht abstrakt postuliert werden, sondern besitzt auch innerhalb der bestehenden Verhältnisse bereits eine materielle Grundlage, »es *ist* die *faktische* Auflösung dieser Weltordnung«.[10] Die Implikation dieses anti-idealistischen Arguments lautet, dass nicht der Zustand des Proletariats als defizitär anzusehen ist, sondern der der Bourgeoisie. Nicht die Situation der Kapitalist:innen soll verallgemeinert werden, sondern die der Arbeiter:innen: Es sollen nicht alle Menschen Eigentum an Produktionsmitteln bekommen, sondern niemand soll mehr Eigentum an Produktionsmitteln haben.

Diese Argumentationsfigur – nicht den unterlegenen, sondern den dominanten Standpunkt als defizitär zu erklären – lässt sich auf Marx' und Engels' Theorie der Sittlichkeit von Gegengemeinschaften übertragen. Die Tatsache, dass sich die bürgerliche und die proletarische Lebensform nicht nur voneinander unterscheiden, sondern einander antagonistisch widerstreiten, bedeutet, dass alles, was den einen als Ausdruck eines guten Lebens erscheint, den anderen als verdorben gilt, und umgekehrt. Während die Bourgeoisie die pathologische Lebensform der bürgerlichen Gesellschaft verinnerlicht hat, repräsentiert das Proletariat deren nicht nur ökonomische, sondern auch kulturelle Negation. Seine Wohn-, Kom-

8 Friedrich Engels, *Die Lage der arbeitenden Klasse in England*, in: *Marx-Engels-Werke* (MEW), Bd. 2, Berlin 1972, S. 351.

9 Karl Marx, Friedrich Engels, *Die deutsche Ideologie*, in: *Marx-Engels-Werke* (MEW), Bd. 3, Berlin 1969, S. 35.

10 Karl Marx, »Zur Kritik der Hegelschen Rechtsphilosophie. Einleitung«, in: *Marx-Engels-Werke* (MEW), Bd. 1, Berlin 1976, S. 391.

munikations- und Liebesformen besitzen bereits, wenn auch noch unbewusst, Eigenschaften der Kultur einer ganz anderen Gesellschaft. Am deutlichsten lässt sich dies anhand der Themenkomplexe Familie und Geschlechterverhältnisse sowie Nation und Nationalismus aufzeigen.

Noch vor seiner ersten Kollaboration mit Marx führte Friedrich Engels in zahlreichen englischen Städten die Untersuchungen durch, die er 1845 unter dem Titel *Die Lage der arbeitenden Klasse in England* veröffentlichte und die zu einem Meilenstein der empirischen Sozialforschung werden sollten. Die Schrift ist eine radikale Anklage der katastrophalen Auswirkungen der kapitalistischen Produktionsweise zur Zeit der industriellen Revolution auf das menschliche Leben und Zusammenleben. Detailliert schildert Engels, wie die arbeitenden Klassen unter den Demütigungen der Kapitalist:innen, quälender und entfremdender Arbeit, Wohnungsmangel und schlechter Wohnqualität, Unterernährung und Verwahrlosung, katastrophalen Hygiene- und Gesundheitszuständen zu leiden haben. Die Effekte dieser Lebensrealität beschreibt er als körperliche Verelendung, allgemeine Ungebildetheit und grassierenden Alkoholismus. Trotz seiner drastischen Schilderungen ist die Lebensform der Proletarier:innen jedoch nicht rein negativ bestimmt. Der Klassencharakter der bürgerlichen Gesellschaft führt vielmehr dazu, dass die Arbeiter:innen von der herrschenden Moral und der dominanten Kultur vollkommen entbunden sind. Wie im Proletariat ohne sein Zutun bereits die Negation des Privateigentums manifestiert ist, so ist in seiner Lebensform bereits eine praktische Gleichgültigkeit gegenüber der bürgerlichen Sexualmoral, dem traditionellen Familienleben und einem engstirnigen Patriotismus manifestiert, die auf unbewusste Weise die Basis einer kommunistischen Lebensform abgibt.

Die bürgerliche Kleinfamilie ist, wie der Name schon sagt, die historisch spezifische Organisationweise von Intimbeziehungen in der bürgerlichen Gesellschaft. Sie beruht auf der Notwendigkeit des Privaterwerbs und einer internen hierarchischen Arbeitsteilung, bei der der Mann für den Lebensunterhalt und die Frau für den Haushalt zuständig ist.[11] Dieses patriarchale Familienmodell wird ideo-

11 »[D]ie Ehe, das Eigentum, die Familie [sind] praktisch die Grundlagen [...,] auf denen die Bourgeoisie ihre Herrschaft errichtet hat [...]. Dieses Verhältnis des

logisch durch bestimmte Sittenvorstellungen flankiert, von denen die zentrale die Monogamie ist. Dieses Monogamie-Ideal bleibt aber heuchlerisch, weil es mit regelmäßigem Ehebruch und für den Mann regelmäßig auch mit der Inanspruchnahme von Sexarbeit einhergeht.[12] Engels protokolliert in *Die Lage der arbeitenden Klasse*, dass den Arbeiter:innen das Familienleben, das ihnen von der Bourgeoisie propagiert wird, materiell unmöglich ist. Dies liegt zum einen an den Wohnbedingungen, die keine Häuslichkeit zulassen, zum anderen an der ökonomischen Stellung der Familienmitglieder, die alle in den Produktionsprozess eingebunden sind und zu völlig unterschiedlichen Zeiten arbeiten müssen.[13] Aus diesem Grund adaptieren die Proletarier:innen die ihrer ökonomischen Lage angemessenen Sittenvorstellungen, in denen vor allem das bürgerliche Monogamie-Ideal außer Kraft gesetzt ist. Auf die sexuellen Ausschweifungen der Arbeiter:innen reagiert die Bourgeoisie dementsprechend empört. Marx und Engels schlussfolgern in der *Deutschen Ideologie*, dass im Proletariat die Familie »*wirklich* aufgelöst« ist, wobei gerade diese Auflösung authentische Familienzuneigung ermöglicht.[14] Das *Kommunistische Manifest* entwickelt dann aus diesen bereits »wirklichen« Intimitätspraktiken des Proletariats die explizite Forderung nach der »Aufhebung der Familie«,[15] womit willkürliche private Erziehung der Kinder durch die Eltern und die Unterordnung der Frauen unter die Männer gemeint ist. Marx und Engels haben also in Bezug auf das Familienleben die gleiche Operation vollzogen wie in Bezug auf die ökonomische Struktur: Was bereits innerhalb des Kapitalismus auf unbewusste und passive Weise in der Realität des Proletariats verwirklicht ist, wird positiv gewendet und zu einer bewussten und aktiv erhobenen Forderung.

Eine ganz ähnliche Struktur hat auch Marx' und Engels' Argument gegen Nationalismus und Patriotismus. Die Nation ist die der kapitalistischen Produktionsweise angemessene politische Form, weil diese auf einen Staat als Garanten des Eigentumsrechts

Bourgeois zu seinen Existenzbedingungen erhält eine seiner allgemeinen Formen in der bürgerlichen Moralität.« Marx/Engels, *Die deutsche Ideologie*, S. 164.

12 Karl Marx, Friedrich Engels, *Manifest der kommunistischen Partei*, in: *Marx-Engels-Werke* (MEW), Bd. 4, Berlin 1972, S. 40.

13 Vgl. Engels, *Die Lage der arbeitenden Klasse*, S. 356.

14 Vgl. Marx/Engels, *Die deutsche Ideologie,* S. 164.

15 Marx/Engels, *Manifest*, S. 40.

und zur Organisierung der für die Produktion notwendigen gesellschaftlichen Aufgaben (Erziehung, Bereitstellung von Infrastruktur etc.) angewiesen ist. Tatsächlich hat aber bereits die wirtschaftliche Entwicklung des 19. Jahrhunderts die kapitalistische Ökonomie globalisiert und die einzelnen Volkswirtschaften zwangsweise in den Weltmarkt eingegliedert. Dies hat wiederum dazu geführt, dass die faktische Lebensrealität des Proletariats immer weniger von der nationalen Vergesellschaftungsform geprägt ist. Engels beschreibt dies anhand der Einwanderung irischer Arbeiter:innen in die englischen Städte. Dafür, dass der englische Proletarier »mit der heftigsten Leidenschaft gegen die Tyrannei der Besitzenden protestieren *kann,* dafür sorgt seine Erziehung oder vielmehr Erziehungslosigkeit und das viele heiße irische Blut, das in die englische Arbeiterklasse übergegangen ist«.[16] Was Engels hier ironisch durch das irische Temperament erklärt, hat eine soziologische Grundlage: Die kapitalistische Ausbeutung war auf eine verstärkte Arbeitsmigration angewiesen und hat damit ein Zusammenleben von Menschen unterschiedlicher nationaler Herkunft hervorgebracht. Die englische Arbeiterin erfährt dabei konkret, dass ihre irische Nachbarin von derselben Ausbeutung betroffen ist wie sie selbst. Die geht so weit, dass sie gegen patriotische Anrufungen vollkommen immunisiert ist: »Der englische Arbeiter ist kein Engländer mehr.«[17] Was Engels hier als empirischen Fakt beschreibt, wird im *Kommunistischen Manifest* wiederum positiv gewendet und zur Bedingung der emanzipatorischen Aktion erhoben: »Die Arbeiter haben kein Vaterland. Vereinte Aktion, wenigstens der zivilisierten Länder, ist eine der ersten Bedingungen seiner Befreiung.«[18] Gegen die patriotische Ideologie, mit der die bourgeoisen Klassen den Arbeiter:innen einreden wollen, den Feind in den Arbeiter:innen anderer Länder statt in ihren Ausbeuter:innen zu sehen, setzt der Kommunismus also die konsequent anti-patriotische Losung der internationalen Solidarität, die ihre materielle Basis bereits in der faktischen Lage des Proletariats findet.

Hier wird nun deutlich, wie Marx und Engels die Überlegenheit der proletarischen gegenüber der bürgerlichen Lebensform begründen. Gegengemeinschaftliche Sittlichkeit ist wesentlich durch ihren

16 Engels, *Die Lage der arbeitenden Klasse*, S. 430.

17 Ebd.

18 Marx, Engels, *Manifest*, S. 45.

antizipatorischen Charakter bestimmt. In der starken substanzialistischen Variante ist für dieses geschichtsphilosophische Modell das subjektive Erleben der Akteur:innen selbst dabei irrelevant: Ihr Leben und Handeln erhält Sinn nur qua Teilnahme an einem größeren geschichtlichen Prozess und enthüllt sich der philosophischen Betrachterin vom Ende dieses Prozesses her. Diese starke Variante der geschichtsphilosophischen Erläuterung der Überlegenheit des knechtischen Bewusstseins verspielt damit aber die eudaimonistische Pointe des aristotelischen Erbes; sie kann nicht erklären, warum es für die konkreten, wirklichen Arbeiter:innen innerhalb des Hier und Jetzt zu positiven emotiven Reaktionen kommen kann. Denkbar wäre eine schwächere Variante der Geschichtsphilosophie, die das Bewusstsein der Akteur:innen mit einbezieht. Die Gewissheit des Untergangs des Kapitalismus kann bei dem militanteren Teil der Arbeiterklasse eine mentale und habituelle Distanz zur Gegenwart erzeugen und ermöglicht somit eine Existenzweise, die genuin auf die Zukunft aufgespannt ist. Diese Haltung ähnelt derjenigen, die Giorgio Agamben bei den von einem messianischen Geist beseelten frühchristlichen Gemeinden beschrieben hat; sie folgen dem paulinischen Konzept aus dem *Brief an die Korinther* des *hos me, als ob nicht* (zu haben, als ob nicht zu haben, zu kaufen als ob nicht zu kaufen, usw.) und stellen in Erwartung der nahen Erlösung alle Handlungen unter Vorbehalt.[19] Dies erklärt auch, warum trotz des Leids und Elends, das Marx und Engels ausführlich protokollieren, zumindest der politisch bewusste Teil der Arbeiter:innenklasse im Kapitalismus Momente von trotzigem Glück erleben kann: Es ist die Gewissheit, der dem Untergang geweihten Lebensform der Bourgeoisie etwas voraus zu haben.

Auch diese schwach geschichtsphilosophische Deutung hat jedoch beträchtlich an Überzeugungskraft eingebüßt. Es bedarf keiner ausgefeilten empirischen Analysen, um festzustellen, dass sich das Proletariat spätestens seit der ersten Hälfte des 20. Jahrhunderts weigert, Marx' und Engels' Zuschreibungen zu entsprechen. Die kritische Theorie der Frankfurter Schule hat sich der Aufgabe gewidmet, gesellschaftstheoretisch zu erläutern, warum die Arbeiter:innenklasse im Spätkapitalismus nur noch als eine Klasse an sich, jedoch nicht mehr als Klasse für sich existiert. Im Jahr 1942,

19 Giorgio Agamben, *Die Zeit, die bleibt. Ein Kommentar zum Römerbrief*, Berlin 2006, S. 34 f.

als unbezweifelbar bewiesen war, dass sich die Menschen für die Barbarei statt für eine emanzipatorische Befreiung entschieden hatten, identifiziert Adorno in seinen »Reflexionen zur Klassentheorie« eine Reihe von Gründen für die Korruption der Arbeiter:innenklasse, wozu er unter anderem die Anhebung des Lebensstandards der unteren Bevölkerungsschichten, die kompetitive Atomisierung der Lohnabhängigen und die kulturindustrielle Verblendung zählt.[20] All diese objektiven Veränderungen haben dazu beigetragen, die politisch progressive Arbeiter:innenkultur als soziologisch identifizierbares widerständiges Milieu aufzulösen. Vor allem die deutsche kritische Theorietradition hat diesen Veränderungen theoretisch dadurch Rechnung zu tragen versucht, dass sie an die Stelle der Kategorie der Klassengesellschaft andere Kategorien wie die der Tauschgesellschaft oder der Wertvergesellschaftung gesetzt hat, welche statt der Konfliktualität eher die Totalität und Unentrinnbarkeit der kapitalistischen Gesellschaft betonen. Im Zuge der globalen Revolten der 1960er Jahren hat dann (der in den USA lehrende) Herbert Marcuse die sich vermehrenden Phänomene des Widerstands mit der »Eindimensionalität« der Konsumgesellschaft dadurch zu vereinbaren versucht, dass er gerade nicht das Proletariat, sondern die »Geächteten und Außenseiter«[21] (Arbeitslose, Arbeitsunfähige und People of Color) zu Katalysatoren gesellschaftlicher Transformation erklärte. Diese »Randgruppentheorie« knüpft somit an Marx' und Engels' Erkenntnis von der Desintegration als Bedingung der Befreiung an, ohne sie jedoch noch im Herzen der gesellschaftlichen Reproduktion verorten zu können.

Dies hat freilich den Preis, dass die Ansätze neuer sozialer Bewegungen, die Marcuse identifiziert, keine vollstände »Auflösung der Weltordnung« mehr avisieren können. Daraus folgen unmittelbare Konsequenzen für die Behauptung der Überlegenheit subalterner Sozialformen: Wenn deren Qualität nicht mehr in der geschichtsphilosophischen Gewissheit begründet ist, dass die Gewinner:innen von heute die Verlierer:innen von morgen sein werden und umgekehrt, wie lässt sich dann noch davon sprechen, dass es die dominante und nicht unterlegene Sozialität ist, welche defizitär ist?

20 Vgl. Theodor W. Adorno, »Reflexionen zur Klassentheorie«, in: ders., *Soziologische Schriften I. Gesammelte Schriften*, Bd. 8, Frankfurt/M. 1997, S. 373-391.

21 Herbert Marcuse, *Der eindimensionale Mensch. Studien zur Ideologie der fortgeschrittenen Industriegesellschaft*, Springe 2014, S. 267.

In der ersten gemeinsam mit Engels verfassten Schrift *Die heilige Familie oder Kritik der kritischen Kritik* (1844/45), die sich der polemischen Demontage der moralisierenden Kritikstrategie der Junghegelianer widmet, beschäftigt sich Marx mit der Interpretation von Eugène Sues populärem Feuilletonroman *Les Mystères de Paris* (1842/43), die der deutsche Offizier Szeliga für die von Bruno Bauer herausgegebene *Allgemeinen Literatur-Zeitung* verfasst hatte. Eine der Figuren des Romans ist die Prostituierte Fleur de Marie, die der reisende deutsche Fürst Rudolph in einer Verbrechertaverne antrifft, bevor er sie von dort mitnimmt und zunächst auf einen Bauernhof und schließlich in ein Kloster verbringt, um sie von ihrem trostlosen Schicksal zu erlösen. In einem *close reading* des Romans verteidigt Marx die Figur der Fleur de Marie dabei sowohl gegen die Intention des Autors Sue als auch gegen die Interpretation des Rezensenten Szeliga. Anders als diese beiden nämlich meinen, ist Marie kein Opfer der Umstände, welches von Rudolph gerettet und zu einem moralisch besseren Leben geführt wird, sondern im Gegenteil besitzt sie am Anfang noch Zugang zu elementaren Formen von Handlungsfähigkeit und Glück, die sie durch ihre christliche Umerziehung immer mehr verliert. Es ist daher auch nur konsequent, dass Fleur de Marie kurze Zeit nach ihrer Ankunft im Kloster stirbt. Zunächst verwahrt sich Marx gegen den Moralismus des Bürgertums, wenn er darauf insistiert, dass Marie aufgrund ihrer wirtschaftlichen Situation, nicht aufgrund ihrer Sittenlosigkeit der Prostitution nachgeht. Ebenso wie alle anderen Mitglieder der Arbeiter:innenklasse ist sie gezwungen, ihre Arbeitskraft zu Markte zu tragen, worin jedoch nichts Beschämendes liegt. In dieser Notlage ist sie nicht einfach ein passives Opfer, sondern bleibt Akteurin ihres Schicksals. Der Roman führt Marie in einer Szene ein, in der sie sich mit einer Nagelschere gegen einen Bedränger zur Wehr setzt (die einzige Szene in Marx' Werk, in der er sich mit dem Widerstand von Frauen gegen männliche Gewalt auseinandersetzt[22]). »Sie erscheint«, schwärmt Marx, »nicht ein wehrloses, der überlegenen Brutalität sich widerstandslos preisgebendes Lamm, sondern als ein

22 Vgl. Claudia Leeb, »Marx and the Gendered Structure of Capitalism«, in: *Philosophy & Social Criticism* 33 (2007), Nr. 7, S. 833-859, hier: S. 847.

Mädchen, das seine Rechte geltend zu machen, das einen Kampf zu bestehen weiß.«[23] Diese Handlungsfähigkeit spiegelt sich in Maries Charakterzügen wider; trotz der unmenschlichen Lage, in der sie sich befindet, beweist sie »Lebensmut, Energie, Heiterkeit, Elastizität des Charakters«.[24] Woraus rechtfertigt sich aber die schillernde Überlegenheit von Maries Lebensweise gegenüber dem bürgerlichen Pietismus? Wie kann es sein, dass jemand, der ökonomisch und politisch benachteiligt ist, dennoch ein schöneres und aktiveres Leben führt als diejenigen, die ihr gegenüber privilegiert sind?

Marx argumentiert in seiner Interpretation von *Les Mystères de Paris* noch anders als in seinen späteren Schriften. Der Grund dafür liegt darin, dass er sich hier noch nicht starker geschichtsphilosophischer Annahmen bedient, mit denen er sich des letztendlichen Siegs des Proletariats vergewissert. Es ist daher nicht der antizipative Charakter der proletarischen Lebensform, der ihre besondere Qualität ausmacht. Marx suggeriert vielmehr, dass bereits die Nicht-Integriertheit in die bürgerliche Lebensform den Ausgeschlossenen Zugang zu anderen Quellen der Vitalität und des Glücks ermöglicht. Dies wird deutlich in der längeren Passage, in der er gegen den entleiblichten Moralismus der »kritischen Kritiker« argumentiert:

Das *Gute* und das *Böse* in Mariens Auffassung sind nicht die *moralischen Abstraktionen* des Guten und des Bösen. Sie ist *gut*, denn sie hat niemand ein *Leid* zugefügt, sie war immer *menschlich* gegen die unmenschliche Umgebung. Sie ist *gut*, denn Sonne und Blumen offenbaren ihr ihre eigne sonnige und blumige Natur. Sie ist *gut*, denn sie ist noch *jung*, hoffend und lebensmutig. Ihre Lage ist *nicht* gut, weil sie ihr einen unnatürlichen Zwang antut, weil sie nicht die Äußerung ihrer menschlichen Triebe, nicht die Verwirklichung ihrer menschlichen Wünsche, weil sie qualvoll und freudlos ist. An ihrer *eigenen Individualität*, an ihrem *natürlichen Wesen* mißt sie ihre Lebenssituation, nicht am *Ideal des Guten*. In der *Natur*, wo die Ketten des bürgerlichen Lebens abfallen, wo sie frei ihre eigene Natur äußern kann, sprudelt Fleur de Marie daher eine Lebenslust aus, einen Reichtum der Empfindung, eine menschliche Freude an der Schönheit der Natur, die

23 Karl Marx, Friedrich Engels, *Die heilige Familie oder Kritik der kritischen Kritik*, in: *Marx-Engels-Werke* (MEW), Bd. 2, Berlin 1972, S. 179. – Für eine ausführlichere Interpretation von Marx' Interpretation der Fleur de Marie und ihrer Bedeutung für seine Theorie der Geschlechterverhältnisse vgl. Heather Brown, *Marx on Gender and the Family*, Leiden 2012, S. 35-39.

24 Marx/Engels, *Die heilige Familie*, S. 179.

beweisen, wie die bürgerliche Situation nur ihre Oberfläche gestreift hat, ein bloßes Mißgeschick ist, und wie sie selbst weder gut noch böse, sondern *menschlich* ist.[25]

Bereits in diesen arg kitschig anmutenden Ausführungen ist der anti-idealistische Impetus von Marx' späteren Schriften vorhanden: Emanzipation folgt nicht einem abstrakten Ideal (und kann auch nicht durch einen externen Retter erfolgen, wie es in dem Roman durch Rudolph geschieht[26]), sondern muss in der eigenen Wirklichkeit verankert sein. Die Lebenswirklichkeit Maries ist gegenüber derjenigen des Bürgertums radikal verschieden, was sowohl eine epistemische als auch eine ethisch-ästhetische Differenz erzeugt: Marie ist nicht von der bürgerlichen Ideologie affiziert und kann die Dinge daher nüchtern und einfach sehen, und sie ist nicht von der bürgerlichen Lebensform affiziert und besitzt daher »Lebensmut«, »Lebenslust«, »Reichtum an Empfindungen« etc. Aber anders als in Engels' Beschreibung der *Lage der arbeitenden Klasse in England* und in den Beschwörungen des *Manifests* resultiert die Überlegenheit der faktischen Wirklichkeit der Unterdrückten nicht daraus, dass in ihr eine zukünftige kommunistische Wirklichkeit angelegt wäre. Marx' arbeitet hier vielmehr, noch stark von Feuerbachs sensualistischem Materialismus geprägt, mit der einfachen Gegenüberstellung von »Natürlichkeit« und »Unnatürlichkeit«. Die Indifferenz gegenüber den (»abstrakten«, das heißt unnatürlichen) ideologischen Anrufungen der bürgerlichen Gesellschaft ermöglichen Marie eine Treue zu den eigenen (»sinnlichen«, das heißt natürlichen) Impulsen, aus denen sich eine Ablehnung von Leid und Zwang auf spontane Weise ergibt.

Man kann in dem Bild des unschuldigen, von den Zwängen der Gesellschaft unverstellten »Mädchens« zu Recht Züge eines sexistischen Frauenbildes sehen, das Weiblichkeit traditionell in die Nähe der Natur rückt. Tatsächlich ist es unmöglich, diese Konversation dreier Männer (Sue, Szeliga und Marx) über die Reinheit oder Unreinheit des Charakters einer Pariser Sexarbeiterin nicht auch als Indiz des machistischen Grundkonsenses der europäischen Arbeiter:innenbewegung zu verstehen. Allerdings besitzen die Kategorien der »Natürlichkeit« und der »Menschlichkeit« in Marx' Frühwerk

25 Marx, Engels, *Die heilige Familie,* S. 180.

26 Vgl. zu diesem Aspekt Hal Draper, *Marx' Theory of Revolution*, New York 1977, S. 227-232.

eine spezifische Bedeutung, die für das Verständnis seiner Interpretation der Fleur de Marie bedeutsam ist. Marx ist Aristoteliker: Für ihn sind Natürlichkeit und Sozialität kein Widerspruch, sondern im Gegenteil, sie bedingen einander. Als *zoon politikon* kann der Mensch sein Wesen nur innerhalb der Polis und durch sie, das heißt durch Teilnahme an sozialen Praktiken, verwirklichen. Schon für Aristoteles versprach ein solches Handeln gemäß dem eigenen Wesen das Erreichen von *eudaimonia*. Marx greift mit seinem Begriff der »Menschlichkeit« genau diese antike Verknüpfung des guten Lebens mit der Betätigung in der Polis auf: Sein »Gattungswesen« verwirklicht der Mensch nur dann, wenn er sein Handeln auf solidarische, nicht-egoistische Weise auf die Bedürfnisse der Anderen ausrichtet.[27] Genau deshalb ist eine Gesellschaft, die auf Ausbeutung und allseitiger Konkurrenz beruht, im emphatischen Sinne »unmenschlich«, was sich auf der Ebene der Lebensform wiederum als Unglück, Langeweile und Trostlosigkeit ausdrückt. Menschlichkeit realisiert sich folglich nur *in Gesellschaft*, aber *außerhalb der bestehenden Gesellschaft*: Das *zoon politikon* ist nicht mehr in der offiziellen Polis zu Hause, sondern in der Gemeinschaft derer, die aus ihr ausgeschlossen sind, in der Gegen-Polis. Dass die Fleur de Marie als Individuum, als Einzelperson vorgestellt wird, ist daher irreführend: Eigentlich geht es nicht um die Individualität, sondern um die Sozialität des menschlichen Gattungswesens. Ihre »sonnige und blumige Natur« lässt sich insofern nicht wörtlich verstehen, sondern als Metapher für die Entfaltung des sozialen Potentials des Menschen, die nur jenseits der asozialen Gesellschaft möglich ist und deren affektives Sediment in der Erfahrung von Lebenslust, Empfindungsreichtum und Freude besteht.

Auch in Bezug auf die anthropologische Begründung der Überlegenheit des knechtischen Bewusstseins gibt es eine starke und eine schwache Lesart. Die starke Annahme eines »eigentlichen« Wesens des Menschen, das jenseits aller bisherigen konkreten Erscheinungsformen des Menschlichen liegen soll, operiert mit substanzialistischen Annahmen, welche für die Frage nach der Richtung der gesellschaftlichen Transformation nicht informativ zu sein scheinen und daher auch leicht für autoritäre oder paternalistische

27 Zu Marx' Begriff des Gattungswesens und dessen philosophischen Implikationen vgl. Daniel Brudney, *Marx' Attempt to Leave Philosophy*, Cambridge 1998, insbes. Kap. 4; Allen Wood, *Karl Marx*, New York 1981, insbes. Kap. 2.

Interpretationen anfällig sind. Es ist jedoch möglich, auch Marx' anthropologische Überlegungen schwächer zu verstehen. Demnach identifiziert Marx' mit seinen Annahmen zum menschlichen Gattungswesen lediglich die formalen Bedingungen eines materialen Selbst-Bestimmungsprozesses.[28] Dann lässt sich zwar nicht die eine richtige Lebensform aus einer vorgängigen menschlichen Natur deduzieren, wohl aber lässt sich angeben, dass die Suche nach dieser Lebensform nur auf eine authentisch soziale Weise vonstattengehen kann. Diese schwache Form der Anthropologie hält also an der Vermutung fest, dass es in der menschlichen Lebensform – als *zoon politikon* – angelegt ist, dass sich ein gutes Leben unter Bedingungen der Symmetrie und Reziprozität besser realisieren lässt, ohne sich aus dem menschlichen Wesen konkrete Auskunft über das genaue Wie zu erhoffen.

In dieser schwachen Version ist die Behauptung der Überlegenheit subalterner Sozialitäten nicht mehr geschichtsphilosophisch gedeckt: Keine existierende Lebensform darf mehr hoffen, die allgemeine Struktur der kommenden Lebensform vorwegzunehmen. Auch rechnet sie nicht mehr mit einer Synchronisierung der gesellschaftlichen Verhältnisse mit einer transhistorischen Wahrheit des eigentlichen Wesens des Menschen. Um Zugang zu jenen Formen der Vitalität zu erhalten, die Fleur de Marie repräsentiert, ist es vielmehr notwendig, innerhalb entmenschter Verhältnisse menschlich zu werden, das heißt für Marx: seine eigene Lebensführung in realen sozialen Praktiken zu verankern. Das ästhetische Potential subalterner Existenzweisen kann sich für das *zoon politikon* nur entfalten, wenn die Nicht-Dazugehörigkeit in einer anderen Form der Dazugehörigkeit, das heißt in einer Gemeinschaft von Ausgeschlossenen, fundiert ist. Allerdings ist auch dieses Interpretationsangebot mit der realen Schwäche politischer und sozialer Gegenbewegungen prekär geworden. Gegen immer mehr Gruppen richtet sich eine explizite Vernichtungsdrohung, die gerade durch den Ausstoß aus dem Bereich des Menschlichen durch diskursive und politische Techniken der Dehumanisierung betrieben wird. Gegengemeinschaften vermögen es zudem immer weniger, eine reale Ausstiegs-

28 Zur formalen Rekonstruktion des Entfremdungsbegriffs vgl. Rahel Jaeggi, *Entfremdung. Zur Aktualität eines sozialphilosophischen Problems*, Frankfurt/M. 2005; daran anschließend Daniel Loick, *Juridismus. Konturen einer kritischen Theorie des Rechts*, Berlin 2017, S. 297-302.

option aus den hegemonialen Integrationsinstanzen bereitzustellen. Sie existieren vielmehr innerhalb von hegemonialen Institutionen und mit ihnen unentwirrbar verwoben. Eine Position des Außen, die Marx für Marie reklamiert, gibt es daher nicht – es ist nicht möglich, aus der Gesellschaft auszuziehen und in die »Natur« zu gehen. Wenn sich die These von der Überlegenheit der Unterlegenen verteidigen lassen soll, so kann sie sich nicht auf eine Form von Reinheit stützen, sondern muss im Gegenteil auf die Perspektiven, Normen und Ausdrucksweisen rekurrieren, die gerade aus der konfliktuellen Kontamination resultieren.

Überlegenheit als Kampf

Die geschichtsphilosophische und die anthropologische Interpretation der Behauptung einer Überlegenheit der Unterlegenen entstammen einer Situation der relativen Stärke von Befreiungsbewegungen. Aufgrund der Gewissheit einer kommenden Erlösung oder einer realen Möglichkeit eines Lebens unter nicht-entfremdeten Bedingungen lässt sich das aktuelle reale Leid besser ertragen. Diese Gewissheiten sind heute jedoch nicht mehr ohne Weiteres verfügbar: Der Glaube an die Möglichkeit radikaler Transformation ist ebenso verblasst wie der an die Möglichkeit eines gemeinschaftlichen Ausstiegs. Dennoch artikulieren Gegengemeinschaften weiterhin konfrontative Überlegenheitsbehauptungen: Trotz der offensichtlichen Wandlungsfähigkeit und Unangreifbarkeit von Herrschaft und Knechtschaft zeigen sie sich zumindest auf kürzere und mittlere Sicht in der Lage, ein Vertrauen auf die eigenen Vorteile zu mobilisieren. Es muss also neben der Antizipation der Befreiung und der Erfahrung von Menschlichkeit in Form von Gemeinschaftlichkeit noch eine andere Quelle für die eigenen Vorteile geben. Diese kann nicht *jenseits* der empirischen normativen Praktiken von Gegengemeinschaften liegen, sondern muss ihnen *immanent* sein. Gegengemeinschaften sind soziale Formationen, die ihrem Begriff nach sowohl dauerhafte Formen von Kollektivität herausgebildet haben als auch irreduzibel kämpferisch (in einer Position des »Gegen-«) bleiben. Diese Gleichzeitigkeit von Kommunität und Konfliktualität ist es, die den empirischen Erfahrungshorizont der Mitglieder von Gegengemeinschaften ausmacht.

Hegel stellte sich Sittlichkeit als die umfassende, wenn auch in sich differenzierte normative Struktur einer Gesellschaft vor. Wie oben erwähnt, hat Sittlichkeit dabei eine objektive und eine subjektive Seite: Die soziale Welt muss objektiv die freie Teilnahme ihrer Mitglieder ermöglichen, aber die Mitglieder müssen die soziale Welt auch subjektiv bejahen. Wenn man die objektive und die subjektive Seite zusammennimmt, führt Sittlichkeit letztlich zur völligen Versöhnung von Sozialität und Individualität: »Ich, das wir, und Wir, das ich ist.«[29] Das Telos des Kampfs um Anerkennung besteht dementsprechend in der Herstellung von Gleichheit zwischen den Subjekten und somit in der Auflösung von Herrschafts- und Knechtschaftsverhältnissen. Was aber, wenn die Knechte im Zuge oder jenseits des Kampfs mit den Herren, statt auf deren Anerkennung zu warten, selbst unmittelbar damit beginnen, sich gegenseitig anzuerkennen? Diese Möglichkeit knechtischer Anerkennung wurde teilweise in der widerständigen Rezeptionsgeschichte des »Herrschaft und Knechtschaft«-Kapitels angespielt, aber vor allem in der neueren indigenen und dekolonialen Hegeldeutung ausformuliert. So hat etwa Glen Coulthard zeitgenössische Anerkennungstheorien, wie sie etwa von Axel Honneth und Charles Taylor vertreten werden, dafür kritisiert, dass diese die Angewiesenheit der kolonisierten Subjekte auf den Blick des Herrn fortschreiben und somit die koloniale moralische Grammatik reproduzieren. Stattdessen tritt Coulthard für eine Politik der kollektiven Selbstaffirmation durch eine eigenständige Anerkennung der subalternen Subjekte untereinander ein. Die so formierten Gemeinschaften des Widerstands (*communities of resistance*) führen zu einer kritischen Desubjektivierung (im Sinne einer Entunterwerfung) und damit zu einer radikalen Selbsttransformation.[30] Auf diese Weise bringt Coulthard die »Auflösung«, die der Knecht durch die radikale Erfahrung der Furcht erfährt, mit dessen fürsorglichen und welterzeugenden

29 Hegel, *Phänomenologie*, S. 145.

30 Glen Coulthard, *Red Skin, White Masks. Rejecting the Colonial Politics of Recognition*, Minneapolis 2014, S. 48; Coulthard bezieht sich auf bell hooks, die einen ähnlichen Gedanken bereits im Rahmen feministischer Politik formuliert hat. hooks schlägt vor, subalterne Subjekte sollten damit beginnen, einander anzuerkennen, und dann in einem zweiten Schritt all jene kontaktieren, die zu einem konstruktiven Engagement bereit sind, bell hooks, »The Politics of Black Radical Subjectivity«, in: dies., *Yearning. Race, Gender, and Cultural Politics*, Boston 1990, S. 15-22, hier: S. 22.

Kompetenzen zusammen, die sich in der Arbeit manifestieren. Eine Widerstands- oder eben Gegengemeinschaft ist zugleich bildend und sozial als auch konfliktuell.

Wie die aristotelische Sozialphilosophie aus der anthropologischen Bestimmung des Menschen als *zoon politikon* die objektiven und subjektiven Bedingungen eines guten Lebens als Zusammenleben in der Polis identifiziert hat, so lassen sich auch für Formen der gegengemeinschaftlichen Sittlichkeit allgemeine Schlussfolgerungen hinsichtlich der ihnen immanenten objektiven und subjektiven Erfolgskriterien ziehen. Verschiedene politische Bewegungen haben in den letzten Jahrzehnten Strategien verfolgt, die Coulthards Beschreibung entsprechen. Statt auf eine Anerkennung seitens der Herren zu zielen, wenden sie den etablierten Machtverhältnissen den Rücken zu und formieren Gegengemeinschaften, in denen ihre Mitglieder sich gegenseitig anerkennen. Solche Politiken haben sich häufig als Alternativen zu den konventionellen Transformationsstrategien Reform und Revolution verstanden und firmieren unter unterschiedlichen Oberbegriffen wie Exodus,[31] Autonomie,[32] Separatismus[33] oder De-Linking.[34] All diese Konzepte beruhen auf der Lageeinschätzung, dass eine subalterne Handlungsfähigkeit nur durch einen Vereinigungsprozess unter Ausschluss der herrischen Perspektive zu entfalten ist. Ob und auf welche Weise ein solcher Prozess möglich ist, hängt dabei nicht allein von der Entschlossenheit der Knechte, sondern auch von vorgefundenen Bedingungen ab. Im Modellfall, wie Hegel ihn vorsieht, sind die Knechte in der Lage, die im Rahmen ihrer Knechtschaft gebildeten Subjektivitäten produktiv zu wenden. Hierzu können sie die beiden Kompetenzen

31 Wie in vielen Versuchen der Organisation einer Ökonomie jenseits des Kapitalismus, vgl. exemplarisch Paolo Virno, *Exodus*, Wien 2006; der Sache nach auch bereits Gustav Landauer, *Anti-Politik*, Lich 2010.

32 Wie in schwarzen Unabhängigkeitsbestrebungen, vgl. exemplarisch für die Idee des *Black Power* Stokeley Carmichael, Charles V. Hamilton, *Black Power. The Politics of Liberation*, New York 1992.

33 Wie in viele feministischen Kontexten, vgl. zur Rechtfertigung des lesbischen Separatismus exemplarisch Monique Wittig, *The Straight Mind and Other Essays*, Boston 1992, Jeffner Allen (Hg.), *Lesbian Philosophies and Cultures*, New York 1990.

34 Wie in einigen dekolonialen Bewegungen, vgl. exemplarisch Walter D. Mignolo, »Delinking: The Rhetoric of Modernity, the Logic of Coloniality and the Grammar of De-Coloniality«, in: *Cultural Studies* 21, 2 (2007), S. 449-514.

zum Einsatz bringen, die sich aus der Erfahrung der Arbeit herausgebildet haben: erstens die Formierung der äußeren Welt und zweitens die Orientierung auf die Anderen, das heißt eine virtuell soziale Handlungsorientierung.

Allerdings bleiben diese Fähigkeiten, solange sie sich nur unter Bedingungen der Verknechtung entfalten können, wesentlich unterbrochen, durchkreuzt, von sich selbst distanziert. Weil ihnen die Ursprünge und Bedingungen ihres Zusammenlebens enteignet sind, ist ihnen – im Gegensatz zu dominanten Sozialitätsformen – immer schon ein Moment der Negativität oder Differenz eingeschrieben. Dies macht es etwa unmöglich, die sittlichen Gegen-Institutionen (objektive Seite) einfach als etablierten Brauch oder die Gegen-Tugenden (subjektive Seite) als Gemeinwohlorientierung zu begreifen; vielmehr verbleibt das subalterne *zoon politikon* immer in einer Form der Distanz oder Asynchronizität, es kann sich nie unbefangen mit seiner Umgebung (und daher auch nie ganz mit der Gegengemeinschaft) identifizieren. Die Sittlichkeit von Gegengemeinschaften unterscheidet sich von Hegels Definition – Ich, das Wir, und Wir, das Ich ist – nicht nur inhaltlich, sondern auch formal. Gegengemeinschaften sind keine geschlossenen Blasen, sondern stehen im ständigen Austausch mit dem sie umgebenden Herrschaftsregime. Der Ausschluss der Herren, auch wenn er politisch betrieben wird, kann niemals vollständig gelingen, zumindest solange es überhaupt Herren auf der Welt gibt. Anders als in der hegemonialen Sittlichkeit kommt es bei der gegengemeinschaftlichen Sittlichkeit zu keiner Form der Einheit oder Ganzheit, sondern nur zu einer Sozialität, die in einem Abstand zu sich selbst verbleibt: *Ich, das nie ganz Wir, Wir, das nie ganz Ich ist.*

Auf der *objektiven Ebene* ist das ethische Leben von Gegengemeinschaften nicht das Ergebnis freiwilliger, absichtlicher Entscheidungen ihrer Mitglieder, sondern das Ergebnis vorgefertigter Widersprüche innerhalb einer Welt der Herrschaft. Seine Abhängigkeit von heteronomen Bedingungen führt zwangsläufig von Anfang an zu Fragilität und Prekarität. Darüber hinaus existiert eine Gegengemeinschaft *innerhalb* der breiteren Sittlichkeit der dominanten Gesellschaft und innerhalb oder neben anderen (Gegen-) Gemeinschaften, die sich ebenfalls in unterschiedlichen Stadien ihrer jeweiligen Kollektivierungsprozesse befinden können. Die Vervielfachung nicht gleichzeitiger, heterogener Sittlichkeiten führt zu irreduziblen Reibungen und Konflikten. Man kann an mehreren Sittlichkeiten gleichzeitig teilnehmen, was zu Kollisionen normativer Erwartungen und Ansprüche führt; darüber hinaus kann eine Gemeinschaft in einer Hinsicht dominiert und in einer anderen dominant sein, insbesondere in einem globalen Kontext. Der Erfolg der Bildung von Gegengemeinschaften hängt davon ab, ob es gelingt, diese Konflikte nicht nur zu bewältigen und gleichzeitig eine Distanz oder Opposition zur Mainstream-Gesellschaft aufrechtzuerhalten, sondern sie auch in eine Quelle der Handlungsfähigkeit zu verwandeln und so die eigentliche Definition von »Gemeinschaft« neu zu verhandeln. Lauren Berlant und Michael Warner haben etwa queere Subkulturen als radikale »Welterzeugung« beschrieben, die sich von jeder Form der nationalen oder familialen Identitätsformierung unterscheidet. Aufgrund der fundierenden Enteignung subalterner Sozialität durch die umgebende Gesamtgesellschaft sind solche Welterzeugungsprojekte von einer inventiven Offenheit geprägt.[35] Gerade ihre »Unrealisierbarkeit« oder Unvollständigkeit ermöglicht demnach ihre erfinderische und transformative Kraft.

Auf der *subjektiven Ebene* ist die Kultivierung eines knechtischen Bewusstseins (nicht als unterwürfig oder fügsam, sondern im Sinne Hegels: als weltbildend und fürsorglich) weder vollständig noch eindeutig. Die Intersektionalität der Identitätskategorien und die Vielfältigkeit von Rollen erzeugen ein instabiles und notorisch unzuverlässiges Subjekt. Die Menschen, die sich in den Prozessen der Gegenkollektivierung engagieren, sind sowohl von früheren als auch von aktuellen Erfahrungen mit Gewalt, Demütigung, Erniedrigung, Hunger, Ausbeutung und politischen Niederlagen geprägt. Trauma, Ressentiment und Melancholie machen immer wieder jeden Versuch zunichte, neue und unbelastete Beziehungen einzugehen. Darüber hinaus führen auch ideologische Täuschung und moralische Korruption häufig zu einer Rückkehr von Herrschafts-

35 Lauren Berlant, Michael Warner, »Sex in der Öffentlichkeit«, in: Matthias Haase, Marc Siegel, Michaela Wünsch (Hg.), *Outside. Die Politik queerer Räume*, Berlin 2005, S. 92. Berlant und Warner grenzen queere Welten allerdings ganz von allen Formen der »Gemeinschaft« ab. Gegengemeinschaften in dem hier beschriebenen Sinne haben jedoch mehr mit Berlants/Warners Idee der queeren Welterzeugung als mit konventionellen Gemeinschaftsidealen zu tun. – Zur Bejahung der Unvollständigkeit als Ethos von Gegengemeinschaften vgl. auch Stefano Harney, Fred Moten, *All Incomplete*, New York 2021.

formen innerhalb von Gegengemeinschaften. Aus all diesen Gründen impliziert die Bildung einer Gegengemeinschaft ein ständiges Durcharbeiten der eigenen affektiven Konstitution. Politische Praxis ist also nie nur ein Kampf gegen einen äußeren Gegner, sondern auch eine Umgestaltung der eigenen Lebensform, die eine Veränderung der Alltagskultur, der psychischen und physischen Eigenschaften, der Aufmerksamkeit und der Gewohnheiten beinhaltet. Audre Lorde beschreibt die Affektdimension der Selbsttransformation als »Stoffwechsel«, mit dem die subalternen Subjekte den Hass der Gesellschaft durch psychodynamische Prozesse in ermächtigende Gefühle verwandeln.[36] Um diesen Stoffwechsel zu ermöglichen und zu unterstützen, haben Gegengemeinschaften ein breites Arsenal an Techniken entwickelt, die vom *Consciousness Raising* über die Erziehung und Bildung bis zur politischen Agitation reichen. Allerdings geht der Prozess der Selbsttransformation selten problemloser vonstatten als derjenige der Welttransformation; schon aufgrund der leidenschaftlichen Verhaftung in der eigenen Existenzweise stellt die Desidentifikation gegenüber dem etablierten Subjektivierungsregime eine beängstigende und im wahrsten Sinne des Wortes lebensbedrohliche Tätigkeit dar. Es ist daher nachvollziehbar, dass Gegengemeinschaften ihre Glückserfahrungen selten in ähnlich schillernden Farben zeichnen, in denen Marx Fleur de Marie darstellt. Der affektive Ertrag von Gegenvergemeinschaftungen kann als Freude, Empowerment, Intensität, Lust, Liebe oder auch nur als Trost beschrieben werden, er geht jedoch immer auch mit Frustration, Aggression, Depression und Trauer einher: Glück ist nie »einfach« oder »unschuldig«, sondern immer problematisch, von Negativität durchkreuzt. Das affektive Versprechen von Gegengemeinschaften ist daher nie das antike der *eudaimonia*, sondern das einer fortgesetzten dynamischen Transition.

Für Hegel ist die Entwicklung des Geistes getrieben von Negativität, einer immer neuen »Entzweiung des Einfachen«.[37] Es ist nicht ungewöhnlich, die Geschichte oder die Gesellschaft als Aggregat von Differenzierungen, Distanzierungen, Dissoziierungen, Konflikten oder Kämpfen zu beschreiben. Für den Marxismus ist Geschichte prominent eine Geschichte von Klassenkämpfen. Die

36 Audre Lorde, »Eye to Eye. Black Women, Hatred, and Anger«, in: dies., *Sister Outsider. Essays and Speeches*, New York 1984, S. 152.

37 Hegel, *Phänomenologie*, S. 23.

Psychoanalyse analysiert das Unbehagen in der Kultur als Konflikt zwischen Realitäts- und Lustprinzip. Mit Georg Simmel werden Konflikte auch in der Soziologie in ihrer vergesellschaftenden Funktion analysiert. Poststrukturalistische und postmarxistische Theorien haben die Kontingenz und Kontestabilität sozialer Praktiken als Quelle vitalisierender und demokratisierender Kräfte interpretiert.[38] Die Pointe der kritischen Theorie von Gegengemeinschaften besteht gegenüber diesen Ansätzen darin, den subjektiven Niederschlag dieser Konfliktualität sozial zu situieren. Im Gegensatz zum Herrn ist der Knecht durch eine Auflösungserfahrung hindurchgegangen. Die soziale Wirklichkeit präsentiert sich dem Knecht, sie manifestiert sich in seinem ganzen Wesen *als konfliktuell.* In der sozialen Realität des Herrn gibt es hingegen nichts, was ihn die Konfliktualität des Sozialen erschließen lassen würde, im Gegenteil: Er muss sowohl den Herrschafts- als auch den Kampfcharakter seiner Relation zum Knecht deartikulieren. Hegemoniale Gruppen sind darauf angewiesen, den Grund ihrer Hegemonie zu naturalisieren, sie glauben sich zu ihr aufgrund einer Herkunft, eines Titels, eines Besitzes, einer Identität oder einer Leistung berechtigt. Diese Blockade ist nicht nur epistemischer, sondern auch normativer, ästhetischer und affektiver Art; die dominante Position in einer Herrschaftsrelation führt zur Entstehung nicht nur kognitiver Irrtümer, sondern auch statischer Moralauffassungen, affirmativer kultureller Ausdrucksweisen und stagnierender Emotionen. Dies ist der Grund der *Überlegenheit der Unterlegenen*: Anders als bei dominanten Sozialformationen artikuliert sich die Konfliktualität des Sozialen in der Sittlichkeit von Gegengemeinschaften auf mehrfache Weise (epistemisch, normativ, ästhetisch und affektiv) *besser.*

Ihre interne Diskordanz zeichnet Gegengemeinschaften auch gegenüber autoritären, identitären oder faschistischen Gemeinschaften aus, das heißt gegenüber Gemeinschaften, die zwar gegenwärtig (noch) nicht dominant sind, deren Normen aber nicht auf die Überwindung, sondern die Intensivierung von sozialer Herr-

38 Für eine präzise Pointierung einer konflikttheoretischen Sozialontologie siehe Oliver Marchart, *Das unmögliche Objekt. Eine postfundamentalistische Theorie der Gesellschaft*, Berlin 2013. Im letzten Kapitel des Buches beschreibt Marchart, dass die Umwälzung einer Ordnung »durch die antagonisierten Körper der ihr Unterworfenen« (S. 444) vollzogen werden kann, verallgemeinert dies jedoch nicht zu einer Theorie einer situierten Konfliktualität.

schaft gerichtet sind (und deren Hass sich häufig gerade gegen Gegengemeinschaften richtet). Solche Gegen-Gegengemeinschaften vereint eine Verleugnung von Kategorien der Konfliktualität, also der Veränderbarkeit, Offenheit, Teilung, Überschreitbarkeit, und ein Wille zu Restauration, Identität, Souveränität, Homogenität und Fixierung. Sie artikulieren daher keine echte Opposition zum hegemonialen Bewusstsein, sondern treiben es ins Extrem. Ihr Begehren richtet sich auf die Vernichtung von Gruppen, die Formen der Abweichung oder Differenz repräsentieren. Solche strukturell nostalgischen Formen von Sittlichkeit gruppieren sich regelmäßig um ideologische Operatoren wie das Eigentum, die Nation, das Geschlecht oder die Rasse, und sie sind auf Legitimationsnarrative angewiesen, welche direkt oder indirekt auf Kategorien des Ursprungs oder der Herkunft beruhen. Affektiv kann sich diese Konfliktverleugnung in einer aggressiven Investition in vorgeblich stabile Identitätsmarker wie die eigene Leistung, Männlichkeit oder Whiteness ausdrücken.[39] Die Existenz von autoritären Formen unterdrückter Vergemeinschaftung bestätigt jedenfalls noch einmal, dass der Vorteil von Gegengemeinschaften nicht aus dem Faktum des Beherrschtseins allein resultieren kann, sondern aus der Weise ihrer Kollektivierung, also aus der Form, in der ihre sittliche Struktur einen Transgressionsdrang ausdrückt und zugänglich macht.

Die Kontur der normativen Struktur von Gegengemeinschaften lässt sich schließlich anhand der beiden Beispiele präzisieren, anhand derer Marx und Engels den antizipativen Charakter der proletarischen Sozialität beweisen zu können glaubten, der Immunität des Proletariats gegenüber bürgerlicher Kleinfamilienmoral und Nationalismus. Entsprechend der Ablösung des Proletariats als Subjekt weltgeschichtlicher Befreiung durch eine Pluralität relativ autonomer, aber intersektional verschränkter sozialer und politischer Befreiungsbewegungen sind diese beiden Aspekte heute nicht mehr nur (aber dort auch weiterhin) in der Lebenswirklichkeit der Arbeiter:innenklasse verankert. Die radikalste Attacke erfährt die konventionelle Familienform gegenwärtig vielmehr durch queer-fe-

39 Vgl. auch den Begriff der possessiven Investition bei George Lipsitz, *The Possessive Investment in Whiteness*, Philadelphia 2006; für eine zeitgenössische Phänomenologie einiger Formen des bedrohlichen Selbstbesitzes als eines permanenten »standing of ground« Fred Moten, Stefano Harney, *All Incomplete*, New York 2021, S. 17.

ministische Bewegungen, die sich gegen die Exklusivität und den Konformismus traditioneller Verwandtschaftsmodelle richten.[40] Diese Kritiken sind selbst in Formen subalterner Sozialität verankert, die radikal oppositionelle Körperpraktiken, biographische Entwürfe, Begehren, Ökonomien, Netzwerke und andere »bewusst exzentrische Seinsweisen«[41] umfassen können. Queere Subkulturen entwickeln in dezidierter Abgrenzung zur Gesamtgesellschaft neue Formen der Kollektivität, welche eine grundsätzliche Alternative zu bürgerlichen Modellen von Intimität und Generativität darstellen. Sie greifen also, kurz gesagt, die Marx'sche Figur der Affirmation proletarischer Gemeinschaftsformen auf, wenden sie aber auf das Feld der Geschlechterverhältnisse an; auch sie sind »die wirkliche Bewegung, welche den jetzigen Zustand aufhebt«.[42]

Ein paralleles Argument lässt sich für die Nation entwickeln. Die gegenwärtigen Flucht- und Migrationsbewegungen haben die Fiktion ethnischer Homogenität faktisch ruiniert und damit die nationale Form politischer Repräsentation fundamental erschüttert. Auch hier sind es jedoch nicht die Geflüchteten und Migrant:innen, deren Status defizitär ist und durch eine Inklusion in die konventionellen Formen der Staatsbürgerschaft kuriert werden müsste. Vielmehr repräsentieren gerade sie eine »wirkliche Bewegung«,[43] welche das Potential der Befreiung von der latent katastrophischen Exklusions- und Spaltungslogik nationaler Souveränität in sich trägt. Dieses Potential ist ebenfalls in eine reale Lebensform eingelassen, welche das Resultat eines bereits existierenden multikulturellen und mobilen Zusammenlebens jenseits von Grenzen und Papieren ist. Die realen Praktiken diasporischer Gemeinschaften manifestieren damit die Möglichkeit einer aterritorialen Kohabitation und einer postnationalen Partizipation.[44]

40 Exemplarisch Sophie Lewis, *Die Familie abschaffen. Wie wir Care-Arbeit und Verwandtschaft neu erfinden*, Frankfurt/M. 2023; M.E. O'Brien, *Family Abolition. Capitalism and the Communization of Care*, London 2023.

41 Jack Halberstam, *In a Queer Time and Place. Transgender Bodies, Subcultural Lives*, New York 2005, S. 1.

42 Bini Adamczak, »Kritik der polysexuellen Oekonomie (Grundrisse)«, in: *diskus* 1 (2006), 12-19, hier: S. 17.

43 Michael Hardt, Antonio Negri, *Empire. Die neue Weltordnung*, Frankfurt/M. 2000, S. 403 f.

44 Vgl. hierzu ausführlicher Daniel Loick, »Wir Flüchtlinge. Überlegungen zu einer

Die Überlegenheit, die in solchen Sozialformen liegt, besteht weder allein darin, dass sie einen allgemeinen Zustand der Welt vorwegnehmen, noch dass sie eher als die hegemonialen Sittlichkeitsformen Ausdruck der *conditio humana* sind (obwohl beides auch der Fall sein kann). Sie besteht vielmehr darin, dass Gegengemeinschaften einen kollektiven und sinnstiftenden Rahmen für das Ausagieren einer Distanz zu den eigenen und den dominanten Sozialformen bieten. Diese Distanz wird in der realen Erfahrungswirklichkeit unterdrückter Gruppen nicht nur präsent, sondern auch hermeneutisch und affektiv zugänglich. Diese Zugänglichkeit markiert einen Vorteil: Gegengemeinschaften, die Praxiszusammenhänge jenseits von Familie und Nation zu etablieren versuchen, erfahren in ihrem Alltag und gewöhnlichen Handeln mehr über das Wesen von Intimität und Globalität als diejenigen, deren Horizont auf die eingespielten und naturalisierten Formen der bürgerlichen Sittlichkeit beschränkt ist. Das subjektive Erleben entspricht einer Wahrheit: Familie und Nation *sind* nicht natürlich und statisch, sondern konventionell und dynamisch. Anders als die geschichtsphilosophische und die anthropologische Interpretation wettet die konflikttheoretische Deutung nicht auf eine Bestätigung in einem Außerhalb, sondern stützt sich auf die erfahrbare Realität in der Immanenz des geschichtlichen Geschehens.[45]

Die Unbeirrbarkeit der Maulwürfe

Steve McQueens *Mangrove* fiktionalisiert auch das Abschlussplädoyer, das der Aktivist und das Mitglied der britischen Black Panthers Darcus Howe, der als Teil der Mangrove Nine ebenfalls angeklagt war, vor dem Gericht in London gehalten hat. In dieser Szene zeigt sich, dass in den konkreten Kämpfen von Gegengemeinschaften sich häufig unterschiedliche Begründungsstrategien für eine Überlegenheitsbehauptung vermischen und komplementieren.

Bürgerschaft jenseits des Nationalstaats«, in: *Leviathan. Berliner Zeitschrift für Sozialwissenschaft* 45, 4 (2017), S. 574-591.

45 So lässt sich die bekannte Aussage Foucaults deuten: »Wo es Macht gibt, gibt es Widerstand. Und doch oder vielmehr deswegen liegt der Widerstand niemals außerhalb der Macht.« Michel Foucault, *Der Wille zum Wissen. Sexualität und Wahrheit 1*, Frankfurt/M. 1983, S. 96.

Bei dem Prozess stand vieles auf dem Spiel: Eine Verurteilung hätte nicht nur für die neun Angeklagten lange Gefängnisstrafen und somit auch das faktische Ende des Restaurants bedeutet, sondern auch die rassistische Praxis der Londoner Polizei als rechtmäßig bestätigt und politischen Protest kriminalisiert. Trotz dieser drohenden gravierenden Folgen dementiert Howe mehrfach die Bedeutung des Urteils, mehrfach betont er, die Entscheidung sei ihm egal (*I don't care*). In dieser ostentativen Indifferenz gegenüber objektiven Verhältnissen bringt sich die Inversion von realen und virtuellen Vorteilen, die Hegel beschreibt, performativ zur Geltung: Howe ist objektiv in einer Situation der Fremdbestimmung und Unfreiheit, formuliert aber dennoch den Anspruch einer Überlegenheit gegenüber Polizei und Justiz.

Der erste Grund, den Howe anführt, stützt sich auf den Fortschritt. Die brutalen Praktiken, denen seine Community ausgesetzt ist, behauptet er, hätten »nichts mit den Ideen des 20. Jahrhunderts zu tun«.[46] Jetzt, nachdem ein schwarzes Bewusstsein erwacht ist, wird die Gesellschaft diesen Widerspruch nicht mehr ohne Weiteres ignorieren können: »Ich glaube«, sagt Howe selbstbewusst, »dass die Geschichte auf meiner Seite ist.« Auch umgekehrt findet sich diese Figur oft in den Diskursen von Gegengemeinschaften: die Aufforderung an politische Akteur:innen, nicht »auf der falschen Seite der Geschichte« zu stehen. Rhetorisch bleibt dieser Appell eine wichtiges Werkzeug vieler politischer Bewegungen, die sich somit nicht nur auf moralische Werte oder politische Prinzipien, sondern auf die zu erwartende Scham der Verlierer:innen berufen. Allerdings unterminiert Howe sein eigenes Argument schon einige Sätze später: »Die Geschichte wird ihren Lauf nehmen, der so oft brutal ist.« Dass der Verlauf der Geschichte oft brutal ist, ist durch ein Übermaß an Beweisen bestätigt. Wie kann Howe gleichzeitig behaupten, dass sie auf seiner Seite ist?

Die zweite Figur, die Howe in seinem Plädoyer benutzt, unterstreicht die Bedeutung der Gemeinschaft für das menschliche Leben. Das Mangrove war nie nur ein Restaurant, sondern immer eine Institution einer Community, die einen Treffpunkt brauchte. Notting Hill ist ein Stadtteil, in dem vor allem Menschen aus der Karibik leben, die kaum andere Möglichkeiten der Zusammen-

46 Alle folgenden Zitate aus *Mangrove*.

kunft haben. Auch dass die Teilnahme an den Praktiken von Gegengemeinschaften Erfahrungen des Zusammenhalts, der Solidarität und der gegenseitigen Sorge ermöglicht, wird in vielen Reflexionen gegengemeinschaftlicher Praxis oft beschrieben. Diese Erfahrungen können dabei zudem einen besonderen Status beanspruchen: Sozialitätserfahrungen sind für die menschliche Lebensform nicht akzidentiell, sondern essentiell und konstitutiv. Allerdings ist auch dieser Vorteil fragil. Denn der Prozess ist ja gerade Ausdruck davon, dass die karibische Community bei ihrer Gemeinschaftspraxis immer wieder gestört und behindert wird. Die Sozialpraxis des Constable, des Richters und der Geschworenen hingegen ist nicht von Polizeischikane betroffen. Wie kann es da für die Mitglieder der karibischen Community besser sein, ins Mangrove zu gehen, als für weiße Menschen in einen weißen Pub ein paar Straßen weiter?

Das entscheidende dritte Motiv, das in Howes Rede eine Rolle spielt, wenn auch eher implizit, ist das des Kampfes. Der Kampf ist keine voluntaristisch initiierte, aktive Tätigkeit der Gemeinschaft, sondern ihre objektive, passive Voraussetzung. Der Kampf wird nicht nur von einer Gemeinschaft geführt, sondern die Gemeinschaft wird durch den Kampf erst als solche geschaffen: »Indem sie sich gegen Angriffe verteidigen, wird eine Community geboren.« Durch diese Entstehung im Konflikt ist die Gegengemeinschaft nie mit ihrer Umgebung versöhnt, sie verbleibt in einer Position der Exzentrik und Distanz. Dazu passt es, dass Howe zu Beginn seines Plädoyers Shakespeares *Hamlet* zitiert: »Die Zeit ist aus den Fugen« – es ist das Mangrove selbst, das aus den Fugen ist. Aber in diesem Aus-den-Fugen-Sein liegen konkrete, diesseitig erfahrbare Vorteile. Ein Vorteil ist zunächst ein epistemischer, ein Wissensvorsprung: Anders als die hegemoniale Sittlichkeit drückt die gegengemeinschaftliche Sittlichkeit, die aus den Fugen ist, die objektive Kontestabilität des Sozialen aus. Aber dieser Vorteil betrifft ebenso Normen und Werte; auch politische Prinzipien und ethische Haltungen emergieren aus vielfältigen Formen der Auseinandersetzung und des Streits. Im Mangrove wird besonders deutlich, dass die exzentrische Positionierung von Gegengemeinschaft auch die Komponente einer Ästhetik der Existenz hat: Das scharfe Essen »für einen bestimmten Gaumen« schmeckt einfach besser als die faden Würstchen und Eier des Constable Pulley. Schließlich sedimentiert sich die konfliktuelle Natur gegengemeinschaftlicher Sozialität affektiv; sie versetzt die Mitglieder von Gegengemeinschaften in die Lage, Prozesse des Werdens zu kreieren und zu erleben. Obwohl er auf eine Idee des geschichtlichen Fortschritts und auf eine Gemeinschaftsidee rekurriert, muss Howe sich gar nicht auf solche jenseitigen Figuren beziehen, um diese Vorteile einlösen zu können. Er kann darauf verweisen, dass es keine Formen sozialer Herrschaft ohne Konflikt geben wird. Der Vorteil des Widerstands ist deshalb niemals abstrakt, sondern immer konkret: »Ein intelligenter und vernünftiger Widerstand gegen bestimmte konkrete Tatsachen.«

3. Das Wissen von Gegengemeinschaften

Drei Beispiele

»Jene wenigen Flüchtlinge«, schreibt Hannah Arendt in einem 1943 veröffentlichten kurzen Aufsatz, »die darauf bestehen, die Wahrheit zu sagen, auch wenn sie anstößig ist, gewinnen im Austausch für ihre Unpopularität einen unbezahlbaren Vorteil: die Geschichte ist für sie kein Buch mit sieben Siegeln [...] mehr.«[1] In dem Text beschreibt sie die Abneigung vieler Jüd:innen, die vor den Nazis geflohen sind – zu denen auch Arendt selbst gehörte –, dagegen, für sich die Bezeichnung »Flüchtling« zu akzeptieren. Ähnlich wie Jüd:innen in den europäischen Nationalstaaten sich lange Zeit um kulturelle Assimilation bemüht haben, um eine politische Emanzipation zu erreichen (die ihnen zumeist vorenthalten wurde), bemühten sie sich auch nach der Vertreibung aus ihrer Heimat darum, sich dem Ankunftsland so schnell wie möglich anzupassen und »normale« Bürger:innen zu werden. Arendt zeigt Verständnis für diesen Wunsch: Teil der Mehrheitsgesellschaft zu sein verleiht nicht nur Rechte und Privilegien, sondern stellt auch einen elementaren sozialen Bezugsrahmen bereit, ohne den Menschen sich nicht verwirklichen können. Zugleich geht aber mit dieser Assimilation etwas Wichtiges verloren. Flüchtlinge haben nämlich trotz beziehungsweise gerade aufgrund ihres Paria-Status einen »unbezahlbaren Vorteil«. Dieser Vorteil ist epistemischer Natur: Sie wissen etwas, das die anderen nicht wissen. Das Schicksal der Jüd:innen hat ihnen eine Wahrheit über die Auswirkungen einer Herrschaftsgeschichte enthüllt, vor der die anderen noch die Augen verschließen. In diesem negativen Sinn sind die jüdischen Flüchtlinge, gerade wenn sie der Anpassung widerstehen, »die Avantgarde ihrer Völker«.[2]

»Schwule haben Safer Sex erfunden«,[3] schreibt Douglas Crimp

1 Hannah Arendt, »Wir Flüchtlinge«, in: dies., *Zur Zeit. Politische Essays*, Berlin 1989, S. 7-21, hier: S. 21.

2 Ebd.

3 Douglas Crimp, »How to Have Promiscuity in An Epidemic«, in: ders., *Melancholia and Moralism. Essays on Aids and Queer Politics*, Cambridge 2004, S. 43-82, hier: S. 63.

1987, auf dem Höhepunkt der AIDS-Krise, in seinem Text »How to Have Promiscuity in An Epidemic«. Crimp wendet sich hier gleichermaßen gegen einen homo-feindlichen Diskurs der Mainstream-Gesellschaft, der AIDS als Folge eines unmoralischen Lebensstils konstruiert, und gegen die anmaßenden »Aufklärungskampagnen«, mit denen die Regierung und wohlmeinende Gesundheitsorganisationen Schwule über den Gebrauch von Kondomen belehren zu müssen meinten. Zugleich weist er Positionen innerhalb der schwulen Szene zurück, die die hegemoniale Darstellung queerer Praktiken als oberflächlich und verantwortungslos übernahmen und dafür eintraten, in der Zeit der Pandemie auf sexuelle Promiskuität zu verzichten. Gerade für queere Subkulturen, so Crimp, hat sich die Frage des sicheren Sex schon immer mit größerer Dringlichkeit gestellt als für den Mainstream, weshalb sie bereits zuverlässige Formen des Schutzes gefunden haben, als der Topos des *safer sex* in der Mehrheitsgesellschaft noch als anrüchig galt. Die heteronormativen Alternativen zur Promiskuität, also Monogamie oder Abstinenz, machen Sex nicht sicherer, sondern unsicherer, weil sie auf unrealistischen Verzichtserwartungen beruhen. Die durch die Promiskuität gemachten Erfahrungen haben demgegenüber Vertrautheit mit nicht-penetrativen Formen von Sex, funktionierenden Sicherheitsvorkehrungen, offene Kommunikations- und Aushandlungsweisen und den Freuden des Experimentierens hergestellt. Sie haben zugleich die Fähigkeit kultiviert, am eigenen Begehren zu arbeiten und sexuelle Praktiken zu transformieren. Gerade da, wo sich queere Lebensformen gegen die Übernahme heteronormativer Imperative versperren, behalten sie Zugang zu einem Wissen, das ihnen nicht nur bessere Überlebenschancen, sondern auch ein besseres Leben verspricht: »Es ist unsere Promiskuität, die uns retten wird.«[4]

»[I]ch [habe] trotzdem zur Polizei gesagt: ›Wir müssen die Sache nicht unnötig in die Länge ziehen. Es ist klar, wer das war: Neonazis.‹ Der Polizist hat daraufhin seinen Zeigefinger zu seinem Mund geführt und mir gedeutet, dass ich schweigen solle. Er hat gesagt, dass ich sowas nicht sagen soll.«[5] Dies berichtet ein Betrof-

4 Ebd., S. 64.

5 A.S., Betroffener des Nagelbombenanschlags, zitiert in Madlyn Sauer, *Wir klagen an! NSU-Tribunale als Praxis zwischen Kunst, Recht und Politik*, Münster 2022, S. 55.

fener des durch den rechtsterroristischen »Nationalsozialistischen Untergrund« (NSU) verübten Nagelbombenanschlags, der am 9. Juni 2004 in der Kölner Keupstraße mehrere Geschäfte und Autos verwüstet und 22 Menschen verletzt hat, über seine Vernehmung durch die Polizei. Diese Aussage ist bezeichnend für das Verhältnis von »migrantisch situiertem Wissen«[6] auf der einen und der Blindheit der weißen Mehrheitsgesellschaft auf der anderen Seite. Der NSU hat zwischen 2000 und 2006 in Deutschland mit derselben Tatwaffe neun migrantische Menschen ermordet. Die Mehrheitsgesellschaft versagte den Angehörigen und anderen Mitgliedern marginalisierter Communities nicht nur Schutz, Gehör, Anteilnahme und praktische Solidarität, sondern wendete sich sogar gegen sie: Die Medien schoben die Verantwortung für die Morde den migrantisierten Gruppen selbst zu, indem sie sie als »Dönermorde« titulierten und die Täter im Mafia-, Drogen-, Prostitutions- oder Wettmilieu oder unter Verwandten der Opfer vermuteten. Dieses aktive Nicht-Wissen(wollen) hatte handfeste Konsequenzen: Die Polizei ermittelte gegen die Angehörigen der Opfer, beschuldigte sie einer Mitverantwortung oder Verheimlichung und ignorierte dabei immer wieder Hinweise und Zeugenaussagen, die auf den rechtsextremen Hintergrund der Taten deuteten. Bereits vier Jahre vor der Selbstenttarnung des NSU 2010 und der damit einhergehenden Offenlegung der rassistischen Tatmotive wussten die Mitglieder migrantisierter Communities hingegen sehr genau, wer für die Taten verantwortlich war. Unter dem Motto »Kein 10. Opfer« organisierten bereits am 6. Mai 2006, einen Monat nach der Ermordung von Halit Yozgat, dessen Angehörige einen Trauermarsch durch die Kasseler Innenstadt. Auf einer zentralen Kundgebung forderten sie die Behörden und die deutsche Öffentlichkeit dazu auf, endlich den Zusammenhang zwischen den Morden zu erkennen und so gegen die Täter:innen effektiv vorgehen zu können. In einem Kurzfilm sind die Reden der Angehörigen auf der Kundgebung, die zur damaligen Zeit keine mediale Aufmerksamkeit erhielt, dokumentiert. Immer wieder rufen sie die politisch Verantwortlichen auf: »Öffnen Sie Ihre Au-

6 Zum Begriff des migrantisch situierten Wissens vgl. die Beiträge in Juliane Karakayalı, Çagri Kahveci, Doris Liebscher, Carl Melchers (Hg.), *Den NSU-Komplex analysieren. Aktuelle Perspektiven aus der Wissenschaft*, Bielefeld 2022.

gen! Versuchen Sie sich in unsere Lage zu versetzen! Bitte gucken Sie sich um! Bitte versuchen Sie nachzuvollziehen!«[7]

Standpunkttheorien

In jedem dieser Beispiele werden zwei Formen von Wissen miteinander verglichen. Auf der einen Seite stehen die eingespielten und abgesicherten Vorstellungen und Ideen einer hegemonialen Wissensformation: das, was die Mitglieder dominanter Gruppen für wahr halten. Auf der anderen Seite steht das Wissen marginalisierter Gruppen: Erkenntnisse, die sie gerade aufgrund von Erfahrungen gewinnen konnten, die aus ihrem Kampf gegen Ausschluss und Unterdrückung resultieren. Beide Geltungsansprüche stehen nicht unvermittelt nebeneinander (sie sind daher auch nicht in einem relativistischen Sinne »gleich wahr«), sondern gegeneinander, sie liegen miteinander im Streit. In diesem Streit der Wahrheiten gibt es ein klar benennbares »besser«: Marginalisierte Gruppen wissen etwas, das dominante Gruppen nicht wissen. In der Konfrontation dieser beiden Ansprüche kommt es zu einer Verkehrung sozialer und epistemischer Vorteile: Jemand kann ökonomisch, politisch oder kulturell gesehen benachteiligt sein, epistemisch gesehen aber einen Vorteil haben. Aus der Tatsache, dass dieser Vorteil gerade aus der Distanz zu den etablierten Institutionen der Gesellschaft hervorgegangen ist, ziehen Teile unterdrückter Gruppen die politische Konsequenz einer Ablehnung von Bestrebungen der Assimilation, Absorption und Integration. Die umfassende soziale Transformation, die zur Beseitigung von Herrschaftsverhältnissen nötig ist, darf demnach nicht die Form einer Anpassung des subalternen an den dominanten Part annehmen. Umgekehrt muss sich die dominante an der subalternen Position orientieren und sich vor ihr verantworten.

Die bekannteste und am weitesten ausgearbeitete Version der Behauptung der Überlegenheit der Unterlegenen findet sich in so genannten Standpunkttheorien, die insbesondere in der feministischen Theoriebildung seit Jahrzehnten intensiv diskutiert wer-

7 Sefa Defterli, »Kein 10. Opfer«, online: ⟨https://www.offener-prozess.net/en/trauerdemonstration-kein-10-opfer⟩ [letzter Zugriff Juni 2023].

den.[8] Standpunkttheorien beinhalten für gewöhnlich drei Annahmen:[9] 1.) *Wissen ist situiert.* Was Menschen wissen können, hängt von objektiven Bedingungen ab. Dazu gehören etwa ihre spezifischen Erfahrungen, ihre soziale Verortung, ihr kulturelles Milieu, ihre materiellen Praktiken und die ihnen verfügbaren epistemischen Ressourcen. 2.) *Wissen ist antagonistisch.* Epistemische Akteur:innen sind innerhalb eines sozialen Feldes verortet, das von unterschiedlichen Herrschaftsverhältnissen durchzogen ist. Der politischen Beziehung, die sie somit zueinander unterhalten, entspricht auch ihre epistemische Relation. Sie sind nicht indifferent gegenüber den Wahrheitsansprüchen der jeweils anderen Seite. Ebenso wie Gruppen in einem ökonomischen oder politischen Sinn miteinander streiten (oder: gegeneinander kämpfen), so stehen auch ihre epistemischen Geltungsansprüche zueinander in einem polemischen und konfrontativen Verhältnis. 3.) *Marginalisierte, ausgeschlossene oder unterdrückte Gruppen haben einen epistemischen Vorteil.* Gruppen, die sozialer Herrschaft ausgesetzt sind, haben Zugang nicht nur zu einem *anderen*, sondern zu einem *besseren* Wissen als diejenigen, die sie ausüben.

Aufgrund ihrer breiten Rezeption eignen sich Standpunkttheorien gut als Ausgangspunkt für eine weitere Erkundung der Überlegenheit der Unterlegenen. Die materiellen Voraussetzungen, konkreten Ausdrucksweisen und politischen Implikationen des epistemischen Vorteils in den Fokus zu rücken kann als paradigmatisch für die allgemeine These über die spezifische Struktur der Sittlichkeit von Gegengemeinschaften gelten. Allerdings sind Standpunkttheorien auch mit grundlegenden Einwänden konfrontiert, die in abgewandelten Varianten alle anderen Aspekte gegengemeinschaftlicher Überlegenheit betreffen. Deshalb ist es zunächst wichtig, auf einige der naheliegendsten Einwände und hartnäckigsten Missverständnisse in Bezug auf Standpunkttheorien einzugehen – und einige ihrer tragenden Begrifflichkeiten präziser zu fassen, als dies bisher der Fall war.

8 Die zentralen klassischen Texte finden sich in Sandra Harding (Hg.), *The Standpoint Theory Reader: Intellectual and Political Controversies,* London 2004.

9 Vgl. die nicht ganz identische, aber ähnliche Beschreibung bei Alison Wylie, »Feminist Philosophy of Science: Standpoint Matters«, in: *Proceedings and Addresses of the American Philosophical Association* 86, 2 (2012), S. 47-76, hier: S. 61f.

Vom Standpunkt der Unterdrückten zur epistemischen Praxis von Gegengemeinschaften

Die Behauptung eines epistemischen Vorteils seitens marginalisierter Gruppen erscheint aus einer Reihe von Gründen problematisch. Gegen diese These wurde daher auch eine Vielzahl grundsätzlicher Einwände formuliert, bei denen es sich jedoch nicht selten um Fehllektüren und Missverständnisse handelt. Dennoch können diese Einwände Anlass bieten, genauer zu klären, wie eine plausible Standpunkttheorie formuliert sein muss: als Theorie gerade nicht eines festen »Standpunkts«, der sich aus der »Identität« von Unterdrückten ableitet, sondern als Theorie einer epistemischen *Praxis*, welche von *Gegengemeinschaften* ausgeübt wird – das heißt einer Aktivität, die ebenso kollektiv wie kontestativ ist.

Ein erster Einwand gegen klassische Standpunkttheorien betrifft die Tatsache, dass soziale Privilegien in der Regel auch mit epistemischen Privilegien einhergehen. Wohlhabende Menschen haben viel besseren *Zugang zu Bildung und Kultur*, etwa in Form von Bibliotheken und Museen, Schulen und Universitäten, und sie verfügen auch über viel mehr Zeit und Muße, sie sich anzueignen. Die Aneignung von Bildung umfasst dabei auch kognitive Kompetenzen, habituelle Autorisierungen und affektive Dispositionen. Edouard Louis beschreibt zum Beispiel in seinem autobiographischen Roman *Anleitung ein anderer zu werden* detailliert, wie kulturell distinguierte Praktiken wie das Bücherlesen, das Teetrinken und das In-Programmkinos-Gehen, das von seinem neuen bürgerlichen Umfeld goutiert wird, in seinem alten, proletarischen Umfeld verpönt waren.[10] Louis schildert ebenso, dass in sozial abgehängten Milieus menschenfeindliche Haltungen wie rassistische, sexistische und homophobe Einstellungen zirkulieren, denen er sich erst durch den Wechsel in ein städtisch-bourgeoises Umfeld entziehen konnte. Unterdrückte Gruppen sind nicht immun gegen die *Entstehung von Ideologien*; im Gegenteil scheinen sie unter Bedingungen zu leben, die die Entstehung von Illusionen und Projektionen zu befördern scheinen. In der »Kritik der Hegelschen Rechtsphilosophie« bezeichnet schon Marx etwa die Religion als »Seufzer der bedrängten Kreatur« und den »Geist geistloser Zu-

10 Edouard Louis, *Anleitung ein anderer zu werden*, Berlin 2022, Kap. 1: Elena.

stände«.[11] Schließlich fehlen beherrschten Gruppen häufig nicht nur die Ressourcen, die eigenen Erfahrungen theoretisch zu fassen und diskursiv zu Gehör zu bringen, sondern auch sie überhaupt erst als normativ bedeutsam zu dechiffrieren. Miranda Fricker erwähnt als Beispiel einer solchen »hermeneutischen Ungerechtigkeit«, dass Frauen in den USA der 1950er Jahre für lange Zeit nicht in der Lage waren, ihr tristes Hausfrauendasein überhaupt als Form des Beherrschtseins zu interpretieren, was nicht selten zur Herausbildung psychosomatischer Symptome oder Depressionen führte.[12]

Diese Faktoren – fehlender Zugang zu Bildungsgütern, Ideologieanfälligkeit, hermeneutische Marginalisierung – lassen die Behauptung epistemischer Vorteile seitens unterdrückter Gruppen zweifelhaft erscheinen: Werden so nicht manifeste Formen der Ungleichheit verschleiert und Situationen der Gewalt bagatellisiert oder romantisiert? Standpunkttheorien sind sich der vielfältigen Formen epistemischer Ungerechtigkeit natürlich bewusst. Ihre Vertreter:innen haben immer wieder darauf hingewiesen, dass epistemische Vorteile gerade nicht aus dem Faktum des Unterdrücktseins allein resultieren. Es gibt offensichtlich sehr viele Menschen, die gesellschaftlich benachteiligt, ausgeschlossen oder ausgebeutet sind, sich ihrer Situation jedoch nicht bewusst sind, sich über sie falsche Vorstellungen machen, sich menschenfeindlichen Ideologien verschreiben oder die ihr Leid nicht artikulieren und zu Gehör bringen können (diese Gruppe von Menschen stellt zurzeit die Mehrheit dar). Der Standpunkt, der in Standpunkttheorien zugrunde gelegt wird, wird deshalb nicht als *gegeben* angesehen, sondern muss *errungen* werden. Damit das epistemische Potential der eigenen Situierung erschlossen werden kann, sind spezifische zusätzliche Praktiken nötig; Techniken der Bewusstwerdung, des gemeinsamen Austauschs, der Sensibilisierung, Fokussierung, Organisierung und Tradierung. Es ist zudem niemals möglich, diese Techniken individuell, als Kraftakt Einzelner, auszuführen – epistemische Vorteile erschließen sich nur kollektiv.[13]

11 Karl Marx, »Zur Kritik der Hegelschen Rechtsphilosophie. Einleitung«, in: *Marx-Engels-Werke* (MEW), Bd. 1, Berlin 1976, S. 378-391, hier: S. 378.

12 Miranda Fricker, *Epistemic Injustice. Power and the Ethics of Knowing*, Oxford 2007, S. 147-152.

13 Vgl. Lynn Henkinson Nelson, »Epistemological Communities«, in: Linda Alcoff, Elizabeth Potter (Hg.), *Feminist Epistemologies*, New York 1993, S. 121-160.

Aus dieser ersten Klarstellung folgt direkt auch die Entkräftung eines zweiten gängigen Einwands. Häufig wird Standpunkttheorien unterstellt, sie gingen von einem essentialistischen und darum homogenisierenden Verständnis von Gruppenidentitäten aus: Wenn ein Herrschaftsverhältnis bei beherrschten Gruppen einen epistemischen Vorteil erzeugt, warum denken dann nicht alle Angehörige dieser Gruppen das Gleiche? Und folgt aus der Mitgliedschaft in einer solchen Gruppe dann nicht zugleich ein epistemisches *Privileg*, ein Vorrecht, zu einschlägigen Fragestellungen in besonderem Maße oder ausschließlich zu Wort zu kommen? Aus der Tatsache, dass der Standpunkt einer Gruppe nicht gegeben, sondern errungen ist, folgt hingegen zugleich, dass Gruppen heterogen sind und dass die Gruppenzugehörigkeit keine Garantie für die Entwicklung eines Standpunktes darstellt. Dass Personen mit bestimmten Erfahrungen eher dazu neigen, bestimmte epistemische Ressourcen zu erschließen, heißt dann nicht, dass ihre Vorstellungen, Ideen und Gedanken von ihrer sozialen Situation vollkommen *determiniert* wären. Aus diesem Grund kann es unwissende Beherrschte und wissende Herrscher:innen geben (bekannte Beispiele sind Menschen, die ihre qua Identität erlangten Privilegien verraten und zu Mitstreiter:innen oder *allies* unterdrückter Gruppen werden: Kommunistische Kapitalist:innen wie Friedrich Engels oder weiße Abolitionist:innen wie John Brown). Statt von einem epistemischen Privileg, das aus einer Unterdrückungserfahrung resultiert, muss man also von einem *Zugang* oder einem *Potential* sprechen, dessen Ausschöpfung immer von spezifischen Subjektivierungsprozeduren abhängt.

Um diese beiden weit verbreiteten Missverständnisse zu vermeiden, macht es Sinn, die verwendeten Begrifflichkeiten zu präzisieren – beziehungsweise preiszugeben. Wenn der Schlüssel zum epistemischen Vorteil nicht in dem Faktum des Beherrschtwerdens allein, sondern in den Techniken der Wissensgenerierung liegt, die von Beherrschten angewendet werden können, so scheint es irreführend, die Aufmerksamkeit allein auf die *Unterdrückungserfahrung* zu richten. Um das Rätsel der Überlegenheit der Unterlegenen besser fassen zu können, muss sie vielmehr auf die *Bewusstwerdungspraktiken* gerichtet werden. Schon die Lebenserfahrung selbst kann auf eine schwächere oder eine stärkere Weise eine bestimmte Erkenntnis nahelegen; beziehungsweise für manche Menschen sind größere Anstrengungen nötig, um sich einer bestimmten Erkenntnis zu erwehren: Es ist für eine weiße Person leichter möglich, Rassismus zu leugnen als für eine schwarze. Daher kann es unter Umständen auch für unorganisierte Mitglieder unterdrückter Gruppen, die nicht über ein gefestigtes Weltbild verfügen, zu spontanen Empörungsreaktionen oder der Artikulation von Unrechtsempfinden kommen. Dieses Potential wird größer, je dichter der Grad gegengemeinschaftlicher Sittlichkeit ist, der eine Person angehört. Vor allem diejenigen sind in der Lage, ein besseres Wissen zu entwickeln, die über einen kollektiven Zusammenhang verfügen, der die fremdbestimmte Gewordenheit ihrer sozialen Situation in eine Quelle epistemischer Ressourcen transformiert.[14] Nicht alle Flüchtlinge bezeichnet Arendt als »Avantgarde«, sondern explizit die »bewussten Parias«, diejenigen, die eine Distanz zur Mehrheitsgesellschaft aufrechtzuerhalten versuchen. Nicht die Diskriminierungserfahrung oder das individuelle Begehren ist es, das Gays zur Entwicklung von Safer-Sex-Praktiken ermächtigte, sondern das Vorhandensein einer queeren Gegenkultur, in der alternative Verhaltensweisen exploriert und kultiviert werden konnten. Nicht alle Migrant:innen waren sich des politischen Hintergrunds der NSU-Morde unmittelbar bewusst, sondern nur die, die auf-

14 Briana Toole schlägt vor, einen Standpunkt im Sinne der Standpunkttheorie *gar nicht* mehr an die Unterdrückungserfahrung, sondern *nur noch* an die *consciousness-raising*-Prozesse zu knüpfen: »[...] epistemisch privilegierte Standpunkte sind sowohl für Wissende zugänglich, die gesellschaftlich marginalisiert sind, als auch für diejenigen, die gesellschaftlich dominant sind – sofern sie an Bewusstwerdungs-Praktiken teilgenommen haben.« (Briana Toole, »On Standpoint Epistemology and Epistemic Peerhood: A Defense of Epistemic Privilege«, in: *Journal of the American Philosophical Association*, im Erscheinen, S. 12) Toole übergeht dabei allerdings, dass Bewusstwerdungspraktiken bei Mitgliedern sozial dominanter Gruppen weniger gut funktionieren. Entscheidende Bedingung für *consciousness raising* ist die Etablierung von *safe spaces*, die sozial Privilegierten aus guten Gründen zumeist nicht offenstehen: Soziale Privilegien untergraben epistemische *peerhood*. Gerade weil Bewusstwerdung ein kollektiver, kein individueller Prozess ist, bedarf es eines epistemischen Vertrauens, das sozial Privilegierte nur schwer erlangen können (und oft auch nicht verdienen). Es scheint daher angemessener, das Verhältnis von Unterdrückungserfahrung und politischem Bewusstsein zwar nicht als determiniert, aber auch nicht als völlig zufällig zu betrachten. – Für eine Diskussion der Schwierigkeiten verschiedener Praktiken weißer Awareness für weiße Privilegien siehe Linda Alcoff, *Visible Identities. Race, Gender, and the Self*, Oxford 2006, S. 207-221.

grund eines eingespielten Interpretationsrasters in der Lage waren, die Rassismen der Mehrheitsgesellschaft richtig einzuschätzen. Indem man den Fokus von »den Unterdrückten« auf die Gegengemeinschaften verschiebt, lässt sich auch erklären, warum der epistemische Vorteil nur einer Minderheit von Menschen offenzustehen scheint, während doch eine Mehrheit von ihnen unterdrückt oder marginalisiert wird. Man verschiebt somit auch die Aufgabe von einer *Einbeziehung gegebener Identitäten* zu einer *Desidentifikation mit den gegebenen Rollen*, das heißt einer Verwandlung sozialer in politische Subjektivierungen. Die epistemische Politik von Gegengemeinschaften richtet sich daher gegen naturalisierte und ideologische Vorstellungen, die sowohl innerhalb unterdrückter Gruppen als auch in dominanten Gruppen zirkulieren.

Es handelt sich bei dem Wissen, das Gegengemeinschaften sich erschließen können, somit auch nicht wirklich um einen »Standpunkt«. Die räumliche Metapher suggeriert, es handele sich um eine fixe und statische Position, die von bereits fertigen Subjekten eingenommen werden kann. Die Pointe standpunkttheoretischer Interventionen ist jedoch gerade, dass Wissen dynamisch, plural und wirksam ist, es ändert sich selbst und die Wissenden.[15] (Maulwürfe haben keine Standpunkte, sondern erwühlen sich Gänge.) Eine terminologische Alternative zur Standpunktmetapher bietet Max Horkheimer an, der stattdessen von einem »kritischen Verhalten« spricht und so die *praktische* Komponente von kritischem Wissen betont: Kritik ist eine Aktivität.[16] Die epistemischen Praktiken von Gegengemeinschaften bleiben mit ihren anderen sittlichen Praktiken verwoben und richten sich in Bezug auf die sie umgebende Gesellschaft immer wieder neu aus. *Consciousness-raising*-Treffen, Speculum-Untersuchungen, lesbische Literatur, Riot-Grrrl-Konzerte, Lesekreise, Netzaktivismus und die Gründung von *Gender-Studies*-Fachbereichen sind alles Beispiele feministischer Wissensproduktion, die jedoch aus unterschiedlichen geschichtlichen Phasen stammen, von unterschiedlichen Akteur:innen betrieben wurden und unterschiedliche Wissensgehalte

15 In diese Richtung gehen bereits Joseph Rouse, »Standpoint Theories Reconsidered«, in: *Hypatia* 24, 4 (2009), S. 200-209; Frieder Vogelmann, *Die Wirksamkeit des Wissens. Eine politische Epistemologie,* Berlin 2022, Kap. 6.3, S. 351-372.

16 Max Horkheimer, »Traditionelle und kritische Theorie«, in: ders., *Traditionelle und kritische Theorie. Fünf Aufsätze,* Frankfurt/M. 1992, S. 205-260, hier: S. 224.

und Wissensformen produzieren, die sich konfliktuell und lernend weiterentwickeln – sie sprechen also von jeweils unterschiedlichen »Standpunkten« aus. Dabei bleiben sie in feministischen Communities verankert und somit in antagonistischer Distanz gegenüber dem patriarchalen epistemischen Regime. Die praxeologische Reformulierung der Standpunkttheorie erlaubt es auch, die performative Dimension von Wissen einzubeziehen: Wissen ist nicht etwas, das man *hat*, sondern etwas, das man *tut*. Es geht beim Wissen daher auch nicht nur darum, ob es akkurat ist, also einer außerdiskursiven Wirklichkeit entspricht, sondern ob es gelingt, also die Handlungsmacht der Wissenden befördert oder ihre Handlungsintentionen erweitert. Dementsprechend ist eine Theorie des Wissens von Gegengemeinschaften nicht auf eine Korrespondenztheorie der Wahrheit angewiesen, die auf eine adäquate Abbildung der Sache im Bewusstsein abzielt, sondern auch offen für Wahrheitstheorien, die auf intersubjektive Geltung oder pragmatische Funktionalität abzielen. Der Heterogenität der epistemischen Praktiken, die Gegengemeinschaften entfalten, entspricht auch eine Vielzahl von Aspekten, über die sich ihre epistemischen Vorteile erläutern lassen.

Was Maulwürfe wissen

Standpunkttheorien haben die epistemischen Vorteile, die marginalisierten oder unterdrückten Gruppen offenstehen, in vielen verschiedenen Hinsichten ausbuchstabiert. Auch wenn man die Standpunkt-Metapher aufgibt, um die Perspektivität des Gegenwissens zu bezeichnen, kann man an dieser Facettierung festhalten. Die epistemische Überlegenheit resultiert dann jedoch nicht mehr aus einer fixen Position oder Identität, sondern aus spezifischen gegenhegemonialen Subjektivierungstechniken.

Erstens haben Gegengemeinschaften ein besseres Verständnis vom Umfang, der Wirkungsweise und den Effekten der Herrschaftsverhältnisse, denen sie ausgesetzt sind, das heißt ein *besseres Verständnis der Gesellschaft*, in der wir leben. Wer negativ von Rassismus, Sexismus, Homofeindlichkeit, Klassismus, Ableismus etc. betroffen ist, spürt sowohl das quantitative Ausmaß als auch die qualitative Vielschichtigkeit dieser Phänomene alltäglich am eigenen Leib. Es sind die Angehörigen dieser Gruppen, die eine Polizeikontrolle, den Spruch eines Kollegen, eine Regelung zur Blutspende, die Sprache an der Uni oder eine fehlende Rampe als diskriminierend erkennen, während Mitgliedern dominanter Gruppen die normative Signifikanz dieser Phänomene häufig gar nicht auffällt. (Daher waren nach der #meToo-Kampagne viele Männer überrascht über das Ausmaß sexualisierter Gewalt in der Gesellschaft, während viele Frauen sich hierüber keine Illusionen gemacht haben.) Mehrfach marginalisierte Gruppen haben zudem auch ein Verständnis von der intersektionalen Verknüpftheit von Unterdrückungsmechanismen; so haben schwarze Frauen schon früh gemerkt, dass sie etwa von den Fortschritten der weißen Frauenbewegung wenig profitierten.[17] Mittels Techniken der politischen Bewusstwerdung (*storytelling*, Agitation, *consciousness raising*, subkulturelle Ausdrucksweisen etc) können subalterne Gruppen diese Erfahrungen in politische Interpretationsrahmem eintragen und so als Wissen erschließen.

Zweitens korrigieren Gegengemeinschaften problematische Ungleichheiten in der hegemonialen Glaubwürdigkeitsökonomie, das heißt, sie haben *eine größere Offenheit für wahrhaftige Zeugenschaft*. In ihrem Buch *Epistemic Injustice* führt Miranda Fricker eine Szene aus Patricia Highsmiths *Der talentierte Mr. Ripley* als Beispiel für die in unserer Gesellschaft weit verbreitete Zeugenschafts-Ungerechtigkeit (*testimonial injustice*) an: Während die junge Marge bereits ahnt, dass es sich bei dem Mörder von Dickie Greenleaf um den befreundeten Tom Ripley handelt, wird sie vom Vater des Toten mit den Worten gesilenced, dies sei nur »weibliche Intuition«, die sich nicht auf »Fakten« stütze.[18] Marge' richtige Vermutung, die sie aufgrund ihrer eigenen Erfahrungen, Beobachtungen und Schlussfolgerungen anstellen konnte, fanden keine Resonanz, weil ihrer Sprechposition innerhalb eines hegemonialen epistemischen Rahmens keine Glaubwürdigkeit zugesprochen wird. Diese Erfahrungen machen täglich unzählige Sprecher:innen, deren Darstellungen vergangener Ereignisse nicht geglaubt, deren Expertise

17 Exemplarisch bereits Combahee River Collective, »The Combahee River Collective Statement«, in: Keeanga-Yamahtta Taylor (Hg.), *How We Get Free. Black Feminism and the Combahee River Collective,* Chicago 2017, S. 15-27; auch Barbara Smith, »Introduction«, in: dies. (Hg.), *Home Girls. A Black Feminist Anthology*, New Brunswick 2000, S. xi-lxiii, hier: S. xxxv.

18 Fricker, *Epistemic Injustice*, S. 9.

entwertet, deren Vorschläge nicht gehört oder deren Anliegen nicht ernst genommen werden. Wenn diese Zeug:innen sich allerdings als Gegengemeinschaften formieren, etablieren sie auch eine alternative Glaubwürdigkeitsordnung. Sie können ihre Äußerungen gegenseitig validieren und sich zudem auch zu einer größeren Sensitivität gegenüber historisch marginalisierten Sprecher:innen trainieren.

Drittens erlangen Gegengemeinschaften auch Einsichten in die Operationsweisen der Verdrängungstechniken dominanter Gruppen, also ein *besseres Verständnis hegemonialer Subjektivierung*. Ignoranz ist kein passives Nicht-Wissen (so wie wenn man nicht weiß, was die Hauptstadt von Hessen ist), sondern selbst ein aktives Verhalten. Wer die zentralen Funktionsweisen der Gesellschaft, in der er lebt und die ihn privilegiert, nicht erkennt, tut dies nicht aus einem unschuldigen Versäumnis heraus, sondern weil er normativ folgenreichen epistemischen Blockaden unterliegt, die er zugleich selbst mit aufrechterhält. Standpunkttheoretiker:innen haben diese Haltung daher als »absichtliche« (*wilful*)[19] oder »schuldhafte« (*culpable*)[20] Ignoranz bezeichnet. Die Psychoanalyse hat dieses Verhaftetsein mit dem eigenen Nicht-wissen-Wollen als »Verdrängung« erläutert: als einen psychischen Abwehrmechanismus, mit dem bedrohliche Einsichten aus dem Bewusstsein ferngehalten werden. Insofern sie von der Ausübung von Herrschaft ausgeschlossen sind, sind die Mitglieder von unterdrückten Gruppen von diesen Verdrängungsmechanismen entbunden; sie sind nicht dazu gezwungen, sich Rechtfertigungsnarrativen und Legitimationsstrategien für die eigenen Privilegien zu verschreiben. Im Rahmen von eigenen Bewusstwerdungsprozessen können sie so auch zu Analytiker:innen oder Ethnograph:innen dominanter Subjektivierung werden. bell hooks hat daran erinnert, dass es bereits seit der Zeit der Versklavung zu den Überlebenstaktiken schwarzer Menschen gehörte, weiße Menschen zu erforschen, Studien über ihre Alltagsgewohnheiten anzufertigen, um ihr zukünftiges Verhalten einschätzen und vorhersagen zu können. Nicht selten ist es gerade die Unsichtbarkeit der schwarzen Subjektposition innerhalb

19 Exemplarisch Linda Martín Alcoff, »Epistemologies of Ignorance: Three Types«, in: Shannon Sullivan, Nancy Tuana (Hg.), *Race and Epistemologies of Ignorance*, Albany 2007, S. 39-57, hier: S. 40.

20 José Medina, *The Epistemology of Resistance. Gender and Racial Oppression, Epistemic Injustice, and Resistant Imaginations*, Oxford 2013, S. 119, passim.

des weißen Universums, die es ihr erlaubt, diese Daten unbemerkt sammeln zu können.[21] Auch diese Informationen bleiben dabei allerdings auf eine Bestätigung in informellen gegengemeinschaftlichen Netzwerken angewiesen.

Viertens erlaubt es die doppelte Außenseiter:innen-Position, in denen sich diejenigen Mitglieder unterdrückter Gruppen befinden, denen es gelungen ist, Zugang zu dominanten Institutionen zu erlangen, *produktivere Verbindungen zwischen etabliertem und marginalisiertem Wissen* herzustellen. Für Patricia Hill Collins sind etwa schwarze Frauen in der Universität Beispiele für solche »Außenseiter:innen im Inneren« (*outsiders within*). Ausgehend von Georg Simmels Beobachtung, dass es häufig Fremde sind, denen die Eigenarten einer Kultur auffallen, argumentiert sie, dass diese Outsider zum einen über das gesellschaftstheoretische Vokabular verfügen, ihre eigenen Alltagspraktiken kritisch-distanziert zu analysieren, sie zum anderen aber die Verankerung in diesen Alltagspraktiken auch in die Lage versetzt, die blinden Flecken und Fehlannahmen der dominanten Gesellschaftheorie zu bemerken.[22] Es ist daher nicht nur die Anwesenheit marginalisierter Positionen in Mainstream-Institutionen, sondern die Aufrechterhaltung einer Verankerung des eigenen Lebens innerhalb des Herkunftsmilieus, die eine Spannung und damit die Möglichkeit einzigartiger Verknüpfungen erzeugt.

Fünftens haben Gegengemeinschaften einen Zugriff auf subalterne Archive und deshalb ein *besseres Wissen über die Geschichte*. Walter Benjamin hat in seinen geschichtsphilosophischen Thesen die Forderung aufgestellt, man solle Geschichte aus der Perspektive der Unterdrückten schreiben. Dieser Grundsatz ergibt sich nicht nur aus einer moralischen, sondern auch aus einer epistemischen Verantwortung: Eine Geschichtsschreibung, die ihre Aufmerksamkeit auf die Handlungen der unzähligen namenlosen, gewöhnlichen Akteur:innen legt, ist *angemessener* als eine, die sich nur an den Taten großer Individuen orientiert. Durch diese Perspektive enthüllen sich Zusammenhänge und Wirkungsweisen, die einem

21 bell hooks, »Representing Whiteness in the Black Imagination«, in: Lawrence Grossberg u.a. (Hg.), *Cultural Studies*, London 1992, S. 338-342; ähnlich auch Patricia Hill Collins, »Learning from the Outsider Within: The Significance of Black Feminist Thought«, in: *Social Problems* 33, 6 (1986), S. S14-S32.

22 Hill Collins, »Outsider Within«, S. S29.

idealistischen Geschichtsverständnis verschlossen bleiben (wie etwa, dass »der ›Ausnahmezustand‹, in dem wir leben, die Regel ist«).[23] Gegengemeinschaften verfügen über eigene, der offiziellen Geschichtsschreibung meistens nicht zugängliche Formen der Erinnerung, Tradierung und des Gedenkens. Diese Gegenarchive können auf informelle Weise angelegt sein, etwa als mündliche Erzählungen, Lieder und Geschichten, oder sie können institutionalisierte Formen annehmen, wie in Sammlungen von Dokumenten, Protokollen und Korrespondenzen.[24] Während der Zugang zur hegemonialen Geschichtsschreibung (der Geschichtsschreibung der Sieger) allgemein bekannt ist, ist der Zugang zu Gegenarchiven stark begrenzt. Dies verschafft Mitgliedern von Gegengemeinschaften einen epistemischen Vorteil: Ihre Doppelposition ermöglicht Zugriff sowohl auf etablierte geschichtswissenschaftliche Diskurse als auch auf verdeckte Alternativperspektiven.

Sechstens sind Mitglieder von Gegengemeinschaften besser in der Lage, *wissenschaftliche Forschungen zu betreiben, welche die Mängel etablierter Forschungen beheben* (*remedial research*). Auf einer trivialen Ebene gilt dies schon, wenn man innerhalb des von der hegemonialen Forschung etablierten Paradigmas verbleibt: Wer aufgrund von Vorurteilen die Beiträge von Forschenden ausschließt oder nicht ernst nimmt, weil sie Frauen, schwul oder Muslimas sind, dem entgehen potentiell wertvolle Einsichten. Gegengemeinschaftliche Perspektiven haben aber einen weitaus grundlegenderen Einfluss auf Forschungsmethoden, -inhalte und -ergebnisse. In jeder Forschung kommt es dazu, dass sich die Forschenden von unbewussten Vorurteilen und Projektionen leiten lassen oder dass sie eigene Erfahrungen verallgemeinern, was zu inakkuraten Darstellungen führt. Dieser implizite Bias lässt sich durch die Einbeziehung heterogener Erfahrungsschätze korrigieren. Für solche Formen gegengemeinschaftlicher Abhilfe hegemonialer epistemischer Blockaden gibt es unzählige Beispiele.[25] In der Soziologie zirkulieren Vorstellungen gesellschaftlicher Prozesse, die den Beitrag von Frauen, insbesondere Frauen of color, an sozialen Emergenzen unsichtbar

23 Walter Benjamin, »Über den Begriff der Geschichte«, in: ders., *Gesammelte Schriften*, Bd. I/2, Frankfurt/M. 1991, S. 690-708, hier: S. 697.

24 Avery Gordon, *The Hawthorn Archives. Letters from the Utopian Margins*, New York 2018.

25 Für einige weitere Beispiele vgl. Wylie, »Feminist Philosophy of Science«.

machen.[26] Dies führt dazu, dass Kategorien wie Familie, Arbeit oder Politik von der normalisierten Erfahrung weißer, männlicher Mittelklasse-Akademiker her gedacht werden, was deren reale Funktionsweise eher verdeckt als aufklärt.[27] In der Geschichtswissenschaft haben die Interventionen feministischer Ethnograph:innen den androzentrischen Mythos der Jäger-und-Sammler-Gesellschaften zurückgewiesen, indem sie die zentrale Rolle von weiblichen Sammlerinnen bei der Nahrungsbeschaffung nachgewiesen und so die Idee einer Abhängigkeit der Frauen von den Männern widerlegt haben.[28] In der Sexualforschung hat ein männlicher gynäkologischer Blick für lange Zeit eine Erforschung weiblicher Sexualität, inklusive der weiblichen Anatomie, Gesundheit und Lust, entweder ganz verhindert oder bis zur Lächerlichkeit verzerrt, bevor feministische Mediziner:innen alternative Erfahrungen und Perspektiven einbrachten.[29] In der Informatik haben kritische Wissenschaftler:innen herausgefunden, dass sich auch Algorithmen und internet-basierte Formen künstlicher Intelligenz von den rassistischen Vorurteilen ihrer Programmierer:innen leiten lassen, weshalb der Code gesellschaftlich wichtiger Technologien demokratisiert werden muss.[30] In der Philosophie bedurfte es erst der Intervention feministischer, antirassistischer und proletarischer Denker:innen, um die Modellierung des Menschlichen am Vorbild des weißen europäischen Mannes herauszufordern. Diese und unzählige andere Formen von *remedial research* konnten Gegengemeinschaften nicht aufgrund ihrer persönlichen Identität, sondern aufgrund ihrer politischen Perspektive besser ausführen als Mitglieder dominanter Gruppen. Alison Wylie schreibt: »Es waren *Frauen und meistens Feministinnen*, denen die Inkongruenzen [der konventionellen Forschung] aufgefallen sind, die sie einer kritischen Überprüfung unterzogen haben und die empirische Forschungsprogramme initiierten, die sexistische und androzentrische Vorurteile identifiziert

26 Dorothy E. Smith, »Women's Perspective as Radical Critique of Sociology«« in: *Sociological Review* 44, 1 (1974), S. 7-13.

27 Hill Collins, »Outsider Within«.

28 Frances Dahlberg (Hg.), *Woman the Gatherer,* New Haven 1981.

29 Nancy Tuana, »Coming to Understand: Orgasm and the Epistemology of Ignorance«, in: *Hypatia* 19, 1 (2004), S. 194-232.

30 Ruha Benjamin, *Race After Technology. Abolitionist Tools for the New Jim Code*, New York 2019.

und ihnen entgegengewirkt haben.«[31] In der Formulierung »Frauen und meistens Feministinnen« wird die Bedeutung eines durch den Aktivismus geschulten Blicks deutlich: Wer ständig dafür kämpfen musste, das eigene Wissen zu validieren, besitzt eine besondere Aufmerksamkeit für problematische verdeckte Hintergrundannahmen, konstitutive Ausschlüsse und epistemische Hierarchien.

Siebtens entwickeln Mitglieder von Gegengemeinschaften ein *besseres Gespür für die Relevanz neuer (wissenschaftlicher) Fragestellungen.* Nicht nur die Methoden und Ergebnisse von Forschung, auch schon die Frage, welche Themen und Gegenstände sich für eine Erforschung qualifizieren, ist gesellschaftlich und akademisch umstritten. Für Lebensrealitäten, die aus den wesentlichen sozialen Integrationsmedien ausgeschlossen sind, stellen sich andere Probleme als für diejenigen, die von etablierten Forschungseinrichtungen ohnehin als maßgebend anerkannt sind, und sie präsentieren sich zudem mit intensiverer Dringlichkeit und höherem Druck, eine Lösung zu finden.[32] Auf dem Höhepunkt der Aids-Krise in den 1980er Jahren richteten Mitglieder der Kampagne ACT UP eigene Forschergruppen ein, mit denen sich ungelernte Aktivist:innen in größter Eile zu Expert:innen in der immunologischen und virologischen Forschung weiterbildeten, um eine Behandlungsmöglichkeit für das HIV-Virus zu finden.[33] Ähnlich hat feministischer Aktivismus dazu beigetragen, die medizinische Forschung zu Krankheiten wie Brustkrebs und Endometriose sowie Fragen der reproduktiven Gesundheit voranzutreiben.[34] Paul Preciado beschreibt, wie in trans*Communities das Wissen über Zusammensetzung und Dosierung von Hormontherapien zirkuliert, für das die offizielle Pharmakologie keinen Bedarf sieht.[35] Solche emergierenden gegengemeinschaftlichen Forschungsfelder sind Beispiele nicht nur für *Erweiterungen* bestehender Forschungsorientierungen, sondern auch für einen epistemischen *Vorteil,* weil gegengemeinschaftliche Erkenntnis-

31 Wylie, »Feminist Philosophy of Science«, S. 55 [Hervorhebung hinzugefügt].

32 Sandra Harding, »Standpoint Theories: Productively Controversial«, in: *Hypatia* 24, 4 (2009), S. 192-200.

33 Sarah Schulman, *Let the Record Show. A Political History of Act Up New York, 1987-1993*, New York 2021, Kap. 6: »Citizen Scientists«.

34 Amanda J. Grigg, Anna Kirkland, »Health«, in: Lisa Disch, Mary Hawkesworth (Hg.), *The Oxford Handbook of Feminist Theory*, Oxford 2015, S. 326-345.

35 Paul B. Preciado, *Testo Junkie. Sex, Drugs, and Biopolitics in the Pharmacopornographic Era*, New York 2013.

interessen häufig eine Avantgarde-Rolle übernehmen: Von ihren Aufmerksamkeiten profitieren auf lange Sicht auch die etablierte Forschung und die Mainstream-Gesellschaft – ein Begünstigungsverhältnis, das andersherum zumeist nicht vorliegt, also einseitig ist.

Achtens entwickeln Gegengemeinschaften *bessere Wissensformen*. Der epistemische Vorteil, der sich aus gegengemeinschaftlichen Praktiken ergibt, betrifft nicht nur den propositionalen Gehalt von Wissen, sondern auch die Art und Weise, *wie* man etwas weiß. Etabliertes Wissen folgt zumeist einem intellektualistischen Paradigma und wird als Set wahrer Aussagen über die Wirklichkeit verstanden, die nach formalisierten epistemischen Regeln generiert, tradiert und präsentiert werden müssen. In seinem programmatischen Aufsatz »Traditionelle und kritische Theorie« hat Max Horkheimer die für die Frankfurter Schule leitende Analyse formuliert, dass traditionelle Theorie sich zudem von einem instrumentellen Erkenntnisinteresse leiten lässt, das sich zur Natur in ein herrschaftsförmiges Verhältnis setzt und bei der Wissensgenerierung von einem Drang nach Anwendbarkeit leiten lässt, während kritische Theorie von der Erfahrung der Entfremdung von dieser Welt geprägt ist.[36] Dementsprechend verfügen Gegengemeinschaften, die von dem Zwang zur instrumentellen Rationalisierung dispensiert sind, häufig über reichhaltigere Wissensformen und kognitive Stile. Wissen ist zum Beispiel verkörpert, emotional, spielerisch, relational und in natürlich-geschichtliche Umgebungen eingebettet; es kann in Form von Affekten und Empfindungen ausgedrückt, in nicht-dualistischen oder holistischen Kosmologien eingefasst und mittels Erzählungen, Geschichten und Liedern weitergegeben werden. Diese Wissensformen sind auch in verschütteten und dem hegemonialen Blick verborgenen Traditionen verankert. Beispiele für solche epistemische Gegentraditionen sind etwa die als gefährliches Hexenwissen gebrandmarkten Kenntnisse sachkundiger Frauen,[37] die dekolonialen Wissensbestände des globalen Südens[38] und indigener Bevölkerungen.[39]

36 Horkheimer, »Traditionelle und kritische Theorie«.

37 Silvia Federici, *Caliban und die Hexe. Frauen, der Körper und die ursprüngliche Akkumulation*, München 2013.

38 Boaventura de Sousa Santos, *Epistemologies of the South. Justice Against Epistemicide*, London 2013.

39 Leanne Betasamosake Simpson, *As We Have Always Done: Indigenous Freedom Through Radical Resistance*, Minneapolis 2017; Aileen Moreton-Robinson, »To-

Neuntens verfügen Gegengemeinschaften über ein *besseres Wissen darüber, was Wissen ist.* Dieses Meta-Wissen ergibt sich aus der konkreten Erfahrung, die eigene Perspektive nur konfliktuell formulieren und zu Gehör bringen zu können. Wissen erscheint hier von vornherein als etwas, das in konkrete Erfahrungswelten eingebettet, sozial situiert, ständig im Fluss ist und immer neu entdeckt und erkämpft werden muss. Donna Haraway hat schon zu Beginn der standpunkttheoretischen Diskussion argumentiert, dass *nur* Perspektiven, die sich ihre eigene Situiertheit eingestehen, für den Diskurs interessant sind; entkörperte, freischwebende, desinteressierte und desengagierte »Gott-Tricks« sind auszuschließen.[40] Sandra Harding zieht hieraus die folgerichtige Konsequenz, dass zu den epistemischen Vorteilen marginalisierter Gruppen eine erhöhte Reflexivität für die eigene Positionalität gehört, während dominante Perspektiven sich regelmäßig in der Annahme der eigenen Neutralität und Losgelöstheit täuschen. Die eigene Situiertheit wird auch bei ihr nicht als Manko bei der Formulierung eines Geltungsanspruchs verstanden, sondern zur Tugend bei der genaueren Prüfung von Gewissheiten und Wahrheiten umgedeutet, die eine »strenge Objektivität« ermöglicht.[41] Frieder Vogelmann hat darüber hinaus darauf verwiesen, dass Wissen nicht etwas ist, das wie ein Eigentum in Besitz genommen werden kann, sondern die Wissenden selbst verändert, sie zu anderen Menschen macht.[42] Das Wissen um die Wirksamkeit des Wissens setzt eine Veränderungsbereitschaft und die Suspension von Souveränitätsphantasmen voraus, für die Gegengemeinschaften besonders geübt sind.

Zehntens sind Gegengemeinschaften dazu disponiert, *die sozialen Bedingungen für Wissensproduktion zu verbessern.* Marx hatte in

wards an Australian Indigenous Women's Standpoint Theory: A Methodological Tool«, in: *Australian Feminist Studies* 28, 78 (2013), S. 331-347; Eduardo Viveiros de Castro, *Die Unbeständigkeit der wilden Seele*, Wien 2016.

40 Donna Haraway, »Situiertes Wissen. Die Wissenschaftsfrage im Feminismus und das Privileg einer partialen Perspektive«, in: dies., *Die Neuerfindung der Natur. Primaten, Cyborgs und Frauen*, Frankfurt/M. 1995, S. 73-97. Vgl. dazu die Interpretation von Katharina Hoppe, *Die Kraft der Revision. Epistemologie, Politik und Ethik bei Donna Haraway*, Frankfurt/M. 2001, S. 72-88.

41 Sandra Harding, »›Strenge Objektivität‹ und sozial verortete Erkenntnis«, in: dies., *Das Geschlecht des Wissens. Frauen denken die Wissenschaft neu*, Frankfurt/M. 1994, S. 155-180.

42 Vogelmann, *Die Wirksamkeit des Wissens.*

seinem Text zur »Kritik der Hegelschen Rechtsphilosophie« am Beispiel der Religion gezeigt, dass jedes authentische philosophische Erkenntnisinteresse letztlich dazu führen muss, zu einer eingreifenden Partei innerhalb eines sozialen Kampfes zu werden. Die falsche Projektion, die die Religion ist, ist nämlich kein einfacher Irrtum, sondern eine Ideologie, das heißt ein falsches Bewusstsein, das nur innerhalb falscher materieller Verhältnisse entstehen kann. Um die Aufklärung, das heißt den Atheismus, konsequent zu Ende zu denken, kann man diesen Verhältnissen also nicht indifferent gegenüberstehen, sondern muss auf ihre Transformation drängen: »Die Forderung, die Illusionen über seinen [des Volkes] Zustand aufzugeben, ist die *Forderung, einen Zustand aufzugeben, der der Illusionen bedarf.*«[43] Dieser Zusammenhang von Erkenntnis und politischem Interesse ist Gegengemeinschaften deutlicher bewusst, weil sie von Anfang an gelernt haben, dass sie nicht unpolitisch bleiben können, wenn sie ihr Wissen zur Geltung bringen wollen. Sowohl die anhaltende ökologische Krise als auch die Gesundheitskrise der Corona-Pandemie haben diese Verbindung zuletzt vor Augen geführt: Die Versorgung der Bevölkerung mit »Fakten« bleibt wirkungslos, wenn man nicht soziale Bedingungen von Ideologieproduktion, affektive Ökonomien, Konzentration von Meinungsmacht, gezielte Manipulationen und Desinformationskampagnen angreift. Adam McKays Film *Don't Look Up* (2021) hat diese Notwendigkeit gut vorgeführt: Den Astronom:innen Kate und Randall gelingt es nicht, die Menschheit von der Gefahr eines herannahenden Kometen zu überzeugen, weil sie in dem Geflecht von politischen Interessen, einem bunten Medienspektakel und populären Verleugnungsstrategien wie Verschwörungstheorien gefangen bleiben – sie erkennen, dass sie sich nicht länger auf die Evidenzkraft der Tatsachen verlassen können, sondern zu Aktivist:innen werden, also eine Gegengemeinschaft bilden müssen.

Woher Maulwürfe ihr Wissen beziehen

Wer an der Verbreitung von Wissen – nicht nur verstanden als reine Informationsvermittlung, sondern als Aufnahme und Einleitung

43 Marx, »Kritik der Hegelschen Rechtsphilosophie«, S. 379.

praktischer Konsequenzen – interessiert ist, darf also nicht in einer vom Rest der Gesellschaft abgetrennten akademischen Blase verbleiben, sondern muss sich in gesellschaftliche Kämpfe einmischen: Der Drang zur Veränderung der Welt ist direkte Konsequenz aus der Interpretation der Welt. Diese These könnte jedoch leicht als idealistisch missverstanden werden. Tatsächlich muss die kritische Interpretation der Welt zunächst selbst über eine materielle Basis innerhalb der Welt verfügen. Ohne eine Verankerung in einem realen überschießenden Moment innerhalb der bereits existierenden Gesellschaft kann sich ein oppositionelles Bewusstsein gar nicht erst formieren, unterdrückte Gruppen würden dann immer nur die vorherrschenden Ideologien wiederholen und reproduzieren. Marx schreibt prägnant: »Es genügt nicht, dass der Gedanke zur Verwirklichung drängt, die Wirklichkeit muss sich selbst zum Gedanken drängen.«[44] Marx warnt hier nicht nur vor einem praktisch-strategischen Problem: Freischwebende Veränderungsambitionen, die der gesellschaftlichen Wirklichkeit von außen gegenüberstehen, haben keine Aussicht auf Erfolg. Vielmehr macht er auch auf ein epistemisch-normatives Problem aufmerksam: Verkündungen von Wahrheiten, die in der Realität keine Resonanz finden, sind entweder wirkungslos oder dogmatisch-autoritär (oder beides). Marx schließt hier an Hegels Kritik an Kant an: Ein Vernunftprogramm, das sich auf kein bereits in der sinnlichen Praxis vorhandenes Moment berufen kann, setzt sich dem Leben abstrakt gegenüber und führt zu einem rigoristischen Terror. Die sittliche Praxis von Gegengemeinschaften, mit der sich unterdrückte und marginalisierte Gruppen einen epistemischen Vorteil erschließen, muss also an spezifische Phänomene und Tendenzen der bestehenden Wirklichkeit rückgebunden bleiben. Dies war auch die erste Prämisse von Standpunkttheorien: Unsere Erkenntnisfähigkeit ist von objektiven (das heißt: nicht selbstgewählten) Bedingungen und damit von unserer sozialen Verortung abhängig.

Woher also beziehen Gegengemeinschaften das Wissen, das sich von dem Wissen der Mainstream-Gesellschaft unterscheidet? Was sind die objektiven sozialen Bedingungen, die ihre kognitive und epistemische Überlegenheit ermöglichen? In dem standpunkttheoretischen Blueprint, den Hegel mit dem »Herrschaft und

44 Ebd., S. 386.

Knechtschaft«-Kapitel vorgelegt hat, nimmt die *Arbeit* eine zentrale Stellung ein. Der Herr ist durch einen sozialen Kampf in die Lage gekommen, zwischen sich und dem Gegenstand den Knecht einzuschieben: Dieser bearbeitet den Gegenstand und bereitet ihn für den Genuss durch den Herrn vor. Das ist zugleich der Punkt, an dem sich die Bewusstseine von Herr und Knecht »verkehren«: Die Selbständigkeit des herrischen Bewusstseins wird zur Abhängigkeit, während der eigentlich abhängige Knecht in der Bearbeitung des Gegenstands eine Erfahrung virtueller Selbständigkeit macht. Die epistemische Komponente dieser Verkehrung liegt darin, dass das knechtische Bewusstsein dem, was Selbstbewusstsein seinem Begriff nach ist, eher entspricht: In der Arbeit erweist sich die Gewissheit des Selbstbewusstseins zugleich als seine Wahrheit. Dadurch werden eine geschichtsphilosophische und eine anthropologische Perspektive miteinander verschaltet. Im knechtischen Bewusstsein manifestiert sich eine Wahrheit des menschlichen Selbstbewusstseins an sich, die sich als solche auch vom Ende her, mittels eines Überblicks über die Gesamtheit des Entwicklungsprozesses, bestätigen wird.

Diese Zentralität der Kategorie der Arbeit bleibt in den marxistischen und auch in den sozialistisch-feministischen Reformulierungen des Herrschaft-und-Knechtschaft-Motivs zunächst erhalten. Ebenso legen auch viele der nachfolgenden Standpunkttheorien anthropologische und/oder geschichtsphilosophische Prämissen zugrunde, um die Wahrheit des unterdrückten Bewusstseins zu bewähren. Bei Marx bekommt die Arbeit allerdings einen entscheidenden weiteren Zug: Sie ist nicht nur Moment eines Entwicklungsprozesses, sondern eines *Aufbrechens* des Entwicklungsprozesses. Zwar erweist sich die Wahrheit des proletarischen Bewusstseins auch bei Marx darin, dass Proletarier:innen arbeiten, aber gerade nicht deshalb, weil sie in der Arbeit eine Erfahrung von Selbständigkeit machen (dies ist unter entfremdeten Bedingungen nicht möglich), sondern weil der Kapitalismus ihnen die Kenntnisse und Fähigkeiten vermitteln muss, die sie brauchen, um ihn zu überwinden: Er produziert »seine eigenen Totengräber«.[45] Die Wahrheit, welche die Arbeit objektiv ermöglicht, liegt also nicht in der Bearbeitung des Gegenstandes, sondern in der *Politisierung*: in der Verwandlung sozialer in politische Subjekte, der Verwandlung

45 Karl Marx, Friedrich Engels, *Manifest der Kommunistischen Partei*, in: *Marx-Engels-Werke* (MEW), Bd. 4, Berlin 1972, S. 459-492, hier: S. 474.

von Arbeiter:innen in Proletarier:innen. In »Das Elend der Philosophie« hat Marx diesen Politisierungsprozess näher beschrieben: Die Industrie musste notwendigerweise viele Arbeiter:innen an einem Ort, der Fabrik, zusammenbringen. Dort werden ihnen ihre gemeinsamen Interessen vis à vis dem Kapital konkret erfahrbar und dies lässt einen »gemeinsamen Gedanken des Widerstands«[46] entstehen, der politisch die Form von Koalitionen annimmt, welche die Konkurrenz der Arbeiter:innen untereinander aufhebt und sie somit von einer Klasse *an sich* in eine Klasse *für sich* verwandelt.[47]

Georg Lukács hat diese allgemeinen Überlegungen von Marx weiter ausgeführt und dem Begriff des Klassenbewusstseins die für den so genannten »wissenschaftlichen Marxismus« kanonische Fassung gegeben. Wie Marx, so betont auch Lukács den antivoluntaristischen Charakter des Klassenbewusstseins: Was eine Klasse denkt, ist nicht Resultat ihrer subjektiven Erkenntnisanstrengungen, sondern muss »nach der Stellung im Produktionsprozess bestimmt werden«.[48] Der objektive Klassenantagonismus erzeugt auch einen Antagonismus der Anschauungen. Für die Überlegenheit des proletarischen gegenüber dem bourgeoisen Klassenbewusstsein lassen sich mit Lukács wesentlich zwei Gründe identifizieren. Erstens ist es nur für das Proletariat, nicht jedoch für die Bourgeoisie möglich, sich überhaupt als Klasse zu erfahren. Zwar musste auch diese sich als Klasse konstituieren, um ihre Interessen gegen die Feudalherrschaft durchsetzen zu können, im gleichen Moment muss sie

46 Karl Marx, »Das Elend der Philosophie«, in: *Marx-Engels-Werke* (MEW), Bd. 4, Berlin 1972, S. 63-182, hier: S. 180.

47 In der frühen sowjetischen Variante einer marxistischen Standpunkttheorie fällt der Aspekt der Politisierung weg und die Arbeit wird zur alleinigen Quelle der epistemischen Überlegenheit des Proletariats. »Die Wissenschaft«, heißt es etwa bei Alexander Bogdanov, »ist die organisierte Erfahrung der menschlichen Arbeitsgemeinschaft.« (Alexander Bogdanov, *Die Wissenschaft und die Arbeiterklasse,* Frankfurt/M. 1971, S. 20) Wissensproduktion, so Bogdanov, ist Ergebnis eines alltäglichen Erfahrungsdrucks; so kommt es, dass die Wilden vom Sonnenverlauf mehr wussten als neun Zehntel der jetzigen Stadtbewohner:innen. Erst mit dem Kapitalismus ist die Wissenschaft in ein Instrument der Klassenherrschaft verwandelt worden, die ihr wiederum destabilisierende Konkurrenz- und Exklusionsprinzipien oktroyiert. Um die Dinge wieder konsequent vom Standpunkt der Arbeit aus zu betrachten, fordert Bogdanov dazu auf, sich etwa mittels der Einrichtung von Arbeiteruniversitäten wieder der Wissenschaft zu bemächtigen.

48 Georg Lukács, *Geschichte und Klassenbewußtsein. Studien über marxistische Dialektik*, Neuwied 1970, S. 218.

aber den kollektiven Charakter ihres geschichtlichen Handelns verschwinden lassen, damit die Gesellschaft als Summe voneinander isolierter Individuen erscheinen kann. An diesem falschen Bewusstsein hängt die Bourgeoisie genauso, wie die Aristokratie an der Ideologie ihrer Herrschaft von Gottesgnadentum hing: Es ist ihr aufgrund der von ihrer ökonomischen Lage auferlegten »objektiven Schranke« vollkommen unmöglich, die wahre Natur des gesellschaftlichen Lebens zu erkennen. Das zweite Argument für die Überlegenheit des proletarischen gegenüber dem bürgerlichen Bewusstsein ist geschichtsphilosophisch gedeckt: Während die Universalisierung des bürgerlichen Standpunkts eine Klassenherrschaft errichtet hat, fällt mit der Universalisierung des Proletariats die Aufhebung der Klassen, also die Einrichtung einer klassenlosen Gesellschaft zusammen. Das proletarische Bewusstsein ist darum als partikulares bereits die Antizipation eines universell menschlichen Bewusstseins. Lukács geht darum so weit zu behaupten, dass sich im proletarischen Klassenbewusstsein selbst in seiner empirischen, noch falschen Gestalt eine übergeordnete Richtigkeit ausdrückt, die sich aus der prinzipiellen Tendenz dieses Bewusstseins ergibt: der »Intention auf das Richtige«,[49] die dem Proletariat selbst in seinen sachlichen Irrtümern zugutekommt.

Nachfolgende Autor:innen haben sich dabei zum einen vom reduktiven Ökonomismus des Marxismus abgewendet und andere Herrschaftsdimensionen wie Rassismus und Sexismus einbezogen, zum anderen hat sich die Standpunkttheorie zunehmend vom Ballast einer substanzialistischen Geschichtsphilosophie befreit. In ihrem grundlegenden Essay »The Feminist Standpoint« wendet sich Nancy Hartsock gegen die Ignorierung der vorwiegend von Frauen geleisteten Reproduktionsarbeit in der marxistischen Theoriebildung, hält allerdings an der historisch-materialistischen Methode der Bestimmung von Standpunkten fest. Mit Lukács teilt sie die grundlegende Prämisse der sozialen Situiertheit der Wissensproduktion: Weil in einer patriarchalen Gesellschaft die Lebensrealität von Männern und Frauen radikal unterschiedlich sind, machen sie auch andere Erfahrungen und haben darum auch einander entgegen gesetzte Erkenntnisstandpunkte. Wie Lukács begreift Hartsock diese Lebensrealitäten vor allem als durch die Arbeit

49 Ebd., S. 247.

vermittelt. Während Männer in der Lohnarbeit von ihren konkreten Bedürfnissen abstrahieren müssen, bilden Frauen durch die Erfahrung der Hausarbeit und Kindererziehung Kompetenzen der Empathie, Sorge, Hilfe und des Ablassens von Kontrollansprüchen heraus. (Wohlgemerkt kommen diese Haltungen den Frauen nicht aufgrund irgendeiner biologischen Disposition, sondern aufgrund ihrer Stellung im gesellschaftlichen Gefüge zu.) Schließlich übernimmt Hartsock auch die Idee eines Ineinsfallens des Standpunktes der unterdrückten Gruppe mit der gesamten Menschheit: Es sind gerade die reproduktiven Tätigkeiten der Frauen, die für ein befreites Zusammenleben tatsächlich kennzeichnend sind: »Opposition gegen Dualismen [...], Wertschätzung des konkreten, alltäglichen Lebens, Sinn für eine Vielzahl von Verbindungen und Kontinuitäten sowohl mit anderen Menschen als auch mit der natürlichen Welt«.[50]

Heute ist die Vorstellung, der epistemische Vorteil der Unterdrückten ergebe sich aus der Vorwegnahme der allgemeinen Struktur der befreiten Gesellschaft, fragwürdig geworden. Nicht nur ist die Gewissheit einer bevorstehenden Revolution empirisch zerbrochen, auch könnte eine solche Transformation kaum noch behaupten, tatsächlich *alle* Herrschaftsformen mit einem Schlag überwinden zu können. Die Fragmentierung subalterner Milieus und die Pluralisierung von Standpunkten ist daher zunehmend mit einem Verzicht auf derart starke Annahmen einhergegangen; Standpunkttheorien etwa aus dem Kontext der *Disability Studies*, lesbischer, schwuler und queerer Theoriebildung sowie aus indigener, postkolonialer und schwarzer Wissensproduktion können darauf verzichten, eine Korrespondenz ihrer jeweiligen Erkenntnispositionen mit einem universellen Befreiungsinteresse zu behaupten. In W. E. B. Du Bois' Begriff des »Doppelbewusstseins« (*double consciousness*) haben viele Theoretiker:innen des späten 20. und frühen 21. Jahrhunderts das Leitmotiv für eine deflationierte Standpunkttheorie gefunden. Für Du Bois' besteht die Besonderheit des marginalisierten Bewusstseins nicht mehr in der Erfahrung der Arbeit und daher auch nicht mehr in der Antizipation eines universell menschlichen Bewusstseins, sondern resultiert aus der Erfahrung der Margina-

50 Nancy Hartsock, »The Feminist Standpoint: Developing the Ground for a Specifically Feminist Historical Materialism«, in: dies., *The Feminist Standpoint Revisited & Other Essays*, Boulder 1998, S. 105-132, hier: S. 120.

lisierung selbst. Schwarze Menschen, so Du Bois, machen regelmäßig die Erfahrung, nicht nur die Welt aus ihrer eigenen Perspektive zu sehen, sondern auch sich selbst aus den Augen der anderen (der Dominanzgesellschaft) zu sehen, weshalb sie mit einer Art »zweitem Gesicht« ausgestattet sind.[51] Bei bell hooks wird die Erfahrung von Marginalität in dominanten Institutionen – die Erfahrung der eigenen Präsenz als Störung und Unterbrechung – zu einer Positionierung, die radikale Offenheit und Möglichkeit repräsentiert.[52] Patricia Hill Collins argumentiert ähnlich: Weil etwa schwarze Frauen innerhalb der akademischen Welt den Status von Außenseiterinnen haben, haben sie einerseits in gewissem Grad Zugang zu universitären Ressourcen, behalten aber gleichzeitig den Kontakt zum Erfahrungswissen ausgeschlossener Subjekte und Communities.[53] Diese unterschiedlichen Beschreibungen einer epistemisch exzentrischen Positionierung innerhalb einer hegemonialen Wissensformation, also die Stellung als »Außenseiter:innen im Innen«, ist dabei nicht nur punktuell, sondern ebenfalls institutionalisiert, etwa in Kirchen, Familien oder Jazzclubs.[54] Die durch die Unterdrückung erzeugte »duale Perspektive« erlaubt zwar keine Vorwegnahme eines befreiten Zusammenlebens mehr, wohl aber gerade die selbstreflexive Einsicht in die Relativität und Partialität vorgeblich universeller Perspektiven, das heißt zumindest eine teilweise Befreiung von den epistemischen Blockaden des dominanten Standpunktes.

Mit den geschichtsphilosophisch-anthropologischen Prämissen der marxistisch inspirierten frühen Standpunkttheorien wurde auch die Bedeutung der nichtselbstgewählten »objektiven Bedingungen« für den epistemischen Vorteil unterdrückter Gruppen immer mehr relativiert. Eine dritte Position in dieser Serie (nach Positionen, die die Bedingung epistemischer Überlegenheit in *Tätigkeiten der Arbeit*, und Positionen, die sie in der *Erfahrung der Marginalisierung* sehen) besteht darin, besondere epistemische Ressourcen gar nicht

51 W. E. B. Du Bois, *The Souls of Black Folk*, Oxford 2007, S. 8.

52 bell hooks, »Choosing the Margin as a Space for Radical Openness«, in: dies., *Yearning. Race, Gender, and Cultural Politics*, New York 2014, S. 145-155.

53 Hill Collins, »Outsider Within«.

54 Für eine Beschreibung der Verankerung der dualen Perspektive des schwarzen Feminismus in soziologisch darstellbaren Milieus vgl. Patricia Hill Collins, *Black Feminist Thought*, New York 1990.

mehr aus einer objektiven sozialen Situiertheit, sondern direkt aus dem *Akt des Widerstands*, das heißt aus einer bewussten politischen Positionierung abzuleiten. In seinem Buch *The Epistemology of Resistance* arbeitet José Medina detailliert heraus, wie politischer Aktivismus – sei es Teilnahme an politischen und sozialen Protestbewegungen oder als couragierte Handlungen Einzelner – neues Wissen erschließen und neues Verstehen ermöglichen kann. Er geht dabei davon aus, dass epistemische Pluralität eine wesentliche demokratische Tugend ist: Während autoritäre Systeme Wissen homogenisieren, besteht demokratische Politik in der Erweiterung einer Diversität von Perspektiven und Positionen. Die Bürger:innen müssen dafür eine habituelle Sensibilität entwickeln, die sie in die Lage versetzt, für die Bedürfnisse, Erfahrungen und Stimmen anderer offen zu sein. Zu einer (Art von) Standpunkttheorie wird Medinas radikaldemokratisch-tugendethischer Ansatz dadurch, dass diese Sensibilität auf der Fähigkeit basiert, mit Erfahrungen epistemischer Reibung (*epistemic friction*) umzugehen. Hierauf sind die Mitglieder marginalisierter und unterdrückter Gruppen besser vorbereitet als Angehörige dominanter Gruppen: Während diese sich darauf verlassen können, dass ihre Perspektiven von etablierten Interpretationsrahmen, Imaginationen und Narrativen gedeckt sind, müssen jene stets mit konfliktuellen, widerspenstigen und uneindeutigen Reaktionen auf Geltungsansprüche rechnen. Während dominante Gruppen folgerichtig zur Ausbildung von epistemischen Lastern wie epistemische Arroganz, Faulheit oder Engstirnigkeit neigen, findet sich bei Marginalisierten und Unterdrückten eine bessere Voraussetzung für die Herausbildung von Tugenden wie Bescheidenheit, Neugier und Offenheit.[55] Um diese Einstellungen zur Geltung zu bringen und eingespielte Formationen der Ignoranz und »Taubheit« zu durchbrechen, bedarf es »epistemischer Held:innen«: exzeptioneller Gruppen oder Individuen, deren mutige Aktionen bewusst und intentional epistemische Kontrapunkte fabrizieren.[56]

55 Medina, *Epistemology of Resistance*, S. 30-48.

56 Medina bezieht sich hier ebenfalls auf Du Bois' »double consciousness«, siehe ebd., S. 193 f. – Für eine Anwendung dieser standpunkttheoretischen Strategie am Beispiel migrantischer Kämpfe und eine Diskussion ihrer Implikationen für die Demokratie siehe Robin Celikates, »Remaking the Demos ›from Below‹? Critical Theory, Migrant Struggles, and Epistemic Resistance«, in: Didier Fassin,

Standpunkttheorien werden bei Medina von einem klassentheoretischen in ein moraltheoretisches Register übertragen. Nicht die Erfahrung einer sozialen Praxis der Arbeit, sondern die ethische Verantwortung zur Herausbildung demokratischer Tugenden drängt zur Entfaltung eines epistemischen Vorteils. Damit kann sich Medina des starken geschichtsphilosophischen und anthropologischen Ballasts der frühen marxistischen Standpunkttheorien entledigen. Weder muss er die Vielzahl von Emanzipationsbewegungen auf ein einzelnes geschichtliches Subjekt reduzieren noch muss er die epistemische Überlegenheit von rebellierenden Gruppen an die Erwartung einer revolutionären Universalisierung des eigenen Standpunktes knüpfen. Der epistemische Mehrwert widerständiger Praxis fällt unmittelbar aus der Herstellung einer kontestativen Pluralität ab und ist als solcher auch sofort überprüfbar. Damit muss Medina – ebenso wie viele andere zeitgenössische Standpunkttheorien – allerdings auch die Verankerung des epistemischen Vorteils in materiellen sozialen Praktiken preisgeben. Er verzichtet auf die Identifizierung passiver »objektiver Bedingungen« kritischer Praxis und schreibt die Erzeugung vitalisierender Reibungen allein der Handlungsmacht aufständischer Gruppen und Individuen zu. Dementsprechend kann er die Formierung oppositionellen Bewusstseins nicht aus der Eingebettetheit in gesellschaftliche Bezugsrahmen analysieren, sondern muss diese Akteur:innen explizit als »außergewöhnlich« figurieren, eben als »Held:innen«. »Es gibt keinen Helden für den Kammerdiener«, schreibt Hegel abschätzig; denn statt des Heroischen sieht der Kammerdiener am Helden nur dessen konkrete, weltliche Bedürfnisse, er sieht ihn als »Essender, Trinkender, sich Kleidender«.[57] Aus einer materialistischen Perspektive ist diese Fokussierung gerade auf die gewöhnlichen Bedingungen außergewöhnlichen Handelns hingegen nicht nur gesellschaftstheoretisch, sondern auch normativ wichtig. Gesellschaftstheoretisch, weil sich nur so die sozialen Faktoren bestim-

Axel Honneth (Hg.), *Crisis Under Critique*, New York 2022, S. 97-119. Medina selbst hat seine Theorie der Epistemologie des Widerstands inzwischen zu einer detaillierten Epistemologie des Protests ausgearbeitet, José Medina, *The Epistemology of Protest. Silencing, Epistemic Activism, and the Communicative Life of Resistance*, Oxford 2023.

57 G. W. F. Hegel, *Phänomenologie des Geistes*, Gesammelte Schriften, Bd. 3, Frankfurt/M. 1986, S. 489.

men lassen, die in bestimmten Milieus spezifische Bewusstseinsformen entstehen lassen. Normativ, weil epistemische Appelle, die in ihren Adressat:innen eine moralische Herkuleskraft voraussetzen, entweder überfordernd wirken oder wirkungslos bleiben.

Ältere und neuere Standpunkttheorien scheinen also an geradezu spiegelbildlichen Problemen zu leiden. Marxistische Ansätze wie die von Lukács und Hartsock fokussieren zwar auf objektive Bedingungen, missverstehen diese jedoch auf eine reduktiv-ökonomistische Weise. Neuere intersektional informierte Standpunkttheorien wie die von Medina können dagegen der Vielseitigkeit von Unterdrückungserfahrungen Rechnung tragen, neigen aber dazu, die Handlungsmacht widerständiger Gruppen als freischwebend zu konzipieren und somit zu überschätzen. Der Begriff der Gegengemeinschaft kann am ehesten an die »mittlere« Position anknüpfen, die mit Autor:innen wie Du Bois, hooks und Hill Collins umrissen wurde: an die Analyse von Erfahrungen epistemischer Widersprüche und Reibungen, die an identifizierbare kollektive Interpretationszusammenhänge rückgebunden bleiben. In einer Gegengemeinschaft sind eine passive und eine aktive, eine objektive und eine subjektive, eine soziale und eine politische Dimension so miteinander verschaltet, dass einerseits die konkreten, soziologisch beschreibbaren materiellen Voraussetzungen widerständiger Wissensproduktion markiert werden können, andererseits aber der kontingente und prekäre Gehalt von Gegenwissen eingestanden wird. Die von Hannah Arendt aufgerufenen jüdischen Flüchtlinge, die von Douglas Crimp beschriebenen schwulen Aktivist:innen und die migrantischen Communities, deren Angehörige Opfer des NSU-Terrors wurden, beziehen ihr Wissen weder als *Arbeiter:innen* noch als *Held:innen*, sondern als Mitglieder von Gegengemeinschaften – als *Kommunard:innen.*

Gegengemeinschaftliche Praxis als expressive Ideologiekritik

Gegengemeinschaften sind zugleich soziale und politische Gebilde. Sie sind einerseits das passive Produkt von gesellschaftlichen Ausbeutungs- und Unterdrückungsverhältnissen: Ihre Situation ist unfreiwillig und durch Zwang hergestellt, sie sind die *Objekte* heteronomer Vergesellschaftung. Dieses Moment ist logischer Bestandteil sozialer Herrschaft: Wann immer es Herrschaft gibt, gibt es auch Beherrschte. Gegengemeinschaften sind andererseits das Ergebnis eines aktiv gestalteten Verhältnisses: Ihre Perspektive ist Ergebnis einer expliziten oder impliziten Distanzierung, sie sind *Subjekte* einer gesellschaftlichen Überschreitung. Dieses Moment ist nicht logischer Bestandteil von Herrschaft, keine zwingende kausale Folge und darum auch nicht immer vorhanden: Viele Beherrschte sind keine Mitglieder von Gegengemeinschaften. Ob und wann es aus Situationen sozialer Herrschaft zur Bildung von Gegengemeinschaften kommt, ist abhängig von kontingenten Kämpfen um diskursive Hegemonie, lokalen kulturellen Konfigurationen, den vorhandenen affektiven Infrastrukturen, pädagogischen, ästhetischen oder therapeutischen Techniken etc.; sie lässt sich nicht genau vorhersagen oder planen. Gegengemeinschaften bilden jedenfalls selbst Formen kollektiver Lebenspraxis heraus, die dann wiederum nicht nur politischen, sondern auch sozialen Charakter annimmt. Eine Gegengemeinschaft wird durch mehr zusammengehalten als durch geteilte politische Überzeugungen, sie ist mehr als eine Interessensgemeinschaft. Diese geteilten Praktiken lassen sich als *Sittlichkeit* beschreiben, sie umfassen Formen des gemeinsamen Wirtschaftens, der Intimität und Familiarität, ästhetische und kulturelle Ausdrucksweisen sowie ethische Lebensführungen und normative Handlungserwartungen.

Es gehört zu den Einsichten der Ideologiekritik im Anschluss an Hegel und Marx, dass soziale Praktiken zugleich immer auch epistemische Praktiken sind. Was Menschen denken und glauben, ist von ihrem Tun nicht abgetrennt, sondern eng damit verknüpft. Insofern in jedes Handeln ein kognitiver Aspekt eingelassen ist, ist jedes Tun ein Denken und jedes Denken ein Tun. Louis Althusser hat prägnant den Zusammenhang von Ideologie und materiellen Praktiken beschrieben, als er auf Pascals »skandalöse« Anweisung verweist: »Knie nieder, bewege deine Lippen, und du wirst glauben.«[58] Althusser geht nicht darauf ein, dass dieser Zusammenhang nicht nur kausal, sondern auch performativ ist: Das Hinknien ist nicht nur die *Ursache* des Glaubens, sondern selbst eine *Form* des Glaubens, es drückt einen Glauben aus. Dieselbe rituelle Ver-

58 Louis Althusser, *Ideologie und ideologische Staatsapparate*, Hamburg 1977, S. 138.

klammerung von Praxis und Artikulation ist auch in den ökonomischen Routinen zu beobachten: Die Arbeiter:innen müssen das Signalhorn hören und seine Bedeutung verstehen, um zu wissen, dass sie nach der Pause wieder an die Arbeit gehen müssen. Dieses Know-how (diese »kulturelle techné«, wie Sally Haslanger sagt)[59] ist wiederum in allgemeine Verhaltens-, Denk- und Wahrnehmungsmuster eingebettet, die etwa das kapitalistische Lohnarbeitsverhältnis als gut, natürlich oder mindestens als unvermeidlich erscheinen lassen. Das Gleiche gilt auch für andere Formen der Unterdrückung und Marginalisierung, die ebenfalls auf die diskursive Etablierung hegemonialer Interpretationsrahmen angewiesen sind, wie die patriarchale Geschlechterordnung oder rassistische Diskriminierung. Lauren Berlant und Michael Warner zählen etwa Beispiele für rituelle Praktiken auf, die die heterosexuelle Matrix konstituieren: »Steuern zahlen, angeekelt sein, Liebeleien haben, etwas vererben, einen Feiertag begehen, in die Zukunft investieren, unterrichten, einen Toten begraben, Fotos im Portemonnaie tragen, Familienpackungen kaufen, Vetternwirtschaft betreiben, als Präsident kandidieren, sich scheiden lassen oder Dinge mit der Aufschrift ›Für sie‹ und ›Für ihn‹ besitzen.«[60] Damit solche sozialen Praktiken nicht nur als Ursachen, sondern selbst als Formen epistemischer Blockaden (beziehungsweise als Ideologien) erkennbar werden, müssen sie sich nicht nur in einem normativen und politischen Sinn, sondern auch in einem kognitiven als falsch beschreiben lassen: Wer sich hinkniet und die Lippen bewegt, macht aus einer atheistischen Sicht denselben Fehler wie jemand, der zu Gott betet (in allen Fällen wird fälschlicherweise die Existenz Gottes angenommen). Ebenso verhält es sich mit der Rückkehr in die Fabrik und dem Tragen von Fotos im Portemonnaie: die praktische Teilnahme an den rituellen Praktiken des heteropatriarchalen Kapitalismus ist (in einem epistemischen Sinne) ebenso falsch wie der Glaube an falsche Behauptungen über ihn (etwa, dass er gerecht oder unvermeidlich sei).

Dieses zunächst kontraintuitive Argument hat Titus Stahl mit dem Begriff der »expressiven Ideologiekritik« erläutert. Die Falschheit von Ideologie lässt sich demnach weder auf die Falschheit des

59 Sally Haslanger, *Critical Theory and Practice*, Amsterdam 2015, passim.

60 Lauren Berlant, Michael Warner, »Sex in der Öffentlichkeit«, in: Matthias Haase, Marc Siegel, Michaela Wünsch (Hg.), *Outside. Die Politik queerer Räume*, Berlin 2005, S. 77-104, hier: S. 88.

Denkens (Ideologie als Illusion oder Irrtum) noch auf die Falschheit sozialer Praktiken (Ideologie als richtige Reflexion ausbeuterischer Verhältnisse) reduzieren. Ideologie ist mehr als ein einfacher *Irrtum*, weil sie spezifisch aus bestimmten, nämlich ausbeuterischen sozialen Bedingungen resultiert. Sie ist aber auch mehr als eine bloße *Funktion* innerhalb dieser Herrschaftsverhältnisse, weil dann die kognitive Falschheit ideologischen Bewusstseins nicht mehr erklärt werden könnte: Die Arbeiter:innen, die beim Ertönen der Pausenglocke an die Arbeit zurückkehren, handeln innerhalb der gegebenen Bedingungen nicht falsch, sondern richtig, sie haben korrekt verstanden, was dieses Zeichen bedeutet. Um diese beiden Vereinseitigungen zu vermeiden, schlägt Stahl daher vorher, Praktiken selbst als *expressiv* zu verstehen: Sie *drücken* in ihrer Materialität *etwas aus*. Falsches Bewusstsein ist demnach nur der vergeistigte Ausdruck einer falschen Praxis, die »*in der genau gleichen Weise falsch*« ist wie das Bewusstsein, nämlich epistemisch.[61] Damit ist nicht gesagt, dass »alles Diskurs« ist, also materielle Praktiken auf diskursive Praktiken reduziert werden können, sondern dass materielle Praktiken als solche eine semiotische Dimension haben. Zum Lebensprozess von Menschen gehören sowohl begriffliche als auch nichtbegriffliche Annahmen, die menschliche Handlungen strukturieren.[62] Durch die ideologiekritische Perspektive lassen sich die impliziten Geltungsansprüche, die in den Praktiken liegen, explizieren und so auch konfrontieren. So geben sich direkt alle Praktiken als ideologisch (das heißt in einem epistemischen Sinn als falsch)

61 Titus Stahl, »Ideologiekritik als Kritik sozialer Praktiken«, in: Rahel Jaeggi, Daniel Loick (Hg.), *Nach Marx. Philosophie, Kritik, Praxis*, Berlin 2013, S. 228-254, hier: S. 242, Hervorh. i. O. – Dieses Programm der Ideologiekritik beruht, wie unschwer zu erkennen ist, auf den Prämissen einer immanenten Kritik. Siehe dazu bereits Rahel Jaeggi, »Was ist Ideologiekritik?«, in: dies., Tilo Wesche (Hg.), *Was ist Kritik?*, Frankfurt/M. 2009, S. 266-295.

62 Die nicht-begrifflichen und begrifflichen Dimensionen von Praktiken – die Handlungen und ihre Reflexion im Bewusstsein – müssen einander nicht entsprechen. Das Verhältnis des (seinerseits expressiven) Tuns und des Denkens ist nicht determiniert, sondern von Kämpfen um ideologische Deutungshoheit abhängig. Vgl. dazu die zentralen Interventionen von Stuart Hall in Anlehnung an Gramscis Konzept des »Stellungskriegs«, insbesondere »Ideologie und Ökonomie. Marxismus ohne Gewähr« in: ders., *Ideologie, Identität, Repräsentation. Ausgewählte Schriften*, Bd. 4, Hamburg 2004, S. 8-33; ders., »Ideology and Ideological Struggles«, in: ders., *Cultural Studies 1983. A Theoretical History*, Durham 2016, S. 127-154.

zu erkennen, die nur durch die implizite Behauptung ihrer eigenen Zeitlosigkeit oder Natürlichkeit ausgeführt werden können. Dies gilt etwa für Praktiken der Kapitalakkumulation, der *white supremacy* oder der heteropatriarchalen Geschlechterordnung.[63]

Ideologiekritik ist also wesentlich eine *Praxiskritik*. Diese Rekonstruktion hat jedoch noch eine weitere Implikation, die Stahl selbst nicht ausführt: Wenn soziale Praktiken expressiv sind, dann muss auch die Kritik dieser Praktiken selbst eine materielle Komponente haben – Ideologiekritik ist nicht nur eine Praxiskritik, sondern auch eine *Praxis*. Kritische Bewusstseinsinhalte sind die explizierten, vergeistigten Ausdrücke kritischer Praktiken, also von Praktiken, die ihrerseits implizite kritische Propositionen aufstellen (etwa indem sie die Natürlichkeit des Geschlechts oder die Alternativlosigkeit der kapitalistischen Akkumulation performativ bestreiten). Verbindet man diese expressive Ideologiekritik mit einer Gesellschaftstheorie, die davon ausgeht, dass die Gesellschaft von vielgestaltigen Herrschaftsverhältnisse durchzogen ist, welche unweigerlich antagonistische Subjekte fabrizieren, dann kann man sehen, dass die dominante Ideologie keine unangreifbare Totalität bildet, sondern permanent von kritischen Praktiken herausgefordert wird. Diese Intervention, die Stuart Hall gegen Althussers Überbetonung einer gesellschaftlichen Totalität in Anschlag bringen wird, deutet Horkheimer nur an, wenn er von einem »kritischen Verhalten« spricht, das Resultat der Erfahrung einer Entfremdung von der Gesellschaft ist – ein Verhalten, das nicht nur Kritik erlaubt oder zu ihr drängt, sondern selbst eine Kritik *ausdrückt*.[64] Hegemoniale Praktiken und kritische Praktiken artikulieren expressiv widerstreitende Geltungsansprüche.

Die semiotische Bedeutung sittlicher Praktiken ist kontextgebunden, konfliktuell, kontingent und häufig ambivalent. So kann ein und dieselbe Praktik in einem Kontext einen ideologischen, in einem anderen einen kritischen Gehalt ausdrücken. Sich hinzuknien und die Lippen zu bewegen hat im Kontext der katholischen Kirche im Frankreich des 20. Jahrhunderts eine apologetische, im Kontext der jamaikanischen Rastafari-Bewegung hingegen

63 Für eine queertheoretisch informierte Praxistheorie, die Praxis als Scharnier zwischen Voluntarismus und Determinismus denkt, siehe auch Eva von Redecker, *Praxis und Revolution. Eine Sozialtheorie radikalen Wandels*, Frankfurt/M. 2018.

64 Horkheimer, »Traditionelle und kritische Theorie«, S. 224.

eine subversive und damit kritische Bedeutung.[65] Ebenso hat das Verspeisen eines Hühnchens durch weiße Banker im Restaurant Weinsinn in der Frankfurter Weserstraße eine ganz andere Semiotik als im Kontext des karibischen Community-Restaurants Mangrove in London Ende der 1960er Jahre. Und Sex in einem öffentlichen Park hat eine andere Konnotation, wenn er die erotische Eskapade eines Hetero-Paars darstellt, als wenn es sich um Cruising im Rahmen einer schwulen Subkultur handelt. Da alle Kontexte offen sind, sind diese Bedeutungen nie eindeutig oder fixiert; da alle Gemeinschaften und Gegengemeinschaften miteinander vermischt sind, sind die allermeisten Praktiken zweideutig oder interpretationsabhängig. Da es kein Außerhalb von expressiven Praktiken gibt, partizipieren alle Menschen an Ideologien, die ihnen Intelligibilität innerhalb der sozialen Welt ermöglichen.[66] Dies heißt aber nicht, dass es innerhalb dieses Verblendungszusammenhangs keine epistemischen Unterschiede gäbe. Ein epistemischer Vorteil ergibt sich innerhalb dieser Welt für diejenigen Praxiskontexte, die zu den hegemonialen Ideologien in einem Verhältnis der Distanzierung stehen.

Gegengemeinschaften sind Teil der Welt, aber zugleich auch von ihr distanziert. Fred Moten und Stefano Harney schreiben über das Verhältnis der Undercommons zur Mainstream-Gesellschaft, sie seien »in ihr, aber nicht von ihr« (eine Formulierung aus dem Johannes-Evangelium).[67] Gegengemeinschaften befinden sich so strukturell in einer Position der permanenten epistemischen Reibung mit den sie umgebenden hegemonialen Praktiken und Ideen. Dieser Konflikt muss nicht explizit in Form von widerstreitenden Anschauungen oder politischen Positionierungen geführt werden, sondern kann auch implizit bleiben.[68] Das Weinsinn und

65 Das Beispiel verwendet Hall, »Ideology«, S. 144-146.

66 Vgl. dazu in Anschluss an Althusser Judith Butler, »›Das Gewissen macht Subjekte aus uns allen‹. Subjektivation nach Althusser«, in: dies., *Psyche der Macht. Das Subjekt der Unterwerfung*, Frankfurt/M. 2001, S. 101-124.

67 Fred Moten, Stefano Harney, *Die Undercommons. Flüchtige Planung und schwarzes Studium*, Wien 2016, S. 21.

68 Diese expressive Dimension gegengemeinschaftlicher Praxis wird in der anarchistischen Theoriebildung unter dem Stichwort einer präfigurativen Politik gefasst. Alternative Lebensformen nehmen die Elemente einer befreiten Gesellschaft bereits im Hier und Jetzt vorweg. Damit haben sie *als Praxis* eine demonstrierende Funktion, sie *zeigen* etwas (so bereits bei Gustav Landauer, *Antipolitik*, Lich 2010,

das Mangrove, eine Hetero-Hochzeit und eine Queer-Party, der Heimatverein Sächsische Schweiz und der von Refugees besetzte Oranienplatz in Berlin stehen zueinander nicht in einem Verhältnis des liberalen Pluralismus, sondern eines expressiven Antagonismus. Dabei stehen sich die beiden Praxiszusammenhänge nicht getrennt voneinander gegenüber, sondern die gegengemeinschaftliche Sittlichkeit ist *innerhalb* der dominanten Sittlichkeit situiert und in sie eingewoben. Weil sie keine abgeschlossene Bubbles ist, partizipiert sie zugleich an hegemonialen Ideen *und* bricht diese punktuell auf. Es ist gerade diese agonale Verwobenheit, die epistemische Mismatches, Clashs, Glitches, Krisen, Irritationen und polemische Konfrontationen produziert. Angehörigen von Gegengemeinschaften zeigt sich die Widersprüchlichkeit, Umkämpftheit und Kontingenz ideologischer Schemata, *sie drängt sich ihnen auf.*[69] Das von Du Bois paradigmatisch anhand einer Kindheitsszene beschriebene *double consciousness* ist auf diese Weise sittlich institutionalisiert und stabilisiert. Die Erfahrung dieser dualen Perspektive muss sich dabei keineswegs gut anfühlen; sie kann mit einem Verlust der eigenen narrativen Verankerung, mit einem traumatischen Kollaps des symbolischen Universums einhergehen. Auch sind epistemisch exzentrische Gemeinschaften regelmäßig Formen der epistemischen Gewalt ausgesetzt, die alternative Epistemologien zu vernichten drohen. Schon deshalb ist das Wissen von Gegengemeinschaften inhärent dynamisch: Es beschreibt keinen Schatz, der gehütet wird, sondern eine Kompetenz, die über den gegebenen Standpunkt hinaustreibt.

Angehörige dominanter Gruppen machen diese Reibungs- oder Distanzierungserfahrungen in der Regel nicht, da sie in ihren eingespielten und häufig naturalisierten Routinen nicht herausgefordert

S. 143). Eine ähnliche Stoßrichtung haben Aktionen der »Propaganda der Tat«, sie sind nicht einfach Umsetzungen oder Konsequenzen aus theoretischen Erkenntnissen, sondern selbst expressiv, sie »sprechen für sich selbst«. Vgl. dazu Paul Sörensen, *Präfiguration. Zur Politizität einer transformativen Praxis*, Frankfurt/M. 2023, S. 232.

69 Dieser Deutungsvorschlag bietet auch Aufschluss für die Frage, inwiefern sich Angehörige privilegierter Gruppen Zugang zu diesem epistemischen Vorteil verschaffen können: Sie können es, insofern sie an gegengemeinschaftlichen sittlichen Praktiken teilnehmen können. Die Voraussetzung dafür ist nicht unbedingt eine unterdrückte »Identität«, aber durchaus das *Vertrauen* marginalisierter Subjekte.

werden. Wie Standpunkttheorien gezeigt haben, ist in dem Kampf expressiver Praktiken die Seite der Gegengemeinschaften darum zwar nicht machtmäßig, aber epistemisch überlegen: Ihre Praktiken artikulieren nicht nur anderes, sondern *besseres* Wissen.[70] In Medinas Vokabular lässt sich die dominante, ideologische Wissensform als Meta-Blindheit beschreiben: eine Unfähigkeit, die eigenen Beschränkungen und Blockaden zu erkennen. Gegengemeinschaftliche Praktiken zeichnen sich demgegenüber durch eine Meta-Luzidität aus: einerseits ein Bewusstsein für die limitierenden Effekte von Unterdrückung auf Wahrnehmung und Denkschemata, andererseits ein Begehren nach Überschreitung der eigenen Horizonte.[71] Allerdings ist diese epistemische Disposition nicht nur das Resultat eines aktiven (tendenziell exzeptionellen und heroischen) Widerstandshandelns, sondern Kennzeichen eines passiven Gewebes sittlicher Praktiken, das heißt prä- und transsubjektiver tradierter Werte, Haltungen, Erwartungen, Einstellungen, Emotionen, Narrative, Kulturen und Geschmäcker.

Das Wissen von Gegengemeinschaften hat also zum einen die Form eines bewussten oppositionellen Bewusstseins: Politische Positionen, Weltanschauungen, Erinnerungen, Analysen, Erkenntnisse, Forderungen, Träume, die sich gegen existierende Formen sozialer Herrschaft formieren. Aber es hat auch eine implizite Dimension, die in den sittlichen Praktiken liegt: Auch die Formen des gewöhnlichen Lebens – wie Gegengemeinschaften arbeiten, essen, lieben, feiern – haben einen epistemischen Gehalt. Die in diesen Praktiken artikulierten Geltungsansprüche sind nicht relativistisch: Sie stehen nicht als Teil eines Pluralismus gleichberechtigter Geltungsansprüche *neben* anderen, sondern als Teil eines epistemischen Kampfes *gegen* andere. Daher kann keine ideologiekritische Politik einfach auf *Repräsentation* gegengemeinschaftlicher expressiver Praktiken innerhalb des dominanten epistemischen Regimes abzielen. Gegengemeinschaftliche Geltungsansprüche ernst zu nehmen bedeutet vielmehr die *Aufsprengung* solcher Praxisformationen, deren Funktionieren konstitutiv von der Akzeptanz ideolo-

70 Für eine Verbindung von Ideologiekritik und Standpunkttheorie vgl. auch Robin Celikates, »Epistemische Ungerechtigkeit, Loopingeffekte und Ideologiekritik. Eine sozialphilosophische Perspektive«, in: *WestEnd. Neue Zeitschrift für Sozialforschung* 2 (2017), S. 53-72.

71 Medina, *Epistemology of Resistance*, S. 192.

gischer Ausschlüsse abhängt. Das Wissen von Gegengemeinschaften drängt auf die Etablierung eines ganz neuen Deutungsrahmens, innerhalb dessen wir nicht ständig lügen müssen.

4. Die Normativität von Gegengemeinschaften

Drei Beispiele

»Mir ist nie«, schreibt Engels in seiner Studie *Die Lage der arbeitenden Klasse in England*, »eine so tief demoralisierte, eine so unheilbar durch den Eigennutz verderbte, innerlich zerfressene und für allen Fortschritt unfähig gemachte Klasse vorgekommen wie die englische Bourgeoisie.«[1] Diese moralische Korruption rührt laut Engels daher, dass für die Handlungsorientierung der Mitglieder der kapitalistischen Klasse die eigene Gewinnmaximierung die oberste Maxime werden muss. Dieses Primat von »Habsucht und Geldgier« drückt sich zum einen in einer emotionalen Gleichgültigkeit gegenüber dem Leiden von Arbeiter:innen aus, zum anderen in Form von philosophischen Rechtfertigungsnarrativen wie der Bevölkerungstheorie von Malthus, mit der ökonomisch bedingte Ressourcenknappheiten einem natürlichen Entwicklungsgesetz zugeschrieben werden können. Dabei kann diese normative Dominanz der Eigennutzorientierung durchaus mit eingespielten sittlichen Werten und bürgerlichen Tugenden koexistieren: Bourgeois können »gute Ehemänner und Familienmitglieder« sein, die sich sogar philanthropisch betätigen, innerhalb einer Klassengesellschaft dient dies jedoch nur der eigenen Gewissensberuhigung: »In letzter Instanz ist doch das eigne Interesse und speziell der Gelderwerb das einzig entscheidende Moment.«[2]

»Man müsste zunächst einmal untersuchen«, schreibt Aimé Césaire in seiner »Rede über den Kolonialismus«, »wie die Kolonisation darauf hinarbeitet, den Kolonisator zu *entzivilisieren*, ihn im wahrsten Sinne zu *verrohen*, ihn zu entwürdigen, verschüttete Instinkte – Begehrlichkeit, Gewalttätigkeit, Rassenhass, moralischen Relativismus – in ihm zu wecken [...].«[3] Césaire wendet den

1 Friedrich Engels, *Die Lage der arbeitenden Klasse in England*, in: *Marx-Engels-Werke* (MEW), Bd. 2, Berlin 1972, S. 486.

2 Ebd., S. 487.

3 Aimé Césaire, »Rede über den Kolonialismus«, in: ders., *Rede über den Kolonialismus und andere Texte*, Berlin 2010, S. 79.

Begriff der Zivilisation gegen Europa: Die Grausamkeiten, die im Namen des Fortschritts und der Aufklärung an den kolonisierten Bevölkerungen verübt werden, führen innerhalb der Gesellschaften der Kolonisator:innen selbst zu einem Rückschritt und einer Verwilderung. Dies ist nicht nur innerhalb der Subjektivität derer der Fall, die diese Folterungen selbst durchführen, sondern auch bei denen, die sie aus der Distanz der europäischen Länder dulden und von ihnen profitieren. Das europäische Ideal des Humanismus bildet zu dieser Barbarei keinen Gegenbegriff, sondern weist eine Latenzstruktur auf, die Césaire mit der Metapher des Bumerangs beschreibt. Die brutale Gewalt, derer die Kolonialmächte zur Aufrechterhaltung ihrer Herrschaft bedürfen, wird letzten Endes zu ihr zurückkommen: »Und dann, eines schönen Tages, wird die Bourgeoisie durch einen gewaltigen Bumerangschlag aus dem Schlaf gerissen: Die Gestapo treibt ihr Unwesen, die Gefängnisse füllen sich, rings um die Folterbänke erfinden, verfeinern, debattieren die Folterknechte.«[4]

»Das ist die falsche Frage«, antwortet Toni Morrison 1993 in einem Fernsehinterview auf die Aufforderung des Moderators Charlie Rose, von ihrer Rassismuserfahrung zu berichten. Anstatt zu fragen, wie Schwarze den Rassismus *erleben*, so Morrison, sollte man sich nach dem psychologischen Zustand der weißen Menschen erkundigen, die Rassismus *praktizieren*. Deren Psyche leide unter einer »tiefgreifenden Neurose«, die ihre Selbst- und Fremdwahrnehmung komplett verzerrt. Morrison weist die Adressierung als Opfer konsequent zurück und spricht stattdessen von einem Gefühl der Überlegenheit, das ihr schon von ihren Eltern vermittelt worden sei und das sie schon als kleines Kind gekannt habe. Diese Überlegenheit ist zum einen eine moralische Überlegenheit, die sich zum anderen aber auch psychologisch oder emotional ausdrückt. Der Begriff der Neurose zeigt an, dass moralische Verdorbenheit auch zu Formen von Leid, Unglück und psychischen Krisen führen kann: »Wenn ich dir deine Rasse wegnehme, und du stehst da und hast nur dein kleines Ich. Und was ist das? Was bist du ohne Rassismus? Bist du noch gut? Bist du noch stark? Bist du noch klug? Magst du dich noch?« Und sie fährt fort: »Wenn du nur groß sein kannst, weil jemand anderes auf den Knien ist, dann hast

4 Ebd., S. 80.

du ein ernstes Problem, und mein Gefühl ist, dass weiße Menschen ein sehr ernstes Problem haben.«[5]

Eine Standpunkttheorie der Normativität

Diese drei Beispiele sind prägnante Versionen der Kritik der moralischen Depravierung, die aus der Ausübung von Herrschaft resultiert. Von ihr finden sich in der Geschichte sozialer Kämpfe unzählige Versionen: Die feministische Bewegung hat gezeigt, dass die Ausübung von Sexismus und Misogynie bei Männern zu toxischen Verhaltensdispositionen führt, die Arbeiter:innenbewegung hat die Kälte, Unbarmherzigkeit und Rücksichtslosigkeit von Kapitalist:innen, Manager:innen und Banker:innen skandalisiert, schwarze Befreiungsbewegungen haben die ignorante Brutalität der weißen Komplizenschaft mit dem System rassistischer Dehumanisierung entlarvt, die queere Bewegung hat die gewaltförmigen Verwerfungen benannt, die aus der Dominanz heteronormativer Auffassungen von Geschlechtsidentität und Sexualität resultieren. Damit ist jeweils nicht der triviale Fakt gemeint, dass die Ausübung von Herrschaft selbst moralisch verwerflich ist. Die genannten Bewegungen zielen vielmehr darauf ab, dass dominante Gruppen aufgrund ihrer Situierung in einer herrschaftsförmigen Relation auch dazu neigen, über eine abgrenzbare Einzelhandlung hinaus normativ falsche Haltungen, Einstellungen, Affektstrukturen, Vorstellungen und Konzeptionen herauszubilden, die sich verfestigen und verselbständigen – und unter denen schließlich auch die Mitglieder dominanter Gruppen selbst leiden.

Epistemische Standpunkttheorien, wie sie oben als Praxistheorien reformuliert wurden, haben die Auswirkungen sozialer Situierung auf epistemische Kompetenzen herausgearbeitet: Dominante Gruppen unterliegen – schon aufgrund der Rechtfertigungsnarrative und Ideologien, derer sie sich zur Aufrechterhaltung ihrer Machtpositionen bedienen müssen – regelmäßig epistemischen Blockaden, die die Möglichkeit der Erkenntnis und der Wissensproduktion einschränken. (Einer Forschungsgruppe, die zum gro-

5 »Toni Morrison on the Problem of Whiteness«, online: ⟨https://www.youtube.com/watch?v=C7OiLlbeNvc⟩ [letzter Zugriff März 2023].

ßen Teil aus Männern besteht, die die Diskussionsbeiträge von Frauen nicht ernst nehmen, entgehen die von Frauen erzielten potentiell wertvollen Forschungsergebnisse.) Gegengemeinschaften verfügen auf der anderen Seite gerade aufgrund ihrer spezifischen Praktiken und Erfahrungen über Zugang zu Wahrnehmungen, Einsichten und Erinnerungen, die sozial privilegierten Gruppen verborgen bleiben. Diese Erkenntnis lässt sich verallgemeinern: Nicht nur unser epistemischer, auch unser normativer Weltbezug ist sozial situiert, das heißt, unsere Wertvorstellungen, Handlungsorientierungen, Aufmerksamkeiten, Tugenden und moralischen Empfindungen sind geprägt davon, in welcher Form wir uns in herrschaftsförmigen Relationen befinden und wie wir uns zu ihnen verhalten. Die Ausübung von Gewalt hat sowohl auf die Gewalt Ausübenden als auch auf die die Gewalt Tolerierenden einen formativen Effekt, sie korrumpiert ihre normativen Überzeugungen ebenso wie ihre Affektstrukturen. Charles Mills hat epistemische Standpunkttheorien deshalb um eine normative Dimension erweitert: »Weiße Ignoranz« – das heißt die strukturellen epistemischen Blockaden, die aus der Notwendigkeit der Herausbildung von Weltbildern resultieren, die Formen rassistischer Herrschaft aufrechterhalten – impliziert auch eine »moralische Ignoranz«: »Formen von moralischem Nicht-Wissen, inkorrekte Urteile über Recht und Unrecht in moralischen Situationen«.[6] Mills versucht so auch, die Koexistenz moralisch falscher Praktiken und moralisch hehrer Ideale zu erklären: Wie kann es zum Beispiel sein, dass die Gründerväter der USA keinen Widerspruch darin erkannt haben, auf der einen Seite von der »self-evident truth« auszugehen, dass alle Menschen gleich an Rechten geboren sind, und auf der anderen Seite an der Institution der Sklaverei festzuhalten? Wie kann es sein, dass die französischen Revolutionäre den Menschen von Geburt an als »frei und gleich an Rechten« bestimmt, Frauen von diesen Rechten aber ausgeschlossen haben? Dieses Nichtsehen lässt sich mit Mills als Resultat der Verfestigung eines durch alltägliche Praktiken eingespielten Interpretations- und Imaginationsrahmens begreifen, der sich von Einzelpersonen auch nicht effektiv herausfordern lässt. Dabei beschränkt sich die Wirkung dieser normativen Blockaden nicht auf diejenigen, die unmittelbar normativ falsche

6 Charles Mills, »White Ignorance«, in: ders., *Black Rights/White Wrongs: The Critique of Racial Liberalism,* Oxford 2017, S. 58.

Handlungen ausüben, sondern erfasst auch diejenigen, die sie bezeugen, tolerieren oder von ihnen profitieren.

Mills führt eine Implikation seiner Analyse gruppenspezifischer normativer Blockaden nicht aus, nämlich dass folgerichtig andere Gruppen von diesen Blockaden dispensiert und somit in der Lage sind, weniger verzerrte Formen von Normativität zu entwickeln. Nimmt man den Charakter von Herrschaftsverhältnissen *als Relationen* ernst, so zeigt sich zudem, dass unterdrückte Gruppen in Bezug auf diese Blockaden nicht einfach als »Unbeteiligte« gesehen werden können: Es ist nicht so, als führe die Ausübung von Herrschaft zu einer Beeinträchtigung, während das Erleiden von Knechtschaft zu einer Form von Neutralität oder Unbefangenheit führe. Herrschaft und Knechtschaft sind, so lässt sich mit Hegel sagen, »zwei entgegengesetzte Gestalten des Bewusstseins«:[7] Es müssen beide Gestalten in ihrer Entgegensetzung verstanden werden. So zugespitzt, lautet Mills' These von der normativen Blockade dann, dass Gegengemeinschaften über ein normatives Potential verfügen, das dominante Gruppen nicht haben; dass es also etwas in den objektiven sozialen Bedingungen gibt, das sie potentiell in die Lage versetzt, bessere normative Orientierungen herauszubilden.

Von Formen gruppenspezifischer normativer Blockaden und dementsprechend auf der anderen Seite von normativen Potentialen auszugehen impliziert, dass die praktischen Selbst- und Weltverhältnisse von dominanten Gruppen und Gegengemeinschaften miteinander im Konflikt stehen. Ihre normativen Standpunkte verhalten sich antagonistisch zueinander – was aus der Perspektive der einen als gerecht, tugendhaft oder nützlich erscheint, erscheint aus der anderen Perspektive als ungerecht, verkommen oder kaltherzig. Wie bei epistemischen Standpunkttheorien, so lassen sich auch normative Standpunkte vergleichen und bewerten: Gegengemeinschaften sind ökonomisch, sozial oder politisch unterlegen, aber sie sind potentiell normativ überlegen, das heißt sie sind potentiell (im Sinne der ethischen Güte) *besser* als dominante Gruppen.

»Potentiell«, weil mit der These vom normativen Vorteil von Gegengemeinschaften wohlgemerkt weder gesagt werden soll, dass die soziale Situierung beziehungsweise die Gruppenmitgliedschaft alle moralischen Einstellungen und Verhaltensweisen vollkommen

7 G. W. F. Hegel, *Phänomenologie des Geistes*, Frankfurt/M. 1986, S. 150.

determiniert, noch dass dominante Gruppen nicht auch normativ richtig oder unterdrückte Gruppen normativ falsch handeln könnten. Für beides gibt es viele Beispiele: So können Menschen, die selbst unterdrückt sind, statt der sozialen Herrschaftsverhältnisse andere marginalisierte Gruppen für ihr Leid verantwortlich machen und sich selbst menschenfeindlichen, etwa rassistischen Ideologien zuwenden; oder sie können Formen von Isolierung und Einsamkeit ausgesetzt sein, so dass sich bei ihnen gar kein Gespür für Solidarität oder gemeinsame Interessen entwickeln kann; oder sie können etwa durch kulturindustrielle und massenmediale Beeinflussung abgestumpft sein. Auf der anderen Seite gibt es immer wieder Beispiele für Menschen, die sich aus dominanten Subjektpositionen herausarbeiten und mit unterdrückten Gruppen solidarisieren (sozialistische Fabrikant:innen, feministische Männer oder antirassistische Weiße) – unterdrückte Gruppen sind nicht automatisch »gut«, dominante Gruppen nicht automatisch »schlecht« (oder »böse«). Hinzu kommt, dass auch der Kampf gegen Herrschaftsverhältnisse normativ problematische Einstellungen und Haltungen *hervorbringen* kann – auch der Hass gegen die Niedrigkeit, so Bertolt Brecht, verzerrt die Züge.

Wie der epistemische, so resultiert auch der normative Vorteil also nicht aus der Unterdrückungserfahrung allein. Die Erschließung des normativen Potentials ist von spezifischen Techniken abhängig, die sich als Kollektivierungspraktiken beschreiben lassen: als die Bildung von Gegengemeinschaften. Die Praktiken von Gegengemeinschaften sind oft durch (bezahlte oder unbezahlte) Formen der *Arbeit* bestimmt, diese sind jedoch nicht für die besondere normative Perspektive ausschlaggebend. Die zentrale Praxis der Exploration normativer Potentiale besteht vielmehr im *Kampf*: Es ist die Verwandlung subjektiv erlebter Widersprüche in politischen Widerstand, durch die unterdrückte Gruppen sich als Gegengemeinschaften konstituieren und so zugleich ideologische moralisch-ethische Blockaden überwinden sowie eine antagonistische normative Perspektive einnehmen können.[8]

8 Diese These schließt an ähnliche Ansätze an, vgl. Robin Celikates, »Die Macht der Kritik. Epistemische Asymmetrien, alternative Standpunkte und migrantische Praktiken«, in: *WestEnd. Neue Zeitschrift für Sozialforschung* 2 (202), S. 81-96; José Medina, *The Epistemology of Resistance. Gender and Racial Oppression, Epistemic Injustice, and Resistant Imaginations*, Oxford 2013.

Die Wahrheit der knechtischen Normativität

Um die spezifisch normative Dimension der bereits erwähnten »Verkehrung« von herrischem und knechtischem Bewusstsein zu plausibilisieren, muss die Szene von Herrschaft und Knechtschaft bei Hegel zunächst noch einmal kurz rekapituliert werden.

Für Hegel stellen Relationen von Herrschaft und Knechtschaft zunächst durch soziale Konflikte historisch etablierte Formen nicht-reziproker Anerkennung dar. Der Herr hat den Knecht in einem Kampf um Leben und Tod unterworfen und ihm eine soziale Form aufgezwungen, in der der Knecht die Macht des Herrn anerkennen muss, dieser dem Knecht aber mit Demütigung und Missachtung gegenübertreten kann. Die Ausübung der Herrschaft stabilisiert und verstetigt sich durch das Verhältnis des Herrn und des Knechts zur Arbeit: Der Knecht bearbeitet ein Ding, aber nicht, um es selbst zu konsumieren, sondern um es an den Herrn weiterzugeben; er arbeitet also wesentlich für andere. Der Herr hingegen arbeitet nicht, sondern beschränkt sich auf den Genuss des vom Knecht zubereiteten Gegenstands. Während geistesgeschichtlich vor allem die marxistische Interpretation dieses Schemas einflussreich geworden ist, die den Herrn mit der Bourgeoisie und den Knecht mit dem Proletariat analogisiert, ist es von zahlreichen Denker:innen auch auf andere soziale Herrschaftsrelationen übertragen worden: etwa auf das Geschlechterverhältnisse, auf die Institution der Sklaverei und den Kolonialismus. In all diesen Fällen liegt die zentrale Pointe von Hegels Darstellung darin, dass soziale Kämpfe und ihre Ausgänge den Beteiligten nicht äußerlich bleiben, sondern subjektkonstitutiv sind. Da die Genese des menschlichen Selbstbewusstseins von der Bestätigung durch andere konstitutiv abhängig ist (keine Subjektivität ohne Intersubjektivität), ist Herrschaft keine nachträglich gegenüber fertigen Personen ausgeübte Einschränkung, sondern fabriziert erst bestimmte Subjekte *als* Knechte und andere *als* Herren. Dementsprechend hat jeder Kampf um Befreiung aus Herrschafts- und Knechtschaftsverhältnissen eine subjekttransformative Dimension: Befreiung bedeutet nicht nur die Abschüttelung einer externen Repression, sondern beinhaltet auch, ein anderes Subjekt zu werden.

Ein weiterer wichtiger Aspekt, der Hegels Schema für Befreiungsbewegungen verschiedener Art so attraktiv macht, besteht darin, dass Hegel die objektiven Voraussetzungen dieser (subjekttransformativen) Befreiung bereits innerhalb der Herrschafts- und Knechtschaftsbeziehungen selbst verortet. Im Verhältnis von Herr und Knecht kommt es zu einer (»dialektischen«) Verkehrung der sozialen und der epistemischen Wertigkeiten: Der Herr ist sozial privilegiert, epistemisch aber benachteiligt. Der Grund für diese Verkehrung liegt im Verhältnis der beiden Figuren zur Arbeit: Der Herr hält sich für selbständig, ist in Wirklichkeit aber unselbständig, da er von der Ausbeutung anderer abhängig ist. Im Genuss des Gegenstandes, den ein anderer für ihn bearbeitet hat, entwickelt der Herr nur ein »unwesentliche(s) Bewusstsein und ein unwesentliche(s) Tun desselben«[9] – das heißt, er unterliegt einer systematischen epistemischen Blockade. Der Knecht hingegen macht in der Bearbeitung des Dings eine Erfahrung, die dem Herrn entgeht. Diese Erfahrung ist durch zwei grundlegende Momente gekennzeichnet. Erstens erfährt der Knecht in der Bearbeitung des Dings eine basale Form von Selbständigkeit, indem er etwas schafft, das nicht gleich der eigenen Befriedigung dient und wieder verschwindet. Zweitens offenbart sich aus der subjektiven Perspektive der Sinn dieser Arbeit als eine für andere, das heißt als »Dienst«. Es ist die Furcht vor dem Herrn, nicht die eigene unmittelbare Bedürfnisbefriedigung, die den Knecht ursprünglich zur Formierung des Gegenstandes motiviert. Beide Aspekte, die Schaffung von etwas Bleibendem und die Orientierung an einer Produktion für andere, sind *Wahrheiten*: Es gibt ohne erstens eine Aktualisierung des Selbst in der Welt und zweitens den Dienst an anderen kein Selbstbewusstsein. Mit anderen Worten: Wo der Herr einer epistemischen Blockade unterliegt, besitzt der Knecht einen epistemischen Vorteil. Beide Aspekte gehören zusammen, sie resultieren aus dem antagonistischen Charakter der Herrschafts- und Knechtschaftsrelation.

Der von Hegel gewählte Begriff der »Wahrheit« impliziert, dass es sich bei der Überlegenheit des knechtischen Bewusstseins um einen epistemischen Vorteil handelt: Die subjektive »Gewissheit« des Knechts entspricht einer objektiven »Wahrheit«. Allerdings ist dies nicht im Sinne einer Korrespondenztheorie von Wahrheit zu verstehen: Die Wahrheit des knechtischen Bewusstseins besteht nicht in einem akkurateren Verständnis einer außer-subjektiven

9 Hegel, *Phänomenologie*, S. 152.

Wirklichkeit, die selbst aber unverändert bleibt. Denn das Objekt der Erkenntnis ist das Selbstbewusstsein selbst. Die Wahrheit des knechtischen Bewusstseins besteht darin, dass es besser dem entspricht, was ein Selbstbewusstsein seinem Begriff nach ist – eben selbständig und sozial. Das knechtische Bewusstsein ist »wahrer« nicht nur, weil es etwas *weiß*, sondern weil es etwas *tut*. Der epistemische Aspekt lässt sich somit nicht von einem praktischen Aspekt trennen. Die »Wahrheit« des knechtischen Bewusstseins umfasst sein gesamtes Selbst- und Weltverhältnis.

Die philosophische Beurteilungskategorie des praktischen Handelns ist daher nicht nur epistemisch, sondern auch normativ; das Bewusstsein des Knechts ist nicht nur *wahr*, sondern auch *gut* und *richtig*. Diese normative Dimension ist schon für die These von der epistemischen Wahrheit des knechtischen Selbstbewusstseins unverzichtbar: Wenn die subjektive Gewissheit des Knechts wahr sein soll, muss sie einem Handeln entsprechen. Das Bewusstsein des Knechts ist wahr, weil sie Bewusstsein einer tatsächlich vorliegenden Handlungsweise ist, einer Handlungsweise nämlich, die eine reziproke Anerkennung zwischen gleichen Subjekten – die objektive Konstitutionsbedingung subjektiver Selbständigkeit – praktisch ermöglicht. Der Herr versagt dem Knecht die Anerkennung als gleiches Subjekt und beschränkt sich auf den solipsistischen Genuss: Sein Handeln untergräbt die Bedingungen menschlicher Freiheit. Der Knecht formiert die Außenwelt und organisiert die menschliche Selbständigkeit gegenüber der Natur und er anerkennt in seinem Dienst den Herrn als selbständig: Sein Handeln produziert und reproduziert die Bedingungen menschlicher Freiheit.

Hegel hat die Verkehrung der Selbständigkeiten, die illusorische des Herrn und die wahre des Knechts, als einen teleologischen Prozess beschrieben. Die Gewissheit des realhistorischen Auftretens dieser Verkehrung ist inzwischen verloren gegangen: Unterdrückte Gruppen können nicht realistisch damit rechnen, dass sich ihr Weltverhältnis auch geschichtlich durchsetzen und so als wahres erweisen wird. Hinzu kommt, dass Hegels Darstellung von Herrschaft und Knechtschaft zwar den Antagonismus der praktischen Weltverhältnisse schematisch beschreibt, aber keine weiteren Faktoren benennt, die für die Knechte den Zugriff auf ihren normativen Vorteil verzerren könnten. Die Möglichkeit einer misslungenen Befreiung beschreibt Hegel erst im nächsten Abschnitt, in dem es um die Bewusstseinsformen Stoizismus, Skeptizismus und das »unglückliche Bewusstsein« geht. Dabei handelt es sich um Weltverhältnisse, bei denen sich das Bewusstsein in sich selbst kehrt und darauf verzichtet, seine freie Selbständigkeit auch in der Welt zu realisieren – ein Versäumnis, das Herrschaft reproduziert, weil es zur Selbstkasteiung und Selbstdiziplinierung führt.[10] Besonders beunruhigend ist an diesen Deformationen des knechtischen Bewusstseins, dass sie anders als die historische Verfallserscheinung des herrischen Bewusstseins selbst Ausdruck verfehlter Befreiungsversuche sind, sie entstehen spezifisch aus den praktischen Irrwegen knechtischer Praxis. Allgemeiner gesprochen: Der normative Vorteil der Knechte ist zunächst nur virtuell, nichts in der Welt oder in der Struktur ihres Bewusstseins garantiert, dass sie ihn auch nutzen. Trotz ihrer normativ überlegenen Stellung im Herrschaftsantagonismus kann es also sein, dass Knechte normativ falsch denken und handeln, dass sie Herrschaft reproduzieren, dass sie ihre Befreiung missverstehen oder sie mit den falschen Mitteln zu erreichen versuchen.

Hegel deutet zwei Elemente knechtischer Normativität an, in denen eine »Verkehrung« von einer Unterdrückungserfahrung in eine Befreiungspraxis möglich ist: die Erfahrung eines Selbstgefühls durch das Formieren von Gegenständen sowie die Erfahrung des Dienstes für andere. Beide treten unter Knechtschaftsbedingungen in ihrer falschen, immer schon enteigneten Form auf, konstituieren zugleich aber das Potential einer anderen Sozialität – einer Normativität, in der Autonomie und Fürsorge nicht mehr auf herrschaftsförmige, sondern auf befreite Weise zusammenkommen. Hier bekommt ein drittes Motiv aus Hegels Herrschafts- und Knechtschafts-Szene eine entscheidende Bedeutung: die des Kampfes. Nur die Wiederaufnahme des Kampfes ist es, die entfremdete Arbeit in selbstverwirklichende Arbeit, Dienst in freies Füreinandertätigsein verwandeln kann. Die Grundlage für die praktische Realisierung der Wahrheit des Selbstbewusstseins ist eine Kompetenz des Knechts, die er während des Kampfs um Leben und Tod ausgebildet hat, nämlich durch die Erfahrung der vollständigen Auflösung der eigenen Identität im Erleben einer existenziellen Furcht. In-

10 Vgl. hierzu die kongeniale Interpretation von Judith Butler, »Hartnäckiges Verhaftetsein, körperliche Subjektivation«, in: dies., *Psyche der Macht. Das Subjekt der Unterwerfung*, Frankfurt/M. 2001, S. 35-62.

dem der Knecht, so vorbereitet, besser auf eine Überwindung der Herrschaftsrelation ausgerichtet ist als der Herr, ist das knechtische Bewusstsein nicht nur die *Wahrheit*, sondern auch das *Gute* des Selbstbewusstseins.

Orlando Patterson hat in seiner großen Studie zur Sklaverei Hegels Vorstellung widersprochen, es sei die Arbeit, in der für versklavte Menschen eine Erfahrung von Selbständigkeit möglich ist.[11] Die Basis für das Wissen um die eigene Würde liegt vielmehr in kleinen, alltäglichen und dauerhaften Akten des Kampfes um Anerkennung. In der ersten Anwendung des Hegel'schen Schemas auf das Geschlechterverhältnis insistiert Simone de Beauvoir darauf, dass die Erschaffung einer eigenen gesellschaftlichen Domäne mit »weiblichen Werten« der Festschreibung der Zuständigkeit der Frauen für die Reproduktion des Lebens bei gleichzeitiger Reservierung der »transzendierenden« Elemente des Menschseins für die Männer dient. Auch diese Zuschreibung wird nicht durch submissive Annahme dieser Zuständigkeit durch die Frauen, sondern durch den (Wieder-)Eintritt in einen Kampf um Anerkennung aufgebrochen.[12] Die *Black Radical Tradition* als Theoretisierung der Erfahrung versklavter Menschen und feministische Theorien der Care-Arbeit können als zwei Beispiele für die These der normativen Überlegenheit von Gegengemeinschaften verstanden werden, die jeweils konstitutiv in der Erfahrung von Kämpfen verankert sind.

Die Freiheit der Maulwürfe

Im Herbst 1969, knapp ein Jahr bevor sie zuerst zur Flüchtigen und dann zur Gefangenen wurde, hielt Angela Davis an der UCLA ein Seminar zum Thema Befreiung, dessen erste beide Vorlesungen von einem Solidaritätskomitee transkribiert und in einer Broschüre veröffentlicht wurden.[13] Davis entwickelt hier die ersten Grundzüge einer Standpunkttheorie der Normativität. Der Begriff der Freiheit,

11 Orlando Patterson, *Slavery and Social Death: A Comparative Study*, Cambridge 1982, S. 101.

12 Simone de Beauvoir, *Das andere Geschlecht*, Hamburg 2000, S. 90.

13 Angela Davis, *Lectures on Liberation*, herausgegeben vom National United Committee to Free Angela Davis, Los Angeles 1972; vgl. die Interpretation von Neil Roberts, *Freedom as Marronage*, Chicago 2015, S. 55-57.

beginnt Davis, nimmt in der Geschichte der westlichen Philosophie eine zentrale Rolle ein. Die erhabensten Abhandlungen und Deklarationen der Freiheit erwiesen sich aber von der Antike bis in die Gegenwart als kompatibel mit dem Fortbestehen krassester Formen von Unfreiheit. Statt der Freiheitsideale relativ privilegierter Philosoph:innen und Staatsmänner sollte man daher diejenigen Freiheitsvorstellungen ins Zentrum rücken, die von jenen entwickelt wurden, für die sich die Frage der Freiheit mit größter Dringlichkeit stellt. Aus Perspektive der Versklavten stellt sich das Wesen der Freiheit nicht nur anders, sondern *besser* dar als aus der Perspektive dominanter Gruppen, deren Freiheitsbegriff selbst noch von der Versklavung kompromittiert bleibt. In Frederick Douglass' Autobiographien findet Davis nicht nur ein detailliertes Narrativ über die praktischen Bedingungen von Vollzügen der Befreiung, sondern bereits eine philosophische Reflexion über das Wesen der Freiheit selbst.

Hegels Schema von Herrschaft und Knechtschaft folgend, zeigt Davis an Douglass' Darstellung der Versklavung, dass das Bewusstsein des Sklaven über mehr Wahrheit verfügt als das der Herren. Dabei setzt sie Hegels Argument von der reziproken Anerkennung als Bedingung der Freiheit voraus – unter asymmetrischen Bedingungen kommt Freiheit weder für den Knecht noch für den Herrn zustande. Diese »Wahrheit« des knechtischen Bewusstseins ist zunächst eine des Wissens: Der Herr hält sich für frei, aber weil seine Freiheit von der Unfreiheit anderer abhängt, ist er in Wirklichkeit nicht frei und unterliegt somit einer epistemischen Blockade. Zugleich ist dieser Vorteil des Knechts nicht auf ein epistemisches Privileg beschränkt, sondern umfasst ein Privileg in Bezug auf normative Vorstellungen und Praktiken: Der Herr hält sich nicht nur für frei, obwohl er unfrei ist, er missversteht auch grundsätzlich, was Freiheit überhaupt ist, wobei sich dieses Missverständnis ebenso in seiner Praxis verfestigt und verselbständigt. Die Ausübung von Herrschaft führt bei den Ausübenden sowohl zu einer Ideologie, das heißt einem falschen Bewusstsein, als auch zu einer Transformation ihrer »zweiten Natur«, das heißt ihrer Haltungen, Einstellungen und Gewohnheiten. Vom Standpunkt der Versklavten hingegen erscheinen diese Selbstwahrnehmungen und Praktiken der Herren als Fehler: Sie gelangen somit zu einer »tiefsinnigeren« und »aufgeklärteren« Konzeption von Freiheit.[14] Hier zeigt sich, dass die dialektische Inversion, die Davis mit Hegel und Douglass anhand der Wahrheit des Wissens vorgeführt hat – soziale Herrschaft führt zu epistemischer Unterlegenheit –, auch das gesamte praktische Selbst- und Weltverhältnis umfasst. Davis pointiert dies anhand des Verhaltens des brutalen »slave breakers« Covey, dessen für die Institution der Versklavung essentielle Aufgabe in der vollständigen Dehumanisierung der Versklavten besteht. Covey wird von Douglass als brutaler Feigling beschrieben, der jede direkte Konfrontation scheut; er versteckt sich, schleicht sich an, kriecht und krabbelt, um den Versklavten aufzulauern und sie zu überwachen oder zu bestrafen. Seine Körperhaltung, so Davis, ist bezeichnend für die Verkehrung, die die Herrschaftsrelation bewirkt hat: »Wer ist jetzt der Nicht-Mensch?«[15]

Wie kann es – angesichts der umfassenden sozialen Privilegiertheit der Herren und der Degradierung der Sklaven – praktisch zu dieser Umkehrung kommen? Was sind die *objektiven Bedingungen* dieser Inversion? Die Versklavten waren ja einem grundlegenden System der Deprivation ausgesetzt und vollkommen der Willkür ihrer Herren unterworfen, so dass sowohl ihre Möglichkeiten zur Wissensproduktion und philosophischen Reflexion als auch zu einem moralisch richtigen Verhalten von vornherein stark begrenzt waren – ganz

14 Davis, *Lectures*, S. 1.

15 Ebd., S. 7, bei Frederick Douglass, *My Bondage and My Freedom*, in: ders., *Autobiographies*, New York 1994, S. 265. – Douglass geht so weit, diese Vertauschung von sozialem und normativem Vorteil auch in Bezug auf die Kompetenzen zu einem guten Leben auszuweiten. Trotz aller materieller Reichtümer sind die Herren unfähig, eine Form von Glückseligkeit oder auch nur Zufriedenheit zu erlangen. Dies beschreibt er anhand der »rastlosen Unzufriedenheit und launischen Gereiztheit« der Familie von Edward Lloyd, dem früheren Gouverneur von Maryland, in dessen Haus Douglass arbeiten musste: »Ach, dieser unermessliche Reichtum, diese vergoldete Pracht, dieser Überfluss an Luxus, diese Befreiung von der Mühsal, dieses Leben in Leichtigkeit, dieses Meer des Überflusses waren nicht die Perlentore, die sie für eine Welt des Glücks und der süßen Zufriedenheit zu sein schienen. Der arme Sklave auf seiner harten Kieferplanke, notdürftig zugedeckt mit seiner dünnen Decke, schlief fester als der fiebrige Genießer, der sich auf sein flaumiges Kissen legte. Das Essen ist für den Trägen Gift, nicht Nahrung. Unter den reichhaltigen und verlockenden Speisen lauerten unsichtbare Geister des Bösen, die den selbstbetrügerischen Schlemmer mit Schmerzen, unkontrollierbaren Leidenschaften, heftigen Launen, Verdauungsstörungen, Rheumatismus, Hexenschuss und Gicht erfüllten, und daran hatten die Lloyds reichlich Anteil.« Douglass, *My Bondage*, S. 193.

zu schweigen von einem epistemischen oder normativen *Vorteil*. Der entscheidende Faktor, der für Hegel die Wahrheit des knechtischen Bewusstseins ermöglicht, war der der Arbeit: Während der Herr nur genießt, macht der Knecht die Erfahrung seiner eigenen Selbständigkeit, indem er einen Gegenstand formt und ihn, statt ihn direkt zu verzehren, zu etwas Bleibendem macht. In einem engeren Sinne ist von einer solchen Erfahrung der Arbeit in Douglass' Befreiungsnarrativ keine Rede; er spricht nicht davon, dass er ein Bewusstsein seiner Freiheit etwa durch die Bearbeitung der Baumwolle oder des Tabaks erlangt hätte. Die Voraussetzung des Erwachens eines Freiheitsbewusstseins ist bei Douglass vielmehr die spezifische Erfahrung objektiver *Widersprüche*. Zentral ist dabei der Widerspruch zwischen den externen Dehumanisierungspraktiken und der gleichzeitigen Selbsterfahrung als Mensch. Diese Widersprüche werden für Douglass aufgrund zum Teil offener, zum Teil subtiler Faktoren erfahrbar: Dazu gehört als Erstes das Lernen von Lesen und Schreiben, das Studieren der Botschaft der Bibel, das Vernehmen von Gerüchten über abolitionistische Aktivitäten, schließlich die physische Entfernung vom Ort der Versklavung durch die Flucht. Obwohl Davis dem Hegel'schen Schematismus folgt und Herr und Knecht als individuelle Figuren stilisiert, sind die Techniken, mit denen sich objektive Widersprüche als normativ problematisch erweisen, *soziale* Praktiken. Douglass wird durch das Lesen oder dadurch, dass er sein eigenes Selbstverständnis in den Kontext anderer Aufständischer stellt, virtuell zu einem Mitglied einer Gegengemeinschaft. Durch diese Kollektivierungsprozeduren vermag Douglass Widersprüche zwischen seinen menschlichen Fähigkeiten und der gleichzeitigen Verwehrung gleicher Freiheiten zu erfahren, zwischen der biblischen Botschaft der Barmherzigkeit und der Grausamkeit der Peitsche, zwischen der eigenen Unterwerfung und der Möglichkeit der Gegenwehr, die er am Widerstand anderer Versklavter bezeugt.

Die Erfahrung von Widersprüchen treibt Douglass schließlich zu einem offenen Akt der Rebellion, als er sich gegen Coveys Peitsche zur Wehr setzt, in einen direkten Kampf tritt und seine physische Kraft sich als überlegen erweist: »Ich fand meine starken Finger fest an der Kehle des Tyrannen, so unbekümmert um die Folgen, als stünden wir gleichberechtigt vor dem Gesetz.«[16] Eine

16 Frederick Douglass, *The Life and Times of Frederick Douglass*, in: ders., *Autobiographies*, New York 1994, S. 588; bei Davis, *Lectures*, S. 8.

passive objektive Bedingung hat sich hier in eine aktive subjektive Tätigkeit gekehrt (*Widerspruch* in *Widerstand*). Nicht durch die Bearbeitung des Dings, sondern durch die Wiederaufnahme des bei Hegel eigentlich abgeschlossenen »Kampfs um Leben und Tod« kommt also das knechtische Bewusstsein »zur Anschauung des selbständigen *Seins als seiner selbst*«.[17] Mit dieser Erfahrung der körperlichen Überlegenheit aktualisiert sich die bislang nur innerliche, spirituelle Freiheit nach außen. Zwar unterliegt auch der Herr den genannten Widersprüchen – Herrschaft beruht ja gerade auf einer asymmetrischen Anerkennungsbeziehung, die eine gelungene Subjektivität auch für den Herrn zum Scheitern bringt. Anders als der Knecht vermag der Herr aber keine Befreiungsbewegung in Gang zu setzen, da er in seiner Position als Konsument der vom Knecht erarbeiteten Güter stagniert.

Die beiden Pole der Relation von Herrschaft und Knechtschaft bilden folgerichtig auch unterschiedliche *Begriffe und Vorstellungen* von Freiheit heraus. Es ist also nicht so, als gäbe es eine übergeordnete prästabilierte »Freiheit«, zu der der Herr Zugang hat, der Sklave aber nicht. Herr und Sklave haben vielmehr entgegengesetzte Auffassungen davon, was Freiheit ihrem Wesen nach ist, die ihrer jeweiligen objektiven Stellung und Praxis im Herrschaftsverhältnis entsprechen. Davis figuriert diesen Antagonismus als Gegensatz zwischen einem dynamischen und einem statischen Freiheitsbegriff: Der Sklave ist sich bewusst, dass Freiheit etwas ist, das historisch erkämpft werden muss, während der Herr denkt, er sei »von Natur aus« im Besitz einer unveräußerlichen Freiheit.

Barnor Hesse und Neil Roberts haben jeweils Vorschläge unterbreitet, wie dieser Begriff einer flüchtigen Freiheit spezifiziert und gegenüber gängigen Freiheitsbegriffen profiliert werden kann. Beide beziehen sich auf Isaiah Berlins berühmte Unterscheidung zweier Freiheitsbegriffe, welche den philosophischen Diskurs der Moderne als Konflikt zwischen einer negativen Auffassung von Freiheit als Freiheit *von* äußeren Beschränkungen und einer positiven Auffassung von Freiheit als Freiheit *zur* Teilnahme an kollektiven Praktiken der Selbstregierung darstellt. Diese unterschiedlichen Begriffe haben miteinander und mit ihrer Metareflexion bei Berlin gemeinsam, dass sie nicht auf ihre Herkunft aus einem System

17 Hegel, *Phänomenologie*, S. 154.

europäischer rassifizierter Kolonialherrschaft reflektieren und auf alltäglich eingespielten fundierenden Ausschlüssen beruhen, die verhindern, dass andere geistesgeschichtliche Traditionen mit ihren Konzepten überhaupt in den Blick geraten.[18] Die mit ihnen verbundenen Subjektvorstellungen und Demokratiemodelle dienten historisch auch dazu, die Superioritätsbehauptung europäischer Institutionen zu stützen und nicht-europäische Formen der politischen Gemeinschaftsbildung für rückschrittlich oder gar ungeschichtlich zu erklären. Der Ausschluss schwarzer Theoriebildung aus dem Kanon der europäischen (und damit weltweit hegemonialen) Philosophie erscheint so selbst als eine Form epistemischer Blockade und normativer Gewalt. Ein erstes konzeptuelles Merkmal des dynamischen, aus der Erfahrung der Versklavung entwickelten und von schwarzen Theoretiker:innen reflektierten Begriffs von Freiheit ist daher, dass er selbst eine Geste der Flucht vollzieht. Flüchtige Freiheit ist *kontestativ*: Sie entlarvt, beleuchtet und kritisiert die fundierenden Ausschlüsse und Gewaltrechtfertigungen dominanter Freiheitsvorstellungen.[19]

Gegen liberale, negative Freiheitsvorstellungen gibt es seitens schwarzer Theoretiker:innen eine große Anzahl von Einwänden und Kritiken, die häufig marxistisch inspiriert sind. Ein grundlegender Einwand lautet, dass die Vorstellung von Freiheit als Nicht-Einmischung die materiellen und intersubjektiven Bedingungen individueller Freiheit dethematisiert. Die intersubjektiven Bedingungen hat Davis bereits angedeutet, wenn sie sagt, dass eine Freiheit, die den anderen als Grenze, nicht als Bedingung der eigenen Freiheit begreift, zu einer ideologischen Indifferenz gegenüber der Freiheit der anderen führt, die somit Herrschaftsverhältnisse intakt lässt. Der materielle Punkt lässt sich mit W. E. B. Du Bois in Bezug auf die Emanzipation von der Versklavung zeigen: Wenn Emanzipation nur eine formale Entlassung aus den Fesseln der Versklavung ist und nicht auch die materiellen Bedingungen für ökonomische Eigenständigkeit und politische Autonomie einschließt, bilden sich unter der Hand neue Formen der Knechtschaft heraus. Das Versprechen der *Reconstruction*-Ära war deshalb nicht nur eine Freiheit von äußerer Beschränkung, sondern auch »40 Hektar und

18 Barnor Hesse, »Escaping Liberty: Western Hegemony, Black Fugitivity«, in: *Political Theory* 42, 3 (2014), S. 288-313, hier: S. 290.

19 Ebd., S. 307.

einen Esel«, das heißt wenigstens basale Grundlagen zur Sicherung der eigenen Subsistenz.[20] Ein zweites Merkmal flüchtiger Freiheit ist daher ihre *Sozialität*, das heißt ihre Einbettung in transindividuelle Gelingensbedingungen.

Flüchtige Freiheit unterscheidet sich aber auch von positiven Freiheitsbegriffen. Zum einen darin, dass sie für die Kompatibilität von Formen der kollektiven Selbstregierung mit Ausschluss und Dehumanisierung aufmerksam ist – sowohl die athenische antike, als auch die französische moderne Demokratie beruhten auf Formen von Versklavung. Damit einher geht häufig eine Trennung, welche politische Handlungsfähigkeit nur für die Bürger, nicht aber für die von der Bürgerschaft ausgeschlossenen Menschen reklamiert – was gerade der Grundprämisse widerspricht, Freiheit aus der Perspektive der Unterdrückten zu entwickeln. Viele positive Konzeptionen von Freiheit neigen dazu, Freiheit als festen Zustand zu definieren, an dem man entweder teilhat oder nicht. Damit wird die Flucht selbst als ein *Mittel* depotenziert, das eingesetzt werden könnte, um den Zustand der Freiheit zu erreichen. Neil Roberts insistiert demgegenüber darauf, dass die Flucht selbst als die entscheidende *Praxis* der Freiheit verstanden werden muss: Freiheit besteht in der interstitiellen Bewegung der Befreiung selbst.[21] Ein drittes Merkmal flüchtiger Freiheit ist demnach ihr irreduzibel *transitorischer* Charakter, sie verbleibt in einer Bewegung der Selbstüberschreitung und das Freiheitsverlangen wird niemals in einem fixen Zustand gestillt.

Ein aus den konkreten Erfahrungen versklavter Menschen entwickelter Begriff von Freiheit lässt sich mit einschlägigen liberalen oder republikanischen Freiheitsbegriffen also dadurch konstrastieren, dass flüchtige Freiheit einen *kontestativen*, *sozialen* und *transitorischen* Gehalt hat. (Diese drei Merkmale sind nicht unbedingt erschöpfend, aber sie sind zwingend – sie ergeben sich aus der Erfahrung der Knechtschaft selbst. Aus Perspektive von Unterdrückten kann Befreiung nicht anders vollzogen werden als durch die Infragestellung dominanter Normen, die Einbeziehung sozialer und materieller Bedingungen und das Durchschreiten einer interstitiellen Transitionsbewegung.) Weder Hesse noch Roberts gehen bei ihrer Diskussion dominanter Freiheitsbegriffe auf Hegels Kon-

20 W. E. B. Du Bois, *Black Reconstruction in America, 1860-1880*, New York 1999.
21 Roberts, *Freedom*, S. 15.

zeption der Freiheit ein. Man könnte, in Anlehnung an die schematische Lektüre von Angela Davis, die These vertreten, dass in Hegels Darstellung von Herrschaft und Knechtschaft ein aus Perspektive des knechtischen Bewusstseins heraus gedachtes Freiheitsverständnis bereits vorgezeichnet ist. Die Wahrheit des Selbstbewusstseins als das knechtische Bewusstsein zu identifizieren verdankt sich ja gerade der dem Knecht möglichen Erfahrung von Selbständigkeit durch eigene Praxis. Dass die Implikationen einer Standpunkttheorie der Normativität aber auch mit Hegel noch nicht vollständig abgegolten sind, wird klar, wenn man näher die *institutionelle Form* betrachtet, die sich die jeweiligen Freiheitsvorstellungen geben.

Aufgrund seines statischen Freiheitsbegriffs verkennt der Herr die Abhängigkeitsbeziehung seiner Freiheit von der Freiheit der anderen: Er sieht nicht, dass seine Befreiung von der Befreiung der anderen abhängt. Frederick Douglass hingegen steht diese Beziehung von Anfang an vor Augen: Es reicht nicht, dass er selbst der Versklavung entkommt, wirklich frei ist er erst, wenn die Institution der Versklavung für alle abgeschafft ist. Dies impliziert nicht nur eine formale Emanzipation, sondern auch eine grundlegende Transformation der ökonomischen und politischen Hintergrundbedingungen der Gesellschaft, die die Versklavung ermöglicht hat. Das Projekt der *abolition democracy*, wie es von Du Bois in *Black Reconstruction* rekonstruiert wurde, beinhaltete deshalb von Anfang an eine grundlegende Kritik auch von kapitalistischer Ausbeutung und staatlicher und extra-staatlicher Gewalt (während Hegel den historischen Befreiungsprozess mit dem Erreichen der bürgerlichen Gesellschaft für beendet hielt). Wie aber kann sich das Projekt einer abolitionistischen Demokratie stabilisieren und institutionalisieren? Wie kann insbesondere der transitorische Gehalt von Freiheit, wie er sich aus der Perspektive der konkreten Befreiungspraxis der Versklavten erschließt, in einer konkreten Selbstregierungspraxis institutionell operativ bleiben?[22]

Neil Roberts hat hierzu vorgeschlagen, sich die politische Form der Marronage zu vergegenwärtigen, also der politischen Gemeinschaften, die von flüchtigen Versklavten während und nach der

22 Sheldon Wolin skizziert ein Modell der »fugitive democracy«, das Konzepten wie Heterogenität, Pluralität und Multiplizität für eine Vitalisierung der Demokratie in Anschlag bringt. Allerdings geht er nicht auf die reale Erfahrung von *fugitives* ein, vgl. Sheldon S. Wolin, *Fugitive Democracy and Other Essays*, Princeton 2017.

Flucht gebildet wurden. Maroon-Communities und Quilombos waren zum Teil sehr große alternative Gemeinschaftsformen insbesondere in der Karibik und Lateinamerika, in denen sich ehemals versklavte Menschen zusammenschlossen, um neue Formen kollektiver territorialer und politischer Autonomie zu etablieren. Marronage ist dabei nicht nur auf die geographische Absonderung begrenzt, sondern umfasst die Kultivierung von spezifischen Sprachen, Körperpraktiken, Affektstrukturen und Denkweisen, die sich von der Versklavungsgesellschaft abgrenzen. Roberts unterscheidet zwei Formen der Marronage: »Souveräne Marronage«, wie sie in der Abolition der Versklavung in Haiti durch die Vision von Toussaint L'Ouverture vorangetrieben wurde, und »soziogene Marronage«, wie sie in den anti-staatlichen Gebilden in den Hügeln oder Wäldern praktiziert wurde und die in Haiti ebenfalls als bleibendes revolutionäres Begehren lebendig geblieben ist. Die souveräne Marronage versteht Flucht als Ersetzung eines Souveräns durch einen anderen – sie imitiert die dominanten Formen und entwickelt so nicht nur selbst diktatorische Formen, sondern neigt auch dazu, die spezifischen normativen Gehalte, die sich aus der transitorischen Fluchtpraxis selbst ergeben, preiszugeben.[23] Die soziogene Marronage hingegen, so Roberts, bleibt auch in ihrer (nicht-souveränen) politischen Aktualisierung auf den transitorischen Gehalt von Freiheit verpflichtet.[24] Sie verwendet eine Reihe von (Ent-)Subjektivierungstechniken, mit denen sich die Community-Mitglieder auf eine konstante dynamische Weise gegen eine Rekuperation in die Souveränität positionieren, dazu gehören ebenso die Erfindung neuer Namens- und Anredeformen, spirituelle Praktiken, vitale Zivilgesellschaften und aktive Demokratisierungsbestrebungen wie plurale Geschichtsnarrative, nicht-originalistische Zukunftsaspirationen und ein Verständnis der eigenen Kultur als unabgeschlossen sowie inventiv.

Die Praxis der Marronage ist nur ein Beispiel dafür, dass eine Theorie der Normativität von Gegengemeinschaften nicht allein in Bezug auf normative Ideale wie Freiheit, sondern auch in Bezug auf das damit korrespondierende politische Institutionendesign Konsequenzen hat. Die Gegengemeinschaften unterdrückter und marginalisierter Gruppen, für die die Maroons exemplarisch

23 Roberts, *Freedom*, S. 103.

24 Ebd., S. 116 f.

stehen, bilden aus ihrer Befreiungspraxis *bessere* politische Formationen heraus als die dominanten Gruppen, deren Institutionen – der bürgerliche Staat – dem aus einem Herrschaftsinteresse heraus entwickelten falschen Freiheitsbegriff entsprechen. Sie sind besser, weil sie den aus der gegengemeinschaftlichen Praxis heraus entwickelten *besseren Idealen besser entsprechen.* Wenn das aber stimmt, dann kann es aus dieser Perspektive nicht (nur) darum gehen, zu den dominanten Institutionen Zutritt zu erlangen, in sie inkludiert oder integriert zu werden, sondern sie (in einem authentisch abolitionistischen Sinne) abzuschaffen, das heißt, sie zurückzudrängen und gleichzeitig durch neue Institutionen zu ersetzen.

In einer Rezension von Roberts' Buch hat Charles Mills davor gewarnt, die historische Praxis der Marronage als Signifikant für Freiheit im Allgemeinen oder sogar für die menschliche Erfahrung als solche mit zu vielen Erwartungen zu überfrachten.[25] Tatsächlich haben viele Maroons und Quilombos historisch keinen Austausch mit der dominanten (Versklavungs-)Gesellschaft gesucht, sondern explizit auf ihrer Distanz von kapitalistischen Herrschaftsformationen bestanden. Liest man diese Praktiken jedoch als Teil einer Theorie der Normativität von Gegengemeinschaften, wird deutlich, wie es möglich ist, dass eine historisch sehr spezifische und daher minderheitliche Praxis universelle Bedeutung haben kann.[26] Zudem ist die Erfahrung der Flucht, wie sie hier anhand von Frederick Douglass' Erzählung seiner Befreiung aus dem System der amerikanischen *chattel slavery* nachvollzogen wurde, nicht auf diesen Extremfall beschränkt. 80 Millionen Menschen sind zurzeit gezwungen, aus ihrer Heimat zu fliehen, viele davon ohne die Aussicht, jemals wieder zurückzukehren. Wie sich etwa anhand von Vicki Squires Rekonstruktion der politischen Überzeugungen von Geflüchteten

25 Charles Mills, »Neil Roberts, Freedom as Marronage«, in: *Journal of French and Francophone Philosophy – Revue de la philosophie française et de langue française* XXIII, 2 (2015), S. 145-149.

26 In ihrer Studie *The Emancipation Circuit* hat Thulani Davis eine systematische und historische Rekonstruktion der Ursprünge schwarzer politischer Theorie im Graswurzelaktivismus in den Südstaaten während der *Reconstruction*-Ära vorgelegt. Sie weist unter anderem detailliert die Bedeutung der Momente der Bewegung und der Flucht, der Kontestation rassistischer Vorstellungen von Bürgerschaft und der ökonomischen Gerechtigkeit nach, die aus der spezifischen Erfahrung des Widerstands gegen die Versklavung entspringen. Thulani Davis, *The Emancipation Circuit. Black Activism Forging a Culture of Freedom*, Durham 2022.

zeigen lässt, tragen auch deren Freiheitsbegriffe kontestatorische, soziale und transitorische Merkmale; Squire schlägt den Begriff der Desertation vor, um die intentionale Zurückweisung unfreier Gewaltverhältnisse zu fassen, die viele Geflüchtete zum Ausdruck bringen.[27] Und selbst innerhalb der globalen Metropolen sind die Lebensrealitäten vieler Gruppen von einer permanenten Praxis der Flucht bestimmt: Flucht vor karzeralen Regimen wie der Polizei, dem Gefängnis oder dem Jugendamt, aber auch Flucht aus unlebbaren Familienstrukturen und Beziehungsweisen. In Anlehnung an Alice Goffman beschreiben auch Geoffroy de Lagasnerie und Assa Traoré die Strategien von rassifizierten Jugendlichen in Begriffen, die an die Maroons erinnern: Sie bilden eigene Gemeinschaften, die zu den herrschenden Institutionen ein Verhältnis der dauerhaften Distanz einnehmen.[28] Die Flucht ist also ein Existenzmodus, der für immer mehr Menschen die entscheidende Freiheitspraxis ausmacht. Eine Theorie der situierten Normativität von Gegengemeinschaften ist aufmerksam für die Freiheitsvorstellungen, die diesen Erfahrungen entspricht. Gleichzeitig muss die Marronage nicht zu einem neuen Master-Signifikanten oder Modell für alle Wege der Befreiung werden, sondern beweist ihr volles Potential gerade dadurch, dass sie eine Allianz mit (oder: eine Übersetzung von) anderen Manifestationen der Gegennormativität forciert.

Die Fürsorge der Maulwürfe

Der Begriff der flüchtigen Freiheit als paradigmatischer Fall von Gegennormativität ließ sich anhand von drei Aspekten rekonstruieren: seinen *objektiven Bedingungen* (die Erfahrung von Widersprüchen), seinem *normativen Inhalt* (sein kontestatorischer, materieller und transitorischer Charakter) und seinen politischen

27 Vicki Squire, »Unruly Migrations, Abolitionist Alternatives«, in: *Behemoth* 14, 3 (2021), S. 14-24. Vgl. zu den Freiheitsauffassungen von Geflüchteten auch Shahin Nasiri, *Rethinking Freedom From the Perspective of Refugees: Lived Experiences of (Un)Freedom in Europe's Border Zones*, unveröffentl. Dissertation, Universität Amsterdam.

28 Geoffroy de Lagasnerie, Assa Traoré, »Der Kampf Adama«, in: Daniel Loick, Vanessa E. Thompson (Hg.), *Abolitionismus. Ein Reader*, Berlin 2022, S. 288-315, hier: S. 297.

Implikationen (soziogene Marronage). Mit Hilfe dieser drei Dimensionen lässt sich – auch außerhalb eines unmittelbar von Hegel beeinflussten Theoriekontextes – eine Parallele zu anderen Formen gegengemeinschaftlicher Normativität ziehen. Wenn der Kampf kein arbiträrer, sondern ein essentieller Bestandteil der gegengemeinschaftlichen Erfahrung ist, lässt sich aufzeigen, dass die Normativität von Gegengemeinschaften nicht nur in diesem einen Fall, sondern im Allgemeinen derjenigen der dominanten Gesellschaft überlegen ist.

Der Begriff der Fürsorge (*care*) umfasst eine Bandbreite von Bedeutungen. Er bezeichnet eine subjektive Haltung (die kognitive Aufmerksamkeit, emotionale Responsitivität und einen altruistischen Habitus umfasst), eine ethische Praxis (die sich um Zuwendung, Versorgung, Wohlergehen zentriert), einen ökonomischen Faktor (bei dem es um die Produktion und Reproduktion menschlicher Arbeitskraft geht), eine biopolitische Rationalität (die mittels staatlicher Interventionen eine grundlegende Infrastruktur für gesellschaftliches Leben garantiert) und ein politisches Ziel oder eine Forderung (die auf Wertschätzung des Lebens in seiner Prekarität abzielt). Es ist trotz oder aufgrund dieser semantischen Offenheit naheliegend, dass Care mit der Erosion sozialer Sicherheiten und der globalen Ausweitung einer Politik der organisierten Vernachlässigung zu einem zentralen Bezugspunkt einer Vielzahl von sozialen Kämpfen geworden ist. Dazu zählen unter anderem Frauen*-Streiks, die sich gegen die unbezahlte Reproduktionsarbeit feminisierter Subjekte in den Haushalten wehren, Kampagnen für reproduktive Gerechtigkeit, in denen es um die Zurückweisung erzwungener Sorge-Arbeit durch unfreiwillige Schwangerschaften geht, die Bewegungen für Klimagerechtigkeit und Rettung der planetarischen Lebensgrundlagen, AIDS-Aktivismus, der gegen das Sterbenlassen queerer Menschen protestiert und alternative Formen der Sorge und des Trauerns etabliert hat, *Disability-Justice*-Initiativen, die Ableismus und Körpernormen in Frage stellen, Organisierungen im Gesundheitsbereich, die gegen die ökonomische und politische Vernachlässigung der Pflege vulnerablen Lebens opponieren, sowie *Black-Lives-Matter*-Bewegungen und abolitionistische Initiativen, die gegen die Disponibilität rassifizierter Bevölkerungsgruppen rebellieren und achtsame Communities jenseits staatlicher Gewalt aufbauen. Die Verwendung des Care-Begriffs ist in all diesen Fällen von einer zentralen Spannung bestimmt. Fürsorge beschreibt einerseits ein objektives Herrschaftsverhältnis: Da die Verteilung von Fürsorge-Aufgaben entlang vergeschlechtlichter und rassifizierter Differenzen verläuft, werden einige Gruppen zur Ableistung von Fürsorgetätigkeiten gezwungen, während andere von ihnen nur profitieren. Fürsorge ist aber andererseits auch ein normativer Wert (eine Tugend, eine Praxis und ein Ideal): Nur durch Freisetzung und Intensivierung von Sorge um die Herstellung und Wiederherstellung der Grundlagen des Lebens kann kollektives Wohlergehen sichergestellt werden. Diese Spannung lässt sich gut mit einer Theorie der Normativität von Gegengemeinschaften erklären: Normative Orientierungen sind sozial situiert, sie formieren sich innerhalb von Gesellschaftsformationen, die von Herrschaftsverhältnissen durchzogen sind. Innerhalb und aufgrund dieser Herrschaftsrelationen sind es dann gerade Gegengemeinschaften, die potentiell bessere – ethisch, moralisch und politisch angemessenere – Formen von Normativität entwickeln, während dominante Gruppen spezifische Formen von normativen Blockaden herausbilden.

Die Analyse feministischer Marxist:innen um die 1972 formierte internationale »Lohn für Hausarbeit«-Kampagne bietet für die Rekonstruktion der *objektiven gesellschaftlichen Bedingungen* der normativen Praxis in der Care-Arbeit einen guten Ausgangspunkt. Ausgehend von der persönlichen Erfahrung der Arbeit von Frauen im fordistischen Kapitalismus lautet die zentrale Prämisse der Interventionen von Autor:innen wie Mariarosa Dalla Costa, Selma James und Silvia Federici, dass für das Funktionieren kapitalistischer Ausbeutung die Reproduktion der Arbeitskraft des (zumeist männlichen) Lohnarbeiters essentiell ist: Damit der Arbeiter in die Fabrik gehen kann, muss jemand ihn erzogen, seine Wäsche gewaschen und sein Essen gekocht haben – Tätigkeiten, die überwiegend von Frauen ausgeführt werden. Während in der Feudalgesellschaft die meiste Arbeit noch von der gesamten Familie im Haushalt beziehungsweise dem eigenen Hof stattfand, wurde mit der Herausbildung des Kapitalismus Lohnarbeit von der Hausarbeit getrennt. Diese Trennung erfolgte entlang vergeschlechtlichter Linien, wobei Hausarbeit zugleich als Nicht-Arbeit umcodiert und somit entwertet wurde, was mit einem Macht- und Gestaltungsverlust derjenigen einherging, deren Leben sich vorwiegend im Haushalt abspielte.[29] In ihrer großen Studie *Caliban und die Hexe* hat Federici den massiven historischen Aufwand nachgezeichnet, der diese Vergeschlechtlichung ermöglichte. Der weibliche Körper musste für die Einsperrung in den Haushalt zugleich als unterwürfig und gefährlich markiert werden, was nur durch eine Zerschlagung der präkapitalistischen Macht von Frauen möglich war, welche historisch durch die Kriminalisierung der weiblichen Geburtenkontrolle, die Degradierung von Frauen zu Müttern und die systematische Vernichtung rebellischer Frauen in der europäischen Hexenverbrenndung durchgesetzt wurde.[30] In der Folge erscheint weibliche Arbeit nicht länger als für die Produktion essentielle Tätigkeit, sondern als persönlicher Dienst an den Ehemännern, wodurch die Klasse des Proletariats intern gespalten und gegeneinander ausgespielt wird. Zentrale Rechtfertigungsstrategie dieses Dienstes stellt dabei die Naturalisierung und Romantisierung von Reproduktionstätigkeiten dar: Die affektiven Voraussetzungen der Fürsorge-Arbeit werden einer individuellen Kompetenz oder Präferenz von Frauen zugeschrieben, wobei eine wichtige Rolle der Liebe zukommt. Hierauf zielt Federicis berühmte Umkehrung dieser Zuschreibung: »Sie sagen, es ist Liebe. Wir sagen, es ist unbezahlte Arbeit.«[31]

Die Analysen der feministischen Marxist:innen sind in verschiedenen Hinsichten erweitert, revidiert und aktualisiert worden. Eine erste Korrektur bezieht sich auf die Tatsache, dass auch die proletarisch-feministische Kritik häufig aus Perspektive weißer Frauen formuliert wurde. Viele schwarze Frauen waren schon lange auf andere Weise stärker in Systeme kapitalistischer Ausbeutung eingebunden, etwa in unterbezahlte Fabrikarbeit, und in besonderem Maße den legalen und extra-legalen Gewaltformen ausgesetzt, die die verdeckte Kehrseite des Kapitalismus bilden, etwa auf den Plantagen oder in unbezahlter Reproduktionsarbeit in den Haushalten fremder Familien. *Captive maternals*, wie Joy James jene Subjekte nennt, die gerade aufgrund ihrer Care-Kapazitäten im Brennpunkt zugleich von ökonomischer Ausbeutung und staatlicher Krimina-

29 Mariarosa Dalla Costa, Selma James, *The Power of Women and the Subversion of the Community*, Bristol 1976, S. 24.

30 Silvia Federici, *Caliban und die Hexe. Frauen, der Körper und die ursprüngliche Akkumulation*, Wien 2004, insbes. Kap. 2.

31 Silvia Federici, »Wages Against Housework«, in: dies., *Revolution at Point Zero. Housework, Reproduction, and Feminist Struggle*, Oakland 2012, S. 15.

lisierung stehen, haben aber auch immer wieder Wege gefunden, diese Doppelperspektive in Widerstandshandlungen umzumünzen, etwa in Form unerlaubter Verbindungen mit anderen Care-Arbeiter:innen, Sabotage der Reproduktionstätigkeiten etwa in Form von illegalen Abtreibungen oder des spionagehaften Sammelns von Informationen über das Leben der Mitglieder der dominanten Gesellschaftsordnung.[32] Mit der stärkeren Integration von Frauen in den Arbeitsmarkt ist es zudem in den letzten 30 bis 40 Jahren zu einer weiteren Auslagerung reproduktiver Arbeit gekommen, bei der wohlhabende und mittelständische Frauen Care-Tätigkeiten an oft migrantische weibliche Arbeiterinnen abgegeben haben.[33] Schließlich ist heute festzustellen, dass die geschlechtliche und rassifizierte Trennung in produktive und reproduktive Tätigkeiten nicht mehr nur mit der Einteilung in unbezahlte Hausarbeit und bezahlte Lohnarbeit korrespondiert, sondern sich auch innerhalb der Lohnarbeitswelt selbst widerspiegelt; ein Großteil auch der bezahlten Pflege- und Sorgetätigkeiten wie Erziehung, Kranken- und Altenpflege wird von ökonomisch prekarisierten sowie überdurchschnittlich häufig weiblichen und migrantischen Arbeiter:innen erledigt.[34] Trotz dieser Revisionen und Aktualisierungen bleibt die Kernprämisse der marxistisch-feministischen Kritik gültig: Die Trennung von Fürsorge-Tätigkeiten und anderen Formen der Arbeit entspricht einem Herrschaftsverhältnis. Die Erfahrung, Fürsorge-Tätigkeiten auszuführen, konstituiert einen sozialen Standpunkt im Sinne der Standpunkt-Theorie.

Die Forderung nach einem Lohn für Hausarbeit hat zunächst vor allem einen agitatorischen Sinn: Sie soll Frauen dabei helfen, die Gemeinsamkeit ihrer Situationen zu erkennen und sich um ein geteiltes politisches Ziel zu organisieren. Sie entspricht aber auch der konsequenten Behandlung von Fürsorge als *Arbeit* und der fol-

32 Joy James, »The Womb of Western Theory. Time, Trauma, and the Captive Maternal«, in: *Carceral Notebooks* 12 (2016); Angela Davis, »Reflections on the Black Woman's Role in the Community of Slaves«, in: *The Angela Davis Reader*, Malden 1998, S. 111-128.

33 Arlie Russell Hochschild, »Global Care Chains and Emotional Surplus Value«, in: Anthony Giddens, Will Hutton (Hg.), *On the Edge. Living with Global Capitalism*, London 2000, S. 130-146; Rhacel Parrenas, *Servants of Globalization: Migration and Domestic Work*, Stanford 2015.

34 Gabriele Winkler, *Care Revolution. Schritte in eine solidarische Gesellschaft*, Bielefeld 2015.

gerichtigen Analyse der Gesamtgesellschaft als »soziale Fabrik«.[35] Prinzipiell alle menschlichen Tätigkeiten erscheinen so aus dem Blickwinkel ihres Beitrages zur Reproduktion kapitalistischer Ausbeutung. Dalla Costa argumentiert jedoch zugleich, dass der Unterschied zwischen reproduktiver Hausarbeit und produktiver Lohnarbeit sich nicht nur an der Frage der Bezahlung festmachen lässt. Vielmehr bestehe er vor allem darin, dass ein technischer Fortschritt die Arbeit der Frauen nicht wesentlich erleichtert – Kindererziehung beispielsweise lässt sich nicht an eine noch so gute Maschine delegieren.[36] Dies verweist aber darauf, dass es etwas in der Qualität der Tätigkeit selbst gibt, das über ihre ökonomische oder ideologische Funktion hinausweist. Fürsorge-Tätigkeiten haben eine objektive Funktion, wenn sie aber aus der erstpersonalen Perspektive der Care-Arbeiter:innen selbst betrachtet werden, so lassen sie sich nicht auf ihren ökonomischen Gehalt reduzieren. Der tiefer liegende Grund besteht in der affektiven Bindung, die zur Ausführung von Care-Arbeiten notwendig ist: Eine Care-Arbeiterin entwickelt ihrer Klientin gegenüber (ob ihrem Kind, ihrem Ehemann oder der Bewohnerin einer Altenpflege-Anstalt) Gefühle der Verantwortung und Sorge – diese emotionale Haltung ist notwendig, ohne sie kann die betreffende Arbeit nicht ausgeführt werden. Diese Sorge um die Klient:innen macht es Care-Arbeiter:innen so schwer, zu streiken oder andere Formen des Arbeitskampfs zu entwickeln. Sie zeigt aber auch die Grenzen der rein ökonomischen Analyseperspektive auf: Aus Sicht der Sorgenden erscheint das Sorgeverhältnis als primär *ethisches* Verhältnis. (Die Probleme einer ökonomistisch reduktiven Perspektive offenbaren sich zudem dann, wenn die Forderung nach Lohn für affektive Arbeit im Alltag angewendet werden soll: Es scheint etwas verloren zu gehen, wenn in einer Partnerschaft die Sorgenden für jedes Lächeln ein Honorar verlangen.) Einige Theoretiker:innen haben deshalb inzwischen einen umgekehrten strategischen Einsatzpunkt gewählt: Statt mit der Lohnforderung die ökonomische Logik für den Bereich der Care-Arbeit zu akzeptieren, kann man umgekehrt die Care-Logik auf den Bereich der Wirtschaft anwenden und fragen: Sind die existierenden ökonomischen Praktiken in der Lage, die Grundlagen des menschlichen

35 Dalla Costa, James, *The Power of Women*, S. 22, vgl. auch schon Mario Tronti, *Arbeiter und Kapital*, Frankfurt/M. 1974, S. 30.

36 Dalla Costa, James, *The Power of Women*, S. 29.

Wohlergehens zu produzieren und zu reproduzieren?[37] Um diese Frage aufzuwerfen, ist es jedoch zunächst nötig, die »Care-Logik« in ihrer normativen Eigensinnigkeit, das heißt über ihren rein ökonomischen Status hinaus, zu rekonstruieren. Erst dann wird sich die soziale Praxis von Care-Arbeiter:innen auch als ein normativer Standpunkt im Sinne der Standpunkttheorie erweisen.

Für die Rekonstruktion des spezifischen normativen Gehalts von Care-Arbeit bietet sich die Konsultation der feministischen Care-Ethik an, wie sie sich seit den 1980er Jahren in der Tradition von Carol Gilligans Buch *In a Different Voice* etabliert hat.[38] In ihrer kanonischen Studie formulierte Gilligan eine Kritik an der Moralentwicklungstheorie ihres ehemaligen Lehrers Lawrence Kohlberg. Kohlberg hatte eine Reihe von Menschen (ursprünglich ausschließlich Jungen) interviewt und sie mit moralischen Dilemmata konfrontiert (wie dem »Heinz-Dilemma«: Darf Heinz für seine Frau ein überteuertes lebensrettendes Medikament stehlen, wenn er kein Geld hat, um es zu kaufen?). Aus den Antworten entwickelte Kohlberg ein Stufenmodell, das moralische Entwicklung als immer bessere Annäherung an abstrakte Gerechtigkeitsprinzipien beschreibt, wobei die höchste Stufe (die aber nur außergewöhnliche Individuen erreichen) eine Moralauffassung darstellt, die sich von Kants kategorischem Imperativ leiten lässt. Kohlberg proklamiert darüber hinaus eine moralische Defizienz von Frauen, deren Entwicklung eine geringere Generalisierungsleistung und damit auch ein weniger gut ausgeprägtes Verständnis von Gerechtigkeit zulasse. Gilligans eigene Befragung, die sich auf die Moraleinstellungen von Mädchen und Frauen fokussiert, fördert demgegenüber andere normative Einstellungen zutage: Statt abstrakter Gerechtigkeitsprinzipien neigen Frauen dazu, bei der Lösung moralischer Dilemmata auf Relationalität, konkrete Bedürfnisse und Verantwortung für andere zu achten.

Während Gilligan zunächst nur auf eine geschlechtliche Differenz hinweist, mit Bewertungen jedoch noch zurückhaltend ist, haben philosophische Vertreter:innen der Care-Ethik den Begriff der Fürsorge weiter profiliert und als überlegene Alternative zur

37 Eva von Redecker, *Revolution für das Leben. Philosophie der neuen Protestformen*, Frankfurt/M. 2020

38 Carol Gilligan, *Die andere Stimme. Lebenskonflikte und Moral der Frau*, München 1999.

abstrakten Gerechtigkeitszentrierung ins Spiel gebracht. Theoretiker:innen wie Nel Noddings, Sara Ruddick und Eva Feder Kittay halten Fürsorge-Verpflichtungen explizit für die *primären* ethischen Beziehungen, wie sie sich originär etwa in der sorgenden Beziehung zu (Klein-)Kindern, aber auch allgemein in der emotionalen und materiellen Nährung sozialer Welten ausdrücken. Ohne die verantwortliche Sorge um ein – mindestens zu Beginn überbordend – bedürftiges Leben ist keine menschliche Gesellschaft und darum auch überhaupt keine Normativität möglich. Reine Gerechtigkeitsorientierungen, wie sie sich etwa in der Theorie von John Rawls finden, blenden die Fürsorge-Praktiken aus, die überhaupt erst autonome Individuen erzeugen können, und werden so selbstwidersprüchlich.[39] Moraltheorien, die Menschen als rationale und unabhängige Individuen begreifen und auf unparteiliche, desengagierte und universell gültige Regeln abzielen, verkennen Emotionalität und Dependenz als menschliche Wesensmerkmale und subordinieren die aus ihnen resultierenden Verantwortungen, die häufig asymmetrisch und kontextspezifisch sind. Sara Ruddick hat explizit eine Parallele der Care-Ethik zu epistemologischen Standpunkttheorien gezogen, indem sie die Mutterschaft als eine Erfahrung begreift, die mütterliche Subjekte zur Sorge in besonderem Maße disponiert (ohne allerdings näher den sozialen Grundlagen von Mutterschaft selbst nachzuspüren): Individuen, die es gewöhnt sind, maternale Haltungen, Denkweisen und Aufmerksamkeiten zu entwickeln, bilden für die elementaren Fürsorge-Beziehungen auch bessere kognitive und affektive Kapazitäten heraus.[40] So verstanden kommt es bei Care-Ethiken also zu einer ähnlichen Inversion von sozialem und normativem Privileg wie in Hegels Schema von Herrschaft und Knechtschaft – die weibliche Orientierung auf Fürsorge-Werte ist zwar philosophisch und sozial marginalisiert, aber normativ eigentlich der dominanten männlichen Gerechtigkeitszentrierung überlegen.

Wie weitreichend die Parallelen zwischen einer marginalisierten Fürsorge und dem Begriff der flüchtigen Freiheit sind, wird allerdings erst klar, wenn man sich vor Augen führt, dass es der Care-Ethik nicht darum geht, die Gerechtigkeit als Ideal vollkom-

39 Eva Feder Kittay, *Love's Labor. Essays on Women, Equality, and Dependency*, London/New York 1999.

40 Sara Ruddick, *Maternal Thinking. Toward a Politics of Peace*, New York 1995, S. 127-135.

men zu verdrängen, sondern vielmehr darum, Fürsorge und Gerechtigkeit in ein dynamisches Spannungsverhältnis zu versetzen. In der Rezeption von Care-Ethiken wird häufig übersehen, dass diese keineswegs in einer Vorstellung der harmonischen Verschmelzung, sondern ebenfalls in einer Erfahrung des Kampfes fundiert sind. Hier zeigt sich eine Affinität von Fürsorge-Tätigkeiten zum transitorischen Impetus gegengemeinschaftlicher Freiheitspraktiken. Bereits für Gilligan besteht eine Gefahr einer ausschließlichen Orientierung an der Verantwortung gegenüber anderen in der vollständigen Selbstaufgabe durch grenzenlose Aufopferung. Erst durch die Frauenbewegung der 1960er und 70er Jahre hat sich bei vielen Frauen ein Bewusstsein für die Legitimität auch der eigenen »egoistischen« Bedürfnisse herausgebildet, die sie aber im Konflikt mit den Anforderungen durch konkrete Bindungen auszuagieren versuchen. Statt sich für andere aufzuopfern und die eigenen Interessen blind zu negieren, ermutigt die feministische Befreiung die Einzelnen, auch gegenüber dem eigenen Wohlergehen eine Form von Fürsorge zu betreiben. Das Resultat der Neuaushandlung von Fürsorge und Gerechtigkeit, so Gilligan, verändert das Konzept von Gerechtigkeit selbst – es »webt« individuelle Rechte ein in ein Netzwerk von Verantwortung und »verankert« das Subjekt in einem Netzwerk aus Beziehungen.[41] Care-Ethik setzt nicht Fürsorge an die Stelle von Gerechtigkeit, sondern eine dynamische und konkrete Aushandlung zwischen Fürsorgeverantwortungen, Autonomiebestrebungen und Gleichheitsprinzipien an die Stelle einer rein auf abstrakten Gerechtigkeitsmaßstäben fußenden dominanten Normkonzeption. Wie die Idee der flüchtigen Freiheit basiert auch diese Perspektive auf der Erfahrung des Austragens von *Widersprüchen* – erst der Durchgang durch widerstreitende Anforderungen lässt die Care-Ethik überhaupt als Ethik und nicht einfach als naturalisierten Vollzug von Lebensverläufen emergie-

41 Viele Care-Ethiker:innen haben auch darauf verwiesen, dass eine transitorische Dynamik sich sogar aus dem Begriff der Fürsorge selbst ergibt. Das Telos etwa der Fürsorge für Kinder ist eine Entwicklung hin zu Autonomie und Unabhängigkeit, wofür das Kind einen Sinn für die eigenen Präferenzen und Interessen bekommen muss (das Gleiche gilt auch beispielsweise für Liebesbeziehungen und Freundschaften). Es gehört daher gerade zu den Kompetenzen von Fürsorgenden, Kontrollansprüche aufzugeben, Konflikte auszuhalten und Distanzierungsbewegungen bewältigen zu können, vgl. exemplarisch Virginia Held, *The Ethics of Care. Personal, Political, and Global*, Oxford 2005.

ren. Eher als mit dem Begriff der (reproduktiven) *Arbeit* lassen sich Care-Tätigkeiten als Formen des *Kampfes* beschreiben: Der Kampf ist zum einen die historische Ermöglichungsbedingung von genuin verstandener Care-Praxis, zum anderen deren strukturelles Wesensmerkmal. Die Kompetenzen und Einstellungen, die Sorgetragende entwickeln, sind nicht nur die von Arbeitenden, sondern auch von Kämpfenden. Den normativen Vorteil, den sie aus diesen Praktiken ziehen können, gewinnen sie nicht aus der Unterdrückungserfahrung, sondern aus der Kampferfahrung – aus ihrer Mitgliedschaft in einer Gegengemeinschaft.

Aus der gemeinsamen Fundierung in der Erfahrung des Ausagierens von Widersprüchen erklärt sich auch, dass Care-Orientierungen ähnliche normative Kennzeichen aufweisen wie die Idee flüchtiger Freiheit: Care ist *kontestativ* (sie fordert dominante Normativitätsvorstellungen heraus), *sozial* (sie zielt auf die intersubjektiven und materiellen Bedingungen des Wohlergehens) und auch *transitorisch* (sie versteht den Prozess der Dynamisierung eingespielter Rollen selbst als eine Praxis der Fürsorge). Noch weiter lässt sich die radikale Sprengkraft des Care-Standpunkt explizieren, wenn sie aus der *politischen Praxis selbst* entwickelt wird. Das Zusammenspiel aus Kontestation, Sozialität und Transition führt die Fürsorge-Perspektive zu einer offenen Konfrontation mit etablierten politischen und ökonomischen Institutionen (sprich: der bürgerlich-kapitalistischen Gesellschaft). In der Erfahrung vieler radikaler politischer Bewegungen spielt daher der Bezug auf Care sowohl die Rolle einer *präfigurativen Praxis* als auch die eines *Ziels oder einer Utopie.*[42]

Die Liste der Beispiele ist endlos. Audre Lorde hat bereits in den 1960er Jahren auf dem Wert der Selfcare zum Umgang mit Frustration, Trauma und Verletzungen insistiert, wobei sie den Begriff der Selbstsorge nicht im Sinne einer neoliberalen Eigenverantwortung, sondern in dem einer immer schon kollektiven Praxis der emotionalen Reproduktion der eigenen politischen Handlungsfähigkeit verstand.[43] Der AIDS-Aktivismus der 1980er Jahre verband die

42 Aus dem Kontext der Care-Ethik Held, *The Ethics of Care*, Joan Tronto, *Moral Boundaries. A Political Argument for an Ethic of Care*, London/New York 1993; für Pionierarbeit zum Zusammenspiel von Care als politische Praxis und Utopie siehe Rosemary Hennessy, *Fires on the Border. The Passionate Politics of Labor Organizing on the Mexican Frontera*, Minneapolis 2013.

43 Audre Lorde, *A Burst of Light: Essays*, Ithaca 1988, S. 131; vgl. dazu Hi'ilei Julia

Forderung nach einer nicht-diskriminierenden Gesundheitsversorgung mit dem Aufbau solidarischer *communities of care.*[44] Auch die *Black-Lives-Matter*-Bewegung hat Care nicht nur als Gegenbegriff zur nekropolitischen Disponibilität des karzeralen Regimes profiliert, sondern als Grundlage der Organisierung in den eigenen Communities anerkannt.[45] All diese Bewegungen zeigen, dass Fürsorge nicht funktionalistisch (als Voraussetzung der Reproduktion kapitalistischer Arbeitskraft) oder essentialistisch (als Wesensmerkmal weiblicher Moralorientierungen) bestimmt werden kann, sondern vielmehr *praxeologisch* bestimmt werden muss: Als normative Haltung resultiert sie aus politischen Praktiken unter fremdbestimmten Bedingungen, die wiederum durch objektive Widersprüche ermöglicht und provoziert werden.

Neben der Infragestellung der bürgerlichen Sphärentrennung, die Care-Tätigkeiten in den Bereich des Privaten verbannen, lassen sich aus solchen Care-Politiken auch Schlussfolgerungen für das institutionelle Design einer Politik und einer Ökonomie ziehen, die dem normativen Standpunkt von Sorgetragenden entspricht. Wie bei der Idee der flüchtigen Freiheit, so stellt sich auch bei der Politik der Sorge die Frage, wie insbesondere das kontestatorische und das transitorische Moment des unterdrückten normativen Standpunkts auf Dauer gestellt und stabilisiert werden können. Federici hat hierzu den Vorschlag gemacht, die Erfahrungen von Care-Arbeiter:innen mit der Forderung nach »reproduktiven Commons« zu verbinden: Wenn nicht mehr nur Frauen und rassifizierte Subjekte für die Reproduktion des menschlichen Wohlergehens zuständig sein sollen, dann müssen diese Aufgaben von allen gemeinsam auf kooperative Weise organisiert werden. Wenn zugleich aber der normative Charakter von Fürsorge-Tätigkeiten sich nur aus dem politischen Kampf ergibt, dann darf der kämpferische Aspekt nicht durch die Erfüllung der Forderung gestillt sein. Deshalb sollte, so

Kawehipuaakahaopulani Hobart, Tamara Kneese: »Radical Care. Survival Strategies for Uncertain Times«, in: *Social Text* 38, 1 (2020), S. 1-16; Sara Ahmed, *Living a Feminist Life*, Durham 2017.

44 Mike Laufenberg, *Sexualität und Biomacht. Vom Sicherheitsdispositiv zur Politik der Sorge*, Bielefeld 2014.

45 Rachel Brown, Deva Woodly, »The Politics of Care«, in: *Contemporary Political Theory* 20, 4 (2021), S. 90-925; Sarah Leonard, Deva Woodly, »The Political Philosophy of Care«, in: *Dissent* 69, 1 (Winter 2022), S. 28-35.

Federici, nie einfach ein Staat die Garantie einer Fürsorge-Infrastruktur übernehmen: »Wenn die Reproduktion unseres täglichen Lebens unser ›buen vivir‹ garantieren muss und wenn sie nicht unsere Arbeitskraft, sondern unsere Kampfkraft reproduzieren muss, dann können wir uns nicht vorstellen, dass wir als Alternative zur Atomisierung der Reproduktionstätigkeiten, die wir erleben, unsere Reproduktion in die Hände des Staates legen sollten.«[46] Eine ähnliche Pointe ergibt sich aus dem Konzept der Gegenseitigen Hilfe, das in vielen Graswurzelbewegungen als Alternative zu bürokratisierten und oft militarisierten Hilfsleistungen seitens des Staates zirkuliert: Ihre organisatorische Überlegenheit beziehen Praktiken der Gegenseitigen Hilfe gerade dadurch, dass sie eine Distanz zum Staat bewahren.[47] Die spezifischen Normvorstellungen, die sich aus den Care-Tätigkeiten von Gegengemeinschaften ergeben, haben also auch hier eine besondere politische Komponente: Trotz ihrer sozialen Benachteiligung entwickeln sie nicht nur potentiell bessere normative Orientierungen, sondern auch bessere Institutionen, um diese zu stützen und umzusetzen.

Wie für eine in der Erfahrung von *fugitivity* verankerte Freiheitskonzeption, so lassen sich auch für militante Care-Begriffe entgegenkommende gesellschaftliche Tendenzen identifizieren. Mit der Corona-Pandemie tauchte im öffentlichen Diskurs wie aus dem Nichts der Begriff der »systemrelevanten Berufe« (im englischen Sprachraum analog der »essential workers«) auf. In der pandemischen Krise waren nicht Fabrikant:innen, Banker:innen oder Influencer:innen gefragt, sondern Sorge-Arbeiter:innen: Krankenpfleger:innen und Ärzt:innen, Apotheker:innen und Therapeut:innen, Erzieher:innen und Lehrer:innen. Das Zusammenfallen der Gesundheitskrise in der Corona-Pandemie mit der von den Rebellionen für schwarze Leben herausgeforderten Krise des karzeralen Sicherheitsregimes und der anhaltenden ökologischen Krise hat bewiesen, dass die Frage der Fürsorge sich nicht länger invisibilisieren lässt.[48]

46 Silvia Federici, »Women, Reproduction, and the Commons«, in: *South Atlantic Quarterly* 118, 4 (2019), S. 711-724, hier: S. 721.

47 Dean Spade, *Mutual Aid. Building Solidarity During this Crisis (and the Next)*, London/New York 2020.

48 Boston Review (Hg.), *The Politics of Care: From Covid 19 to Black Lives Matter*, London/New York 2020; The Care Collective, *The Care Manifesto. The Politics of Interdependence*, London/New York 2020.

Bei der Suche nach den angemessenen Antworten auf diese Krisen, so die Pointe einer Theorie der Normativität von Gegengemeinschaften, haben diejenigen einen Vorteil, deren Lebensalltag immer schon erzwungenermaßen von Fürsorge-Kämpfen geprägt war.

Die Normativität von Gegengemeinschaften und Abolition

Die Aufrechterhaltung von Regimen der Ausbeutung, der Unterdrückung, der Marginalisierung und der nekropolitischen Gewalt in planetarischem Maßstab hat massive Effekte auf diejenigen Gruppen, die von diesen Regimen profitieren. Diese Effekte nehmen die Form epistemischer Ignoranz an: Mitglieder dominanter Gruppen sind für bestimmte Wahrheiten nicht aufmerksam. Sie betreffen auch die Affektstruktur und das Einfühlungsvermögen: Wer andere beherrscht oder tatenlos Zeuge dieser Beherrschung wird, muss Formen der Abstumpfung, Indifferenz, Kälte oder sogar der leidenschaftlichen Verachtung entwickeln, wie sie in gruppenbezogener Menschenfeindlichkeit zum Ausdruck kommen. Schließlich umfassen die Effekte auch die normativen Vorstellungen und Konzeptionen, die eine dominante Gruppe für richtig hält – ihre Ethik, Moral und Politik wird dazu neigen, der bestehenden Herrschaft Rechtfertigungsnarrative zu liefern. Die westliche Philosophie war über Jahrtausende ein solcher Legitimationsdiskurs für Herrschaft – und bleibt dies in ihren größten Teilen bis heute.

Auf den ersten Blick erscheint es als ein weiterer Effekt dieser Herrschaft, dass auf der anderen Seite die von ihr Geknechteten noch der Kapazitäten enteignet werden, eine eigene Gegen-Normativität zu artikulieren. Einige der Aspekte, die eine solche Herausbildung eines befreienden »knechtischen Bewusstseins« im Sinne Hegels verhindern, sind etwa ein fehlender Zugang zu Bildung und Wissensressourcen, ideologische Verschleierungen, eine fehlende kollektive Bewusstseinsbildung durch zunehmende Individualisierung und Isolation, Internalisierung ihrer eigenen Entwertung durch die Beherrschten oder Spaltungen und Konkurrenzen zwischen verschiedenen marginalisierten Gruppen. Eine normative Überlegenheit der Unterlegenen erweist sich dennoch darin, dass sich ihnen aufgrund ihrer sozialen Situierung eine Erfahrung des

Kampfes aufdrängt. Während dominante Gruppen in ihrem normativen Selbstverständnis nicht herausgefordert werden, so dass sie Normen als statisch, natürlich oder selbst-evident konstruieren, ist die Sittlichkeit von Gegengemeinschaften aufgrund ihrer Situation der Unterdrückung in eine konfliktuelle Position geworfen. Diese versetzt Gegengemeinschaften in eine größere Nähe zur Wahrheit von Normativität: Ihnen erschließt sich der dynamische Charakter von Freiheit und von Fürsorge *besser* als dominanten Gruppen.

Die kritische Theorie der älteren Frankfurter Schule hatte die scheinbare Alternativlosigkeit der universellen moralischen Depravierung mit dem Begriff der Totalität zu fassen versucht: Die normativen Konflikte der Gesellschaft nehmen tendenziell nicht mehr den Charakter von offenen Antagonismen an. In seinem frühen Aufsatz »Moralbewusstsein und soziale Klassenherrschaft« versucht Axel Honneth, die normative Befreiungsperspektive wieder stärker an konfliktuelle soziale Gruppen zurückzubinden, konzediert aber, unterdrückte Gruppen verfügten über keine elaborierten Werturteile und normativen Konzeptionen, sondern allenfalls über spontane Empörungen, intuitive Gerechtigkeitsvorstellungen und stille Formen der Missbilligung. Diesen Gruppen spricht er daher nicht länger, wie es noch bei Marx der Fall war, die Kraft zu, die bestehende Gesellschaft durch die Universalisierung des eigenen Standpunktes zu sprengen, sondern sie haben nur noch die Rolle, auf »bislang unausgeschöpft gebliebene Potentiale historischen Fortschritts« aufmerksam zu machen.[49] Die Konsultation zweier wichtiger Befreiungskämpfe, die unter den Begriffen der flüchtigen Freiheit und der Fürsorge rubriziert wurden, hat hingegen ergeben, dass Gegengemeinschaften nicht nur durchaus dazu in der Lage sind, diffizile und kohärente Formen von Normativität zu entwickeln, sondern dass diese sogar dominanten Normkonzeptionen überlegen sind. Diese Überlegenheit ergibt sich weder einfach daraus, dass unterdrückte Gruppen von den normativen Blockaden dominanter Gruppen dispensiert sind, noch sind sie zur Entfaltung ihres normativen Privilegs aufgrund ihrer Stellung im Herrschaftsgefüge automatisch prädisponiert. Die Erfahrung des Kampfes, die sie unter Knechtschaftsbedingungen machen, versorgt sie mit einem situierten Potential, das sie aber nur durch spezifische Prakti-

49 Axel Honneth, »Moralbewusstsein und soziale Klassenherrschaft«, in: ders., *Das Andere der Gerechtigkeit*, Frankfurt/M. 2000, S, 11-129, hier: S. 129.

ken, nämlich durch Praktiken der politischen Befreiung, ausschöpfen können.

Die Rekonstruktion der normativen Ideale und Handlungsorientierungen der beiden Bewegungen hat drei wesentliche Gemeinsamkeiten ans Licht gebracht: Gegen-Normativitäten sind erstens kontestatorisch, das heißt, sie bestreiten die Gültigkeit eingespielter oder hegemonialer Normvorstellungen, zweitens sozial, das heißt, sie beziehen die relationale Reichweite und die materiellen Bedingungen von Normgeltungen ein, und drittens transitorisch, das heißt, sie begreifen Normen als einen dynamischen Prozess. Aus diesen Merkmalen ergeben sich besondere politische Implikationen, die sich in beiden Fällen als eine Bewahrung einer Distanz zu staatlichen Institutionen ausdrückt. Als politischer Ausdruck einer Bewahrung des spezifischen normativen Gehalts der Bewegung der Flucht aus Systemen der Versklavung wurde (mit Neil Roberts) die Idee der soziogenen Marronage vorgeschlagen: eine plurale, unabgeschlossene, nicht auf Restauration von Ursprungsmythen zielende Gemeinschaft. Eine analoge Idee wurde für die Befreiung der Care-Arbeit (mit Silvia Federici) in der Idee der reproduktiven Commons vorgestellt: eine nie nur »soziale«, sondern immer schon »politische« bedürfnisorientierte Kooperation zur Reproduktion des menschlichen und nicht-menschlichen Wohlergehens. Denkt man beide Elemente zusammen, wird schnell klar, welch schillernde Utopien sich aus Allianzen von heterogenen Befreiungsbewegungen generieren lassen. Für Hegel ist der Kampf zwischen Herr und Knecht mit dem Erreichen der bürgerlichen Gesellschaft als eines Systems universeller Anerkennung zu einem erfolgreichen Ende gekommen. Denkt man Befreiung konsequent aus Perspektive der von dieser Gesellschaft weiterhin Beherrschten, scheint hingegen eine ganz andere Befreiungsidee auf: die einer anarchischen Gemeinschaft, in der die Befriedigung von Bedürfnissen an keine Herkunft und keine Titel gebunden ist.

Aus einer Theorie der Normativität von Gegengemeinschaften folgt, dass Befreiung nicht als Vervollständigung oder Erweiterung dominanter Normativität gedacht werden kann. Geschichte ist keine »Vervollständigung«, in der immer mehr normative Beiträge einen bestehenden Diskurs erweitern, sondern ein Konglomerat antagonistischer Kämpfe. Jeder Versuch, ausgeschlossene Gruppen in die bestehenden Institutionen zu integrieren, führt notwendigerweise zu einer Reproduktion von Herrschaft, da diese Institutionen nicht neutral sind, sondern selbst nach den Bedürfnissen und Interessen dominanter Gruppen geformt wurden. Vor allem aber verspielt eine auf Inklusion setzende Strategie die normativen Potentiale, die gerade aus der subordinanten Position eines Herrschaftsgefüges emergieren. Wer innerhalb des dominanten Deutungsrahmens verbleibt, wird nicht nur die aus der Ausübung von Herrschaft resultierenden normativen Blockaden nicht abschütteln, sondern auch das aus der Erfahrung von Verknechtung resultierende normative Potential nicht ausschöpfen – das Potential von flüchtiger Freiheit und militanter Fürsorge.

5. Die Ästhetik von Gegengemeinschaften

Drei Beispiele

»In jedem Jazz und besonders im Blues«, schreibt James Baldwin in seinem autobiographischen Essay *The Fire Next Time* (1962), »gibt es etwas Herbes und Ironisches, Bestimmendes und Zweischneidiges. Weiße Amerikaner scheinen der Meinung zu sein, dass fröhliche Lieder fröhlich und traurige Lieder traurig sind, und das, Gott helfe uns, ist genau die Art und Weise, wie die meisten weißen Amerikaner sie singen – in beiden Fällen klingen sie so hilflos, so wehrlos albern, dass man nicht zu spekulieren wagt, welche Temperatur die Kühltruhe hat, der ihre tapferen und geschlechtslosen kleinen Stimmen entspringen.«[1] Der Grund, warum für Baldwin schwarze Menschen besser den Jazz und Blues singen können als weiße, liegt nicht in der größeren »Sinnlichkeit« oder »Natürlichkeit«, die ein rassistischer Diskurs ihnen zuschreibt, sondern in einer spezifischen kollektiven Erfahrung, die ihre Lebensform geprägt hat. Aus der Unterdrückung heraus haben sich Formen der Gemeinschaft und Gefühle der Zugehörigkeit gebildet, die sich insbesondere in den schwarzen Kirchen, aber auch in Form von Jazzpartys oder Clubs institutionalisiert haben. Diese Musik ist der ästhetische Ausdruck dieser Lebensform, die kulturelle Semiotiken, kulinarische Geschmäcker und künstlerische Fähigkeiten ebenso umfasst wie ein Bewusstsein politischer Solidarität: »Wir hatten den Schnaps, wir hatten das Hühnchen, die Musik und einander.«[2]

»Wenn ich zurückblicke«, schreibt bell hooks in ihrem feministischen Einführungsbuch *Feminism Is For Everybody*, »nachdem ich mich jahrelang wohlgefühlt habe bei der Entscheidung, ob ich einen BH trage oder nicht, kann ich mich daran erinnern, was für eine folgenschwere Entscheidung das vor 30 Jahren war. Frauen, die ihren Körper von ungesunden und unbequemen, ein-

1 James Baldwin, *The Fire Next Time*. New York 1993, S. 41.

2 Ebd., S. 42. – Baldwins Essay wurde zuerst im *New Yorker* veröffentlicht und erhielt eine polemische Antwort von Hannah Arendt, zu diesem Austausch siehe Fred Moten, *The Universal Machine (consent to be a single being, vol. 3)*, Durham 2018, Kap. 2, sowie Juliane Rebentisch, *Der Streit um Pluralität. Auseinandersetzungen mit Hannah Arendt*, Berlin 2022, Kap. 5.

engenden Kleidungsstücken wie BHs, Hüftgürteln, Korsetts und Strumpfbändern befreiten, eroberten sich rituell und radikal die Gesundheit und Herrlichkeit des weiblichen Körpers zurück.«[3] Die Frage, welche Unterwäsche eine Frau trägt, könnte im Nachhinein als trivial oder unpolitisch abgetan werden. Aber hooks erinnert daran, dass die feministische Bewegung für viele Frauen zum ersten Mal die Möglichkeit geschaffen hatte, bequeme Schuhe zu tragen, auf Kosmetik zu verzichten oder sich auf weniger normierte Weise zu kleiden. Die Herausforderung der allgegenwärtigen Macht der Schönheitsindustrie und damit die Veränderung des Körper- und Selbstwertgefühls ist die Voraussetzung für ein Leben jenseits einer Obsession mit der äußeren Erscheinung und von Essstörungen, toxischen Bildern von Sexualität und von Erwartungshaltungen und Umgangsweisen, die den gleichberechtigten Status von Frauen untergraben. hooks betont dabei, dass dieser Kampf nicht nur im Namen politischer Ideale geführt werden darf. Feminismus ist vielmehr auch ein Kampf um eine andere Schönheit – die Etablierung von kulturellen Milieus, in denen es wieder möglich ist, sich selbst und den eigenen Körper schön zu finden: »Und wie aufregend ist es, unsere Unterschiede ohne Beurteilung und Konkurrenz wertschätzen zu können.«[4]

»Aber wenn wir beschließen, dass wir schwul sein wollen«, schreibt Jeremy Atherton Lin in seiner autobiographischen Kulturgeschichte der Schwulenbar, »wollen wir zu ›Starships‹ von Nicki Minaj tanzen, und von da an geht es bergab. In den Nächten, in denen wir uns nicht nach Schwänzen, sondern nach Lächerlichkeit sehnen – nach schlechtem Geschmack und Nostalgie –, gehen wir an einen Ort, der eher cheesy als schäbig ist, wo jede Queen an ihren eigenen Hype zu glauben scheint. […] Wenn ein Schwuler meinte, dass er ein schlechter Schwuler ist, dann ist das nicht in einem ethischen Sinne zu verstehen, sondern dass er nicht seinem Typ entspricht. Es bedeutet, dass er kulturell gesehen ein schlechter Schwuler war. Also: *Ich sollte wirklich mal wieder ausgehen; ich war so ein schlechter Schwuler.*«[5] Was Lin hier selbstironisch als »schlechter Geschmack« beschreibt, wird hier eigentlich als »guter Ge-

3 bell hooks, »Beauty Within and Without«, in: dies., *Feminism Is For Everybody. Passionate Politics*, London 2000, S. 31-36, hier: S. 31.

4 Ebd., S. 32.

5 Jeremy Atherton Lin, *Gay Bar. Why We Went Out*, New York 2021, S. 37 f.

schmack« präsentiert, und die Verpflichtung, auszugehen, um ein »guter Schwuler« zu sein, ist eigentlich keine Verpflichtung, sondern eine Ermöglichung. Die *gay bar* ist ein Schutzraum vor homophober Gewalt und heteronormativen Vorurteilen – aber zugleich ein Möglichkeitsraum für kulturelle Selbstverwirklichung und Exploration. Die zentrale Aussage von Lins schillerndem Buch lautet: Heteros verpassen was. Der letzte Abschnitt beschreibt ein Gefühl, das viele Partygänger:innen, vor allem aber Angehörige queerer Subkulturen oft erleben: Ein Gefühl der Irritation, vielleicht sogar des Mitleids mit denen, die ein so genanntes »normales Leben« führen. »Wir kamen an Hunderten von beleuchteten Fenstern vorbei, in hohen Wohnhäusern und viktorianischen Reihenhäusern. Ich stelle mir die Bewohner immer zu Hause vor, wie sie kochen oder fernsehen oder was auch immer – Menschen, die nicht ausgingen.«[6]

Zur Ästhetik von Lebensformen

In jeder dieser drei Szenen werden zwei Lebensformen kontrastiert, die miteinander in einem antagonistischen Verhältnis stehen. Dabei kommt eine spezifische Bewertungskategorie zum Einsatz. Die jeweiligen Milieus oder Kulturen unterscheiden sich hinsichtlich ihrer politischen, ethischen oder affektiven Strukturen, aber auch hinsichtlich ihrer *ästhetischen* Qualität. Bei der ästhetischen Beurteilung dieser Lebensformen kommt es wieder zu einer ähnlichen Inversion der materiellen Herrschaftsverhältnisse, wie sie auch schon in epistemischer und normativer Hinsicht analysiert wurde: Gegengemeinschaften sind ökonomisch, politisch und sozial benachteiligt, aber ästhetisch überlegen, das heißt, sie sind *schöner* als dominante Lebensformen. Dabei stellen sich zwei Fragen: Erstens, was ist das Spezifische der ästhetischen (Selbst-)Beurteilung von Lebensformen im Gegensatz zu anderen wie etwa epistemologischen oder normativen Bewertungen? Was heißt es, wenn soziale Praktiken implizit oder explizit als schön (oder als hässlich) charakterisiert werden? Zweitens, gibt es zwischen unterschiedlichen Gegengemeinschaften verbindende Momente, in denen die geteilte Erfahrung ästhetischer Überlegenheit fundiert ist? Eine solche Ver-

6 Ebd., S. 278.

bindung würde nicht nur eine Übersetzung situierter Schönheiten in das ästhetische Vokabular anderer ermöglichen, sondern könnte Fragmente einer abolitionistischen Ästhetik liefern – Fragmente einer sinnlichen Praxis also, von der aus sich die Lebensvollzüge der bürgerlichen Gesellschaft von innen heraus unterbrechen und sprengen lassen.

Es geht dabei also nicht in erster Linie um Kunst, sondern um Schönheit als spezifisches Bewertungskriterium von *Lebensformen* (wobei Kunst natürlich auch Teil von Lebensformen ist). Lebensformen haben eine »expressive« (Dewey), »performative« (Hartman) oder »bühnenhafte« (Moten) Qualität, die sich ästhetisch bewerten lässt. Michel Foucault prägte in seinem Spätwerk den Begriff der »Ästhetik der Existenz«:[7] In den Technologien des Selbst der griechischen Antike rekonstruiert er Formen der Selbststilisierung, die das eigene Leben in ein Kunstwerk verwandeln. Foucault unterstreicht dabei bereits den Zusammenhang von Ästhetik, Ethik und Politik; ästhetisch gelungen ist eine Lebensführung (für die Griechen) dann, wenn sie den Einzelnen in die Lage versetzt, sich und damit auch andere gut zu regieren. Auch wenn Foucault seiner Lektüre der antiken Selbsttechniken eine soziale Wendung gegeben hat, indem er sie in den Kontext der Erfindung einer homosexuellen Kultur der Überschreitung stellt, beschreibt er die Ästhetik der Existenz doch vor allem als intentional ausgeführtes Projekt der Lebensführung Einzelner oder weniger. Dabei entgeht ihm die unhintergehbare ästhetische Dimension *jeder* Form von *kollektiver* Lebenspraxis.[8] Einen soziologisch tragfähigeren Begriff kultureller Milieus stellt der Begriff der Lebensform dar, wie er von Rahel Jaeggi konturiert wurde.[9] Lebensformen lassen sich für Jaeggi daraufhin beurteilen, inwiefern sie die an sie geschichtlich gestellten »Probleme« lösen können. Obwohl die Haupstoßrichtung von Jaeggis Argument gegen die ethische Enthaltsamkeit

7 Michel Foucault, *Ästhetik der Existenz. Schriften zur Lebenskunst*, Frankfurt/M. 2007.

8 Allerdings stehen Foucaults Überlegungen zur Freundschaft als Lebensform auch im Kontext einer systematischen Rekonstruktion schwuler Subkultur, insbesondere Michel Foucault, »Freundschaft als Lebensform«, in: ders., *Ästhetik der Existenz*, S. 68-74; vgl. dazu Tom Roach, *Friendship as a Way of Life. Foucault, AIDS, and the Politics of Shared Estrangement*, New York 2012.

9 Rahel Jaeggi, *Kritik von Lebensformen*, Berlin 2014, S. 77.

des politischen Liberalismus gerichtet ist, spielen ästhetische Beurteilungen bei ihr explizit keine Rolle. Während Foucault also die Lebenszusammenhänge ausblendet, welche die Ästhetiken der Existenz materiell einfassen, blendet Jaeggi die ästhetische Dimension von Lebensformen, das heißt eine spezifische und reichhaltige Beurteilungskategorie ihrer Kritik, aus.[10]

In der Realität treffen Menschen die ganze Zeit Geschmacksurteile über Lebensformen, sowohl über die eigenen als auch über die der anderen. Lebensformen werden entweder zum Beispiel als stilvoll, cool, intensiv, natürlich, edel, exquisit, gewitzt, exzentrisch, angemessen, gepflegt sowie explizit als schön bewertet oder auf der anderen Seite als banal, peinlich, spießig, lächerlich, snobistisch, vulgär, langweilig, oberflächlich, cringe sowie explizit als hässlich kritisiert. (Das ist natürlich nicht das einzige und auch nicht das wichtigste Beurteilungskriterium von Lebensformen.) Solche Beurteilungsdimensionen lassen sich auf eine Weise rekonstruieren, die ihren spezifischen Charakter als ästhetische Geschmacksurteile bewahrt und sie zugleich in antagonistische soziale Milieus einbettet.[11] Schönheit ist situiert: Sie hat konkrete Träger, die anderen sozialen Trägern konfliktuell gegenüberstehen. Die Maßstäbe der Schönheit dürfen bei dieser Rekonstruktion weder abstrakt von außen postuliert werden (im Sinne einer »objektiven Schönheit«, mit der sich die empirischen Lebensformen vergleichen ließen), noch darf sie positivistisch einfach die Selbstaussagen der Mitglieder der Lebensformen protokollieren (im Sinne einer bloß »subjektiven« Schönheitserfahrung ohne Allgemeingültigkeitsanspruch). Stattdessen kann die Rekonstruktion nach dem Modell einer immanenten Kritik verfahren: Die Ästhetik der bürgerlichen Existenz ist unter bürgerlichen sozialen Bedingungen nicht zu verwirklichen. Gegengemeinschaften, auf der anderen Seite, sind Träger von Gegen-Ästhetiken, das heißt alternativer ästhetischer Expressionen auch bereits innerhalb der bestehenden Gesellschaft.

Eine grundsätzliche Schwierigkeit dieses Arguments besteht darin, dass die Ästhetisierung marginalisierter oder unterdrückter

10 Einen Brückenschlag zwischen beiden Ansätzen könnte liefern: John Dewey, *Art as Experience*, New York 1980.

11 Für die Idee einer Standpunkttheorie der Ästhetik in einem feministischen Kontext siehe Anne W. Eaton, »Feminist Standpoint Aesthetics«, in: Stephen Davies et al. (Hg.), *A Companion to Aesthetics*, Chichester 2009, S. 272-275.

Gruppen selbst zum Repertoire affektiver Ausbeutung und kultureller Beherrschung rassifizierter, vergeschlechtlichter und klassenbasierter Differenz gehört. Diese Gruppen wurden traditionell nicht nur als hässlich aus den hegemonialen Schönheitsidealen ausgeschlossen und ihre ästhetischen Diskurse und Praktiken invisibilisiert, sondern immer auch auf spezifische Weisen eingeschlossen und in Szene gesetzt, das heißt einem weißen, männlichen und bürgerlichen oder aristokratischen Blickregime unterworfen. Der weiße Genuss schwarzer Virtuosität im Gospel, Hiphop oder Sport, der männliche Genuss des weiblichen Körpers im Ballett, der Zahnpastawerbung oder Pornographie, der bürgerliche Genuss von Armut in Darstellungen des »einfachen Lebens« in der Malerei oder im Nachmittags-Trash-TV sind Beispiele dieser rassifizierten, patriarchalen und kommodifizierten Ästhetisierungen. Du Bois weist mit seinem Begriff des »Doppelbewusstsein« (*double consciousness*) darauf hin, dass solche Zuschreibungen den unterdrückten Gruppen selbst nicht äußerlich bleiben, sondern die Fremd- immer auch die Selbstwahrnehmung prägt und enteignet.[12] Mehr noch, auch die Kategorie der »Authentizität« bietet keinen Ausweg, weil auch sie eine bevorzugte Strategie enteignender Projektionen ist.

Die Geschichte der ästhetischen Produktionen und Reflexionen von Gegengemeinschaften ist jedoch Beweis dafür, dass es auch oppositionelle Blickrichtungen geben kann[13] beziehungsweise dass Objekte Widerstand leisten können.[14] Das Ringen um eine Gegenstrategie, also eine Wieder-Aneignung einer befreienden ästhetischen Expressivität, kann aber nicht in Form einer Suche nach einer ursprünglichen, prä-kontaminierten Eigenheit verfahren. Stattdessen lässt sich, dem Vorschlag von Paul Gilroy und vielen anderen folgend, gerade die Hybridität und Diskordanz als Merkmal befreiender Ästhetik bestimmen.[15] Wie die Epistemologie und die Normativität ist auch die Ästhetik von Gegengemeinschaften in einer Erfahrung des Kampfes fundiert, einer Erfahrung der Position der Ex-Positionalität, die eine permanente Austragung von Kon-

12 W. E. B. Du Bois, *The Souls of Black Folk,* New York 1994, S. 8.

13 bell hooks, *Black Looks: Race and Representation*, Boston 1992.

14 Fred Moten, *In the Break. The Aesthetics of the Black Radical Tradition,* Minneapolis 2003, S. 1.

15 Paul Gilroy, *The Black Atlantic. Modernity and Double Consciousness*, Cambridge 1993.

fliktualität mit der Umwelt erzwingt. Paradoxerweise ist es gerade diese Dissonanz, die Gegengemeinschaften in einem Kampf um den »eigenen« Ausdruck einen Vorteil verschafft: Sie haben mehr Erfahrung darin, die Schönheit ihrer Lebensform unter entfremdeten Bedingungen – unter Bedingungen der fortgesetzten Enteignung, Kriminalisierung, Exilierung und genozidalen Dehumanisierung – zu entfalten.

Eine Ästhetik bürgerlicher Existenz (Schiller)

Der europäischen Moderne stellt sich die Frage der Ästhetik zunächst als Problem des Übergangs: der Transition von einem unvernünftigen in einen vernünftigen Gesellschaftszustand. Als solche führt sie Friedrich Schiller in seinen 1795 veröffentlichten *Briefen über die Ästhetische Erziehung des Menschen* ein. Mit der Aufklärung hat der Verstand die alte Ordnung als falsch erkannt, das Leben selbst ist dieser jedoch noch verhaftet. Schiller formuliert seine Theorie als Weiterentwicklung und Korrektur der Moralphilosophie Kants: Wenn die Vernunft als den sinnlichen Impulsen entgegengesetzt konzipiert wird, führt dies zu einem tyrannischen Rigorismus. Schiller nimmt hier zugleich Hegels Kritik an der Französischen Revolution vorweg: Wenn allgemeine Freiheit in einem Gegensatz zum Leben verstanden wird, produziert das eine »Furie des Verschwindens«, also ein bloß negatives Verhältnis der Vernunft zum Leben, das sich letztlich in einer Form von Terrorherrschaft ausdrückt.[16] Für Schiller (und später für Hegel) darf sich daher Freiheit nicht nur im Bereich der Vernunft abspielen, sondern muss im Leben selbst stattfinden. Das Leben, das heißt die sinnlich-materiellen Praxisvollzüge der Menschen, auf die Freiheit vorzubereiten ist die Aufgabe der ästhetischen Erziehung, genauer gesagt: der Kunst. Die Kunst dient der praktischen Ausbildung des Empfindungsvermögens zu einer Befähigung zur Freiheit, womit der Gegensatz zwischen Sinnlichkeit und Vernunft aufgehoben werden soll.[17]

16 G. W. F. Hegel, *Phänomenologie des Geistes*, Frankfurt/M. 1986, S. 436.

17 Für einen Überblick zu gegenwärtigen kritischen Auseinandersetzungen mit Schiller vgl. den Band von María del Rosario Acosta López, Jeffrey Powell (Hg.), *Aesthetic Reason and Imaginative Freedom: Friedrich Schiller and Philosophy*, New York 2019.

Um eine freiheitsermöglichende von einer korrumpierenden Kunst unterscheiden zu können, bedarf es auch eines spezifisch ästhetischen Beurteilungskriteriums: der Schönheit – ein Kriterium, das Schiller nicht aus bereits existierenden Kunstwerken modellieren will, sondern in der Nachfolge Kants nur auf »transzendentalem Weg«[18] gewinnen zu dürfen glaubt. Mit transzendental meint Schiller allerdings nicht genau das Gleiche wie Kant, also keine Ableitung aus apriorischen Vernunftbegriffen, sondern eine Art Anthropologie der Potentialität. Grundsätze der Schönheit dürfen nicht aus empirisch zufälligen Beispielen, sondern müssen »aus der Möglichkeit unserer sinnlich-vernünftigen Natur«[19] deduziert werden. Auf diese Weise einer anthropologischen Bestimmung von Schönheit beansprucht Schiller zum einen eine Allgemeingültigkeit und Objektivität bürgerlicher ästhetischer Kategorien, zum anderen wird diese Allgemeinheit aber nicht gegen die sinnliche Natur postuliert, sondern soll ihr entsprechen.

Schiller beschreibt die Grundstruktur der menschlichen Natur zunächst als durch zwei widerstrebende »Triebe« bestimmt, einen sinnlichen »Stofftrieb« und einen vernünftigen »Formtrieb«. Der Bereich des Stofftriebs ist der des »Lebens«, der des Formtriebs der der »Gestalt«. Der Stofftrieb fasst die endlichen biologisch-physischen Dimensionen der menschlichen Existenz zusammen, er beinhaltet hedonistische Lust ebenso wie fundamentale Überlebensinstinkte. Der Formtrieb beschreibt die kontinuierlichen geistig-moralischen Ambitionen des Menschen, durch die er selbst in das sinnliche Leben eingreift: »er dringt auf Wahrheit und auf Recht«.[20] Wie unschwer zu erkennen ist, entsprechen diese beide Triebe der bei Kant inkriminierten Entgegensetzung von Sinnlichkeit und Vernunft (Herbert Marcuse wird sie später mit Freuds Beschreibung des Lustprinzips und des Realitätsprinzips analogisieren). Beide Seiten komplementieren einander: Ohne Form ist das Leben nur chaotische Anarchie, ohne Leben ist die Gestalt nur ein abstraktes Prinzip. Wie können aber diese beiden scheinbar widerstreitenden Triebe zusammengebracht werden, ohne dass der eine unter die Herrschaft des anderen gerät? Damit eine solche Versöhnung mög-

18 Friedrich Schiller, *Über die ästhetische Erziehung des Menschen in einer Reihe von Briefen*, Stuttgart 2000, S. 43 [10. Brief].

19 Ebd., S. 42.

20 Ebd., S. 48 [12. Brief].

lich ist, muss es einen dritten Trieb geben, der zwischen den beiden Kräften vermittelt und den Schiller als »Spieltrieb« identifiziert. Im Spiel vereinigen sich die Gegensätze des Lebens und der Gestalt als das Formiertwerden und das Formieren, als »lebende Gestalt«. Das Spiel nimmt in diesem philosophischen System also eine zentrale Rolle ein; es ermöglicht nicht nur ein organisches Zusammenspiel der physischen und der intellektuellen Kapazitäten menschlichen Lebens, sondern wird auch zum Garanten der Möglichkeit geschichtlichen Fortschritts: Nur weil eine spielerische Vermittlung von Vernunft und Leben möglich ist, kann es eine echte Befreiung – und nicht nur eine Unterordnung des Lebens unter ein entfremdetes Moraldiktat – geben.

Mit dem Spiel als spezifischer Kategorie menschlicher Praxis ist auch die Schönheit als spezifisches Beurteilungskriterium dieser Praxis gegeben. Schiller hat eine besondere Vorstellung davon, wie das Spiel Notwendigkeit und Freiheit miteinander vermittelt. Diese drückt sich prägnant aus in seiner Definition der Schönheit als »Freiheit in der Erscheinung«.[21] Jedes Spiel, jede Kunst, jede Politik hat materielle Bedingungen. »Schön« zu nennen ist die Ausübung dieser Praktiken dann, wenn sie diese Bedingungen unsichtbar machen und als gleichsam spontanes oder zwangloses Geschehen wirken. Dass sich Tanzende nicht auf die Füße treten oder die Pianistin jeden Ton trifft, ist Ergebnis von Übung und Disziplin, *erscheint* aber als unmittelbarer Ausdruck ihrer organischen Lebensregungen. Das Gleiche gilt für die Schönheit des Sittlichen: Schön ist eine Lebensform, in der das Gute als spontane Lebensregung selbst erscheint. Diese Idee, dass die ungezwungene Vereinigung von Leben und Form so vorgestellt werden kann, dass die materiellen Bedingungen in den Hintergrund treten und die menschlichen Handlungen als frei erscheinen, hat in der Geschichte der politischen Philosophie markante Vorgänger und Nachfahren. Schillers Idee spiegelt sich ebenso in der von Hannah Arendt geschätzten Formulierung Edmund Burkes von Politik als einem »acting in concert« wie in Marx' Utopie des Kommunismus als einer Gesellschaft, in der Arbeit »das erste Lebensbedürfnis geworden ist«. Entscheidend bei Schiller ist allerdings, dass er solche Prozesse spezifisch unter dem Bereich der Ästhetik rubriziert. Das Spiel ermöglicht Freiheit, aber das ästhe-

21 Friedrich Schiller, *Kallias oder über die Schönheit*, Stuttgart 1994, S. 18.

tische Urteil geht dennoch nicht einfach im moralisch-politischen Urteil auf: Etwas schön zu nennen ist nicht einfach das Gleiche wie etwas frei zu nennen. Schillers Begriff der Schönheit hat dabei Ähnlichkeit mit Kants Definition der Schönheit als »interesseloses Wohlgefallen«, verortet sie jedoch nicht nur in der ästhetischen Erfahrung der Rezipienten, sondern im Objekt selbst: Schön ist etwas, wenn in ihm – wie in der antiken Marmorstatue Juno Ludovisi, von der Schiller sagt, dass sie in uns zugleich höchste Ruhe und höchste Bewegung auslöst – Neigung und Achtung wie zufällig zusammenkommen. (Etwas, das entweder ganz unmoralisch oder ganz moralisch ist, das heißt etwas, das entweder nur sinnlich oder nur unsinnlich ist, kann nicht schön sein.)

Ästhetische Erziehung ist das Anregen des Spieltriebs im Menschen, der zu einer Harmonisierung von Vernunft und Sinnlichkeit und damit zur menschlichen Selbstvervollkommnung führt. »Erziehung« meint also bei Schiller keine didaktische Unterweisung in ästhetischen Angelegenheiten, sondern die Initiierung einer sinnlich-rationalen Erfahrung, die den Menschen in die Lage versetzt, seine anthropologisch gegebenen Potentiale voll auszuschöpfen, und ihn so zu einem Leben in einer aufgeklärten Ordnung vorbereitet. Besonders prädestiniert dafür, eine solche Erfahrung zu erzeugen, ist die Kunst. Kunst ist nicht direkt ein intentional eingesetztes »Instrument« der Charakterformierung, aber sie dient der Kultivierung von Aufmerksamkeiten, Sensibilitäten, Rezeptivität und Reflexion, das heißt der Bildung von Lebensformen, die es ermöglichen, ein wahrhaft freies Leben zu führen.

Die Zuständigkeit der schönen Künste für diese erzieherische Aufgabe hat bei Schiller vor allem einen politischen Grund. Neben dem Volk und dem Staat wird ein dritter politischer Akteur eingeführt. So will Schiller umgehen, dass dem Staat die Aufgabe der Erziehung des Volkes zukommt; eine direkte staatliche Programmierung von Lebensformen würde keine Freiheit hervorbringen, sondern nur das grundsätzliche Problem der Unterordnung der Sinnlichkeit unter moralisch-rechtliche Gesetze wiederholen. Tatsächlich lässt sich diese strenge Zuteilung aber nicht durchhalten. Abgesehen davon, dass die schönen Künste schon allein wegen ihrer begrenzten Reichweite und Wirkungskraft mit der gigantischen Aufgabe einer fundamentalen Transformation menschlicher Subjektivität überfordert sind, widerspricht auch die Beschränkung der ästhetischen Funktion auf die Kunst Schillers eigenem Argument. Denn die Kunst kann eine erzieherische Rolle überhaupt nur deshalb spielen, weil das künstlerische und das sittliche Spiel von gleicher Art sind. Nur deshalb gilt für sie beide auch das Beurteilungskriterium der Schönheit als »Erscheinung der Freiheit«. Schiller selbst spricht daher auch von der »schwierigen Lebenkunst«.[22] Wie Jacques Rancière wiederholt betont hat, nimmt Schillers Dekonstruktion des Gegensatzes von Kunst und Leben sowohl marxistische Vorstellungen der kommunitären Ästhetisierung des Alltags als auch die kommerzielle Ästhetisierung von Lebensstilen im Neoliberalismus vorweg.[23] Entscheidend ist hingegen, dass sich mit dieser Freilegung des ästhetischen Gehalts von Lebensformen die erzieherische Funktion nicht mehr nur auf die »Künstler:innen« im engeren Sinne beschränken lässt. Auch Lebensformen können Lebensformen erziehen – die Lebensführung einer Einzelnen oder einer Gruppe kann bei anderen den Drang auslösen, auch im eigenen Leben Sinnlichkeit und Vernunft neu zur Aushandlung zu bringen.

Ungeachtet der umstrittenen Frage von Schillers Stellenwert im philosophischen Diskurs der Aufklärung kann dieses Verständnis, schematisch betrachtet, als paradigmatisch für eine Ästhetik der bürgerlichen Existenz verstanden werden. Der politisch-rechtlichen Ebene der Befreiung in Form der Menschenrechte und der Demokratie muss eine subjektive Befreiung in Form der Bildung, das heißt der humanistischen Sozialisation von ehemaligen Untertanen in autonome Subjekte, entsprechen. Ästhetische Erziehung ist dabei die Beschreibung des paradoxen Prozesses, in dem die Einzelnen das von ihnen als richtig erkannte Gesetz auch in ihrem sinnlichen Leben affirmieren, in dem es ihnen, wie Hegel später sagen wird, zur zweiten Natur wird. Schiller adressiert das gleiche Problem, das schon in der schottischen Moralphilosophie als »moral sense« gefasst wurde. Das Spiel dient gewissermaßen als Transmissionsriemen für die Übersetzung der Vernunft in die Sinnlichkeit und der Sinnlichkeit in die Vernunft. Mit dem Begriff des Spiels eröffnet Schiller auch eine implizite Bewertungskategorie dieses Prozesses,

22 Schiller, *Über die ästhetische Erziehung*, S. 63 [15. Brief].

23 Exemplarisch Jacques Rancière, *Dissensus: Politics and Aesthetics*, New York 2010, S. 116.

nämlich die der Schönheit. Ein letzter entscheidender Schritt besteht nun darin, dass Schiller das Spiel und damit auch die Disposition zur Schönheit sozial situiert. Nicht alle sind gleichermaßen dazu prädestiniert, ihre Lebensform ästhetisch zu vervollkommnen; die Empfänglichkeit sozialer Gruppen für künstlerische Erziehung hängt von ihrem sozialen Status ab.

In der Gesellschaft des ausgehenden 18. Jahrhunderts bildet sich für Schiller die Dualität von Sinnlichkeit und Vernunft auch in Form sozialer Klassen ab. Es gibt solche Klassen, bei denen »die Gefühle über die Grundsätze herrschen«, und solche, bei denen »die Grundsätze die Gefühle zerstören«.[24] Auf der einen Seite sind in den »niederen und zahlreicheren Klassen« »rohe gesetzlose Triebe«, die »mit unlenksamer Wut zu ihrer tierischen Befriedigung eilen«.[25] Gegen die Gefahr eines von diesen Klassen betriebenen Rückfalls in das tierische »Elementarreich« hat der Staat jedes Recht, den Rechtszustand auch mit Gewalt zu verteidigen. Auf der anderen Seite hält Schiller das Bild, das die »zivilisierten Klassen« abgeben, für »noch widriger«. Um die Analogisierung der Gesellschaftsklassen zu den beiden menschlichen »Grundtrieben« aufrechterhalten zu können, kann Schiller aber für diese zivilisierten Klassen nicht ebenfalls eine Dekadenz sinnlichen Genießens als Grund ihrer »Schlaffheit« und »Depravation des Charakters« ausmachen.[26] Die Verderbnis stammt vielmehr aus einer einseitigen Orientierung auf Maximen. Noch »empörender« ist die Pathologie der zivilisierten im Vergleich zu der der niederen Klassen, weil sie nicht nur die Vernunftseite verabsolutieren, sondern zusätzlich ebenfalls Sklave ihrer Sinne sind, ohne dies jedoch zu reflektieren. Wenn die Aufklärung daran scheitert, einen »veredelnden« Einfluss auf die Neigung selbst zu nehmen, verkommt die Sittenlehre zur Legitimierung des eigenen Egoismus. Schiller ist pessimistisch in Bezug auf die reale Möglichkeit einer Überwindung dieser Klassenspaltung, aber es ist klar, welche Subjektform ihm als Aufhebung der Gegensätze von tierischer Befriedigung und geistiger Verfeinerung vorschwebt; im Ideal der Ästhetik der bürgerlichen Existenz kommen die Energie der unteren und die Veredelung der oberen Klassen organisch zusammen. In diesem Sinne erzogene Subjekte sind Mitglieder des »ästhetischen Staats«,

24 Schiller, *Über die ästhetische Erziehung*, S. 17 [4. Brief].
25 Ebd., S. 18 f. [5. Brief].
26 Ebd., S. 19 [5. Brief].

den Schiller ganz am Ende seiner Briefe avisiert, den man aber, so gesteht er zu, gegenwärtig nur »in wenigen auserlesenen Zirkeln« findet.[27] An dieser Stelle kollidiert also der *Begriff* der bürgerlichen Ästhetik der Existenz mit der *Realität* der bürgerlichen Gesellschaft – ein Widerspruch, der konstitutiv ist und sich innerhalb der bürgerlichen ästhetischen Theorie nicht lösen lässt.

Für eine Exploration der Ästhetik von Gegengemeinschaften hat Schiller in verschiedenen Hinsichten die Wege vorgezeichnet. Erstens lässt sich mit seinem Vokabular der ästhetische Gehalt von Lebensformen beschreiben und auch beurteilen. Zweitens gesteht Schiller die soziale Situierung von Schönheit ein; Lebensformen sind Teil eines gesellschaftlichen Gefüges, das ihre ästhetischen Kompetenzen determiniert und diese auch im Widerstreit und in Gegnerschaft zu anderen Lebensformen sowie deren ästhetischer Praxis positioniert. Drittens deutet Schillers interessante Bemerkung, die Verleugnung der Natur bei den »zivilisierten Klassen« sei noch empörender als die Zügellosigkeit der Natur bei den »niederen«, die Inversion der sozialen und der ästhetischen Wertigkeit an, die von vielen Gegengemeinschaften reklamiert wird. Zwar fällt Schillers Begründung für dieses Urteil sehr knapp und kryptisch aus, aber zumindest scheint er davon auszugehen, dass mit sozialer Privilegierung eine ästhetische Privilegierung nicht einhergeht; die Bedingungen für ein Gelingen der »schwierigen Lebenskunst« sind offenbar andere als die für die Ausübung gesellschaftlicher Macht.

Der zentrale Einsatzpunkt, die Frage der Schönheit von Lebensformen aus Perspektive von Gegengemeinschaften zu reformulieren, liegt in der Erfahrung der Unverfügbarkeit sowohl der sinnlichen als auch der vernünftigen Seite der menschlichen Existenz und damit auch des beide vermittelnden Spiels. Schillers Utopie bürgerlicher Subjektivität geht von der natürlichen Positivität der Sinne und der geschichtlich erreichten Möglichkeit der Vernunft aus, so dass die Aufgabe nur noch darin besteht, beide Seiten in ein richtiges Verhältnis zueinander zu bringen. Diese Fiktion der einfachen Vorhandenheit von Leben einerseits, Gestalt andererseits wird dementiert, wenn beides aus Perspektive der »niederen und zahlreicheren Klassen« dargestellt wird. Marx fasst bekanntlich das Verhältnis der Arbeiter zu ihrer eigenen Sozialität mit dem Begriff der

27 Ebd., S. 123 [27. Brief].

Entfremdung. Die Entfremdung umfasst die Ebene des Formierten und des Formierens; sie bestimmt sowohl das »Verhältnis zur sinnlichen Außenwelt, zu den Naturgegenständen als einer fremden, ihm feindlich gegenüberstehenden Welt« als auch das Verhältnis des Arbeiters »zu seiner eignen Tätigkeit als einer fremden, ihm nicht angehörigen, [...] als eine wider ihn selbst gewendete, von ihm unabhängige, ihm nicht gehörige Tätigkeit«.[28] Wie können Gegengemeinschaften unter Bedingungen dieser doppelten Entfremdung zu einer spielerischen Vermittlung der beiden Seiten kommen?

Schiller benennt nicht explizit, welche Klassen er als »niedere und zahlreichere Klassen« identifiziert. Die von ihm verwendete Rhetorik gibt jedoch Indizien: Es sind zum einen die eigentumslosen und ungebildeten Unterschichten, deren Bindungslosigkeit auch in der Französischen Revolution als Bedrohung der politischen Stabilität angesehen wurde. Zum anderen verweist die Rede von dem die Kunst und Vernunft verachtenden »Wilden« auch auf die kolonial-rassistische Imprägniertheit des Imaginären der Aufklärung. Beide Gegengemeinschaften, sowohl die des Proletariats als auch die der von der europäischen Moderne rassifizierten Subjekte, haben ihre eigenen ästhetischen Diskurse hervorgebracht, in deren Mittelpunkt auf je spezifische Weise die Erfahrung der eigenen fortgesetzten Enteignung steht.

Eine Ästhetik proletarischer Existenz (Weiss)

Als Frage der Transition von einem unfreien in einen freien Zustand hat sich die Frage der ästhetischen Erziehung sowohl dem Marxismus als auch schwarzen Befreiungsbewegungen ebenfalls gestellt. Kulturelle Produktion, insbesondere in Form von Literatur, hat eine entscheidende Rolle für die Kreation einer sozialen Sinngebung gespielt, die dafür nötig war, dass sich die Arbeiter:innen überhaupt als Klasse, als »Proletariat« verstehen konnten.[29] Ferdi-

28 Karl Marx, *Ökonomisch-philosophische Manuskripte aus dem Jahre 1844*, in: *Marx-Engels-Werke* (MEW), Erg.-Bd., Berlin 1968, S. 515.

29 Vgl. die detaillierte Studie zum Klassenbewusstsein der deutschen Arbeiterklasse von Patrick Eiden-Offe, *Die Poesie der Klasse. Romantischer Antikapitalismus und die Erfindung des Proletariats*, Berlin 2017; ähnlich bereits Jacques Rancière, *Die Nacht der Proletarier*, Wien 2013.

nand Lasalle nimmt 1862 in seinem »Arbeiterprogramm« Schillers Idee der ästhetischen Depraviertheit der höheren Klassen auf, avisiert dabei aber zugleich eine »höhere Kultur« der Arbeiter, wobei er es als die Aufgabe des Staates ansah, den Zugang der Arbeiter:innen zu Kunst und Bildung zu fördern.[30] Im Kontext des Aufbaus einer sozialistischen Gesellschaft steht die Frage dann explizit im Mittelpunkt der Debatten zwischen Lenin, Trotzki und den Vertreter:innen der Proletkult-Bewegung in der frühen Sowjetunion; nur das Anheben des Kulturniveaus und gleichzeitig die Umformung der Kultur, so die geteilte Prämisse der konkurrierenden Erziehungsprogramme, kann die Menschen auf die befreite Gesellschaft vorbereiten. Zur selben Zeit entwirft 4600 Meilen weiter westlich Alain Locke das Programm einer von Harlem ausgehenden »geistigen Emanzipation«, die mit Hilfe von Kunst- und Kulturschaffenden einer jungen schwarzen Generation eine neue Psychologie und ein neues Selbstbewusstsein erzeugt hat.[31] Für diese Frage der Bestimmung der Ästhetik von Gegengemeinschaften stehen diese Diskurse aber eher im Hintergrund, da sie sich als Theoretisierung nicht von Ästhetiken marginalisierter oder unterdrückter Lebensformen, sondern von emergierenden Gesellschaften verstehen. Ihre zentrale Erfahrung ist nicht die der Enteignung, sondern der Aneignung. Für Gegengemeinschaften ist hingegen die Situation prolongierter Entfremdung charakteristisch: Sie leben unter Herrschaftsbedingungen und zumeist auch nicht in realer Erwartung einer Universalisierung der eigenen Lebensform in absehbarer Zukunft. Wie lässt sich ihre Schönheit verstehen?

Einen Versuch einer solchen Beschreibung hat in den 1970er Jahren der marxistische Schriftsteller Peter Weiss in seinem monumentalen »Romanessay« *Ästhetik des Widerstands* unternommen. Das über tausendseitige Werk schildert die politischen und ästhetischen Auseinandersetzungen innerhalb der europäischen Arbeiterbewegung in der Zeit des Widerstands gegen den Nationalsozialismus, das heißt unter Bedingungen einer weltgeschichtlichen Katastrophe, in der die Aussicht auf gesamtgesellschaftliche Befrei-

30 Ferdinand Lasalle, »Das Arbeiter-Programm«, in: ders., *Gesammelte Reden und Schriften*, Bd. 2, Berlin, 1919, S. 147-202

31 Alain Locke, »Enter the New Negro«, in: ders., *The New Negro Aesthetic. Selected Writings*, New York 2021, S. 10.

ung verstellt war.[32] Der namenlose Ich-Erzähler und eine Gruppe von Freund:innen, die dem proletarischen antifaschistischen Widerstand angehören, ringen zunächst in Deutschland, dann im Exil in Frankreich, Spanien und Schweden um die Klärung ihres Verhältnisses einerseits zur bürgerlichen Zivilisation und Bildung, andererseits zum Stalinismus. Im Zentrum steht dabei immer wieder die Auseinandersetzung damit, wie sich die Arbeiter:innen einen Zugang zu den Privilegien und Errungenschaften der Hochkultur verschaffen können. Weiss inszeniert das Ringen um die den Arbeiter:innen entfremdeten Kultur vor allem in Form von Diskussionen, die der Ich-Erzähler und seine Freunde über klassische Werke der bildenden Kunst führen.

Kunst ist für die Protagonist:innen Teil von Bildung. Bildung ist ein Gut, das von der herrschenden Klasse für sich selbst geschaffen wurde; die Bourgeoisie begrenzt den Zugang zu diesem Gut und definiert zugleich dessen Inhalt. Für die Arbeiter:innen stellt sich daher sowohl die Frage der Möglichkeit der *Rezeption* von Kunst (also des Zugangs) als auch der *Repräsentation* in der Kunst (also des Inhalts), nur ansatzweise erörtert Weiss zudem die Probleme der *Produktion* von Kunst (also des eigenständigen Schreibens oder Malens). Allerdings betont Weiss auch den aktiven Charakter der Kunstrezeption: Der Ich-Erzähler beschreibt das Studium von vornherein als eine rebellische Praxis, die mit einer grundlegenden Transformation der eigenen Subjektivität einhergeht; die Anstrengungen, nach einem Fabrikarbeitstag, zumal unter Bedingungen des Faschismus, noch ins Museum zu gehen oder Gedichte zu lesen, tragen bei zu einer Entwicklung von Einbildungskraft, einem Verlust von Ehrfurcht vor der Herrschaft und einer Überwindung von Stummheit und Sprachlosigkeit.

1934 schrieb Walter Benjamin im Pariser Exil den Essay »Der Autor als Produzent«. Benjamin verteidigt hier die kommunistische Ansicht, eine richtige politische Tendenz eines Textes erhöhe auch seine literarische Qualität; diese kann gar nicht anders bestimmt werden als durch eine Analyse des von der Autorin vertretenen Klassenstandpunkts. Allerdings verwahrt sich Benjamin dagegen, die »politische Tendenz« auf das inhaltliche Verhältnis eines Textes

32 Zur Ästhetik des Widerstands in den zeitgenössischen marxistischen Debatten vgl. Jost Müller, *Literatur und Politik bei Peter Weiss. Die Ästhetik des Widerstands und die Krise des Marxismus*, Wiesbaden 1991.

zu den politischen Verhältnissen zu verkürzen. Stärker als den Inhalt müsse man die Produktionsbedingungen von Kunst revolutionieren. Kommunistische Kunst ist daher nicht unbedingt eine, die die politischen Ziele des Kommunismus inhaltlich vertritt, sondern eine, die sich um eine Kollektivierung ihrer eigenen Produktion bemüht: »Also ehe ich frage: wie steht eine Dichtung zu den Produktionsverhältnissen der Epoche? möchte ich fragen: wie steht sie in ihnen?«[33] Nur auf diese Weise, so Benjamin, kann die Schriftstellerin von einer berichtenden Zuschauerin zur aktiven Teilnehmerin der Verhältnisse werden. Peter Weiss' Protagonist:innen bemühen sich ebenfalls um eine aktive Intervention statt um eine passive Dokumentation der Verhältnisse, verstehen dabei aber zunächst nicht die Autorin, sondern die Leserin beziehungsweise die Zuschauerin als Produzentinnen. »Über Kunst sprechen zu wollen«, schreibt Weiss, »ohne das Schlürfende zu hören, mit dem wir den einen Fuß vor den andern schoben, wäre Vermessenheit gewesen. Jeder Meter auf das Bild zu, das Buch, war ein Gefecht, wir krochen, schoben uns voran, unsre Lider blinzelten, manchmal brachen wir bei diesem Zwinkern in Gelächter aus, das uns vergessen ließ, wohin wir unterwegs waren.«[34] Die Rezeption von Kunstwerken ist keine passive Aufnahme, sondern wird als mühsame, kollektive und aktive Praxis beschrieben, die keine kategorial verschiedene Tätigkeitsform darstellt im Vergleich zum Malen oder Schreiben. Dementsprechend ist auch das Verhältnis der Rezipient:innen zu den Artefakten ein aktives; die Freunde »entdecken« sich und ihre Geschichte in den Kunstwerken oder »lesen sie hinein« (wie in der berühmten Eingangsszene des Romans, in der sie den Pergamonaltar in Berlin als Darstellung des Klassenkampfs deuten).

In dieser Betonung des produktiv-aktiven Anteils der Rezeption ist auch schon Weiss' erstes, wenn auch noch unzureichendes Kriterium für künstlerische Qualität angedeutet. Kunstproduktion und Kunstrezeption sind Formen von *Arbeit.* Wie in Hegels Analyse von Herrschaft und Knechtschaft findet diese Arbeit einerseits unter entfremdeten Bedingungen statt, andererseits eröffnet diese Tätigkeit auch einen Vorschein auf die Möglichkeit von Selbstverwirklichung und Sozialität. Diese Wahrheit des knechtischen Bewusstseins sieht

33 Walter Benjamin, »Der Autor als Produzent«, in: ders., *Gesammelte Schriften*, Bd. II/2, Frankfurt/M. 1977, S. 686.

34 Peter Weiss, *Die Ästhetik des Widerstands*, Berlin 2021, S. 74.

Weiss' Erzähler in der bürgerlichen Kunst selbst unbeabsichtigt ausgedrückt. In der Malerei hören die Arbeiter:innen irgendwann auf, nur noch eine »dekorative Funktion« zu erfüllen, und drängen immer mehr ins Bild hinein, bis sie irgendwann die Herren nicht mehr brauchen und allein dargestellt werden. Die Gemälde etwa von Vermeer, Chardin, Millet oder Courbet zeigen Steinklopfer, Erntearbeiter, Wäscherinnen oder Dienstmägde als erfahren, reif, ernst, sanftmütig oder schön: »Und jetzt sahen wir auch, wie sich in den Werken, die den Bevorzugten und Auserwählten gewidmet waren, die Gesichter der Soldaten, der Knechte geltend machten, wie sie hervortraten, überzeugender, kräftiger, erfahrungsreicher als die ihrer Herren.«[35]

Allerdings liegt der Grund dieser ästhetischen Überlegenheit nicht einfach in der Tätigkeit der Knechte und der Untätigkeit der Herren. Für den Ich-Erzähler drückt sich in den Gesichtern der dargestellten Arbeiter:innen nicht nur ihre Persönlichkeit als schaffende, sondern auch als eminente *politische* Subjekte aus; die Künstler:innen stellen somit nicht einfach nur ein Arbeitsverhältnis dar, sondern bereiten auch zukünftige Verhältnisse vor – vielen Werken, obschon sie für Fürsten oder Mäzene angefertigt worden waren, enthalten doch, so Weiss, ein »Moment der Klassenlosigkeit«.[36] Die in diesen Bildern dargestellte ästhetische Überlegenheit der proletarischen über die bürgerliche Lebensform verdankt sich also keinem ökonomischen, sondern einem politischen Verhältnis; entscheidend ist nicht nur der Gegensatz von aktivem und passivem, sondern von befreiendem und unterdrückendem Verhalten. So formuliert Weiss in seinen Notizbüchern, die er während der Anfertigung der *Ästhetik des Widerstands* führte, nicht anhand der Schönheit der Gesichter von Arbeitenden, sondern von Verurteilten: »Die Schönheit der Verurteilten so groß, dass kein Unbetroffner sich damit messen könnte, und wie furchtbar dagegen sehn sie aus, die an ihnen die Tötungen vollziehn werden.«[37] Schön sind die Gesichter der Veurteilten nicht, weil sie leiden, auch nicht weil sie arbeiten, sondern weil sie der juridischen Maschine antagonistisch gegenüberstehen – weil sie kämpfen. Dieser Unterschied ist auch deshalb bedeutsam, weil er erklärt, warum eine bestimmte Form

35 Ebd., S. 107.

36 Ebd.

37 Peter Weiss, *Notizbücher 1971-1980,* Zweiter Band, Frankfurt/M. 1982, S. 820.

der Schönheit nicht schon der Lebensform der Arbeiter:innen an sich zukommt, sondern nur proletarischen Gegengemeinschaften – Gemeinschaften also, die sich von ihrer rein ökonomischen Funktion distanziert haben und zum kapitalistischen Gefüge in einer exzentrischen Position stehen.

Der Unterschied zwischen einer Ästhetik der Arbeit und einer Ästhetik des Widerstands wird in Gegenüberstellung zweier Bilder deutlich, die der Erzähler mit seinem Vater und seinen Freunden gegen Ende des ersten Bandes bespricht: Die Darstellung des Eisenwalzwerkes des preußischen Malers Adolph von Menzel zeigt die Atmosphäre in einer Fabrik und hebt industrielle Arbeit (und damit auch die dafür nötige Sachkenntnis der Arbeiter:innen) in einen darstellungswürdigen Rang, gleichbedeutend mit den Porträts wichtiger Staatsmänner und Politiker. Das Bild zeigt die Arbeiter:innen als selbstbewusst und kraftvoll. Diese Darstellung, so erläutert der Vater des Erzählers, ist aber Ideologie, sie verschleiert, dass die gezeigte Arbeit eine solche für die Profite von im Bild unsichtbaren Ausbeutern ist: »Die Lobpreisung der Arbeit war eine Lobpreisung der Unterordnung.«[38] Menzels »Apotheose der Arbeit« kontrastiert der Erzähler mit einem Bild unter dem Titel »Der Streik«, das dem amerikanischen Magazin *Harpers Weekly* entnommen war. Es zeigt Arbeiter:innen nicht während der Arbeit, sondern während des Klassenkampfs; es stellt sie also nicht als soziale, sondern als politische Figuren dar. Die Streikenden konfrontieren einen Fabrikbesitzer, der auf der obersten Stufe der Treppe zu seinem Haus steht. Obwohl er die anderen überragt, wirkt er, so heißt es, »blass und verbissen«.[39] Die Arbeiter:innen sind nicht deshalb stärker, weil sie in der Überzahl sind, sondern weil sie im Gegensatz zum Kapitalisten in der Lage sind, aus ihrer Kollektivität heraus eine Form von Offenheit zu erzeugen; in der abwägenden und diskutierenden Gruppe der Arbeiter sind »alle Entwicklungsmöglichkeiten des entstandnen Konflikts enthalten«.[40] Der Kontrast der beiden Bilder unterstreicht, dass der entscheidende Faktor bei der Beschreibung der proletarischen Lebensform als schön nicht einfach die Aktivität ist, sondern eine bestimmte Art der Aktivität – eben nicht die Arbeit, sondern der Kampf.

38 Weiss, *Ästhetik des Widerstands*, S. 438.
39 Ebd., S. 442.
40 Ebd.

Dies sind zunächst Überlegungen zur Ästhetik von Kunstwerken, noch nicht explizit zur Ästhetik der Existenz. Für Weiss sind allerdings die von den Protagonist:innen geführten Diskussionen über die Aneignung von künstlerischen Formen nur Medium einer Auseinandersetzung über die Aneignung von Lebensformen. In dem Roman wird schon allein in seiner Darstellungsweise ständig der Gegensatz zwischen Kunst und Leben dekonstruiert – Fabrikalltag, häusliches Leben und politische Agitation werden mit ähnlichen und ähnlich schillernden Begriffen beschrieben wie die von den Freunden besprochenen Kunstwerke. Dementsprechend schiebt sich auch nicht nur der Alltag in den Bereich der Ästhetik, sondern auch die Ästhetik in den des Alltags. So wird auf der einen Seite Kunst als Arbeit beschrieben: an den »Bibliotheken, Museen und Wissenschaften« hängen die »Maschinen, Werkzeuge und Stempeluhren«,[41] auf der anderen Seite Arbeit als Kunst: zum Bewirtschaften der Felder und Bauen der Häuser gehören »Lieder, Fabeln und Märchen«,[42] die nie jemand mit seinem Namen unterzeichnet hat. Die Verschmelzung von Kunst und Leben, die die marxistische Kunsttheorie als Idee einer »künstlerischen Lebensweise«[43] explizit gemacht hat, wird in der *Ästhetik des Widerstands* in ihrer bereits gegebenen, also entfremdeten Gestalt vorgeführt. »Unsere Kultur«, so der Vater des Protagonisten, »das ist das Tragen, Ziehn und Heben, das Aneinanderknüpfen und Befestigen. Diese Kultur tritt mir entgegen, sagte er, wenn ich sehe, wie einer das gehackte Holz aufschichtet, die Sense schleift, das Netz flickt, die Balken zum Dachstuhl zusammenfügt, die Kolben der Maschine poliert.«[44] Durch diese Dekonstruktion des Gegensatzes von Kunst und Leben ermöglicht es Weiss, ästhetische Kriterien auf Lebensformen anzuwenden – was schön ist an den bildlichen Darstellungen der Arbeiter:innen, ist auch schön an der proletarischen Gegengemeinschaft selbst.

Schiller hatte Schönheit als Exzellenzkriterium eines spezifischen Zusammenspiels von Sinnlichkeit und Vernunft, also des Lebens und der Gestalt bestimmt. Weiss' Protagonisten transponieren die einzelnen Elemente dieser Definition in eine Perspektive, die

41 Ebd., S. 227.
42 Ebd., S. 436.
43 Ebd., S. 529.
44 Ebd., S. 437.

von der Erfahrung der Entfremdung bestimmt ist. Die Entfremdung ist sowohl eine vom Leben – die menschengemachte Umwelt, die Natur, selbst den eigenen Körper und seine Kraft erleben die Arbeiter:innen nur in einer von Ausbeutungs- und Unterdrückungsverhältnissen prä- und deformierten Weise – als auch eine Entfremdung von der Gestalt – die Arbeit ist Arbeit für andere und unter Bedingungen der anderen. Zu einer authentischen »Erscheinung der Freiheit«, wie Schiller Schönheit definierte, kann es unter diesen Bedingungen nicht durch eine einfache Vermittlung von Leben und Gestalt kommen, sondern nur dadurch, dass die Virtualität der Freiheit in beiden Bereichen zum Ausdruck kommt und festgehalten wird. Der Vater des Protagonisten formuliert die Wirksamkeit dieser Virtualität für seine alltägliche Lebenspraxis, als er gegenüber seinen Kollegen rechtfertigt, warum er die Maschinen pflegt und sogar ihren technischen Fortschritt bewundert, obwohl diese doch Instrumente der Ausbeutung sind. »So wie wir verloren wären, wenn wir uns nicht den Inhalt von Büchern und Bildern aneigneten, so würden wir absterben, betrachteten wir nicht jetzt schon jedes Ausrüstungsstück in der Fabrik, jeden von uns gezeugten Gegenstand als unseren Besitz.«[45] In dieser Aufgespanntheit zu dieser Potentialität liegt eine Offenheit oder Entwicklungsmöglichkeit, die beide bei Weiss als Gütekriterien der Schönheit fungieren. An die Stelle des organischen Zusammenspiels von Sinnlichkeit und Vernunft tritt der Kampf als Austragen und Ausdrücken der Spannung von Realität und Virtualität, als sowohl freie Sinnlichkeit wie auch freie Vernunft. Die Schönheit der proletarischen Gegengemeinschaft ist nicht »Erscheinung der Freiheit«, sondern eher der verkörperte *Vor*-Schein der Freiheit, aber im irreduziblen Gegenlicht der Unfreiheit. Schön ist darum nicht die Versöhnung, sondern die Exposition von Konflikt.

Die Ästhetik der flüchtenden Existenz (Hartman)

In der *Black Radical Tradition* wird die Frage der Ästhetik, wie schon bei Schiller und wie dann bei Trotzki, als Problem der Transition von einem unfreien in einen freien Zustand figuriert. 1926

45 Ebd., S. 434.

hält Du Bois auf dem Jahreskongress der NAACP in Chicago den zu Beginn dieses Buches bereits zitierten Vortrag zu den Kriterien schwarzer Kunst. »Wir Schwarzen«, so Du Bois, »können helfen, denn wir haben neue Regungen in uns; Regungen des Beginns einer neuen Wertschätzung der Freude, eines neuen Wunsches zu schaffen, eines neuen Willens zu sein; als ob wir an diesem Morgen des Gruppenlebens aus einem Schlaf erwacht wären, der gleichzeitig die Vergangenheit betrauert und eine glänzende Zukunft erträumt.«[46] In dieser Rede, die in die Zeit und den Kontext des umfassenden künstlerischen Erziehungsprogramms der Harlem Renaissance fällt, werden ähnliche Motive wie zur gleichen Zeit in der Sowjetunion aufgerufen; Du Bois geht explizit von einem Zusammenhang der Kategorie der Schönheit mit der der Wahrheit und der Gerechtigkeit aus und sieht in dem Drängen auf *racial justice* seitens der schwarzen Jugend einen Motor einer universell menschlichen Befreiung. Eine wichtige Rolle spielt dabei die Kunst, die Du Bois umstandslos als »Propaganda« bezeichnet. Statt nur die Misere und die Verzweiflung darzustellen, sollte Kunst Werbung für das schöne Leben sein, das in einer gerechten Welt möglich wäre.

Ästhetische Fragen sind seither immer wieder im Selbstverständigungsdiskurs der *Black Radical Tradition* aufgetaucht und in einen politischen Kontext gestellt worden, von der Betonung der Bedeutung der schwarzen Subkultur bei Stuart Hall,[47] der schwarzen Subkultur als Voraussetzung der Selbstliebe im Kampf gegen internalisierten Rassismus bei bell hooks,[48] vom Wachhalten alternativer Einbildungskraft in den radikalen Träumen von Befreiungsbewegungen bei Robin D.G. Kelley,[49] von der Poesie als Bedingung des

46 W.E.B. Du Bois, »Criteria of Negro Art«, in: ders., *Writings,* New York 1986, S. 993-1002, hier: S. 995. – Du Bois verbrachte einige Zeit in Berlin, um deutsche idealistische Philosophie zu studieren, ein Verbindungsglied zum Marxismus-Leninismus der 1920er Jahre. Zur Bedeutung dieser Studien für Du Bois' Begriff von »Kultur« siehe auch Hortense J. Spillers, »The Idea of Black Culture«, in: *CR: The New Centennial Review* 6, 3 (2006), S. 7-28, hier: S. 16.

47 Stuart Hall, Tony Jefferson, *Resistance Through Rituals. Youth Subcultures in Post-War Britain*, London 2006.

48 hooks, *Black Looks*.

49 Robin D.G. Kelley, *Freedom Dreams. The Black Radical Imagination*, New York 2002.

Überlebens bei Audre Lorde,[50] der Erinnerung an die Geschichte des Black Atlantic als Formierung einer pluralen Gegenkultur[51] sowie der umfassenden Forschung zu schwarzer Kulturproduktion, von der schwarzen Kultur unter der Versklavung über den Gospel und den Blues bis hin zum Hiphop.[52] Lewis Gordon diagnostiziert allerdings, dass in vielen Beiträgen zur schwarzen Kulturphilosophie seit den 1920er Jahren keine eigentliche Theorie der Ästhetik – verstanden als eine Theorie des Verhältnisses von Sinnlichkeit und Gestalt – mehr ausgeführt wurde. Gordon bringt dies in Zusammenhang mit einer hegemonialen Abwertung schwarzen Lebens, die es verhindert hat, auch schwarze Alltagspraktiken als ästhetisch expressive Praktiken zu reflektieren. Dagegen setzt er eine Ästhetik des schwarzen Alltagslebens: »die phänomenologische Einsicht, dass die alltägliche Existenz eine außergewöhnliche Leistung ist«.[53] Eine solche Exploration schwarzer Ästhetiken der Existenz muss mit der Erfahrung der Enteignung sowohl des Bereichs der Sinnlichkeit als auch der Gestaltungsmöglichkeit beginnen, mit der Erfahrung dessen also, was Fred Moten »gestohlenes Leben« nennt.

In ihrem Buch *Aufsässige Leben, schöne Experimente* porträtiert Saidiya Hartman junge schwarze Frauen in New York zu Beginn des 20. Jahrhunderts, die einen aufmüpfigen Lebensstil pflegten. Hartmans Prämisse ist, dass es genau diejenigen sind, die in der Geschichte am meisten marginalisiert waren, denen sich die Frage der Freiheit mit der größten Dringlichkeit stellt. Dabei sind es

50 Audre Lorde, »Poetry is Not a Luxury«, in: dies., *Sister Outsider: Essays and Speeches*, Berkeley 1984.

51 Gilroy, *The Black Atlantic*.

52 Lawrence Levine, *Black Culture and Black Consciousness. Afro-American Folk Thought from Slavery to Freedom*, Oxford 1997; Angela Davis, *Blues Legacies and Black Feminism. Gertrude ›Ma‹ Rainey, Bessie Smith, and Billie Holiday*, New York 1997; Gwendolyn Pough, »Love Feminism, But Where's My Hiphop?«, in: Daisy Hernández, Bushra Rehman (Hg.), *Colonize This! Young Women of Color on Today's Feminism*, Emeryville 2002, S. 85-98.

53 Lewis Gordon, »Black Aesthetics, Black Value«, in: *Public Culture* 30, 1 (2018), S. 19-34, hier: S. 19. – Für eine ausführliche Studie über die ästhetische Dimension schwarzer Kultur und schwarzen Alltagslebens siehe Paul C. Taylor, *Black is Beautiful. A Philosophy of Black Aesthetic*, Chichester 2016. Für eine Meditation über das Gewöhnliche als zentrale Kategorie einer schwarzen Ästhetik der Existenz angesichts der Brutalität einer antischwarzen Welt siehe Christina Sharpe, *Ordinary Notes*, London 2023.

gerade Praktiken, die sowohl von sozialistischen Soziolog:innen als auch von anarchistischen Agitator:innen als unpolitisch oder individualistisch disqualifiziert werden, in denen sich eine »offene Rebellion gegen die Welt«[54] ausdrückt: Sexuelle Freizügigkeit, Herumstreunen, Partys und Glücksspiel. In der Tradition der von Sklav:innen ausgeübten Praktiken der *fugitivity*, wie etwa Stehlen, Sich-Verlaufen, Arbeitsverweigerung, Diebstahl und der Gründung von Maroon-Gemeinschaften, wurden diese jungen Frauen laut Hartman von exorbitanten Träumen utopischer Möglichkeiten und einer intensiven Sehnsucht nach Freiheit angetrieben.

Die Fokussierung auf solche ephemeren Selbststilisierungen hat eine politische Pointe, die mit Hartmans Analyse der »Nachleben der Versklavung« in bürgerlichen Subjektivierungspraktiken zusammenhängt. Statt einer echten Befreiung haben die juridisch-pädagogischen Subjektivierungsregime der bürgerlich-kapitalistischen Gesellschaft nach der formalen Emanzipation eine differentielle Unterwerfung erzeugt, die zu den Dehumanisierungspraktiken der Sklaverei eine »unheimliche Ähnlichkeit«[55] aufweisen. Statt einer bloßen Integration in die prä-etablierten Subjektformationen der Versklavungsgesellschaft, die die zuvor Versklavten immer nur auf den »belasteten« Status von unverantwortlichen Halbsubjekten relegiert, beginnt Befreiung mit einem explorativen Herausarbeiten aus der eigenen Subjektivierung durch eine »Infrapolitik der Beherrschten«.[56] Die Selbststilisierungen der jungen Frauen in Harlem sind Beispiele solcher Infrapolitiken, die Hartman als körperliche Manifestationen von *fugitivity* beschreibt, also von Subjekttransformationen, die die Fliehenden »unverfügbar für Knechtschaft« werden lassen.[57]

Bereits im Titel ihres Buchs beschreibt Hartman diese Praktiken vorwiegend mit ästhetischen Begriffen, um genauer zu sein: in Begriffen einer Ästhetik der Existenz, als »schönes Experiment, wie zu

54 Saidiya Hartman, *Aufsässige Leben, schöne Experimente,* Berlin 2022, S. 289.

55 Saidiya Hartman, *Scenes of Subjection: Terror, Slavery, and Self-Making in Nineteenth-Century America*, Oxford 1997, S. 126.

56 Ebd., S. 14. – Vgl. dazu Daniel Loick, »Das Anrecht auf Grausamkeit. Recht und Affekt; Moria, abolitionistische Strategien«, in: *Kritische Justiz,* 3 (2021), S. 348-360.

57 Hartman, *Aufsässige Leben*, S. 361 (Übersetzung geändert) – Zum Ziel des »becoming unavailable for servitude« vgl. auch Avery Gordon, *The Hawthorn Archive: Letters from the Utopian Margins*, New York 2017.

leben sei«.[58] Die Qualifikation dieser Leben als »schön« vermeidet es, sie nach anderen normativen Kriterien – wie der ethischen Güte oder des politischen Erfolgs – zu beurteilen, was sie wieder in eine juridisch-ethisch-politische Skala rekuperieren würde. Zugleich bietet die ästhetische Perspektive auch ein reichhaltigeres Vokabular zur Beschreibung dieser Lebensformen; Hartman spricht von sinnlichen Erfahrungen, Rhythmen, Sprachen, Tanz, Musik, Leidenschaften. Schließlich impliziert die Beschreibung dieser Praktiken als schön aber auch ein spezifisches Geschmacksurteil über Lebensformen. Ein Teil der Rechtfertigung dieser Qualifizierung liegt in der Bedeutung des Imaginären und der Vorstellungskraft für jede Befreiungsperspektive: Die jungen Frauen erschließen durch »Träume« und »Begehren« Möglichkeitsräume, die einem juridisch-pädagogischen Blick entgehen. Diese explorativen Praktiken ähneln dem, was Schiller als Spiel figuriert hatte: Eine Vorbereitung auf Freiheit kann nicht in der Umsetzung eines moralischen oder politischen Programms liegen (denn das würde die Sinnlichkeit einem Diktat der Vernunft unterwerfen), sondern nur in einer zwanglosen Zusammenkunft von Leben und Gestalt. Der Motor der schönen Experimente ist auch bei Hartman ein Versprechen (die »Erwartung von etwas Besserem«[59]) und eine Übung (»auf die Freiheit vorbereiten«[60]). Diese spielerische Erprobung einer physischen und psychischen Existenzweise, die für Freiheit bereit ist, verortet Hartman aber unter den Bedingungen nekropolitischer Bedrohung.

Hartman führt in Bezug auf Esther Brown, eine der von ihr vorgestellten Frauen, aus:

> Sie verlangte nach mehr, nach etwas anderem, nach etwas Besserem. In ihrem Fall war Ästhetik kein für sich stehender Bereich, der sich von den täglichen Herausforderungen des Überlebens abhob. Es ging ihr vielmehr darum, eine Kunst aus dem Lebensunterhalt zu machen. Sie versuchte nicht, ein Gedicht, ein Lied oder ein Gemälde zu kreieren. Was sie schuf, war Esther Brown. Das war die Gabe, das bisschen Kunst, das von niemandem sonst kommen konnte. Das polierte und verfeinerte sie. Sie würde jeden Tag feiern, an dem etwas sie töten wollte und es nicht geschafft hatte. Sie würde ein schönes Leben erschaffen. Was war Schönheit, wenn nicht ›das intensive Gefühl, von der treibenden Kraft des Lebens angezogen zu

58 Hartman, *Aufsässige Leben*, S. 278 (Übersetzung geändert).

59 Ebd., S. 31.

60 Ebd., S. 46.

werden?‹ Oder die Sehnsucht, ›Dinge miteinander in Beziehung zu setzen … mit einer Dringlichkeit, als ob das eigene Leben davon abhinge‹. Oder die Liebe zum gewöhnlichen schwarzen Leben?[61]

Die Charakterisierung der Schönheit als dringendes Inbeziehungsetzen – die Stelle, an der Hartman einer Definition von Schönheit am nächsten kommt – ist ein Zitat von Elaine Scarry, die sich an der zitierten Stelle wiederum direkt auf Schiller bezieht.[62] Ästhetisches Spiel ist aber nicht einfach eine Vermittlung zweier entgegengesetzter Pole, sondern der Entzug dieser Pole aus dem nekropolitischen Bann. Wie kann es dann jedoch sein, dass diese Frauen, deren Leben ständig karzeralen Institutionen und ökonomischer Deprivation ausgesetzt ist, nicht nur Formen von Rest-Schönheit, sondern von exorbitanter, antizipativer und avantgardistischer Schönheit verkörpern? Wie können die kriminalisierten Jazzclubs und Cabarets in Harlem eine schönere Schönheit hervorbringen als die finanziell und symbolisch gut ausgestattete Metropolitan Opera oder die Carnegie Hall?

Hartmans Porträt der »schrecklichen Schönheit des Slums«[63] vollzieht eine ähnliche Inversion der hegemonialen Wertigkeiten wie epistemische und normative Standpunkttheorien. Hartman widerspricht der riesigen Schar an Stadtplaner:innen und Sozialreformer:innen, die das Leben von Gegengemeinschaften immer nur durch die Brille des Defizits sehen und deren Bemühungen daher immer darauf bedacht sind, marginalisierte Gruppen dem Standard der Mehrheitsgesellschaft anzugleichen. Dabei geht es nicht darum, Not und Leid zu romantisieren oder zu leugnen, sondern darum, danach zu fragen, wie ein subalternes Milieu zugleich Bedingungen für eine Zurückweisung bürgerlicher Skripte und für eine Transformation von Lebensformen bereitstellt. Der Slum ist ein Milieu der Heterogenität, sowohl einer der Sprachen als auch der Ausdrücke wie auch allgemein von Kulturen und Eindrücken; Hartman spricht von einem permanenten »Zuviel« an Geräuschen, Gerüchen und Geschmäckern, die sich miteinander zu einer »Umarmung von Fremden«[64] verbinden. Diese Situation ist politisch überdeterminiert: Es sind genau die hedonistischen Praktiken des Exzesses und

61 Ebd., S. 287 (Übersetzung geändert).

62 Elaine Scarry, *On Beauty and Being Just,* Princeton 1999, S. 30.

63 Hartman, *Aufsässige Leben*, S. 23.

64 Ebd., S. 27.

der Freizügigkeit, die vom rassistisch-karzeralen Regime des Staates kriminalisiert werden. Das Feiern bekommt so eine größere politische Signifikanz als das Flugblätterverteilen oder Demonstrieren.

Die Kreativität dieser Fluchtpraktiken ist nicht das Ergebnis eines individuellen Eskapismus, sondern wird durch dieses heterogene Netzwerk von Relationen ermöglicht: »Die Luft ist voller Möglichkeiten, zusammenzukommen, sich zu treffen, zu versammeln.«[65] Der Slum, den Hartman als soziologisches Hintergrund-Milieu für die schönen Experimente einführt, ermöglicht besondere Formen der Kollektivität. Gegengemeinschaftlichkeit zeigt sich hier nicht in Form einer festen sittlichen Ordnung, sondern als ein fluides Netzwerk an Beziehungen, das nichtsdestotrotz den einzelnen Individuen als geteilter imaginärer Bezugsrahmen dient. Hartman verwendet eher die Begriffe der aufsässigen Versammlung, des Ensembles und des »Chors«, um diese Form der Gegengemeinschaftlichkeit zu bezeichnen. Diese relative Offenheit und Dynamik subalterner Sozialität ist dabei wichtig, um zu erklären, wie unter Bedingungen des radikalen Mangels und der Gewalt ein Surplus an Schönheit entstehen kann: Eine von kultureller Hybridität, politischer Überdeterminiertheit und intensiver Relationalität geprägte soziale Situation disponiert die Subjekte zu einer besonderen ästhetischen Innovation und Kreativität.[66]

In seinen umfangreichen Beiträgen zur Ästhetik der *Black Radical Tradition* adressiert Fred Moten die Frage der Möglichkeit von »schrecklicher Schönheit« direkt, also der Schönheit nicht nur trotz, sondern in und wegen Schrecklichkeit. Die von der klassischen deutschen Philosophie gezogene Verbindung der Schönheit mit der Moral erlaubt es, so Moten, einen fugitiven Begriff von Schönheit zu entwickeln – die kritische Revisitation der Verknüpfung von Schönheit mit Moral bedingt zugleich eine andere Schönheit »im Interesse einer anderen Realität«.[67] Wenn Schön-

65 Ebd., S. 28 f.

66 Für eine ähnliche Analyse der Kreativität Kafkas im Prag des frühen 20. Jahrhunderts siehe Gilles Deleuze, Félix Guattari, *Kafka. Für eine kleine Literatur*, Frankfurt/M. 1976. Sowohl Deleuze und Guattari als auch Hartman nutzen die Metapher des Minoritären, um die besondere Kreativität marginalisierter kultureller Praktiken zu beschreiben.

67 Fred Moten, *Stolen Life (consent not to be a single being, vol. 2)*, Durham 2018, S. 30.

heit, anders als Kant meinte, nicht nur Anschauung des transzendental zu bestimmenden sittlich Guten darstellt, sondern, wie bei Schiller, sinnlich verankert ist, dann ist sie immer anfällig für eine Störung durch die rebellische Sinnlichkeit und Einbildungskraft desjenigen und derjenigen, der und die die ästhetische und politische Harmonie der vorherrschenden Logik unterbricht. Der »Pöbel der Sinne«, so Moten, ist verkörpert in *Blackness*, in einem Leben, das Kant außerhalb jeder Möglichkeit der Moral und der Wahrheit und damit auch der Schönheit verortete. Folgerichtig bezeichnet Fred Moten die spezifische Form schwarzer Kulturproduktion als »im Bruch« (*in the break*), das heißt als eine ästhetische Explikation des Bewohnens und Durchmessens dieses Risses zwischen einer empirischen Gewaltgeschichte und der gleichzeitigen privilegierten Beziehung zu einem möglichen Anderen. In Motens Werk sind die ästhetischen Begriffe für diesen »break« allgegenwärtig: »Überschuss« (*surplus*), »Einstülpung« (*invagination*), »Riss« (*rupture*), »Kollision« (*collision*), »Steigerung« (*augmentation*), »Schnitt« (*cut*), »verschwommenes, sterbendes Leben« (*blurred, dying life*), »Freiheitstrieb« (*freedom drive*).[68] Ein Überbegriff für diese ontologische Exzentrik schwarzen Lebens ist der der Improvisation, das heißt der ungeplanten, unvorhersehbaren Performance. Die Improvisation kann als Inbegriff dessen gelten, was Schiller das Spiel nennt: nicht eine Unterordnung der Skills unter die Komposition, sondern ein spontanes Zusammenfallen von Sinnlichkeit und Gestalt. Auch Hartman spricht mehrfach von den Lebensformen der jungen Frauen in Harlem zu Beginn des 20. Jahrhunderts als »Improvisationen«, die die vorherrschenden Lebensskripte dekomponieren. Es ist das minoritäre, nicht das dominante Leben, das in solchen Improvisationen eine besondere Virtuosität entwickelt hat.

Bereits bell hooks hat die Schönheit, die vielen schwarzen Existenzästhetiken zugrunde liegt, als »seltsam und oppositionell« (*strange and oppositional*) bezeichnet. Sie erinnert sich daran, wie in ihrer Kindheit schwarze Frauen alltäglich dafür gekämpft haben, eine lebbare Welt zu schaffen, indem sie inmitten von Armut und Ausgrenzung eine Wertschätzung für Schönheit aufrechterhielten, eine Aufmerksamkeit für Farben und Formen, für Räume und

68 Moten, *In the Break*, S. 26.

Konstellationen.[69] Diese oppositionelle Welt inmitten der dominanten Welt enthält in ihrer Fragilität eine Sehnsucht, ein affektives Begehren nach einem Anderen, das nicht mit Worten greifbar ist. In einer hässlichen Welt ist Schönheit strange. So ist es zu erklären, dass nicht nur die Kunst, sondern auch die Lebensform von Gegengemeinschaften schöner ist als die bürgerliche.

Die Schönheit der Maulwürfe

Schiller hatte zum Auftakt der Moderne die Aporie der Befreiung aus der selbstverschuldeten Unmündigkeit erkannt: Authentische Freiheit ist nur möglich, wenn die menschliche Sinnlichkeit nicht zwanghaft der Vernunft und Moral subordiniert wird, sondern das Sittliche quasi spontan im organischen Leben selbst verankert ist. Er hat dabei die Ästhetik als eine Frage nicht nur der Kunst, sondern von Lebensformen verstanden und die Schönheit als spezifisches Beurteilungskriterium von Lebensformen profiliert. Zugleich musste bereits Schiller eingestehen, dass die Verwirklichung einer aufgeklärten Ästhetik der Existenz innerhalb der bürgerlich-kapitalistischen Gesellschaft unmöglich ist: In einer Klassengesellschaft kommen die beiden menschlichen Grundtriebe voneinander getrennt vor und werden durch antagonistische Gruppen repräsentiert. Die »niederen Klassen« verschreiben sich dem rohen sinnlichen Streben, die »kultivierten Klassen« einem Terror der Maximen. Durch dieses Eingeständnis kollidiert der Begriff der Ästhetik der bürgerlichen Existenz mit ihren eigenen Ermöglichungsbedingungen.

Marx hat das Verhältnis des Proletariats zu den beiden Seiten einer befreiten Lebensform mit dem Begriff der Entfremdung beschrieben; es ist sowohl vom Leben – seiner inneren und äußeren Sinnlichkeit – als auch von der Form – seiner Gestaltung oder Arbeit – enteignet. Diese Entfremdungsdiagnose lässt sich noch weiter zuspitzen und spezifizieren. Stofftrieb und Formtrieb sind heute nicht nur voneinander abgespalten, sondern zeigen sich auch in ihrer bedeutungsverkehrten Gestalt sowie in ihrer differentiellen Verteilung im sozialen Feld. Der Stofftrieb erscheint entweder

69 bell hooks, »An Aesthetic of Blackness: Strange and Oppositional«, in: dies., *Yearning. Race, Gender, and Cultural Politics*, New York 2015, S. 164-180, hier: S. 177.

als der nackte Hedonismus des kommerziellen Konsumismus oder aber in der Reduktion disponibler Bevölkerungsgruppen auf ihr nacktes Leben; der Formtrieb nimmt die Gestalt ungezügelter Naturbeherrschung und Extraktion oder die eines demokratisierten Juridismus und einer normalisierten Straflust an – und beide Seiten stehen in ihrer sozialen Ausdifferenzierung miteinander in einem komplizierten Ermöglichungs- und Spannungsverhältnis.

Die Lektüren von Weiss und Hartman (und ihrer jeweiligen geistesgeschichtlichen Kontexte) haben gezeigt, dass die Geschichte von Gegengemeinschaften auch die Geschichte von Gegenästhetiken ist: von heterogenen Lebensformen, die sich aus der Entfremdung eine andere Sinnlichkeit, eine andere Vernunft und eine andere Vermittlung erschließen. Folgt man Peter Weiss, so lässt sich diese Gegenästhetik für die proletarische Gegengemeinschaft im vom Nationalsozialismus erzwungenen Exil im Europa der 1930er und 1940er Jahre unter dem Begriff des Kampfs rubrizieren. Der Kampf ist aber nicht in einem instrumentellen Sinne zu verstehen, als eine Strategie zur Überwindung des alten und zur Hervorbringung eines neuen Zustands, sondern als Existenzweise: als eine Lebensform, deren Sinnlichkeit und Verstand in jedem Moment auf einen möglichen anderen Zustand aufgespannt ist. Für Hartman sind die rebellischen Lebensweisen junger schwarzer Frauen zu Beginn des 20. Jahrhunderts in Harlem durch Praktiken der *fugitivity* geprägt. Auch diese Praktiken lassen sich in einem formalen Sinne als Kampf beschreiben: Diese Lebenskünste erweitern nicht nur den Bereich der Vorstellungskraft für »exorbitante Träume«, sondern verkörpern auch schon praktisch eine virtuose Improvisation, in der politische Befreiung und sinnlicher Genuss organisch zusammenfallen. Diese beiden ganz unterschiedlichen Kontexte – und auf den ersten Blick auch rhetorisch ganz verschieden ausgedrückten und eingefassten Theorien – sind in einem gemeinsamen Punkt fundiert. Die Idee der Schönheit von Gegengemeinschaften ist in beiden Fällen gedeckt durch eine Verschaltung von schwacher Geschichtsphilosophie – nicht einer Gewissheit der kommenden Revolution, aber doch der kontrafaktischen Vorbereitung, des Experiments, der Antizipation – und schwacher Anthropologie – nicht einer Berufung auf die Essenz eines menschlichen »Wesens«, aber doch Protest gegen Dehumanisierung in Form einer Intuition von Humanität, Zärtlichkeit oder Liebe. Zusammengehalten werden diese beiden Momente durch eine exzentrische Positionalität, die die gegengemeinschaftliche Ästhetik als eine Form von *Kampf* markiert.

In *Triebstruktur und Gesellschaft*, zuerst 1955 veröffentlicht, unternimmt Herbert Marcuse den Versuch einer freudo-marxistischen Revision der ästhetischen Theorie Schillers. Er interpretiert Schillers Stoff- und Formtrieb als Vorläufer von Freuds Gegenüberstellung von Realitäts- und Lustprinzip. Das ästhetische Prinzip, das zwischen den beiden steht, ist in der kapitalistischen Gesellschaft von der Lebensform abgetrennt und in den Bereich der Kunst relegiert und damit zur sozialen Harmlosigkeit verdammt. Die Entfesselung einer nicht-repressiven Einbildungskraft, die dem ästhetischen Prinzip potentiell zu eigen ist, wird durch Abtrennung vom Leben sistiert und dient zugleich der ideologischen Verschleierung realer Herrschaft. Die Freisetzung der »ursprünglichen Bedeutung« der Ästhetik, so Marcuse weiter, könnte dazu beitragen, die Kraft der Phantasie aus der Einsperrung in die Kunst zu befreien und sie zu einem Motor der Transformation zu machen. Das Ästhetische – als Nachfolge- und Alternativbegriff zu Schillers »Spiel« – lässt die Idee einer »nicht-repressiven Ordnung«[70] aufscheinen, das heißt einer Gesellschaft, in der das Realitätsprinzip Sinnlichkeit und Begehren weder unterdrückt noch kanalisiert, sondern in der beide Seiten auf freie Weise zusammenkommen. Marcuse buchstabiert dies als eine post-kapitalistische Gesellschaft aus, in der Arbeit Spiel und die Phantasie also unmittelbar Produktionskraft geworden ist.

14 Jahre später, in seinem *Versuch über die Befreiung* (1969), nimmt Marcuse diese Idee noch einmal auf, gibt ihr aber eine entscheidende Wendung. Schillers Idee des Spiels als einer Versöhnung von Sinnlichkeit und Vernunft (oder Leben und Form) wird hier zum einen als libertäre Variante der Gesellschaftsutopie des Sozialismus profiliert, zum anderen identifiziert Marcuse aber nun auch bereits existierende Lebensformen als Träger dieser Form des Spieltriebs. Wie bei Schiller taucht bei Marcuse die Frage der ästhetischen »Erziehung« als revolutionstheoretisches Problem auf; eine nicht-autoritäre Revolution ist nur möglich, wenn das Bedürfnis nach Befreiung schon in der Triebstruktur der Menschen verankert ist. Statt aber, wie Schiller, die Agenten dieser avantgardistischen

70 Herbert Marcuse, *Triebstruktur und Gesellschaft. Ein philosophischer Beitrag zu Sigmund Freud*, in: ders., *Schriften*, Bd. 5, Springe 2004, S. 167.

Lebensformen in »auserlesenen Zirkeln« zu suchen, sieht der von den globalen Revolten zutiefst beeindruckte Marcuse vor allem in den »Randgruppen« und »Außenseitern« Manifestationen dieser »Neuen Sensibilität«. Sie ist kein Ziel mehr, sondern eine bereits wirkliche Praxis. Rebellische Lebensformen erfinden eine neue Sprache, neue Literatur, neue Musik, neue Körperpraktiken, neues Denken: Die neue Sensibilität drückt sich für Marcuse in der Aneignung des Begriffs »Seele« (*soul*) durch die schwarze Kultur und ihre »orgiastische« Musik sowie ihr geschmackvolles Essen aus.[71] Um jedoch selbst nicht in die bestehende Gesellschaft integrierbar zu sein, so Marcuse, müssen diese Lebensformen mit dem Kapitalismus in eine offene politische Konfrontation treten, um sich schließlich zu universalisieren.

Es ist nicht nur ein halbes Jahrhundert an Gewaltgeschichte und politischen Niederlagen, die uns von Marcuses Euphorie Ende der 1960er Jahre trennen. Marcuses Zelebrierung der Gegenkultur vollzieht zwar eine Inversion der bürgerlichen ästhetischen Wertigkeiten, bleibt aber selbst noch einem exotisierenden Blick verpflichtet, der damit die Eigensinnigkeit der Ästhetik von Gegengemeinschaften verpasst. Dies wird deutlich, wenn er über schwarze Musik schreibt, sie protestiere gegen die bürgerliche Harmonievorschrift durch einen Ausdruck unvermittelter »Frustration«: »In dem umstürzlerischen, dissonanten, wehklagenden und schreiendem Rhythmus, der auf dem ›schwarzen Kontinent‹ und im ›tiefen Süden‹ der Sklaverei entstanden ist, widerrufen die Unterdrückten die Neunte Symphonie und verleihen der Kunst eine entsublimierte, sinnliche Form erschreckender Unmittelbarkeit, die den Körper und die in ihm materialisierte Seele bewegt.«[72] In Wirklichkeit sind gegengemeinschaftliche Ästhetiken der Existenz gerade nicht durch eine, wie Marcuse in einer rassistischen Tradition sagt, »rohe Unmittelbarkeit«[73] geprägt, sondern durch ein Verweilen bei Vermittlung und Vermitteltheit.[74] Dafür steht der Begriff des Kampfs:

71 Herbert Marcuse, *Versuch über die Befreiung*, Frankfurt/M. 1969, S. 59 f.

72 Ebd., S. 74.

73 Ebd.

74 Für eine ausführliche Darstellung des Jazz und des schwarzen Lebens im Allgemeinen als negativer Ausdruck eines permanenten Bruchs siehe Fumi Okiji, *Jazz as Critique. Adorno and Black Expression Revisited*, Stanford 2018. - Für eine ähnliche Beschreibung der körperlichen Praktiken der christlichen schwarzen

Er beschreibt Formen von Leben, die einen beständigen kontrafaktischen Bezug zu einem anderen Möglichen aufrechterhalten. Dissonanz ist kein ästhetisches Formmerkmal einer künstlerischen Ausdrucksweise einer Gegengemeinschaft, sondern bezeichnet das soziale Verhältnis marginalisierter Lebensformen zur dominanten Gesellschaft selbst.

Die Ästhetiken von Gegengemeinschaften sind also zugleich anti-assimilatorisch und anti-positivistisch. Zum einen dementieren sie die Narrative von Integration und Inklusion, weil sie die ästhetischen Wertigkeiten der bürgerlichen Gesellschaft invertieren: Das Leben der Underdogs und Outsider ist schöner als das der Reichen und Mächtigen. Zum anderen verstehen sich Gegengemeinschaften nicht als defizitär, sondern als avantgardistisch: Sie wollen nicht in die Gesellschaft aufgenommen werden, sondern ihr entkommen.

Die Schönheit der Abolition

Am Ende seines Buches *In the Break* beschreibt Fred Moten die Situation, in der er, wie er sagt, sich in eine bestimmte Politik des Sounds verliebt hat, genauer gesagt des Sounds des Kommunismus oder der Revolution. Als zehnjährigen Jungen hatte seine Mutter ihn zu einem Vortrag von Angela Davis mitgenommen, was für ihn ein zentrales biographisches Ereignis darstellte: »Als ich zum ersten Mal Angela Davis' Stimme hörte, verstand ich's (*I got the news*).« Prägend war für ihn dabei nicht der Inhalt, sondern die Intonation von Davis' Rede. Davis' Art zu sprechen ist von einer charakteristischen Melodie und einem Rhythmus geprägt: »ein hängendes oder verweilendes oder sterbendes Fallen von Konsonanten oder am Ende von Konsonanten, offen für, aber außerhalb einer bestimmten Art von Gesang und für eine bestimmte Art von Affirmation, […] eine Affirmation des Klangs des Widerstands in einer Erzählung der Niederlage.«[75] Moten durchschaut dabei die Gefahr, selbst die Fetischisierung zu reproduzieren, die das Resultat einer ebenso kommodifizierenden wie kriminalisierenden domi-

Pfingstgemeinden siehe Ashon Crawley, *Blackpentecostal Breath. The Aesthetics of Possibility*, New York 2017.

75 Moten, *In the Break*, S. 230.

nanten Darstellung von Davis' Körperlichkeit ist. Er insistiert dennoch – mit Davis – darauf, dass trotz der und gegen diese mediale Gefangennahme eine Form von Handlungsfähigkeit übrig bleibt, die dabei helfen kann, eine neue Form befreiender Politik zu animieren. In Davis' Stimme kommen ein revolutionärer Inhalt und eine revolutionäre Sinnlichkeit auf organische Weise zusammen (was Schiller Spiel nennt). Dieses Zusammenkommen drückt aber keine Harmonie, Balance oder Insichgeschlossensein aus, sondern eine Diskordanz, Virtualität und ein Übersichhinaustreiben. Schön ist eine Lebensform nicht dann, wenn sie Leben und Form vermittelt oder aneignet, sondern wenn Leben und Form zur Performanz und Expression ihrer eigenen Überschreitung werden. Einen Vorteil dabei, eine solche Überschreitung auszuführen, haben diejenigen Gruppen, deren Leben ohnehin gezwungenermaßen ein Leben des Kampfs und der Improvisation ist.

6. Die Affektivität von Gegengemeinschaften

Drei Beispiele

In ihrem Buch *A Paradise Built in Hell* beschreibt die Journalistin und Essayistin Rebecca Solnit, dass es nach Naturkatastrophen oder in radikalen Krisensituationen häufig zu spontanen Akten der gegenseitigen Hilfe, Solidarität und Menschlichkeit kommt. Wie sie anhand zahlreicher Beispiele wie dem Erdbeben in San Francisco 1906, den Anschlägen vom 11. September 2001 oder dem Hurrikan Katrina 2005 zeigt, führen katastrophische Situationen keineswegs immer zu einer Zunahme von panischem, egoistischem oder regressivem Verhalten, wie uns die allseits verbreiteten apokalyptischen Horrorszenarien weismachen wollen, sondern setzen häufig altruistische Handlungsorientierungen und fürsorgliche Praktiken frei, die neue Formen der Zusammenhalts und der Zugehörigkeit erzeugen. In Notsituationen beginnen Menschen unmittelbar damit, sich gegenseitig zu versorgen und zu verpflegen, Trost zu spenden und Anteil zu nehmen; wobei sich diese selbstorganisierte Hilfe gegenüber dem offiziellen Katastrophenmanagement, das zumeist auf bürokratisierte oder militarisierte Mittel zurückgreift, sogar als effektiver erweist. Die in solchen Situationen gemachten Gemeinschaftserfahrungen können eine solche Intensität erreichen, dass sie bei den Beteiligten inmitten der desaströsen Gesamtsituation ein Gefühl der Befriedigung oder sogar der Euphorie hervorrufen. Für dieses paradoxe Gefühl der Freude inmitten der Sorge, so Solnit weiter, haben wir nicht einmal ein Wort; sie beschreibt es als »eine Emotion schwerer als Glück, dabei aber im tiefen Sinne positiv (an emotion graver than happiness but deeply positive)«.[1]

1988 verteidigte Ann Cvetkovich ihre Dissertation an der Cornell University. Wie sie sich später in ihrem »Depressionstagebuch« erinnerte, war ihre eigene Verteidigung die schlimmste, an der sie in ihrer gesamten Laufbahn teilgenommen hatte. Cvetkovich hatte im Vorfeld unter einer Schreibblockade, Panikattacken und Einsamkeit gelitten, und als es an der Zeit war, ihre Arbeit zu verteidigen, konnte sie sich nicht wirklich mit ihr identifizieren. Die

1 Rebecca Solnit, *A Paradise Built In Hell. The Extraordinary Communities That Arise in Disaster*, London/New York 2009, S. 5.

Verteidigung der Dissertation ist nur ein Beispiel für einen Zustand, der zu Cvetkovichs ständigem Begleiter werden sollte: die Depression. Depression, so betont sie, ist nicht nur eine individuelle Krankheit, die durch eine biochemische Störung verursacht wird, sondern eine Bezeichnung dafür, »wie sich der Kapitalismus anfühlt»: entfremdet, leer, einsam. Cvetkovich räumt ein, dass es »melodramatisch« klingen mag, solch schwerwiegende Gefühle der Hoffnungslosigkeit und des Unglücklichseins in der akademischen Welt zu diagnostizieren, einem sozialen Segment, das im Vergleich zu anderen immens privilegiert ist: Woran liegt es, dass es selbst unter diesen scheinbar perfekten Bedingungen oft unmöglich ist, ein Gefühl von Sinn, Verbundenheit oder Freiheit zu verspüren? Cvetkovich behauptet, dass Depressionen nicht trotz, sondern gerade wegen dieser spezifischen Bedingungen auftreten. Die akademische Welt ist eines der paradigmatischen affektiven Milieus des Kapitalismus, das mit seinem Erfolgsdruck, dem konkurrenzbetonten Arbeitsmarkt und den fehlenden Grenzen zwischen Arbeit und Freizeit einen perfekten Nährboden für Angst, Unruhe und Panik bietet. Cvetkovich wandte klassische Techniken an, um ihre Depression zu bekämpfen, wie Sport, Medikamente, Therapie und Tagebuchschreiben. Doch erst ihre Verbindung zu dem, was sie als »eine kleine und oft flüchtige Nische der queeren und feministischen Bohème in Downtown New York und anderen kosmopolitischen Städten wie Toronto und Chicago«[2] beschreibt, verschaffte ihr Zugang zu einer Reihe von Strategien, um aus der Sackgasse des »Steckenbleibens« herauszukommen, darunter künstlerisches Gestalten, spirituelle Praktiken und allgemein eine Verbindung zur Kreativität als Ausdruck queeren Erfindungsreichtums. Für Cvetkovich ist es unmöglich, depressive Gefühle jemals ganz hinter sich zu lassen, sie warten immer darauf, wieder aufzutauchen. Aber wenn die Depression eine Form des langsamen Todes ist, der sich in den gewöhnlichen Praktiken des täglichen Lebens manifestiert, dann sind diese Praktiken auch ihre Heilung: Überleben ist die »Kunst des täglichen Lebens«,[3] verankert in einer Gemeinschaft von politischen, kulturellen und sexuellen Dissident:innen.

Im Herbst 2016 besetzte die britische feministische Gruppe *Sisters Uncut* mehrere Brücken in Bristol, London, Newcastle und

2 Ann Cvetkovich, *Depression: A Public Feeling*. Durham 2012, S. 159.

3 Ebd., S. 160.

Glasgow, um gegen von Theresa Mays Regierung geplante Kürzungen der Finanzierung von Frauenhäusern insbesondere für migrantische Frauen zu protestieren, die faktisch das Ende der Sicherheit für Betroffene von häuslicher und sexualisierter Gewalt bedeuteten. Dieser Protest ist eines von vielen Beispielen, die Lynne Segal in ihrem Buch *Radical Happiness* als Beleg für einen engen Zusammenhang von kollektivem politischen Protest und der Erfahrung von Freude oder sogar Glück anführt. Segal kontrastiert das Gefühl der Isolation und der Angst, das Betroffene von häuslicher Gewalt in ihrem Zuhause überfällt, mit den Gefühlen der Aufregung und des Vergnügens, die diejenigen verspüren, die sich auf der Straße gegen jene Gewalt zur Wehr setzen. Obschon diese Gefühle als direkte Resultate der kollektiven Aktion meistens nur von kurzer Dauer sind, eröffnen sie, so Segal, neue politische Möglichkeitshorizonte. Vor allem verschaffen die in freudvoller Solidarität gemachten Erfahrungen von »Stärke, Zuversicht und Sinnhaftigkeit« marginalisierten Subjekten die psychologischen Voraussetzungen für eine autonome Handlungsfähigkeit.[4] Der Protest von *Sisters Uncut* ist nur ein beliebiges Beispiel für diesen durch die Geschichte hindurch und überall auf der Welt zu beobachtenden Effekt: Immer wieder beschreiben aufständische Gruppen die im politischen Aktivismus gemachten intensiven Solidaritätserfahrungen als freudvoll und beglückend.

Affektive Vorteile

Die in diesen Beispielen beschriebenen Affekte sind in vielerlei Hinsicht unterschiedlich. Einige drücken Freude oder Glück aus, andere bieten lediglich Trost oder widerspenstige Formen von Handlungsfähigkeit. Sie haben eine ethische, aber auch eine moralische und eine ästhetische Konnotation. Einige scheinen in anthropologischen Dispositionen wie einer Gemeinschaftserfahrung oder der Fähigkeit zur Empathie verankert zu sein, andere bedürfen spezifischer, weit ausdifferenzierter Techniken. Solnit, Cvetkovich und Segal sind sich jedoch einig darin, dass die Angehörigen von Gegengemeinschaften unter bestimmten Umständen Formen von

4 Lynne Segal, *Radical Happiness: Moments of Collective Joy*, London/New York 2018, S. 260.

»guten Gefühlen« entwickeln, beziehungsweise mehr noch: dass sie diese Gefühle nicht *trotz,* sondern *wegen* ihrer subalternen Position entwickeln können.

Die affektiven Konsequenzen sozialer Herrschaft sind seit langer Zeit Gegenstand politischer Kritik und theoretischer Analysen. Marx hatte mit dem Begriff der Entfremdung eine Verbindung zwischen objektiver sozialer Situiertheit und Formen des psychisch-somatischen Leids hergestellt. Es sind nicht nur die spezifischen Arbeitsbedingungen des frühen Manchester-Kapitalismus, die von Monotonie, körperlicher Anstrengung, willkürlicher Gewalt und allgemeiner Verelendung geprägt waren, sondern alle Formen der gemeinsamen Arbeit, in denen Menschen an der Verwirklichung ihrer geistigen und körperlichen Potentiale gehindert werden, die sie »unglücklich«[5] machen. Die Frauenbewegung hat dieses Moment der emotionalen Verarmung durch repetitive und sinnentleerte Arbeit auch für die fast ausschließlich von Frauen geleistete Reproduktionsarbeit aufgezeigt; die Konsequenzen artikulieren sich nicht nur in weit verbreitetem Unglücklichsein, auch in indirekten Symptomen wie psychosomatischen Erkrankungen oder Alkoholismus kommen sie zum Vorschein.[6] Die Psychoanalyse hat psychische Erkrankungen nicht als Abweichungen, sondern als Ausdruck eines generellen »Unbehagens in der Kultur« gefasst und so den Fokus von einem eng gefassten Arbeitsbegriff auf allgemeine Formen der Vergesellschaftung erweitert; eine Verschiebung, die durch die vielen Varianten des Freudo-Marxismus jedoch wieder spezifiziert und historisch eingeordnet wurde.[7] Pierre Bourdieu und seine Mitarbeiter:innen haben in *Das Elend der Welt* ein bedrückendes Panorama der vielfältigen Varianten sozialen Leids der gesellschaftlich Marginalisierten und Überflüssigen in den Pariser Banlieues vorgelegt, das Perspektivlosigkeit, Frustration, Einsamkeit und Überforderung umfasst.[8] Ausgehend von den theoretischen Prämissen

5 Karl Marx, *Ökonomisch-philosophische Manuskripte aus dem Jahre 1844*, in: *Marx-Engels-Werke* (MEW), Erg.-Bd., Berlin 1968, S. 515.

6 Betty Friedan, *Der Weiblichkeitswahn oder die Mystifizierung der Frau*, Reinbek 1966.

7 Sigmund Freud, *Das Unbehagen in der Kultur*, Studienausgabe Band IX, Frankfurt/M. 1997; dazu exemplarisch Herbert Marcuse, *Triebstruktur und Gesellschaft. Ein philosophischer Beitrag zu Sigmund Freud,* Frankfurt/M. 1979.

8 Pierre Bourdieu u. a., *Das Elend der Welt. Zeugnisse und Diagnosen alltäglichen Leidens an der Gesellschaft*, Konstanz 1997.

der älteren Frankfurter Schule haben schließlich zahlreiche neuere Studien Formen des psychischen oder emotionalen Leidens als Formen der »sozialen Pathologie« begriffen, was etwa Gefühle der Entfremdung, Verdinglichung, Depression, Unbestimmtheit, Beschleunigung, Kommodifizierung oder des Konsumismus beinhaltet.[9] Dass diese Pathologien an den Affektmilieus der herrschenden Klasse nicht haltmachen, zeigt meisterhaft die HBO-Serie *Succession* (2018-2023): Alle Mitglieder der milliardenschwerden Roy-Familie hätten jederzeit die Möglichkeit, aus dem immer wieder demütigenden Ränkespiel um die Nachfolge des Patriarchen auszusteigen und sich mit ihrem Reichtum auf einer Südsee-Insel zur Ruhe zu setzen, werden daran aber durch ihr affektives Attachment an ihr eigenes Unglück gehindert.[10]

9 Für die zugrundeliegenden theoretischen Prämissen dieser Kritikstrategie siehe Axel Honneth, »Pathologien des Sozialen. Tradition und Aktualität der Sozialphilosophie«, in: ders., *Das Andere der Gerechtigkeit. Aufsätze zur praktischen Philosophie*, Frankfurt/M. 2000, S. 11-32. Für einen Neuansatz, der die Perspektiven der älteren Kritischen Theorie mit neuerer Affekttheorie verbindet, siehe Henrike Kohpeiß, *Bürgerliche Kälte. Affekt und koloniale Subjektivität*, Frankfurt/M. 2023.

10 Ein Outsider innerhalb der Familie Roy ist Cousin Greg, der in der ersten Folge als tumbes Landei eingeführt wird und nur aufgrund seiner verwandtschaftlichen Beziehungen einen Job in der Firma bekommen hat. Greg fungiert in der Serie als Stellvertreter der Zuschauer:innen: Er konfrontiert in seiner Naivität immer wieder die vollkommen korrumpierte Moral und die absurd exaltierten Lebensstile der Parallelwelt der Milliardäre, passt sich an diese aber auch immer umgehend an. In Folge sechs (»Which Side Are You On?«) erhält Greg seinen ersten Gehaltscheck und kann sich endlich auch ein wenig von dem Luxus leisten, der ihm bislang nur vorgeführt wurde. Sein Plan, den beruflichen Erfolg in seiner Lieblingspizzeria zu feiern, wird von seinem Mentor Tom sofort lächerlich gemacht. Tom verspricht Greg stattdessen, ihn zu lehren, wie man reich ist. Dadurch kommt es zu einer wiederholten Konfrontation von Gregs eigenen Vorstellungen des guten Lebens mit denen der *upper class*. Statt der begehrten Chicken-Linguine essen die beiden in einem Luxusrestaurant, in dem es eigentlich unmöglich ist, eine Reservierung zu bekommen, Ortolan, frittierte Singvögel – ein Gericht, das mit einer über den Kopf gezogenen Serviette eingenommen wird (wie Tom erklärt: »It's either to mask the shame or to heighten the pleasure«) und das Greg nur unter Würgen herunterschlucken kann. Der Abend endet damit, dass Tom Greg in den VIP-Bereich eines Clubs mitnimmt, in dem sonst niemand ist. Statt eines Bieres, das Greg gern trinken würde, wird hier mit Gold angereicherter Wodka serviert. Greg fasst seine neu gesammelten Einsichten in den Lebensstil der Reichen folgendermaßen zusammen: »So this is what you do? You, like, go to a club, and then you come to, like, this other part where the club

Überraschend an den drei Beispielen ist also nicht, dass sie etablierten Subjektformationen ein verarmtes, leidvolles oder pathologisches Affekterleben diagnostizieren. Erstaunlich ist eher, dass sie für bestimmte Sozialzusammenhänge nicht nur die Möglichkeit einer Linderung dieses sozialen Leidens reklamieren, sondern sogar eine therapeutische Funktion beanspruchen: Teil einer Gegengemeinschaft zu sein ermöglicht *bessere Gefühle* oder zumindest, *besser zu fühlen.* Dies setzt voraus, dass nicht alle Menschen gleichermaßen und die ganze Zeit Opfer der affektiven Subjektivierung etablierter sozialer Herrschaftsverhältnisse sind. Alle drei Beispiele sind vielmehr durch eine *antagonistische Relationalität* gekennzeichnet. Diese Relationalität ergibt sich aus der Tatsache, dass affektive Möglichkeiten in soziokulturelle Milieus eingebettet, also sozial situiert sind. Raymond Williams hat bereits in den 1960er Jahren argumentiert, dass sich »Gefühlsstrukturen« (*structures of feeling*) als affektiver Ausdruck bestimmter sozialer und kultureller Welten beschreiben lassen.[11] Wie Denkweisen, Werte oder Gebräuche, so sind auch Gefühlsmuster und emotionale Stile nicht innerlich, individuell oder spontan, sondern werden sozialisatorisch eingeübt. Gefühlsstrukturen werden durch normative »Gefühlsregeln« bestimmt: Gefühle können erlaubt oder unerlaubt, bekannt oder unbekannt, nachgefragt oder verdrängt, geübt oder ungeübt sein.[12] Ändern sich diese Hintergrundbedingungen, so ändern sich auch die Affekte und vice versa. Diese kulturspezifischen Regeln sind dabei nicht Ausdruck eines homogenen »Zeitalters«, sondern lebensweltlich auf unterschiedliche, sich überlappende, aber nicht synchrone Weise vermittelt. Lauren Berlant spricht in Anlehnung an Williams' Gefühlsstrukturen von »Gefühlsinfrastrukturen« (*infrastructures of feeling*), um diese Vermittlung affektiver Atmosphären im gewöhnlichen Leben zu beschreiben.[13] Auch Ruth Wilson Gilmore verwendet den Infrastrukturbegriff, spitzt ihn aber noch

sort of isn't?« Obschon *Succession* brillant die affektive Deprivation dominanter Gruppen beschreibt, fehlt hier, wie auch in anderen zeitgenössischen Fernsehserien über das Leben der Reichen wie *Billions* oder *White Lotus,* die Darstellung einer Gegengemeinschaft, also einer antagonistischen Gruppe, die einen Konflikt mit dominanten Affektkonstellationen provozieren könnte.

11 Raymond Williams, *The Long Revolution*, New York 1961, S. 64.

12 Arlie Russell Hochschild, »Emotion Work, Feeling Rules, and Social Structure«, in: *American Journal of Sociology* 85 (1979), S. 551-575.

13 Lauren Berlant, *On the Inconvenience of Other People,* Durham 2021, S. 20.

weiter zu: Affektive Milieus sind, trotz ihrer Hybridität und Unreinheit, nicht nur »zeitgleich«, sondern stehen miteinander im Konflikt.[14] Da diese Welten sich in einer von Herrschaftsverhältnissen durchdrungenen Gesellschaft antagonistisch zueinander verhalten, haben auch die in ihnen produzierten Affekte einen antagonistischen Charakter: Sie stehen implizit in einem polemischen Verhältnis. So können bestimmte abweichende Affekte in einer dominanten Gefühlsinfrastruktur nicht erlaubt sein, was sich als Form der Verdrängung oder des »Ungefühlten«[15] beschreiben lässt. Auf der anderen Seite bemühen sich Gegengemeinschaften häufig darum, auch affektiv ein Unbehagen oder eine emotionale Distanz in Bezug auf die Protokolle der Mainstream-Gesellschaft beizubehalten.[16]

Diese heterogenen Affektkonstellationen können dann auch in ihrer Situiertheit bewertet werden. Gegengemeinschaften sind nicht nur in der Lage, diese Gefühle *trotz* ihrer miserablen Lebensbedingungen zu entwickeln, sie tun dies auch *in Abgrenzung zu* und *im Vergleich mit* ihren Unterdrücker:innen und Ausbeuter:innen. Mit anderen Worten, diese Affekte implizieren nicht nur eine *Auch-gut-Struktur*, sondern eine *Besser-als-Struktur:* dieselbe Inversion von Herrschaftsverhältnissen, wie sie Standpunkttheorien in Bezug auf die Epistemologie herausgearbeitet hatten. Dominante Gruppen haben demnach mehr soziale Macht, aber schlechtere Gefühle, sie sind wirtschaftlich oder politisch überlegen, aber affektiv unterlegen. Gegengemeinschaften auf der anderen Seite verfügen über *affektive Vorteile*.[17]

14 Ruth Wilson Gilmore, »Geographien des Abolitionismus und das Problem der Unschuld«, in Mike Laufenberg, Vanessa E. Thompson (Hg.), *Sicherheit. Rassismuskritische und feministische Beiträge*, Münster 2021, S. 160-181, hier: S. 176.

15 Lauren Berlant, »Structures of Unfeeling: Mysterious Skin«, in: *International Journal of Politics, Culture, and* Society 28, 3 (2015), S. 191-213.

16 Sara Ahmed, »Queer Feelings«, in: dies., *The Cultural Politics of Emotion*, Edinburgh 2004, S. 144-167.

17 Die Begriffe »Affekt«, »Emotion« und »Gefühl« beschreiben unterschiedliche, aber eng verwandte Phänomene. Es handelt sich um psychophysiologische Konstrukte, die untrennbar zur Spezies Mensch gehören, deren Auftreten und Ausprägung jedoch in hohem Maße von sozialen und kulturellen Hintergründen abhängig sind. Die Beachtung dieser Strukturen wirkt nicht nur dem jahrhundertealten maskulinistischen Ausschluss der Emotionen (im Gegensatz zur »Vernunft«) aus der Geschichte der politischen Philosophie entgegen, sondern

Die Behauptung affektiver Vorteile ruft ein ähnliches Unbehagen hervor wie die Behauptung epistemischer, normativer oder ästhetischer Überlegenheit. Eine erste Sorge besteht wiederum darin, dass die Zuschreibung von »guten Gefühlen« an die Unterdrückten auf eine Romantisierung oder Heroisierung der Leidensbedingungen hinausläuft. Die Lobpreisung der einfachen Freuden der Armen, der selbstlosen Hingabe der Frauen oder der ästhetischen Virtuosität der Ausgestoßenen ist immer wieder als Taktik der Verschleierung, Entschuldigung und Legitimierung von Unterdrückungssystemen eingesetzt worden. Die ideologische Wirkung bestimmter Vorstellungen des affektiven Vorteils wurde von einer Reihe kritischer Theoretiker:innen untersucht. Sara Ahmed zum Beispiel hat in ihrem Buch *The Promise of Happiness* eine grundlegende Problematisierung des Glücksversprechens vorgenommen. Dieses Versprechen, so argumentiert Ahmed, ist ein wesentliches Instrument, mit dem soziale Normen in soziale Güter umdefiniert werden. So werden Figuren sozialer Unfreiheit als erstrebenswert verkauft: die glückliche Hausfrau, der glückliche Sklave, häusliche Glückseligkeit usw.[18] Lauren Berlant argumentiert in ähnlicher Weise mit dem Begriff des »grausamen Optimismus« (*cruel optimism*): Die affektive Investition in unrealistische Vorstellungen vom guten Leben (der befriedigende Job, die florierende Wirtschaft, die glückliche Ehe) bindet uns an Bedingungen, die unser Wohlergehen eigentlich verhindern.[19] In ihrer Untersuchung über das Nachleben der Versklavung hat Saidiya Hartman die rassifizierte Natur des dargestellten oder gezeigten Vergnügens herausgearbeitet: Die Darstellung der »guten Zeiten« der versklavten Menschen war sowohl für die libidinöse Ökonomie der Plantage als auch für die Rechtfertigung der Versklavung von zentraler Bedeutung.[20] Diese neueren Kritiken folgen den Methoden der Ideologiekritik: Ein Affekt oder die Inszenierung eines Affekts wird auf seine Funktion bei der Aufrechterhal-

hilft auch, über den affektiven Grund emanzipatorischer sozialer Kämpfe nachzudenken. Siehe dazu beispielsweise Rosemary Hennessy, *Fires on the Border. The Passionate Politics of Labor Organizing on the Mexican Frontera*, Minneapolis 2013, S. 67f.

18 Sara Ahmed, *The Promise of Happiness,* Durham 2010, S. 2.

19 Lauren Berlant, *Cruel Optimism*, Durham 2011.

20 Saidiya Hartman, *Scenes of Subjection: Terror, Slavery, and Self-Making in Nineteenth-Century America,* Oxford 1997, S. 25.

tung der sozialen Totalität hin befragt. So kann sich selbst ein Affekt, der sich für die Beteiligten unmittelbar »gut« oder sogar »ermächtigend« anfühlt, als unzureichend oder unterdrückerisch erweisen. Wie schon Adorno insistiert, ist die Freude über das Erblühen eines Baumes eine »Lüge«, solange es ohne den gesamtgesellschaftlichen »Schatten des Entsetzens« wahrgenommen wird,[21] und wie Silvia Federici betont, verdient der Kapitalismus weiterhin Geld mit dem »Kochen, Lächeln und Ficken« von Frauen.[22] In diesem ideologiekritischen Ansatz erscheint gerade das Beharren auf dem Negativen als revolutionäre Kraft: Sexstreik, Lächelstreik, Depression, negativistische Kunst. In diesem Sinne schlägt Ahmed vor, sich dem Erbe der sozialen Bewegungen *gegen* das Glück zuzuwenden, angeleitet von Figuren der Glücksverweigerung: die feministische Spielverderberin, die melancholische Migrantin, die unglücklichen Queers.

Ein zweiter Einwand kann aus der Erfahrung vieler oppositioneller Gemeinschaften heraus formuliert werden. Nach diesen Erfahrungen können »gute Gefühle« zwar auch unter Bedingungen der Unterdrückung auftreten, sind aber nur flüchtig oder kurzlebig. Diese Vergänglichkeit ergibt sich nicht nur aus der Hartnäckigkeit der affektiven Prägung durch Gewalt und Trauma, sondern kann durch eine besondere emotionale Dynamik des politischen Aktivismus selbst hervorgerufen werden. Manchmal scheint es, dass gute Gefühle unweigerlich schlechte Gefühle hervorrufen oder einladen, wie ein emotionaler Kater. In ihrer Reflexion über die Rolle lesbischer Fürsorge-Arbeit in den schwulen Gemeinschaften während der AIDS-Krise berichtet Ann Cvetkovich neben tiefen Gefühlen der Solidarität und Zugehörigkeit auch von Momenten des Burnouts und der Isolation. Sie zitiert die Memoiren von Jan Zita Grover, einer Aktivistin, die sich in San Francisco ehrenamtlich um an AIDS sterbende Menschen kümmerte: »Plötzliche Weinanfälle, unerklärliche Depressionen und Müdigkeit, die Unfähigkeit, sich zu entspannen, die Weigerung, zu Hause ans Telefon zu gehen, die von Schuldgefühlen getriebene Bereitschaft, immer mehr Aufgaben zu übernehmen usw.«[23] Dabei ist es wichtig festzuhalten, dass die-

21 Theodor W. Adorno, *Minima Moralia. Reflexionen aus dem beschädigten Leben,* Frankfurt/M. 1997, S. 28.

22 Silvia Federici, *Revolution at Point Zero,* Oakland 2012, S. 19.

23 Ann Cvetkovich, *An Archive of Feelings: Trauma, Sexuality, and Lesbian Public Cultures*, Durham 2003, S. 212.

se Symptome nicht einfach aus dem Fortbestehen von Unterdrückungsgeschichten resultieren, sondern gerade *durch* politischen Aktivismus, das heißt den Wunsch nach Überwindung der Unterdrückung, entstehen. Oft sind tiefe Gefühle der Enttäuschung die Folge einer anfänglich starken affektiven Investition in ein Projekt. Wir fühlen uns am meisten von den Genoss:innen verletzt, denen wir am meisten vertraut haben. Und je leidenschaftlicher wir nach einem Traum streben, desto brutaler ist die Erschöpfung, die wir aufgrund mangelnder Befriedigung erleiden. Emotionale Zustände wie Bitterkeit, Unverbundenheit und Leere, aber auch Melancholie, Konflikt, Aggression, Launenhaftigkeit, Frustration, Eifersucht oder Scham sind jedenfalls ebenso wichtige Bestandteile der affektiven Landschaft von Gegengemeinschaften wie Gefühle der Freude, Solidarität und Befriedigung.

Beide Einwände sind berechtigt und wichtig. Allerdings hängt für eine Theorie der Überlegenheit der Unterlegenen viel an dem Nachweis der Ermöglichung affektiver Vorteile in gegengemeinschaftlichen Gefühlsinfrastrukturen. Zunächst unterstützt sie die prägnant von Foucault formulierte Einsicht, dass Militante nicht traurig sein müssen, sondern ihr eigenes Begehren gegen die Wirklichkeit mobilisieren sollten[24] – statt für ein politisches Heldentum oder eine moralistische Askese einzutreten, versprechen oppositionelle Lebensformen einen unmittelbaren affektiven Gewinn. Die Motivation, sein Leben in der Sittlichkeit von Gegengemeinschaften zu verankern, besteht nicht in einer Aufopferung für eine höhere Sache, sondern entspringt einer Strategie des Überlebens oder der Selbstverwirklichung. Dieser Punkt hat aber auch über seinen motivierenden Effekt hinaus eine zentrale Bedeutung. In Abwesenheit einer geschichtsphilosophischen Gewissheit oder einer anthropologischen Essenz ist die therapeutische Funktion gegengemeinschaftlicher Sittlichkeit auch ein wichtiger Modus, in dem die Überlegenheit der Unterlegenen empirisch erfahrbar werden kann. Der affektive Ertrag gegengemeinschaftlicher Praktiken kann dazu beitragen, Gegengemeinschaften von der von Hegel inkriminierten »Ohnmacht des bloßen Sollens« zu befreien: Auch ohne die Antizipation einer späteren historischen Bestätigung des eigenen Stand-

24 Michel Foucault, »Vorwort« (zu G. Deleuze und F. Guattari: *Anti-Ödipus*), in: ders., *Dits et Ecrits. Schriften in vier Bänden, Band 2: 1976-1979*, Frankfurt/M. 2003, S. 176-180, hier: S. 179.

punktes ist die Teilnahme an Gegengemeinschaften nicht einfach eine moralische Pflicht, sondern auch persönlich attraktiv.

Gefragt ist also eine Version der These von der Überlegenheit gegengemeinschaftlicher Gefühlsstrukturen, die sich so weit wie möglich gegen eine diskursive Vereinnahmung wappnet sowie eine unrealistische Glorifizierung vermeidet. Ist es möglich, an der Behauptung affektiver Vorteile festzuhalten, dabei aber die Fallen der Ideologie und der Idealisierung zu umgehen?

Was sind gute Gefühle?

Die These vom affektiven Vorteil ist noch schwieriger zu verstehen als die These vom epistemischen, normativen oder ästhetischen Vorteil. Wenn man von einem epistemischen Vorteil spricht, ist das Kriterium für die Bewertung einer solchen Behauptung von vornherein gegeben: Bestimmte Bewusstseinsformen haben in der Tat einen epistemischen Vorteil, wenn das Wissen, das sie produzieren, *wahrer* ist als andere. Ebenso verhält es sich mit den Kriterien für normative (Güte) oder ästhetische Überlegenheit (Schönheit). Affekte hingegen haben kein solch unmittelbar offensichtliches inhärentes Ziel. Es ist daher unklar, nach welchen Maßstäben Affekte beurteilt werden können – oder ob sie überhaupt beurteilt werden können. Was erlaubt es zu sagen, dass bestimmte Affekte »besser« sind als andere – besser in welchem Sinne?

Eine erste Strategie besteht darin, Affekte als Varianten von Epistemen zu verstehen, das heißt ihren *kognitiven Gehalt* in den Mittelpunkt zu stellen. Wissen hat einen affektiven Effekt, und affektive Phänomene können (auch ohne semantische Artikulation) Wissen ausdrücken: Wer vor einem Löwen instinktiv Angst hat, drückt ohne Worte ein Wissen über die Gefährlichkeit des Löwen aus. Dieser kognitive Aspekt lässt sich folgerichtig auch vergleichen und bewerten, Gefühle können Ausdruck eines richtigen oder eines falschen Bewusstseins sein: Wer Angst vor einem Löwen hat, fühlt (epistemisch gesehen) richtig, wer Angst vor einer gewöhnlichen Hausspinne hat, fühlt (epistemisch gesehen) falsch. Eine standpunkttheoretische Variante der kognitiven Beurteilung von Gefühlen hat Alison Jaggar mit ihrem Begriff der »verbotenen Gefühle« (*outlaw emotions*) vorgelegt. Wenn unterdrückte Gruppen aufgrund ihrer spezifischen Erfahrungen über epistemische Vorteile verfügen, verfügen sie auch über affektive Vorteile, weil Affekte Formen von Wissen sind. Jaggar schlägt daher vor, dass »die emotionalen Reaktionen von unterdrückten Menschen im Allgemeinen und oft von Frauen im Besonderen eher angemessen sind als die emotionalen Reaktionen der herrschenden Klasse«.[25] Obwohl die Diskussion des emotionalen, sinnlichen und verkörperten Aspekts von Wissen eine wichtige Korrektur der etablierten intellektualistischen Epistemologie darstellt, ist dieser Ansatz zum Verständnis von Affekten allerdings verkürzt. Reduziert man nämlich die Funktion von Affekten auf ihren kognitiven Gehalt, wird dadurch die therapeutische und auch die hedonistische Funktion gegengemeinschaftlicher Affektpolitiken abgeschnitten. Dies beraubt sie auch des motivationalen Impulses zur Handlungs- oder Einstellungsänderung: Wären gegengemeinschaftliche Gefühle nur wahrer, würden sich aber schlecht anfühlen, so besäßen sie gegenüber unwahren Gefühlen keinen wirklichen Vorteil. Jemand, der Angst vor einer Spinne hat, »weiß«, dass die Spinne nicht gefährlich ist – die epistemische Kritik an diesem Gefühl fügt seinem Erleben nichts Wesentliches hinzu. Ebenso verhält es sich mit den Affektkulturen des *racial capitalism*: Es nimmt der Werbung für das neue iPhone, Kendall Jenners Instagram-Account oder der Angst vor Überfremdung nichts an Wirkmacht, zu wissen, dass sie auf Illusionen beruhen.

Dasselbe Problem stellt sich, wenn Affekte primär aus einer *normativen* Perspektive bewertet werden, das heißt, wenn sie danach beurteilt werden, ob sie aus moralischer oder ethischer Sicht angemessen sind. Auch diese Intuition hat ihre unmittelbare Berechtigung: Jemand, der angesichts des Unglücks einer Freundin Freude empfindet, begeht zum Beispiel keinen epistemischen, sondern einen ethischen Fehler. Insofern sind Gefühle auch normativ beurteilbar, es gibt richtigere und falschere Gefühle. Nicht nur in der Ethik, sondern auch in der Geschichte der politischen Philosophie wurde darum ausführlich darüber gestritten, welche Gefühle und

25 Alison Jaggar, »Love and Knowledge: Emotion in Feminist Epistemology«, in: *Inquiry* 32, 2 (1989), S. 151-176, hier: S. 168. – Für eine Ausarbeitung der Theorie der *outlaw emotions* im Rahmen einer Epistemologie des Protests vgl. José Medina, *The Epistemology of Protest: Silencing, Epistemic Activism, and the Communicative Life of Resistance*, Oxford 2023, Kap. 6.3.

in welcher Intensität für ein demokratisches Gemeinwesen nötig sind. Dementsprechend wurden der Staat oder zivilgesellschaftliche Institutionen mit der Kultivierung der emotiven Voraussetzungen für eine vitale Öffentlichkeit beauftragt, die etwa in Aufopferung, Liebe, Enthusiasmus, Empathie oder Vertrauen gesehen wurden. Auch die Verkürzung der Rolle von Affekten auf ihre normative Komponente stößt aber schnell an ihre Grenzen, wenn sie von außen an die Akteur:innen herangetragen werden. Schon im Privatleben widerspricht es der Intuition, dass Gefühle vorwerfbar sind: Problematisch an der Schadenfreude, der Eifersucht oder dem Geiz scheint nicht, dass jemand sie fühlt, sondern wie er sie ausdrückt oder nach ihnen handelt. Dies gilt auch für die politische Beurteilung von Affekten: Eine Person, die ihren SUV, ihr patriarchales Familienmodell oder ihre Nation genießt, mag zwar normativ gesehen falschliegen (denn all diese Dinge sind nicht genießenswert), aber der Nachweis dessen wird erstens die biographische Bedeutung, die dieser Genuss im Leben der betreffenden Person spielt, nicht erfassen können, und zweitens wird diese Kritik entweder schlicht unwirksam sein oder als autoritärer Eingriff erscheinen.[26]

Die aristotelische Antwort auf einen epistemischen oder moralischen Heroismus verweist auf den eudaimonistischen Charakter des guten Lebens, der ein *hedonistisches* Moment beinhaltet. In der *Nikomachischen Ethik* argumentiert Aristoteles, dass Glückseligkeit zwar nicht einfach auf kurzfristigen Genuss reduziert werden kann, ein Handeln gemäß der menschlichen Disposition zum Guten insgesamt jedoch auch angenehm ist und Gefühle der Zufriedenheit und Freude erzeugt.[27] Aristoteles bindet Glückseligkeit ausdrücklich an tugendhaftes Handeln, das wiederum mit der Polis verbunden bleibt: Der Idiot, also der nur an seinem eigenen Wohlbefinden interessierte Privatmann, wird kein Glück finden. Dies ist die Argumentationsstrategie, die Lynne Segal in *Radical Happiness* gegen die kapitalistische Gesellschaft in Anschlag bringen will:

26 Dies wird exemplarisch deutlich in Martha Nussbaums Theorie der politischen Emotionen. Ihr Versuch, die Liebe als patriotische »Staatsbürgerreligion« einer liberalen Demokratie wiederzubeleben, ist nicht in der gelebten sozialen Realität verwurzelt und kann daher nur entweder als zahnloser Appell oder als emotionale Indoktrination erscheinen; Martha Nussbaum, *Politische Emotionen. Warum Liebe für Gerechtigkeit wichtig ist*, Berlin 2014.

27 Aristoteles, *Nikomachische Ethik*, Reinbek 2006, Erstes Buch.

Die in sozialen Bewegungen gemachten Erfahrungen setzen gerade deshalb mehr Freude frei, weil sie auf Praktiken der authentischen kollektiven Solidarität beruhen und damit dem Menschen als *zoon politikon* mehr entsprechen, während die im Kapitalismus vorherrschenden Verhaltensweisen auf Konkurrenz und Egoismus basieren, die unglücklich machen. Allerdings gibt auch dieses Argument noch keine vollständige Auskunft über den angemessenen *Bewertungsmaßstab* von Gefühlen. Eine Praxis lässt sich nicht allein nach der Qualität der von ihr erzeugten Gefühlszustände evaluieren; der affektive Vorteil von Gegengemeinschaften kann also nicht einfach darin bestehen, dass sich die Teilnahme an bestimmten politischen Aktivitäten besser »anfühlt«. Zwar ist auch die hedonistische Dimension ein irreduzibler Bestandteil emanzipatorischer affektiver Politik: Gerade im unmittelbar erfahrbaren emotionalen Effekt solidarischen Handelns liegt die Chance, die moralische Askese vieler revolutionärer Ambitionen dogmatischer Prägung zu überwinden. Angesichts der anhaltenden Produktion und Reproduktion von Traumata im *racial capitalism* wäre ein reiner Hedonismus aber nicht nur unmöglich (beziehungsweise nur unter Aufbringung beträchtlicher Verdrängungsleistungen zu fingieren, die selbst wiederum negative Symptome produzieren würden), er wäre auch (epistemisch und normativ) unangemessen. Eine Reduzierung des affektiven Ausdrucks gegengemeinschaftlicher Praktiken auf »positive« Gefühle wie Freude oder Glück würde zudem auch den Wert und die Antriebskraft vieler »negativer« Gefühle verkennen, wie etwa der Trauer, des Hasses oder der Empörung.[28] Handlungsfähigkeit entwickeln marginalisierte Subjekte häufig gerade dadurch, dass sie die epistemische und die normative auch gegen die hedonistische Seite von Affektivität in Spannung versetzen, etwa wenn sie sich entscheiden, bei Gefühlen wie der Trauer und der Wut zu verbleiben, gerade nicht über sie hinwegzugehen.[29] Hinzu kommt

28 Zu einem Argument für »Heartbrokenness« als Klassenbewusstsein im *racial capitalism* siehe Gargi Bhattacharryya, *We, the Heartbroken*, London 2020; für eine Textsammlung zu revolutionärer Trauer Cindy Milstein (Hg.), *Rebellious Mourning. The Collective Work of Grief*, Chico 2017; zum emanzipatorischen Potential von Hass zuletzt Şeyda Kurt, *Hass – Von der Macht eines widerständigen Gefühls*, Hamburg 2023.

29 Vgl. exemplarisch für die rassismuskritische Affektforschung Çiğdem Inan, »›Diesmal nicht.‹ Zur Enteignung der Trauer«, in: *Texte zur Kunst*, Heft 126, Juni 2022, S. 33-54; dies., »Affekttheoretische Perspektiven auf Rassismus«, in: Na-

noch die Unzuverlässigkeit des von Aristoteles behaupteten Zusammenhangs von Tugend und Glückseligkeit: Es ist nicht wirklich sicher, ob sich die Besetzung einer Brücke für linke Aktivist:innen wirklich so viel besser anfühlt als Donald Trumps Wahlsieg für Faschist:innen (und ehrlicherweise ist auch nicht hundertprozentig sicher, dass andere gegengemeinschaftliche Praktiken wirklich so viel mehr Spaß machen als das anscheinend unwiderstehliche Vergnügen, das Konsum, Nationalität und Heterosexualität nicht nur versprechen, sondern teilweise auch einlösen). Die Verknüpfung von authentischen Glückserfahrungen mit politischem Engagement ist mindestens instabil. In jedem Fall wäre eine Reduktion gegengemeinschaftlicher Affekte auf ihre »hedonistische Valenz«[30] zumindest nicht prinzipiell immun gegen die Möglichkeit amoralischer und antisozialer Befriedigung, wie sie in Aldous Huxleys *Brave New World* ihren bekanntesten literarischen Ausdruck gefunden hat.

Für sich genommen versagen also alle drei hier zunächst betrachteten Bewertungsmaßstäbe affektiver Zustände: Affekte lassen sich weder auf ihre epistemische Richtigkeit noch auf ihre normative Angemessenheit oder auf ihre hedonistische Valenz reduzieren. Gesucht ist also ein mehrdimensionaler Affektbegriff, der die verschiedenen wertenden Facetten der Affektivität auf anspruchsvolle Weise berücksichtigt und zugleich an die von der Standpunkttheorie vorgenommene Umkehrung von Herrschaft und Knechtschaft anschlussfähig ist.

Affektive Vorteile als Kapazitäten

Seit den 1990er Jahren hat die so genannte »affektive Wende« in der Gesellschaftstheorie ein neues Licht auf die Verflechtung von Politik und Emotion geworfen und damit den kanonischen Status eines bis dahin oft übersehenen Philosophen wiederhergestellt, nämlich Spinoza.[31] Für Spinozas materialistischen Ansatz sind Affekte zu-

tionaler Diskriminierungs- und Rassismusmonitor (Hg.), *Rassismusforschung I. Theoretische und interdisziplinäre Perspektiven*, Bielefeld 2023, S. 191-229.

30 Zum Begriff der hedonistischen Valenz vgl. Jan Slaby, *Gefühl und Weltbezug. Die menschliche Affektivität im Kontext einer neo-existentialistischen Konzeption von Personalität*, München 2008.

31 Zum »affective turn« siehe Patricia Clough, Jean Halley (Hg.), *The Affective*

nächst einmal Manifestationen eines übergeordneten, prä- und transindividuellen Affektgeschehens, das Naturgesetzen folgt. Zusammen mit dieser Definition führt Spinoza auch ein spezifisches Kriterium zur Bewertung von Affekten ein, das über die Reduktion auf deren epistemischen, normativen oder hedonistischen Gehalt hinausgeht. Für Spinoza sind es die Affekte, die bestimmen, *was* und *wie viel* ein Körper tun kann. »Unter Affekt«, so Spinoza in seiner *Ethik,* »verstehe ich Affektionen des Körpers, von den die Wirkungsmacht des Körpers vermehrt oder vermindert, gefördert oder gehemmt wird, und zugleich die Ideen dieser Affektionen.«[32] Der Begriff, den Spinoza verwendet, um diese »Wirkungsmacht« zu bezeichnen, ist *potentia*, also Kraft, Fähigkeit oder Potential.

Spinoza unterteilt die Affekte weiter in mehrere Hauptgruppen, die der Freude, die die Kraft eines Körpers vermehren, und die der Trauer, die sie vermindern. Hier wird deutlich, dass Spinozas Begriff des Affekts nicht einfach eine vierte Option zur Bewertung der Affekte hinzufügt, sondern eine Möglichkeit bietet, die anderen drei auf komplexe Weise zu kombinieren. Seine Unterscheidung zwischen machtsteigernden und machtmindernden Affekten umfasst die drei bisher genannten Ansätze: Sie hat eine epistemische, eine moralische und eine hedonistische Komponente. Die *epistemische* Komponente wird bereits dadurch angedeutet, dass Affekte der Definition nach Ideen enthalten; diese Ideen, die die Affektreaktionen begleiten, können mehr oder weniger der Realität entsprechen. Der fundamentale rationale Gehalt von Affekten hat auch eine *normative* Komponente, die auf den richtigen Umgang mit dem eigenen Affiziertsein zielt. Dies beinhaltet einerseits einen politischen Realismus, also mit der eigenen und fremden Affiziertheit zu rechnen, zum anderen aber auch ein Perfektibilitätsgebot: sich nicht von den machtmindernden, sondern nur von den machtstei-

Turn, Durham 2007; Melissa Gregg, Gregory J. Seigworth (Hg.), *The Affect Theory Reader*, Durham 2010; Jan Slaby, Christian von Scheve (Hg.), *Affective Societies*, London 2019; zur Verbindung von Spinozas Affekttheorie und kritischer Theorie siehe die einschlägigen Arbeiten von Martin Saar, etwa *Die Immanenz der Macht. Politische Theorie nach Spinoza,* Berlin 2013; ders., »Power, Affect, Society. Critical Theory and the Challenges of (Neo) Spinozism«, in: Hartmut Rosa u. a. (Hg.), *Critical Theory and New Materialisms,* London 2021, S. 71-83.

32 Baruch de Spinoza, *Ethik in geometrischer Ordnung dargestellt*, Werke in drei Bänden, Bd. 3, Hamburg 2006, S. 114 [III def 3].

gernden Affekten leiten zu lassen. Schließlich ist die *hedonistische* Komponente in Spinozas Affektlehre schon allein deshalb enthalten, weil die Vermehrung der Macht mit Freude verbunden ist: Die Steigerung der eigenen Fähigkeiten fühlt sich auch gut an. Ein solches Konzept bietet eine solide Grundlage für die Bewertung von affektiven Milieus: Ermöglichen, erlauben und erzeugen sie Affekte, die die menschlichen Kapazitäten steigern?

Spinoza bietet also einen mehrdimensionalen, nicht-reduktiven Begriff des Affekts, der für die Erforschung oppositioneller Affektmilieus attraktiv ist. Man könnte allerdings meinen, dass gerade die Verknüpfung von Affekt und Macht der These vom affektiven Vorteil von Gegengemeinschaften widerspricht: Schließlich rührt ihr oppositioneller Status gerade daher, dass sie im Gegensatz zu ihren Unterdrücker:innen *keine* Macht haben. Wie kann es dann attraktiver sein, gegen Sozialabbau auf der Straße zu demonstrieren, anstatt ihn im Parlament zu beschließen? Um dies zu verstehen, ist es notwendig, ein weiteres wichtiges Element von Spinozas Affekttheorie zu berücksichtigen. Für Spinoza sind die Affekte keine festen Zustände, sondern *transitorische Prozesse*, die eine Zunahme oder Abnahme der Macht anzeigen. In dieser Theorie wird das Individuum nicht nur in seiner Positivität, sondern auch in seiner Potenz, in dem, was ihm möglich ist, begriffen. Die politische Pointe dieser ontologischen Theorie der Affekte als Bewegungen der Selbstüberschreitung besteht darin, dass sich die Macht nicht in bestimmten Institutionen manifestiert, sondern sich auf die Gesamtheit des Seins erstreckt und nicht abgetreten werden kann. Daraus folgt, dass selbst die *multitudo*, die Vielzahl der von politischen Institutionen ausgeschlossenen Wesen, in ihrer Vielfalt eine grundlegende Fähigkeit zur Aktivität besitzt. Durch die richtige Kombination von Kräften kann sie diese Kraft steigern und vervielfältigen, im Prinzip bis ins Unendliche. Von hier aus ist es nur noch ein kleiner Schritt zur standpunkttheoretischen Behauptung über die Situiertheit affektiver Ressourcen: Wenn sich zeigen lässt, dass die Multitude zu Formen transitorischer Kooperation fähig ist, die nicht nur vergleichbar, sondern *besser* sind als die dominanter Gruppen, dann lässt sich auch erklären, warum sich diese Fähigkeit im kollektiven Handeln als Erfahrung von Freude, Trost oder Erfüllung niederschlägt.

Dieser Schritt wurde von einer Reihe von politisch-philosophischen Ansätzen unternommen. Antonio Negri versteht in seinem frühen Spinoza-Buch *Die wilde Anomalie* die *potentia multitudinis* als eine historisch situierte Fähigkeit zur kollektiven Praxis, die in einem Verhältnis des »absoluten Antagonismus«[33] zur kapitalistischen Gewalt steht. Die Multitude besitzt demnach einen affektiven Vorteil gegenüber dem Kapital, weil sie eine Produktivkraft ist und ihr daher eine Sehnsucht nach Übergang und Konstitution inhärent ist. Deleuze und Guattari haben in ihrem Begriff des *Minoritärwerdens* – einer weiteren prominenten Variante der Rotation der traditionellen Valenz von Herrschaft und Knechtschaft – die Erfindungspotentiale der Minderheit hervorgehoben: Affektiv ist die Minorität attraktiver als die Majorität, weil sie inhärent dynamisch ist. Sie enthält einen kreativen transformativen oder transgressiven Drang, während die majoritäre Perspektive in ihrem konstanten Sein erlahmt.[34] Schließlich kann eine queer-theoretische Weiterführung spinozistischer Motive, wie sie beispielsweise bei Hasana Sharp zu finden ist, auf die posthumanistische Idee der Fähigkeit zu freudvollen Körperassemblagen zurückgreifen, die eine Entsprechung in der affektiven Politik queerer Projekte findet.[35]

Diese allgemeine Strategie ist vielversprechend, denn sie bietet eine plausible Erklärung für das Gefühl der affektiven Überlegenheit, das Angehörige unterdrückter oder marginalisierter Gruppen trotz ihres materiellen Leidens empfinden können: Sie sind besser als ihre Unterdrücker:innen in der Lage, affektive Kräfte so zu bündeln, dass sie Transformationsprozesse in Gang setzen und eine überlegene Macht oder ein überlegenes Potential markieren. Die Affekte, die durch Praktiken kollektiven Handelns, generationenübergreifende Resilienz, dissidente Lebensformen oder Fluchtbewegungen freigesetzt werden, weisen auf Übergangsprozesse hin: eine Kraft der Vervielfältigung, die aus der Kooperation pluraler Körper resultiert. Der Affekt hingegen, der uns an den neoliberalen Kapitalismus bindet, bietet uns nichts, was wir nicht schon kennen; er bietet uns keine Gelegenheit zur echten Selbstveränderung.

Die spinozistische Interpretation ist jedoch weniger überzeu-

33 Antonio Negri, *Die wilde Anomalie. Spinozas Entwurf einer freien Gesellschaft*, Berlin 1982, S. 229.

34 Gilles Deleuze, Félix Guattari, *Tausend Plateaus. Kapitalismus und Schizophrenie*, Berlin 1993, Kap. 10.

35 Hasana Sharp, *Spinoza and the Politics of Renaturalization*, Chicago 2011.

gend, wenn es um die beiden oben beschriebenen Herausforderungen geht: Ideologie und Idealisierung. Erstens neigen spinozistische Darstellungen dazu, den Affekt als einen ontologischen und nicht als einen historischen Faktor zu beschreiben. Die Logik der Affektion ist ebenso transhistorisch und kulturunabhängig wie die Einteilung und Klassifizierung der verschiedenen Affekte (sie sind, so Spinoza, »überall und immer dieselben«[36]). Dies hindert spinozistische Interpretationen nicht nur daran, die affektiven Möglichkeiten, die verschiedene soziokulturelle Formationen bieten, soziologisch und psychoanalytisch genauer zu untersuchen, sondern auch daran, das Risiko der Vereinnahmung und Kooptation bestimmter Affekte und damit ihre ideologische Integration in den Status quo vollständig zu erfassen (ein Problem, das insbesondere Hardt und Negri oft vorgeworfen wurde). Zweitens folgt daraus auch eine gewisse Gefahr der Idealisierung eines marginalisierten Standpunktes. Diese Gefahr besteht bereits in der Abwertung der traurigen Leidenschaften als stets machtmindernd; Spinoza verkennt hier das produktive und ermächtigende Potential von Erfahrungen wie Trauer, Verzweiflung, Empörung, Hass oder Abscheu. Spinozistische Denker haben der Multitude daher oft nur freudige oder »positive« Affekte zugeschrieben, was zu ihrer romantisierenden und sogar apologetischen Darstellung beiträgt.[37] Es bedarf daher eines Sprungs zurück aus dem spinozistischen in den hegelianischen Marxismus, um nach einer historischeren und weniger ontologischen Erklärung des affektiven Vorteils von Gegengemeinschaften zu suchen.

Affektive Arbeit

In seinen *Ökonomisch-philosophischen Manuskripten* zeigt Marx einige der emotionalen Deformationen auf, die durch das Vorherrschen der kapitalistischen Eigentumsordnung verursacht werden. Auf der individuellen Ebene, so Marx, zwingt uns der Kapitalismus eine verdinglichte Beziehung zu unserer eigenen Subjektivität auf, die von der Ganzheit und Vielseitigkeit unserer konkreten Existenz abstrahiert und sie auf die Erfahrung des Eigentums reduziert. »Das

36 Spinoza, *Ethik*, S. 113 [III Vorw].

37 Eine Ausnahme ist Katja Diefenbach, *Spekulativer Materialismus. Spinoza in der postmarxistischen Philosophie*, Wien 2018.

Privateigentum hat uns so dumm und einseitig gemacht, daß ein Gegenstand erst der *unsrige* ist, wenn wir ihn haben. [...] An die Stelle *aller* physischen und geistigen Sinne ist daher die einfache Entfremdung *aller* dieser Sinne, der Sinn des *Habens* getreten.«[38] Auf der intersubjektiven oder gesellschaftlichen Ebene führt das Privateigentum zu einer universellen Indifferenz gegenüber den Bedürfnissen der anderen. Wenn ich die anderen nur als Personen anerkenne, erkenne ich sie nicht als Menschen, das heißt als Wesen mit Bedürfnissen und Wünschen. Deine Bedürfnisse sind, wie Marx in seinen *Exzerpten zu James Mill* sagt, nur ein »unbefriedigtes Streben deinerseits, ein nicht vorhandener Einfall für mich«.[39] Das Privateigentum führt für Marx also zu einer verarmten Individualität und einer atomistischen Sozialität. Die Abschaffung der kapitalistischen Eigentumsordnung wiederum, so Marx, beendet diese Entfremdung und setzt auch neue Formen von Sinnlichkeit frei, die er als »vollständige *Emanzipation* aller menschlichen Sinne und Eigenschaften«[40] bezeichnet. Diese Emanzipation wird es den Sinnen ermöglichen, sich in verschiedene Richtungen zu entwickeln und ihr kreatives Potential voll auszuschöpfen. Die Entwicklung der Sinne hat wiederum eine individuelle und eine gesellschaftliche Dimension, sie wird das Individuum weniger egoistisch und einseitig und die Gesellschaft weniger atomistisch machen. Die kommunistische Arbeit wird daher im Gegensatz zur kapitalistischen Arbeit nicht nur gerechter sein, sondern auch eine echte Selbstverwirklichung und damit mehr Glück ermöglichen.

Mit der Gegenüberstellung einer kapitalistischen und einer kommunistischen Form der Sinnlichkeit plädiert Marx für eine Form der affektiven Überlegenheit: Den Menschen wird es im Kommunismus »besser« gehen als im Kapitalismus. Dieses *besser als* wird hier nicht als fester Zustand verstanden, sondern – in Anlehnung an Spinoza – als Potential für einen Übergang oder, in Marx' Worten, für eine Entwicklung. Der Kommunismus ist nicht besser, weil er die Menschen glücklich »macht«, sondern weil er ihnen erlaubt und sie einlädt, etwas oder jemand anderes zu werden, als sie

38 Marx, *Ökonomisch-philosophische Manuskripte*, S. 540.

39 Karl Marx, »Anmerkungen zu James Mills Buch ›Éléments d'économie politique‹«, in: *Marx-Engels-Werke* (MEW), Erg.-Bd., Berlin 1968, S. 445-463, hier: S. 461.

40 Marx, *Ökonomisch-philosophische Manuskripte*, S. 540.

sind, sich zu entwickeln.[41] Die Art und Weise, wie Marx diese Gegenüberstellung figuriert, ist die einer historischen Abfolge: Jetzt, im Kapitalismus, sind die Sinne der Menschen einseitig, später, im Kommunismus, werden die Sinne der Menschen emanzipiert sein. Dieser Vergleich kann aber auch als Ausdruck eines Klassenantagonismus, das heißt eines Konflikts gegensätzlicher Sinnlichkeiten *innerhalb* der bestehenden Gesellschaft, gelesen werden. Das Proletariat erhebt lediglich das zum Prinzip, was die Gesellschaft zum Prinzip des Proletariats erhoben hat, mit anderen Worten: Der Kommunismus ist lediglich die Verallgemeinerung dessen, was sich im Proletariat bereits als konkretes, materielles, empirisches Phänomen manifestiert – er ist, wie Marx ja sagt, die »wirkliche Bewegung, die den jetzigen Zustand aufhebt«. Wenn aber Kapitalismus und Kommunismus nicht nur unterschiedliche gesellschaftliche Regime, sondern auch unterschiedliche soziale Klassen sind, die in einem antagonistischen Verhältnis zueinander stehen, so sind es auch die Affekte, die sie manifestieren. Wenn die Möglichkeit, seine Sinne zu entwickeln, nicht ontologisch gegeben, sondern das Produkt spezifischer sozialer Umstände ist, sind solche Entwicklungskapazitäten ungleich über das soziale Feld verteilt, was Formen von affektiven Vorteilen produziert. Die »Emanzipation der Sinne«, die Marx vorschwebt, ist eine »wirkliche Bewegung«, sie hat Orte, Zeiten und Akteur:innen.

Für Marx war der wichtigste Faktor, der die soziale Position bestimmt, das Verhältnis zu den Produktionsmitteln. Es war daher die Intuition der frühen Standpunkttheorien, dass die Erfahrung der Arbeit wesentlich für die Entfaltung des epistemischen Vorteils ist: Ausgebeutete Gruppen wissen mehr als die herrschende Klasse, weil sie eine spezifische Tätigkeit oder Praxis ausüben können, die den herrschenden Gruppen entgeht. Dieselbe Intuition kann auch erste Orientierung bieten, um den sozialen Ort des affektiven Vorteils weiter zu spezifizieren. Post-operaistische und materialistische feministische Ansätze haben den Begriff der *affektiven* oder *emotionalen Arbeit* verwendet, um den sich verändernden Charakter der Arbeit in den heutigen kapitalistischen Gesellschaften zu beschrei-

41 Das Verständnis von »Entwicklung« als »Übergang« befreit diese Idee auch von ihren humanistisch-teleologischen Konnotationen. In diesem Sinne hat die »Entwicklung« der Sinne kein Ziel und basiert nicht auf anthropologischen Annahmen über den idealen Menschen.

ben. In Anlehnung an Marx' Konzept des General Intellect, wie es im so genannten »Maschinenfragment« der *Grundrisse* entwickelt wurde, führen Michael Hardt und Toni Negri das Konzept der affektiven Arbeit als eine Facette der immateriellen Arbeit ein.[42] Um die Arbeiter:innen ausbeuten zu können, müssen die Kapitalist:innen auch für ihre Reproduktion, Kultivierung und Ausbildung sorgen und ihnen bestimmte Kenntnisse und Fähigkeiten vermitteln. Dies führt zur Entstehung einer bestimmten Form von Massenintelligenz der Multitude, die immer schon kooperativ und kreativ ist. Die Globalisierung der kapitalistischen Wirtschaft, verbunden mit einer zunehmenden Immaterialisierung der Arbeit, hat diesen Prozess beschleunigt und eine weltweite Kommensurabilität von Ausdruck und Affekten geschaffen. Diese Form der Universalität, so Hardt und Negri, ist einerseits ein kapitalistischer Alptraum, andererseits aber auch die Grundlage für kollektives Handeln und letztlich die Voraussetzung für die Rückeroberung der Produktionsmittel, die heute untrennbar in die Körper und Köpfe der Arbeiter:innen integriert sind. In Abgrenzung zur post-operaistischen Tradition haben auch materialistische Feminist:innen wie Silvia Federici, Mariarosa Dalla Costa, Arlie Russell Hochschild und viele andere den affektiven Charakter der meist von Frauen ausgeübten Tätigkeiten sowie die affektiven Dimensionen aller Formen von Arbeit (die Zuneigung des Kindermädchens, das Lächeln der Bankmitarbeiterin, die Ruhe der Flugbegleiterin, die Coolness der Juniorprofessorin) beschrieben, wobei sie von einer paradigmatischen Rolle der Reproduktionsarbeit wie der Pflege- oder Hausarbeit ausgehen.[43] In dieser Sichtweise spielt die affektive Arbeit eine grundlegende Rolle bei der Reproduktion der Fähigkeit des Arbeitskörpers, zu affizieren und affiziert zu werden, das heißt der grundlegenden Vitalität, die für die Ausbeutung der Arbeiterklasse notwendig ist. Es sind traditionell die Frauen, die als Arbeiterinnen

42 Exemplarisch Antonio Negri, Michael Hardt, *Empire. Die neue Weltordnung*, Frankfurt/M. 2000.

43 Exemplarisch Mariarosa Dalla Costa, Selma James, *The Power of Women and the Subversion of the Community*, Bristol 1976; Arlie Russell Hochschild, *The Managed Heart. Commercialization of Feeling*, Berkeley 1983; Silvia Federici, *Revolution at Point Zero. Housework, Reproduction, and Feminist Struggle*, Oakland 2012; Sophie Lewis, *Full Surrogacy Now! Feminism against the Family*. London/New York 2020.

die wichtigsten Aufgaben der Reproduktion des Lebens erfüllen, die in der Lage sind, sich diese entfremdeten Haltungen und Gewohnheiten der Fürsorge und Sorge wieder anzueignen und sie zur Grundlage einer Gemeinschaft zu machen, die den menschlichen Bedürfnissen besser gerecht wird. Affektiv arbeitende Menschen sind nach diesen Traditionen das konkrete und historische Subjekt, das das Potential für die von Marx geforderte »Emanzipation der Sinne« bereits innerhalb des Kapitalismus manifestiert.[44]

Beide Theorien führen zu einem weit gefassten Arbeitsbegriff, der sich nicht auf Lohnarbeit beschränkt, schon gar nicht auf die industrielle Lohnarbeit, die Marx und Engels im Sinn hatten. Er umfasst Fabrikarbeit am Fließband, aber auch reproduktive Arbeit wie das Kindererziehen und das Wohnungputzen sowie klassische Freizeitaktivitäten wie Kommunikation, Sex und Liebe. Mit anderen Worten: Arbeit kann produktiv, reproduktiv oder unproduktiv im klassischen Sinne sein, in jedem Fall trägt sie zur biopolitischen Formierung der sozialen Welt bei, die dann vom Kapital ausgebeutet wird. Weil dies der Fall ist, können diejenigen, die über affektive Skills verfügen – nicht nur über einen *General Intellect*, sondern einen *General Affect* –, sich diese Kompetenzen wieder-aneignen und das zerstörerische Kapital abschütteln.

Allerdings läuft dieser Ansatz Gefahr, die Vielseitigkeit affektiver Erfahrungen auf den Arbeitsbegriff zu reduzieren. Viele der genannten Beispiele für affektive Vorteile von Gegengemeinschaften lassen sich nur sehr indirekt als Resultate von Arbeit beschreiben: Gegenseitige Hilfe, queere Bohème, politische Aktionen sind Gelegenheiten affektiver Intensitäten, die viele andere Erlebnisqualitäten und auch soziale Funktionen umfassen gegenüber der Arbeit. Dementsprechend lassen sich auch nicht alle Gegengemeinschaften unter dem Arbeitsbegriff subsumieren. Zwar erfüllen sie häufig

44 Psychoanalytische Konzepte wie die *Trauerarbeit* weisen bereits auf die begriffliche Erweiterung des klassischen Arbeitsbegriffs hin; sie zeigen, dass Praktiken der Welt- und damit der Selbstveränderung eine Form des affektiven Stoffwechsels beinhalten: Sie wandeln schlechte in bessere Gefühle um. Verbindet man diesen Begriff mit einer Klassentheorie, so lässt sich auch ein Proletariat der Trauerarbeit denken, das heißt eine Klasse, die zur Aneignung der affektiven Produktionsmittel in der Lage ist. In diese Richtung geht auch Herbert Marcuse mit seinem Konzept der »neuen Sensibilität«, wobei er als Träger dieser Sinnlichkeit gerade nicht die Arbeiter:innen, sondern die sozialen Außenseiter:innen bestimmt, vgl. Herbert Marcuse, *Versuch über die Befreiung*, Frankfurt/M. 1969.

auch eine produktive oder eine reproduktive Funktion, aber ihre Sittlichkeit hat auch viele andere Dimensionen: sie dienen dem ästhetischen Ausdruck, der therapeutischen Heilung, der politischen Solidarität, der sozialen Vernetzung etc. Es ist daher wichtig, den Begriff des affektiven Vorteils breiter zu verankern als nur in der Tätigkeit der Arbeit. Was alle Gegengemeinschaften vielmehr gemeinsam haben, ist eben ein Verhältnis des *Gegen* – eine Beziehung des Konflikts und des Kampfes.

Affektive Kämpfe

Auch Hegel beschreibt im »Herrschaft und Knechtschaft«-Kapitel ja die Arbeit als zentralen Faktor, der die »Wahrheit« des knechtischen Bewusstseins bedingt: Der Knecht macht durch die Bearbeitung des Dings die Erfahrung von Selbständigkeit, die dem Herrn, der nur eitel genießt, abgeht. Der Arbeit voraus geht aber eine noch wichtigere Erfahrung: die des Kampfes um Leben und Tod. Anders als der Herr hat der Knecht eine existenzielle Konfrontation mit dem Tod erlebt, die seine Subjektivität tiefgreifend verändert hat. Genauer gesagt hat der Knecht eine Passage der Desubjektivierung durchschritten: Die Bedrohung, getötet zu werden, hat das alte Selbst aufgelöst und ein neues Selbst-Bewusstsein geschaffen; es »hat durchaus in sich selbst erzittert, und alles Fixe hat in ihm gebebt«.[45] Hierdurch kommt es zu einer Wendung des Bewusstseins auf sich selbst, der Knecht erlangt ein »Fürsichsein«. Die Voraussetzung für diese Erfahrung »absoluter Negativität« ist affektiv, es ist die Furcht, die das Wesen des Knechts ganz erfasst hat. Solange die Furcht nur ein innerliches Gefühl bleibt, bleibt die Subjektivität des Knechts weltlos und somit ideologisch (eine Haltung, die Hegel dem »unglücklichen Bewusstsein« der frühen christlichen Kirche attestiert), wenn sie aber in Kombination mit einer Formierung der Welt tritt, kann sich der Knecht – und damit auch den Herrn – befreien. Hegel hat hier ein formelles Schema eines durch die Erfahrung des Kampfes erzeugten affektiven Vorteils formuliert: Obwohl Herr und Knecht beide gekämpft haben, entstehen nur auf der unterlegenen Seite Affekte der absoluten Furcht, und nur die

45 G. W. F. Hegel, *Phänomenologie des Geistes*, Frankfurt/M. 1986, S. 152.

unterlegene Seite entwickelt daher einen Sinn für die Besonderheit der eigenen Existenz. Unter Herrschaftsbedingungen bleibt die knechtische Affektivität für immer auf eine Beseitigung von Herrschaft aufgespannt; nur so kann sie sich durch eine Erfahrung der Selbständigkeit in der Bildung komplementieren. Der Begriff des Kampfes ist erstens umfassender als der reduktive Begriff der Arbeit und diesem zweitens logisch vorgängig: ohne Unterwerfung keine Ausbeutung. Die affektive Überlegenheit der Unterlegenen kann durch eine Analyse der tiefgreifenden (De-)Subjektivierungs-, Transitions- und Transgressionspraktiken, die der Kampf erzwingt, präziser dargestellt werden.

Viele Beschreibungen affektiver Praktiken von Gegengemeinschaften lassen sich in dieses Schema eintragen. In ihrem Buch *Feminist International* analysiert Verónica Gago die Zunahme patriarchaler Gewalt gegen Frauen im Zuge der neoliberalen Umstrukturierung der Gesellschaft und der damit einhergehenden Implosion der häuslichen Sphäre, der Entstehung informeller Ökonomien, der Enteignung von Gemeindeland und der Finanzialisierung des sozialen Lebens in Lateinamerika. Sie beschreibt diesen Prozess als einen »Krieg gegen die Körper der Frauen«, einen Krieg, in dem eine Partei nicht nur der Gegner, sondern auch das Schlachtfeld ist (Gago zitiert Lou Andreas-Salomés Verweis auf Nietzsche: »Ewiger Krieg, der *man ist*«[46]); es ist ein Krieg *um den* und *auf dem* weiblichen Körper als Ressource, die es zu gewinnen und zu unterdrücken gilt. Gewalt gegen Frauen hat auch eine ökonomische Funktion und eine ökonomische Ursache, aber sie lässt sich nicht einfach als Arbeitskampf beschreiben. Es ist vielmehr die Erfahrung des (internen und externen) *Konflikts* – beziehungsweise die Erfahrenheit mit Konflikualität –, die zur Grundlage einer feministischen Subjektivierung wird. Dies ermöglicht es Gago auch, eine Sprache der Viktimisierung zu vermeiden. Indem sie den Krieg erklären, so argumentiert sie, können Frauen Kräfte des »Werdens« freisetzen und so ihrer zugewiesenen Position entkommen. Die Metapher des Werdens hat eine ähnliche Funktion wie die Furcht bei Hegel, sie beschreibt, wie gerade die Erfahrung der eigenen Prekarität zum affektiven Antrieb einer Bewegung der Selbstüberschreitung werden kann.

46 Verónica Gago, *Feminist International. How to Change Everything*, London/New York 2020, S. 82.

Die Wahrnehmung des eigenen Körpers als Schlachtfeld eines Kampfes von Kräften, die die eigene Macht entweder vergrößern oder verkleinern, löst für Gago affektive Impulse des Übergangs aus: »Frau-Werden ist eine Art jugendlicher Bewegung: nicht wegen des Alters, sondern aufgrund der Fähigkeit, mit verschiedenen Geschwindigkeiten und an verschiedenen Orten zu zirkulieren, Passagen zu durchlaufen, bis man zum Prozess selbst wird. Das Frau-Werden ist der Schlüssel zu anderen Werden: ein Anfang, ein Rhythmus, ein Schwindel, der sich der Mehrheit entgegenstellt, die als ein Zustand der Macht und der Herrschaft verstanden wird.«[47] Gago beschreibt die produktive Kraft der subalternen Position also als engagiert (und nicht als neutral) und als historisch situiert (und nicht als ontologisch). Trotz der schillernden Sprache vermeidet sie jede ideologische Romantisierung der subordinanten Position – die Kräfte des Werdens entspringen Bedingungen von Krieg und Kriegsverbrechen. Es ist nicht die Universalisierung einer selbsttransparenten Gemeinschaft von Produzent:innen, wie Negri sich die unendliche Vervielfältigung multitudinärer Mächte vorstellt, sondern das Ergebnis eines internen Antagonismus und Konflikts,

47 Ebd., S. 81. – Ruth Wilson Gilmore verwendet ganz ähnliche Metaphern, wenn sie beschreibt, was sie eine »dialektische« Beziehung zwischen verschiedenen Gefühlsstrukturen nennt: »Die *Black Radical Tradition* ist eine sich fortwährend weiterentwickelnde Akkumulation von Gefühlsstrukturen, deren individuelle und kollektive Erzählbögen beständig zur Freiheit tendieren. Sie besteht in achtsamem Handeln, das beständig erneuert wird, dabei aber nicht an Stärke, Geschwindigkeit, Ausdauer, Agilität, Flexibilität und Ausgewogenheit verliert.« (Gilmore, »Geographien des Abolitionismus«, S. 177) Gago und materialistische Feminist:innen helfen zu verstehen, *warum* und *wie* diese Bewegungen durch Konstellationen von Widerspruch und Konflikt entstehen können. Penelope Deutscher erklärt dies mit den vielfältigen und unterschiedlich geschichteten Formen von Macht, die sich in den untergeordneten Körper einschreiben: »Die daraus resultierenden Dissonanzzustände können auch als eine zusätzliche Form des kritischen Dialogs verstanden werden. Dies könnte bedeuten, dass ein Körper sein Drängen und Ziehen in verschiedenen Modi und Formen auslebt und inkorporiert, deren sich gegenseitig widersprechende Anforderungen in manchen Fällen auf ein praktisches Wissen, wenn nicht gar eine ›Erfahrung‹ einer materialisierten Selbstkritik – *als* umkämpfte Form – hinauslaufen. Innerhalb und zwischen diesen sich kreuzenden subjektiven und leiblichen Formationen kommt es zu Modifikationen, Reibungen und Brüchen, zu intermittierendem Scheitern, zu seltsamen Effekten.« Penelope Deutscher, »Paradoxes of Reproduction, Grammars of Power«, in: *Diacritics* 49, 2 (2021), S. 127-135, hier: S. 132.

der Gegengemeinschaften erlaubt, einen Vorteil gegenüber dominanten Gruppen zu entfalten.[48] Auf diese Weise vermag es Gago, die affektive Überlegenheit in präsubjektiven materiellen Praktiken zu verankern, ohne diese auf die Arbeit zu reduzieren.

Ein anderes einschlägiges Beispiel, in dem die transitorische Kraft gegengemeinschaftlicher Affekte emblematisch wird, sind queere und trans* Gefühlsinfrastrukturen. Judith Butler hat zweigeschlechtliche Identifikation als Form der erzwungenen Verwerfung geschlechtlicher Möglichkeiten begriffen, die aufgrund der Naturalisierung von Heterosexualität nicht betrauert werden kann und sich als melancholische Verleugnung somatisch in das Subjekt einschreibt.[49] Diese Verdrängung kann beim heteronormativen Subjekt nicht nur zu sozialem Leiden und entsprechenden Symptomen, sondern auch zu einem aggressiven Hass auf diejenigen führen, bei denen es eine größere geschlechtliche Freiheit beobachtet. Auf der anderen Seite lassen sich Praktiken der geschlechtlichen Subversion und Transition als affektiv befreiend beschreiben; nicht in dem Sinne einer Wiedergewinnung einer »ursprünglichen« oder

48 Diese Hypothese kann auch erklären, warum der affektive Vorteil nur emanzipatorischen Gegengemeinschaften, nicht aber reaktionären Gemeinschaften von Unterdrückten zugeschrieben werden kann. Reaktionäre Formen der Organisierung unterdrückter Menschen bieten nichts anderes als den Status quo und sind oft durch den Wunsch nach Homogenität und Gleichheit gekennzeichnet. Da der affektive Vorteil aus den Fähigkeiten der Transition resultiert, haben diese Gruppen keinen Zugang dazu. Die aus Angst vor dem Verlust von Privilegien empfundene Wut der so genannten »Wutbürger« ist daher eine andere als die Empörung marginalisierter Gruppen. In Anlehnung an die Arbeiten von Wendy Brown und anderen könnte man sogar argumentieren, dass ein Großteil der gegen Minderheiten gerichteten rechten und autoritären Wut aus Neid auf oder Angst gegenüber deren affektivem Vorteil resultieren könnte: Sie konstituieren sich affektiv als Gegen-Gegengemeinschaften. Zu autoritären Affekten siehe Wendy Brown, »Neoliberalism's Frankenstein: Authoritarian Freedom in Twenty-First Century ›Democracies‹«, in: *Critical Times* 1, 1 (2018), S. 60-79; siehe zur affektiven Komponente auch Robin Celikates, »De-, Hyper-, or Pseudo-Politicization? Undoing and Remaking the Demos in the Age of Right-Wing Populism«, in: Amy Allen, Eduardo Mendieta (Hg.), *Power, Neoliberalism, and the Reinvention of Politics. The Critical Theory of Wendy Brown*, University Park 2022, S. 141-157; sowie zum deutschen Kontext die Studie von Carolin Amlinger, Oliver Nachtwey, *Gekränkte Freiheit. Aspekte des libertären Autoritarismus*, Berlin 2022.

49 Judith Butler, »Melancholisches Geschlecht/Verweigerte Identifizierung«, in: dies., *Psyche der Macht. Das Subjekt der Unterwerfung*, Frankfurt/M. 2002, S. 125-142.

»eigentlichen« Identität, sondern als Initiierung von und Responsivität gegenüber einem transitorischen Affektgeschehen. Trans* Leben haben Gefühlsinfrastrukturen entwickelt, in denen Praktiken der Desidentifikation, der Ablösung und der Verweigerung geübt und lebbar gemacht werden, auch wenn diese Praktiken unvorhersehbar sind und sich keinem normativen Schema einer Bilderbuch-Transition einschreiben lassen.[50] In ihnen manifestiert sich also in besonderer Intensität, worum es bei der Affizierung geht: um Prozesse der Überschreitung. Immer wieder finden sich in (autobiographischen) Beschreibungen von geschlechtlichen Transitionen, die die Bedeutung des Werdens (im Gegensatz zum Sein, zu einer fixen Identität) betonen (und die hierin Verónica Gagos Formulierung vom »Frau-Werden« ähneln): eine gegebene Identität »erzittert«, wird aufgelöst, wodurch sich ein Individuum Zugang zu öffnenden, produktiven und ermächtigenden Kräften verschafft.[51]

Damit wird wiederum nicht geleugnet, dass trans* und queere, non-binäre und non-konforme Leben sich zunehmender legalen und extralegalen Vernichtungsbedrohungen ausgesetzt sehen, die sich emotional als Dysphorie, Scham, Panik oder Depression sedimentieren können und die zu häufig auch suizidale Folgen haben (diese Phänomene in einer Zelebration queeren Lifestyles als freudvoll und unangepasst auszublenden hieße, den affektiven Vorteil von Gegengemeinschaften auf ihre hedonistische Valenz zu reduzieren). In seinem Buch *Side Affects: One Being Trans and Feeling Bad* insistiert Hil Malatino daher darauf, dass die Erfahrung einer Transition nicht als ein Übergang von schlechten zu guten Gefühlen, von der Dysphorie zur Euphorie verstanden werden darf; trans* Affekte lassen sich nicht als Stationen eines Heilungsplans verstehen.[52] Während Malatino die Überwindung eines Glücks-Zwangs in Richtung eines Transpessimismus zuspitzt, lässt sich die trans* Lebenskunst, die er in seinem Buch beschreibt, aber auch als affektiver Vorteil verstehen, der nicht in dem Erreichen eines Zu-

50 Vgl. José Esteban Muñoz, »Desidentifizierung performen«, in: Mike Laufenberg, Ben Trott (Hg.), *Queer Studies. Schlüsseltexte,* Berlin 2023, S. 195-246.

51 Bereits im queertheoretischen Klassiker José Esteban Muñoz, *Cruising Utopia. The Then and There of Queer Futurity*, New York 2009; prägnant beschrieben in Paul B. Preciado, *Testo Junkie. Sex, Drugs, and Biopolitics in the Pharmacopornographic Era,* New York 2013.

52 Hil Malatino, *Side Affects: On Being Trans and Feeling Bad*, Minneapolis 2022.

stands, dem Erringen einer Identität oder dem Erwerb einer Eigenschaft besteht, sondern in der anhaltenden Übung im fortgesetzten Affiziertwerden.

Zu den Gefühlsinfrastrukturen, die dieses »Trans*-Werden« ermöglichen, gehören unter anderem besondere Geographien, emotionale, ökonomische und politische Reproduktion, physischer Schutz und stabilisierte Intimitätsformate. Sie sind eingelassen in kollektive Lebenszusammenhänge, die in der Queer-Theorie mit unterschiedlichen Begriffen beschrieben wurden, etwa als Gegenöffentlichkeit,[53] affektive Commons,[54] queere Subkultur,[55] deviante Identität[56] oder als revolutionäres Subjekt.[57] Auch wenn viele Queer-Theoretiker:innen dem Gemeinschaftsbegriff kritisch gegenüberstehen, lassen sich diese Sozialformationen als Artikulationen von Gegengemeinschaftlichkeit beschreiben. Die Sittlichkeit queerer Gegengemeinschaften versucht dabei, gerade den transgressiven Aspekt queerer Differenz zur hegemonialen Ordnung auf Dauer zu stellen: Die Transition ist nicht einfach eine Phase des Übergangs von einer Subjektformation in eine andere, sondern bleibt als dynamisierendes Moment erhalten. Dieser konfliktuelle, kontestatorische und experimentelle Charakter sexuell dissidenten Lebens wurde vielfach als Kernbestand einer queeren Ethik theoretisiert.[58]

Die Gefühle der Maulwürfe

Gesellschaften, die sich auf mehrere (miteinander verschränkte) Formen von Herrschaft stützen wie kapitalistische Ausbeutung, patriarchale Unterdrückung oder rassistische Ausgrenzung, brin-

53 Michael Warner, *Publics and Counterpublics*, Stanford 2005.

54 Eric Stanley, »The Affective Commons: Gay Shame, Queer Hate, and Other Collective Feelings«, in: *GLQ: A Journal of Lesbian and Gay Studies* 24, 4 (2018), S. 490-508.

55 Jack Halberstam, *In a Queer Time and Place. Transgender Bodies, Subcultural Lives*, New York 2005.

56 Sabine Hark, *Deviante Subjekte. Die paradoxe Politik der Identität*, Wiesbaden 1999.

57 Jules Joanne Gleeson, Elle O'Rourke (Hg.), *Transgender Marxism*, London 2021.

58 Exemplarisch Michael Warner, *The Trouble with Normal. Sex, Politics, and the Ethics of Queer Life*, Cambridge 1999; für die affekttheoretische Komponente einer anhaltenden Verweigerung heteronormativer Skripte Ahmed, »Queer Feelings«.

gen antagonistische soziale Subjekte hervor. Deren Praktiken sind nicht nur durch unterschiedliche Perspektiven, Werte und Ausdrucksformen gekennzeichnet, sondern auch durch unterschiedliche Affekte. Sie bilden soziokulturelle Formationen, die spezifische Gefühlsinfrastrukturen beinhalten und die emotionale Erfahrung ihrer Mitglieder prägen. Diese Affektmilieus sind nicht einfach heterogen, sondern antagonistisch, das heißt, sie stehen in einem konflikthaften Verhältnis zueinander. In diesem Konflikt ist es nicht die dominante, sondern die subordinante Position, die die besseren Affekte für sich beanspruchen kann. »Besser« ist dabei nicht in einem nur epistemischen, normativen oder hedonistischen Sinn zu verstehen, sondern in einem komplexen Zusammenspiel dieser verschiedenen Dimensionen als Potenz, als die Vermehrung unserer Handlungsfähigkeiten: Besser sind ihrem Begriff nach solche Affekte, die Menschen besser in die Lage versetzen, zu bewegen und sich bewegen zu lassen, das heißt, Prozesse der Transition zuzulassen und zu affirmieren – sich zu entwickeln. Diese Fähigkeiten sind keine ontologischen Invarianten, die allen Menschen gleichermaßen zugeschrieben werden, sondern das Ergebnis bestimmter Tätigkeiten oder Praktiken. Diese Praktiken lassen sich (nur) teilweise als Formen affektiver Arbeit verstehen: Erfahrungen von Care-Arbeit, immaterieller Dienstleistungsarbeit oder sozialer Freizeit-Arbeit fabrizieren in der Multitude Formen kommensurabler affektiver Skills, die sich auch gegen den postmodernen Kapitalismus wenden lassen. Breiter und damit angemessener ist aber der Begriff des Kampfs: Nicht nur affektive Arbeiter:innen, sondern alle, die aufgrund ihrer sozialen Situiertheit intensive Erfahrung der Konfliktualität, Widersprüchlichkeit und Spannung machen, sind geübter als diejenigen, die aufgrund ihrer sozialen Dominanz in ihrer Subjektposition nie herausgefordert werden. Die Position des *Gegen* erzeugt einen affektiven Vorteil.

Gefühlsinfrastrukturen sind in der Wirklichkeit keine lebensweltlich geschlossenen Kapseln, sondern offene Milieus, die in ständigem affektiven Austausch mit ihrer Umgebung stehen. Dasselbe gilt ja auch für den Status des »Unterdrückt-Seins«: Oft kann eine Gemeinschaft in einer Hinsicht auf der Seite der Unterdrückten stehen, in einer anderen aber auf der Seite des Unterdrückers, oder es bestehen oder entstehen Formen der Unterdrückung innerhalb einer Gegengemeinschaft. Diese komplexen Verflechtungen verschiedener Formen und Ausprägungen von Unterdrückung führen häufig zu fragmentierten Subjektivitäten, doppelten Persönlichkeiten und damit zu ambivalenten Gefühlen beziehungsweise »mixed feelings«.[59] Subalterne Affekte äußern sich folglich selten als reines und ungetrübtes Glück und Freude, sondern werden oft von »negativen« Gefühlen wie Schuld, Scham, Wut oder Reue begleitet. Der affektive Vorteil der Gegengemeinschaften liegt nicht in einer Form der emotionalen Reinheit oder Harmonie, sondern gerade in der Fähigkeit, mit diesen Ambiguitäten und Ambivalenzen umzugehen und sie in eine Quelle der Handlungsfähigkeit zu verwandeln. Die unabgeschlossene Affektambivalenz ist letztlich die Artikulation eines nicht gestillten Begehrens oder einer konfrontativen Sehnsucht in Bezug auf eine noch nicht anwesende Zukunft. Der Kampf um die Befreiung der Gefühle ist wie alle sozialen Kämpfe ein relationaler Kampf: ein *Kampf gegen*. Aber in dieser Revolution steht nicht (nur) Gewalt gegen Gewalt, sondern (auch) Affekt gegen Affekt.

59 Lauren Berlant beschreibt als Programm eines »queeren Infastrukturalismus«, wie diese gemischten Gefühle zum Antrieb eines utopischen Begehrens werden: »relational und dynamisch, lokal und utopisch, gestisch und fordernd, situativ, labil, innerlich diskontinuierlich und doch über Felder von Klarheit und Vermutungen hinaus projiziert, die eine erfinderische Sehnsucht ermöglichen, das zu verstärken, was bereits da und doch unvollständig ist.« Berlant, *On the Inconvenience*, S. 21.

7. Gegenhegemoniale Gewöhnung

»[W]enn du ihn zum Bürger eines Staates von guten Gesetzen machst«,[1] lautet die von Hegel zitierte Antwort des Sokrates auf die Frage, wie man sein Kind am besten sittlich erzieht. Hegel verschiebt die Frage nach moralischen Prinzipien oder charakterlichen Tugenden hin zur Frage nach der Qualität des Gemeinwesens oder der Sozialität: Die Individuen sollen sich nicht immer wieder neu fragen müssen, wie sie handeln sollen, sondern können sich auf die Richtigkeit der in der Gesellschaft bereits verankerten Normen verlassen, weil und wenn diese Ausdruck einer im Ganzen vernünftigen Wirklichkeit sind, die sich geschichtlich bewährt hat. Die gesellschaftlich verankerten Normen schlagen sich in den Individuen als affektiv-habituelle Gewohnheiten nieder, die Hegel als »zweite Natur« bezeichnet. Die Ausbildung einer zweiten Natur kuriert das Individuum von mehreren Formen der Unfreiheit: erstens von der Knechtschaft des bloßen Naturtriebs, zweitens von der Einsamkeit einer bloß individualistischen Tugendhaftigkeit und drittens vom Terror einer dem Sinnlichen entgegengesetzten abstrakten Moral. Nur wenn man Bürgerin eines Staats von guten Gesetzen ist, ist man wahrhaft frei, denn nur dann kann man sich in seinen sozialen Zusammenhängen authentisch zu Hause fühlen. Was aber, wenn der »Staat von guten Gesetzen« nicht existiert, wenn die Wirklichkeit nicht vernünftig, sondern unvernünftig, wenn unsere zweite Natur nicht sittlich, sondern unsittlich ist und wenn uns die Erziehung nicht frei, sondern unfrei macht? Wie sieht, in einer solchen Welt, die zweite Natur der Knechte und Mägde aus?

Revolutionäre Praxis, schreibt Marx in seiner dritten Feuerbachthese, muss als »Zusammenfallen des Ändern[s] der Umstände und der menschlichen Tätigkeit oder Selbstveränderung […] gefaßt und rationell verstanden werden«.[2] Emanzipation bedeutet nicht nur ein Abschütteln einer äußeren repressiven Unterdrückung, sondern auch eine Mutation des Selbst, welche sich ebenso als

1 G. W. F. Hegel, *Grundlinien der Philosophie des Rechts*, Frankfurt/M. 1986, S. 303 [§ 153].

2 Karl Marx, »Thesen über Feuerbach«, in: *Marx-Engels-Werke* (MEW), Bd. 3, Berlin 1969, S. 5-7, hier: S. 5.

Entsubjektivierungs- wie als Subjektivierungsprozess beschreiben lässt: ein Herausarbeiten aus der gegebenen sozialen Rolle und die Konstruktion neuer Existenzweisen. Politische Praxis verstand sich dementsprechend nie nur als Kampf gegen einen äußeren Feind, sondern auch als Veränderung der eigenen Lebensform, was mit einer Umgestaltung der Alltagspraxis und Kultur, der Psyche und der Physis, von Haltungen und Aufmerksamkeiten einhergeht. Wenn Kommunismus, (Queer-)Feminismus, Abolitionismus *wirkliche Bewegungen* sind, *welche den jetzigen Zustand aufheben*, so haben Gegengemeinschaften antagonistische Formen von Sittlichkeit herausgebildet, in denen die Selbstveränderung gewohnheitsmäßig verankert ist.[3]

Ein zentrales Problem für die Entfaltung der Überlegenheit der Unterlegenen – tatsächlich ein zentrales Problem für *jede* Form radikaler transformativer Politik – ist das Rätsel der Subjektivierung: Wie verwandeln sich soziale Situierungen in politische Perspektiven? Standpunkttheorien haben immer wieder darauf hingewiesen, dass epistemische (und normative, ästhetische und affektive) Vorteile keine Gegebenheit, sondern Ergebnis von Leistungen sind. Das am meisten verbreitete Beispiel im Bereich der feministischen Epistemologie ist die Praxis des *Consciousness Raising*: Durch das gemeinsame Durcharbeiten persönlicher Erfahrungen erschließen

3 In einem anderen philosophischen Kontext – nämlich im Rahmen einer Auseinandersetzung mit Foucault – hat Christoph Menke die Frage nach dem Verhältnis zwischen disziplinärer und ästhetisch-existenzieller Subjektivität aufgeworfen. Diese Frage ist dem Problem der Transformation der zweiten Natur analog: Wie können menschliche Verhaltensdispositionen, die nicht mehr als die Verlängerung einer falschen Sittlichkeit sind, so verändert werden, dass sie die Menschen zum Leben in einer freien und guten Gesellschaft befähigen? Menkes Antwort lautet, dass die Befreiung des Subjekts nicht in der Abschüttlung einer äußeren Repression, sondern nur in der beharrlichen Praxis der *Übung* bestehen kann: »In den neuzeitlichen Disziplinargesellschaften hat das Subjekt die Macht persönlicher Lebensführung nicht mehr, sondern hat sie in seiner vollständigen Integration in die Normalisierungs- und Disziplinierungsprozesse verloren. Nur übend, *anders* übend, läßt sie sich zurückgewinnen.« Christoph Menke, »Zweierlei Übung. Zum Verhältnis von sozialer Disziplinierung und ästhetischer Existenz«, in: Axel Honneth, Martin Saar (Hg.), *Michel Foucault – Zwischenbilanz einer Rezeption*, Frankfurt/M. 2003, S. 293. In seiner *Theorie der Befreiung* spitzt Menke dann das Problem der Befreiung als Problem einer anderen Gewöhnung zu, allerdings ohne auf die historischen realen Experimente mit gegenhegemonialen Gewöhnungen einzugehen, siehe Christoph Menke, *Theorie der Befreiung*, Berlin 2022.

sich Frauen die epistemischen Ressourcen, um ihre Situation einordnen, verstehen und politisch dagegen vorgehen zu können.[4] Der Begriff der zweiten Natur geht dabei über das Consciousness, also das Bewusstsein, hinaus, er umfasst auch die Gefühle und die Psyche, die Bedürfnisse und Interessen, die Gewohnheiten und das Alltagsleben. In der Geschichte von Emanzipationsbewegungen haben sich eine ganze Reihe historisch und kontextspezifischer Techniken entwickelt, welche diese Subjekttransformation unterstützen und vorantreiben sollten, sie dabei jedoch als Bestandteil einer allgemeineren sozialen Transformation verstanden. Viele dieser Praktiken nehmen Elemente bürgerlicher Technologien des Selbst auf, integrieren sie jedoch in ein allgemeines revolutionäres Programm. Die Versuche stammen aus den Repertoires der Wirtschaft (Arbeit, Kooperation), der Pädagogik (Erziehung), der Akademie (Analyse, Reflexion), der Medizin (Therapie) oder anderen Kontexten, wobei sich diese Formen meistens auch vermischen und sich in den verschiedenen lokalen Kontexten unterschiedliche Schwerpunkte herausgebildet haben. Eher als einfache Bewusstseinsveränderung lassen sich diese Praktiken als *Kultivierung* beschreiben, das heißt als Versuch einer tatsächlichen und dauerhaften Transformation der zweiten Natur. Nur durch eine solche Kultivierung erschließen Gegengemeinschaften die Überlegenheit der Unterlegenen, ohne sie verbleiben sie im Zustand ideologischer, naturalisierter Unfreiheit.

Weil die Mitgliedschaft in einer Gegengemeinschaft häufig nicht selbstgewählt ist, sondern Ergebnis heteronomer Erfahrungen der Gewalt und Unfreiheit, kann auch die Kultivierung einer gegenhegemonialen zweiten Natur unbewusst und eher implizit bleiben, etwa als intergenerationale Weitergabe einer gewohnheitsmäßigen Distanz zu den herrschenden Normen. So haben etwa größere soziale Bewegungen wie die Arbeiterbewegung und die *Black Radical Tradition* eine ganz selbstverständliche Tradierung von Gegen-Sittlichkeiten hervorgebracht. In anderen Fällen ist die Kultivierung einer habituellen Distanz Ergebnis einer bewusst und intentional betriebenen Politik der Lebensform: Insbesondere um das Ereignis 1968 herum haben Gegengemeinschaften gezielt versucht, sich aus den bürgerlichen Anrufungen herauszuarbeiten, indem sie alterna-

4 Vgl. exemplarisch Miranda Fricker, *Epistemic Injustice. Power and the Ethics of Knowing*, Oxford 2007, S. 159.

tive Kollektivitätsformen aufgebaut haben.[5] Ihnen ist gemeinsam, dass sie vorhandene Triebe, Wünsche und Begehren nicht als vorsoziale Tatsachen naturalisieren, wie es der bürgerliche Liberalismus tut, sondern in Spannung versetzen und in einen Prozess sozialer Vermittlung einspeisen.[6]

Immer wieder waren solche Versuche dabei mit einem ähnlichen Problem konfrontiert: Wenn die Wirklichkeit als Garant der Vernünftigkeit der zweiten Natur entfällt, woher soll man dann wissen, wie eine vernünftige (oder »gute«) zweite Natur für Menschen aussehen soll? Die Abwesenheit einer guten Welt als Garant der guten Gewohnheit kann dann in die Gefahr münden, die zweite Natur nach willkürlich gesetzten, abstrakten Maßstäben umprogrammieren zu wollen. Der Begriff, den Hegel für diese Gefahr verwendet, ist der des Dogmatismus: Dogmatisch sind alle Formen des Denkens, die ihre Kriterien nur aus sich selbst, nicht mehr in Auseinandersetzung mit einem Anderen gewinnen.[7] Dies ist die Gefahr der »Furie des Verschwindens«, die sich etwa im Terror der Französischen Revolution gezeigt hat: der Anspruch einer absoluten Unterordnung des Sinnlichen unter eine von der Geschichte entkoppelten Vernunft. Es wäre jedoch falsch, sich angesichts dieser Gefahr des Dogmatismus wieder auf eine liberale Position zurückzuziehen, welche die zweite Natur aus dem Bereich des politisch Gestaltbaren verbannt. Eine solche Position würde zweite Natur mit erster verwechseln und somit in die Unfreiheit des bloßen Naturtriebs zurückfallen. Gegenhegemoniale Gewöhnung muss also einerseits den Fehler des Liberalismus vermeiden, Gewohnheiten zu (erst-)naturalisieren, andererseits auch den Fehler des Dogmatismus, den eingespielten Lebensformen ex nihilo eine vermeintlich bessere entgegenzusetzen.

5 Vgl. dazu Daniel Loick, »Zur Politik von Lebensformen«, in: *WestEnd. Neue Zeitschrift für Sozialforschung* 2 (2016), S. 149-162.

6 Für eine Diskussion des Verhältnisses von sinnlich Gewolltem und sozialer Vermittlung in Anlehnung an Christoph Menke und Donna Haraway siehe Daniel Loick, *Juridismus. Konturen einer kritischen Theorie des Rechts*, Berlin 2017, S. 309-312.

7 Für eine Diskussion der politischen Implikationen des Hegel'schen Dogmatismusbegriffs vgl. Robert Smith, *Hegel's Critique of Liberalism. Rights in Context*, Chicago 1991, S. 183-187.

Der Begriff der zweiten Natur bei Hegel hat einige Vorzüge, die ihn für die Politik von Gegengemeinschaften anschlussfähig machen.[8] Erstens steht er in der Tradition der aristotelischen Tugendethik: Die Herausbildung einer tugendhaften Einstellung befreit das Individuum von der Last, immer wieder neu über das moralisch Gebotene reflektieren zu müssen und sich so in einen Gegensatz zu den eigenen Bedürfnissen oder gar außerhalb der etablierten Normen setzen zu müssen;[9] der Begriff ist *anti-rigoristisch*. Zweitens drückt bereits die Idee der Tugendethik die Erkenntnis aus, dass sich Haltungen verändern lassen, weil sie Resultate von Prozessen der Erziehung und Bildung sind. Sie befreien das Individuum daher zugleich von der Fremdherrschaft des »bloßen Naturtriebs«,[10] indem sie Natur in Geist verwandeln; der Begriff der zweiten Natur ist darum auch *konventionalistisch*. Zugleich behält die zweite Natur dabei jedoch ihren wesentlich körperlichen Charakter. Die Erziehung zur Sittlichkeit richtet sich nämlich drittens, wie Hegel in der *Enzyklopädie* sagt, auf die »Ein- und Durchbildung der Leiblichkeit«;[11] das Konzept der zweiten Natur ist *anti-rationalistisch*. Viertens besteht die entscheidende Erweiterung des Tugendbegriffs durch Hegel darin, ihn nicht individualistisch, sondern sozial auszudeuten. Unter Bedingungen bereits realisierter Sittlichkeit kommt es nicht mehr wesentlich auf die Exzellenz des einzelnen Charakters, sondern auf die Qualität der objektiven Gesetze an.[12] Wahrhaft sittliche Verhältnisse erlauben es den Einzelnen, sich mit der Welt zu identifizieren und sich in ihr zu Hause zu fühlen; der Begriff der zweiten Natur ist darum *anti-atomistisch*. Die zweite

8 Vgl. für einige neuere Darstellungen des Konzepts Thomas Khurana, »›Die Gewohnheit des Rechten‹: Zur Wirklichkeit der Freiheit in Gestalt der zweiten Natur«, in: Jens Kertscher, Jan Müller (Hg.), *Lebensform und Praxisform*, Münster 2015; Christoph Menke, »Hegel's Theory of Second Nature«, in *Symposium: Canadian Journal of Continental Philosophy* 17, 1 (2013); Andreja Novakovic, *Hegel on Second Nature in Ethical Life*, Cambridge 2017; Felippo Ranchio, *Dimensionen der zweiten Natur. Hegels praktische Philosophie*, Stuttgart 2016.

9 Hegel, *Grundlinien*, S. 298 [§ 149].

10 Vgl. ebd.

11 G. W. F. Hegel, *Enzyklopädie der philosophischen Wissenschaften, Teil III: Die Philosophie des Geistes*, Frankfurt/M. 1986, S. 184 [§ 210].

12 Vgl. Hegel, *Grundlinien*, S. 300 [§ 150].

Natur befreit deshalb das Individuum noch auf eine weitere Weise, nämlich von der abstrakten Unwirklichkeit der subjektiven Gewissheit moralischer Wahrheit. Weil das und nur das vom Individuum zu tun ist, was in den sittlichen Verhältnissen bereits »vorgezeichnet, ausgesprochen und bekannt ist«,[13] bekommt das moralisch Gesollte fünftens einen Konkretionsgrad, den es als leerer, von außen an die Welt angelegter Maßstab nicht hat; der Begriff der zweiten Natur ist *affirmativ*. Und schließlich sechstens verknüpft die sokratische Antwort die individuelle Lebensführung mit der Politik. Dass es zu einer Einheit von objektivem und subjektivem Guten kommen soll, dementiert die Trennung von Öffentlichkeit und Privatheit. Mit Hegel bestätigt sich die unmittelbare politische Signifikanz des persönlichen Lebens; der Begriff der zweiten Natur ist darum schließlich *anti-liberal*. Mit diesen sechs Punkten – Antirigorismus, Konventionalismus, Antirationalismus, Antiatomismus, Affirmation und Antiliberalismus – sind die zentralen Charakteristika und zugleich die wichtigsten Stärken des Hegel'schen Begriffs der zweiten Natur benannt. Eine Theorie der Transformation der zweiten Natur, die über Hegel hinausgehen, nicht hinter ihn zurückfallen will, muss jeden dieser Punkte adressieren.

In den Arbeiten von Autor:innen der kritischen Theorie wie Lukács, Benjamin und Adorno hat der Begriff der zweiten Natur eine kritische Wendung genommen, die es unmöglich macht, eine Erziehung zur Sittlichkeit weiterhin in der bereits existierenden Routine zu verankern. Hatte schon für Marx und Engels die schiere Existenz des Proletariats Hegels Annahme von der Vernünftigkeit der Wirklichkeit widerlegt, erscheint die zweite Natur hier nunmehr nur noch als internalisierte und verleiblichte Verlängerung der falschen Gesellschaft. Lukács nennt sie in der *Theorie des Romans* dementsprechend eine »Welt der Konventionen«:[14] »ein erstarrter, fremdgewordener, die Innerlichkeit nicht mehr erweckender Sinneskomplex«.[15] In unseren Gewohnheiten sedimentiert sich nicht die richtige, sondern die falsche Gesellschaft. Diese kritische Wendung des Begriffs der zweiten Natur impliziert, dass die Verdinglichung und Entfremdung der gegenwärtigen Gesellschaft so umfassend geworden ist, dass in ihr auch nicht, wie Marx und

13 Hegel, *Grundlinien*, S. 298 [§ 150].

14 Georg Lukács, *Theorie des Romans*, München 1971, S. 53.

15 Ebd., S. 55.

Engels noch annahmen, bereits in der sozialen Wirklichkeit Lebensformen vorzufinden sind (die der Arbeiter:innen), in denen eine neue Sittlichkeit vorscheint und auf die sich eine revolutionäre Praxis zustimmend beziehen könnte. Mit dieser Erkenntnis aber ist die zweite Natur zu einem Terrain politischer Transformation geworden. Gesellschaftsveränderung kann auf eine Veränderung der zweiten Natur nicht verzichten, ohne entweder einen Rückfall in den Liberalismus und damit die Unfreiheit des Naturtriebes oder aber in den Terror des bloßen Sollens, der von den Individuen eine Unterordnung ihrer Bedürfnisse unter die Erfordernisse des historischen Auftrags abverlangt, zu riskieren.

Gegengemeinschaften beziehen sich auf die zweite Natur, wie die zweite Natur sich auf die erste Natur bezieht: als ein Material, das es zu transformieren gilt. Während aber die Erziehungspraktiken, wie Hegel sie mit Sokrates theoretisierte, sich auf die bereits geleistete Arbeit des Weltgeistes berufen konnten, um die Vernünftigkeit der gelten Normen auszuweisen (sie sind richtig, weil sie sich historisch durchgesetzt haben), haben Gegengemeinschaften eine solche Garantie nicht, zumindest nicht mehr, seit die Gewissheit einer künftigen Revolution zerbrochen ist. Die von Gegengemeinschaften betriebenen Transformationen der zweiten Natur muss daher zwischen zwei Gefahren navigieren: auf der einen Seite ein freischwebender Dogmatismus, auf der anderen ein Rückfall in die naturalisierten Routinen der falschen Gesellschaft.

Versuch 1: Demonstration

In ihrer *Kritik von Lebensformen* beschreibt Rahel Jaeggi Lebensformen als »Problemlösungen«: Sie reagieren auf geschichtlich emergierende Krisen.[16] Von Hegel übernimmt sie dabei die Verschränkung von Normativität und Funktionalität: Eine scheiternde Lebensform erkennt man daran, dass sie nicht gut in der Lage ist, die gestellten Probleme zu lösen. Ein Indikator für ein solches Scheitern besteht darin, ob die Mitglieder einer Lebensform diese frei affirmieren können: Empfinden sie sie als überfordernd, anachronistisch oder irrelevant, so kann diese Lebensform nicht ver-

16 Rahel Jaeggi, *Kritik von Lebensformen*, Berlin 2013.

nünftig sein und wird früher oder später auch zusammenbrechen. Die faktische, nicht von außen supponierte Akzeptanz einer Lebensform ist die Nagelprobe auf ihre Legitimität. Anders als bei Hegel gibt es für Jaeggi jedoch nie nur eine Lösung für ein Problem: Lebensformen entwickeln sich in verschiedene, vorher nicht gesicherte Richtungen. Die Transformationen von Lebensformen sind eingebettet in einen »experimentellen Pluralismus«.

Die Idee, dass Lebensformen miteinander in einem experimentellen Wettstreit liegen, hat im Rahmen einer Politik von Lebensformen Vorläufer, die bis zum Ende des 19. und dem Anfang des 20. Jahrhunderts zurückreichen. Tragend ist sie in den Traditionen des Frühsozialismus und Anarchismus geworden. Der Anarchist Gustav Landauer stellt sich die Umwälzung der Gesellschaft zum Beispiel so vor, dass Gruppen von Entschlossenen unmittelbar beginnen, sich in anarchistischen Siedlungsgemeinschaften zusammenzuschließen und sozialistisch zu produzieren. Die sozialistischen Kommunen können dann beweisen, dass sie nicht nur eine effektivere Produktionsweise, sondern auch eine schönere und freudigere Sozialität ermöglichen. Auf diese Weise werden immer mehr Menschen zur Nachahmung motiviert, bis die sozialistische irgendwann die kapitalistische Gesellschaft ganz verdrängt hat. Ansatzpunkte für diese Strategie erblickt Landauer in bestehenden Formen der Arbeiter:innen-Selbstorganisation wie Wohlfahrtsvereine, Reisegenossenschaften und Gewerkschaften.[17] Allein das Aufbrechen der Isolation durch die Zusammenlegung des Konsums setzt bei den Menschen Zeitressourcen frei, die dann selbst wiederum in den Aufbau solidarischer Beziehungsweisen gesteckt werden können. Dieses Modell hat vor allem den Vorteil, dass es auch ohne Vorhandensein einer Massenbasis handlungsanleitend werden kann; es reicht, wenn »wir Wenigen«[18] mit gutem Beispiel vorangehen. Dabei geht es explizit immer auch um eine Transfor-

17 Vgl. Gustav Landauer, *Antipolitik*, Lich 2010, S. 200 f. Zu dieser Transformationstheorie siehe auch Eva von Redecker, »Topischer Sozialismus. Zur Exodus-Konzeption bei Martin Buber und Gustav Landauer«, in: *WestEnd. Neue Zeitschrift für Sozialforschung* 1 (2014), S. 93-108; Daniel Loick, *Anarchismus zur Einführung*, Hamburg 2017, S. 198-210. Für eine empirische Studie zu diesem Motiv siehe Philipp Wallmeier, *Rückzug als Widerstand. Dissidente Lebensformen in der globalen Politik*, Bielefeld 2021.

18 Landauer, *Antipolitik*, S. 186 [Hervorhebung im Original].

mation der zweiten Natur: In den sozialistischen Landkommunen zu leben wird sich als nicht nur gerechter, sondern auch als weniger entfremdet, erfüllender und insgesamt freudvoller erweisen. Der demonstrative Effekt der Schaffung solcher Gemeinschaften kann sich nur dann entfalten, wenn sie für die Individuen auch tatsächlich attraktiv sind. »Was wir Sozialismus nennen«, schreibt Landauer, »ist freudiges Leben in gerechter Wirtschaft. Die Menschen wissen heute nicht, erleben es nicht mit dem wahrhaften Wissen des Dabeiseins und Erfassens, mit dem Wissen, das Neid und Lust und Nachahmung mit sich führt, was das ist: freudiges, schönes Leben. *Wir müssen es ihnen zeigen.*«[19]

Mit dieser Idee, dass sich die Schönheit und Freude ebenso wie die Gerechtigkeit des sozialistischen Zusammenlebens unmittelbar bewähren sollen und können und dass sich daher alternative Lebenspraktiken wie von selbst immer mehr ausweiten werden, ist das Problem des Dogmatismus umgangen: Alternative Lebensformen sind ein Angebot, das sich gewissermaßen auf einem Marktplatz verfügbarer Lebensformen als attraktiv bewähren muss. Der Hegel'sche Begriff der Erziehung wird hier schwächer gefasst: Erzieherisch wirken solche Praktiken nur, indem sie durch ihren Vorbildcharakter zur Nachahmung motivieren können. Allerdings birgt diese Lösungsstrategie auch die Gefahr, das Kind mit dem Bade auszuschütten. In dem Maße, in dem sie ihren Erziehungsanspruch depotenzieren, relativieren präfigurative Lebensformen ihren Charakter als zweite Natur. Sie drohen damit auch die von Hegel herausgearbeiteten Vorteile dieses Konzepts zu verlieren. Mitglieder solcher Projekte müssen sich beispielsweise immer wieder neu die Frage stellen: »Wie wollen wir leben?«, ihre Lebensform ist ihnen gerade nicht zur Gewohnheit geworden. Hegel selbst beschreibt dieses Problem anhand von Rousseaus *Émile*; der Versuch, eine Erziehung abseits von den Gesetzen der Welt zu etablieren, ist zum Scheitern verurteilt, weil es falsch ist zu glauben, »daß die Gewalt des Weltgeistes zu schwach sei, um sich dieser entlegenen Teile zu bemächtigen«.[20] Projekte, die auf einen Exodus aus dem bestehenden Staat zielen, handeln sich damit insbesondere die Gefahren des Rigorismus und des Atomismus ein. Indem sie die Deliberation

19 Ebd., S. 143.
20 Hegel, *Grundlinien*, S. 404 [§153].

über Gewohnheiten wieder in die Verantwortung von Einzelnen legen, neigen sie dazu, ihre Mitglieder zu überfordern. Diese – schon von Hegel beschriebene – Gefahr hat sich in alternativen Lebensprojekten der letzten 150 Jahre auch immer wieder gezeigt und regelmäßig zu ihrer Erosion beigetragen.

Eine Weise, diese Gefahr abzuschwächen, könnte darin bestehen, den gesellschaftstransformativen Anspruch solcher Demonstrationen wieder zu bekräftigen. Dies entspricht auch dem politischen Selbstverständnis dieser Tradition, der es ja gerade nicht um einen individuellen Ausstieg, sondern um eine gesamtgesellschaftliche Veränderung geht. Der Wettstreit der Lebensformen muss sich innerhalb einer, wie Marx gesagt hatte, gesamtgesellschaftlichen »umwälzenden Praxis« situieren. Dafür ist es nötig, dass die unterschiedlichen Rückzugspraktiken sich weiterhin als Teile ein und desselben kollektiven Kampfes begreifen. Nur dann können sie auf genügend geschichtlichen Rückenwind hoffen, um die Gefahren des Individualismus und des Rigorismus abzuschwächen.

Versuch 2: Bilden

Eines solchen geschichtlichen Rückenwinds konnte sich ein anderer Diskurs über die Veränderung der zweiten Natur gewiss sein, der sich im Kontext einer radikalen gesellschaftlichen Umwälzung entwickelt hat, nämlich die Diskussion um die Transformation von Lebensformen im unmittelbaren Nachhall der Russischen Revolution von 1917.[21] Die Revolutionär:innen haben sofort erkannt, dass eine soziale Umwälzung sich nicht mit einer Eroberung der politischen Macht begnügen durfte, sondern auch eine neue Moral, eine neue Kultur, neue Affekte und neue Gewohnheiten, kurz: eine neue zweite Natur benötigen würde. Die Konstruktion einer neuen zweiten Natur wird hier nicht als Befreiung der ersten, sondern im Gegenteil als Ergebnis geschichtlicher Arbeit verstanden. Der Mensch macht sich selbst zum Gegenstand und vervollständigt so die Verwandlung von erster Natur in Geist. Leo Trotzki beendet

21 Für eine Reflexion der Korrespondenz dieser Umwälzung mit denen um 1968 vgl. Bini Adamczak, *Beziehungsweise Revolution. 1917, 1968 und kommende*, Berlin 2017.

seine Kopenhagener Rede von 1932 (sein letzter öffentlicher Auftritt) mit folgenden Sätzen: »Ist er einmal mit den anarchischen Kräften der eigenen Gesellschaft fertig geworden, wird der Mensch sich selbst in Arbeit nehmen, in den Mörser, in die Retorte des Chemikers. Die Menschheit wird zum ersten Male sich selbst als Rohmaterial, bestenfalls als physisches und psychisches Halbfabrikat betrachten. Der Sozialismus wird ein Sprung aus dem Reiche der Notwendigkeit in das Reich der Freiheit auch in dem Sinne bedeuten, daß der gegenwärtige, widerspruchsvolle und unharmonische Mensch einer neuen und glücklicheren Rasse den Weg ebnen wird.«[22] Ein solches Projekt kann dem Hegel'schen Satz, eine sittliche Erziehung bestehe darin, jemanden zum Teil eines Staates von guten Gesetzen zu machen, durchaus zustimmen, nur dass dieser Staat eben gerade erst eingerichtet wurde und die Arbeit der geschichtlichen Formierung der dazu passenden zweiten Natur gewissermaßen noch nachholen muss. Die Antwort, die dieser Lösungsvorschlag für die Gefahr des Dogmatismus gefunden hat, besteht also in der Verknüpfung der sittlichen Beziehung mit einem System gerechter Zwecke: Die Transformation der zweiten Natur ist nicht willkürlich, weil sie Ausdruck und Resultat einer revolutionären Gesellschaft und damit eines vernünftigen Plans ist.

Die zwischen 1921 und 1927 verfassten Reden und Artikel Trotzkis, die in Deutschland in einem Band mit dem Titel *Fragen des Alltagslebens* erschienen sind, stellen Schlüsseldokumente dieses Diskurses dar. Trotzki drängt mit Nachdruck darauf, dass der ökonomischen und politischen Revolution eine kulturelle Revolution folgen müsse. An die Stelle der bürgerlichen Kulturprodukte muss eine proletarische Kultur treten, ebenso wie an die Stelle der bürgerlichen Rituale neue proletarische Rituale treten müssen. Den ökonomischen und politischen Umwälzungen folgt »wie ein unterirdischer Maulwurf«[23] die Änderung der Lebensformen, die schließlich die intimsten Beziehungen erfasst. Trotzki beschreibt dies am Beispiel der Familienbeziehungen: Neue Erwartungen und Bedürfnisse, die sich aufgrund der Erfahrungen des Kommunismus herausgebildet haben, können zum Bruch mit etablierten Familien-

22 Leo Trotzki, »Eine Vision der Zukunft«, in: ders., *Denkzettel. Politische Erfahrungen im Zeitalter der permanenten Revolution*, Frankfurt/M. 1981, S. 420-423, hier: S. 422 f.

23 Leo Trotzki, *Fragen des Alltagslebens*, Essen 2001, S. 41.

formen und damit auch zur Zerrüttung bürgerlicher Familienmoral führen.[24] Sie machen Platz für neue Intimbeziehungen auf höherem kulturellen Niveau, die sich aber noch nicht ganz herausgebildet haben. Trotzki begrüßt ausdrücklich das »Erwachen der Persönlichkeit« und die Erkundung individueller Neigungen und Vorlieben und wendet sich gegen eine »zwangsmäßige Einmischung von oben her«.[25] Zur Transformation der Lebensformen soll es vielmehr indirekt kommen, durch ein Vorantreiben der materiellen Umwälzungen: Die Einrichtung von öffentlichen Mensen, Wäschereien und Erziehungseinrichtungen wird die Hausarbeit überflüssig machen und die Frauen emanzipieren, so dass das Zusammensein der Menschen nur noch Resultat gegenseitiger Sympathie und freier Vereinbarung ist. Welche genauen Formen die neuen Beziehungen annehmen werden, ist noch nicht voraussehbar und darf auch nicht vorweggenommen werden; »nur die kollektive, schöpferische Tätigkeit der breitesten Bevölkerungskreise«, schreibt Trotzki, »unter Hinzuziehung der künstlerischen Fantasie, der schöpferischen Einbildung, der künstlerischen Initiative zu dieser Arbeit, kann uns allmählich im Laufe von Jahren und Jahrzehnten auf die Bahn neuer, vergeistigter, veredelter, von kollektiver Theatralik durchdrungener Lebensformen führen«.[26] Diese Formierung ist «Bildung« in einem hegelianischen Sinn: Sie umfasst einen formativen, kultivierenden und erzieherischen Aspekt.

Trotzki betont allerdings, dass der Wettstreit bei der Suche nach neuen Lebensformen sich erstens innerhalb des kulturellen Rahmens der Sowjetrepublik und zweitens auf dem jeweiligen Stand ihrer politisch-materiellen Entwicklung zu verorten hat. Avantgarde-Modelle wie den Proletkult oder die radikalen futuristischen Utopien, wie sie in der frühen Sowjetunion ebenfalls kursierten, lehnt Trotzki ab.[27] Damit ist die Richtung der Transformation der

24 Zur ausführlichen Diskussion der weitreichenden Änderungen der Beziehungsweisen, insbesondere der Geschlechterverhältnisse, nach der Russischen Revolution vgl. wiederum Adamczak, *Beziehungsweise Revolution* sowie bereits Richard Stites, *Revolutionary Dreams: Utopian Vision and Experimental Life in the Russian Revolution*, Oxford 1999; Wendy Goldman, *Women, the State and Revolution: Soviet Family Policy and Social Life, 1917-1936*, Cambridge 1993.

25 Trotzki, *Fragen*, S. 50.

26 Ebd.

27 Als Dokumentation solcher Entwürfe vgl. Boris Groys, Michael Hagemeister

zweiten Natur bereits vorgegeben: Ihr Maßstab liegt nur in der kulturellen Vervollständigung der bereits erreichten politischen Befreiung. Dies zeigt sich besonders deutlich an den zahlreichen Stellen, an denen Trotzki die Aufgabe der Partei betont, mehr für die kulturelle Erziehung der Arbeiter:innen zu tun. Auch bei Hegel ist ja die Ausbildung der zweiten Natur Ergebnis einer Erziehung zur Sittlichkeit; und bekanntlich ist auch bei Hegel nicht die Kontestation des bestehenden Staates das gewünschte Ziel dieser Erziehung. Allerdings ist Hegels Sittlichkeit bereits bestehend, weshalb auch die Erziehenden ebenso in sie einbegriffen sind wie die zu Erziehenden – zwischen ihnen herrscht eine potentielle Gleichheit. Weil aber Trotzki keine bereits etablierte Sittlichkeit voraussetzen kann – diese soll von den Revolutionär:innen erst gefunden werden –, schleicht sich dem Begriff der Erziehung eine Asymmetrie ein, die er bei Hegel noch nicht hatte. Trotzki muss eine Instanz voraussetzen, die andere erziehen kann, obwohl sie eigentlich selbst noch einer Erziehung zur Sittlichkeit bedürfte.

Marx hat in den *Thesen über Feuerbach* diese Aporie bereits erkannt. Die Idee, die Menschen durch Erziehung zu ändern, »kommt daher mit Notwendigkeit dahin, die Gesellschaft in zwei Teile zu sondern, von denen der eine über der Gesellschaft erhaben ist«. Stattdessen muss eine revolutionäre Transformation von Lebensformen Marx zufolge erkennen, »daß der Erzieher selbst erzogen werden muß«. Die gleichzeitige Erziehung der zu Erziehenden und der Erziehenden (zwischen denen es somit keinen Unterschied mehr gibt), das heißt das »Zusammenfallen des Änderns der Umstände und der menschlichen Tätigkeit[,] kann«, so Marx, »nur als *umwälzende Praxis*«[28] begriffen werden. Damit steht aber die Fra-

(Hg.), *Die Neue Menschheit. Biopolitische Utopien in Russland zu Beginn des 20. Jahrhunderts*, Frankfurt/M. 2005.

28 Marx, »Thesen über Feuerbach«, S. 533. – In seinem *Programm eines proletarischen Kindertheaters* geht Walter Benjamin noch einen Schritt weiter. Proletarische Erziehung ist für ihn im Gegensatz zur bourgeoisen Erziehung gerade dadurch gekennzeichnet, dass in ihr kein Pädagoge den Versuch einer unmittelbaren sittlichen Einwirkung macht. Im Gegenteil sind es letztlich die Kinder, die auf die Erziehenden moralisch einwirken: »Die unvermeidlichen moralischen Ausgleichungen und Korrekturen nimmt das Kollektivum der Kinder an sich selber vor. Daher kommt es, dass die Aufführungen des Kindertheaters auf Erwachsene als echte moralische Instanz wirken müssen. Es gibt keinen möglichen Standort für überlegenes Publikum vorm Kindertheater.« Walter Benjamin, »Programm

ge nach einem Maßstab für die Transformation der zweiten Natur wieder am Anfang: Wenn alle Teilnehmenden einer revolutionären Umwälzung gleichermaßen erzogen werden müssen, wer bestimmt dann den Lehrplan – welches sind die Kriterien, nach denen sich eine sittliche von einer unsittlichen Erziehung unterscheiden lässt?

Auch für diesen zweiten Versuch, das Problem der Willkür bei der Transformation der zweiten Natur zu vermeiden, lässt sich jedoch eine schwächere Lesart denken. Diese ergibt sich zum Beispiel aus einer Verbindung der Bildungsfunktion mit der demonstrativen Funktion eines experimentellen Pluralismus. Auch diese Idee findet sich bei Trotzki. Er betont nämlich selbst, dass es im Rahmen des schöpferischen Experimentierens zu einer Auslese kommen wird, in der nicht alle Lebensformen Fuß fassen werden;[2] das neue Leben wird jene Formen adoptieren, die ihm geeignet erscheinen werden«.[29] Diese Idee des Wettstreits um die freudigere, funktionalere oder stabilere Lebensform kannte die Asymmetrie, die dem Motiv der Bildung eingeschrieben ist, noch nicht.

Versuch 3: Freisetzung

Weder demonstrative noch erzieherische Transformationsversuche haben sich historisch durchsetzen können: Erstere, weil sie intern erodiert sind oder in den Kapitalismus integriert wurden, letztere, weil sie durch den Stalinismus entweder zerschlagen oder autoritär überformt wurden. Seit Mitte des 20. Jahrhunderts gab es daher vermehrt Bemühungen, Politiken der Lebensformen wieder stärker an eine transhistorische Konstante zurückzubinden. Die nächstliegende und darum auch verlockendste Strategie, sowohl die Gefahr des Rückfalls als auch die des Dogmatismus zu vermeiden, besteht darin, eine verschüttete erste Natur zur Orientierung der Transformation der zweiten zu erklären. Diese Strategie ist deshalb so verlockend, weil dadurch einerseits die meisten der von Hegel benannten Eigenschaften der zweiten Natur erhalten bleiben, nämlich eben diejenigen, die mit ihrem naturhaften Charakter zu tun haben. Andererseits vermeidet diese Strategie die Gefahr der Willkür:

eines proletarischen Kindertheaters«, in: ders., *Gesammelte Schriften*, Bd. II/2, Frankfurt/M. 1991, S. 765.

29 Trotzki, *Fragen*, S. 50.

Wenn es der revolutionären Aktion nur darum geht, eine verstellte Anthropologie des Menschen zu restaurieren, dann muss sie nicht befürchten, die Menschen mit einer von außen oktroyierten neuen Moral, die sie erst noch habitualisieren sollen, zu überfordern.

Eine frühe Version dieser Argumentationsstrategie findet sich bereits in Marx' *Ökonomisch-Philosophischen Manuskripten*, wenn Marx davon spricht, dass die Abschaffung des Privateigentums zu einer »Emanzipation aller menschlichen Sinne«[30] führe. Anstatt sich in all ihren sinnlichen Erfahrungen auf das Haben zu kaprizieren, könnten die Menschen im Kommunismus ihr Wesen wahrhaft realisieren, indem sie den bürgerlichen Egoismus und das kapitalistische Nutzendenken überwinden. Wichtig ist hierbei, dass Marx die »Menschlichkeit« des Menschen nicht als vorgesellschaftliche Konstante versteht. Als Aristoteliker ist er vielmehr der Meinung, dass das Wesen des Menschen gerade in seiner Gesellschaftlichkeit liegt; »menschlich« sind ein Verhalten und eine sinnliche Wahrnehmung, die die Sozialität der Menschen anerkennen und affirmieren. Die Emanzipation der Sinne ist also keine Emanzipation der Sinnlichkeit *von* der Gesellschaft, sondern eine Emanzipation der Sinnlichkeit *zur* Gesellschaft, mit anderen Worten: Befreiung der ersten Natur bedeutet paradoxerweise gerade die Befreiung ihrer Gesellschaftlichkeit.

Diese Gedankenfigur wird aufgegriffen bei dem wohl wichtigsten Vertreter des Programms der Befreiung der Natur des Menschen, Herbert Marcuse. In *Konterrevolution und Revolte* (1971) benennt Marcuse die radikale Umgestaltung der Natur des Menschen klar als Bestandteil der kommenden Umgestaltung der Gesellschaft.[31] Dabei soll die Transformation der Natur des Menschen nicht, wie noch bei Marx, erst Ergebnis, sondern bereits die Voraussetzung einer sozialen Transformation sein. In ihr erst wird die gesellschaftliche Revolution zum »Bedürfnis«, das der etablierten, kapitalistisch korrumpierten Triebstruktur entgegentreten kann. Bereits in seinem *Versuch über die Befreiung* (1969) hat Marcuse die konkreten politischen Manifestationen dieses Programms der »neuen Sensibilität« identifiziert: Sie verwirklicht sich etwa im »erotischen Furor des Protestsongs, der Sinnlichkeit langer Haare; im

30 Karl Marx, *Ökonomisch-philosophische Manuskripte*, in: *Marx-Engels-Werke* (MEW), Erg.-Bd. 1, Berlin 1968, S. 540.

31 Herbert Marcuse, *Konterrevolution und Revolte*, Frankfurt/M. 1971, S. 72.

von fügsamer Sauberkeit unbefleckten Körper, [...] im psychedelischen Suchen«;[32] nur solche Lebensformen, so Marcuse, können die Menschen »für Freiheit präformieren«.[33] Wie Marx, so geht es auch Marcuse mit solchen Beispielen nicht um eine Rückkehr in einen als vorgesellschaftlich verstandenen naturhaften Zustand. Schon unsere »Grundtriebe« sind geschichtlich geprägt. Der Begriff der »Befreiung der Natur« meint daher eher, die vorhandenen technischen Potentiale anders zu verwenden, um einen Zugang zu ihren »lebenssteigernden Kräften«[34] zu erlangen. Marcuse muss dabei jedoch konzedieren, dass Konzepte wie das der Unterdrückung der Natur durchaus voraussetzen, dass menschliches Handeln »bestimmte objektive Qualitäten der Natur verletzt – Qualitäten, die für die Steigerung und Erfüllung des Lebens wesentlich sind«.[35] Wie Marx, so muss also Marcuse eine jenseits der bestehenden Gesellschaft liegende, autonome Natur konstruieren, die einerseits selbst gesellschaftlich ist, andererseits aber von der bestehenden Gesellschaft verfehlt wird.

In einer seltenen gemeinsamen Frontlinie haben sowohl Jürgen Habermas als auch Michel Foucault solche Ansätze kritisiert, die die Transformation der zweiten Natur als Befreiung der ersten verstehen. Habermas verortet den Ursprung von Marcuses Argument in der Romantik, die eine Kommunion der Menschen mit einer unverstellten Natur anstrebt. Die Utopie einer Harmonie von Natur und Mensch ist für Habermas anti-modern und gibt somit die Rationalitätspotentiale der bestehenden Gesellschaft verloren.[36] In eine andere Richtung zielt Foucault in seiner Kritik der Repressionshypothese. Wie er anhand der Sexualität aufzuzeigen versucht, wird die erste Natur in der gegenwärtigen Gesellschaft keineswegs unterdrückt, sondern permanent reproduziert, in Szene gesetzt und produktiv gemacht.[37] Statt um eine »Befreiung« von sozialer Repression müsste es eher um eine Entlastung der Menschen von ihrer

32 Herbert Marcuse, *Versuch über die Befreiung*, Frankfurt/M. 1969, S. 60 f.

33 Ebd., S. 25.

34 Marcuse, *Konterrevolution*, S. 74.

35 Ebd., S. 84.

36 Jürgen Habermas, *Technik und Wissenschaft als »Ideologie«*, Frankfurt/M. 1989, S. 57 f.

37 Michel Foucault, *Sexualität und Wahrheit I: Der Wille zum Wissen*, Frankfurt/M. 1983, S. 23 f.

Natur als beständiger Projektionsfläche gehen. Obwohl Habermas und Foucault auf unterschiedliche Punkte abzielen, haben ihre Kritiken eine gemeinsame Pointe: Das Projekt der Transformation der zweiten Natur ist auf die Immanenz des Sozialen zurückgeworfen. Die erste Natur, selbst wenn man sie als geschichtliches Produkt interpretiert, ist nicht hinreichend aussagekräftig, um die Richtung einer sittlichen Erziehung anzeigen zu können. Das Problem des Dogmatismus ist daher nicht erledigt. Hierfür sind auch die Erfahrungen aus Politiken der Lebensformen, die sich an Marx' »Emanzipation der Sinne« oder Marcuses »neuer Sensibilität« orientieren, ein Beleg: Die Erziehung gegen Egoismus und für Sozialität wird von den Individuen häufig ebenso wenig als Befreiung erfahren wie die Politisierung des Privatlebens.

Auch für diesen Versuch einer Befreiung der ersten Natur gibt es jedoch eine schwächere Variante, die sie für die anderen Modelle anschlussfähig macht. Diese sieht die erste Natur nicht als Essenz, die befreit werden muss, sondern als *Grenze* der Erziehungsaspirationen normativer Ordnungen. Frederick Neuhouser hat etwa vorgeschlagen, Rousseaus Naturalismus auf diese Weise zu retten: Der Bezug auf die Kategorie der Natürlichkeit kann demnach die Rolle übernehmen, all solche Transformationen der zweiten Natur zurückzuweisen, die dem Menschen in seiner natürlichen Disposition grundsätzlich widerstreben.[38] Neuhouser nennt etwa die psychoanalytische Kritik an der christlichen Sexualmoral als Beispiel: Gegen die Vorstellung, dass Menschen ihr ganzes Leben monogam oder zölibatär leben, lässt sich einwenden, dass dies den menschlichen Trieben und Bedürfnissen auf grundlegende Weise widerspricht. Dieses Beispiel zeigt, dass der Bezug auf eine gegebene menschliche Natur nicht unbedingt politisch konservativ sein muss, sondern dass vielmehr das Bestehen darauf, so akzeptiert zu werden, wie man ist, auch eine politisch fortschrittliche Rolle spielen kann. Zudem schließt diese Argumentationsstrategie nicht aus, dass die Kategorie der »Natürlichkeit« hier durchaus geschichtlich verstanden werden kann; als »natürlich« haben dann all solche Bedürfnisse zu gelten, die historisch so tief in die menschliche Triebstruktur herabgesackt sind, dass jeder Versuch, dies zu leugnen, als

38 Frederick Neuhouser, »Die normative Bedeutung von ›Natur‹ im moralischen und politischen Denken Rousseaus«, in: Rainer Forst u. a. (Hg.), *Sozialphilosophie und Kritik*, Berlin 2009.

repressiv erfahren werden muss. Adorno hat in diesem Zusammenhang einerseits für einen durch und durch gesellschaftlichen Charakter von Bedürfnissen argumentiert, zugleich aber davor gewarnt, dass »sich boards und bevollmächtigte Kommissionen etablieren, die Bedürfnisse klassifizieren und unter dem Ruf, der Mensch lebe nicht vom Brot allein, ihm einen Teil der Brotration, die als Ration immer schon zu klein ist, lieber in Gestalt von Gershwinplatten zuteilen«.[39] Diese schwache Version der These der Befreiung einer ersten Natur, welche diese nicht als Orientierung künftiger Transformationen, sondern lediglich als Grenze ihrer Aspiration anlegt, zeigt, dass der Verweis auf die Faktizität von Bedürfnissen und Begehren für die Frage der künftigen Herausbildung einer neuen Sittlichkeit duchaus noch eine Rolle spielen kann.

Versuch 4: Reflexion

Viele der Selbsttechniken, die im westdeutschen linksalternativen Milieu um 1968 zirkulierten, entstammten – mal direkter, mal indirekter – dem Gedankengebäude der Psychoanalyse. Die Psychoanalyse wurde dabei vollkommen von ihrem Charakter als ärztliches Verfahren befreit, als das Freud sie vorgesehen hatte, und in eine Quelle gesellschaftstheoretischer Analysen und persönlicher Reflexionen verwandelt, aus der sich alle demokratisch bedienen konnten. Inspiriert einerseits von den freudomarxistisch geprägten Theoretiker:innen der Frankfurter Schule, andererseits von heterodoxen Therapeut:innen wie Sándor Ferenczi und vor allem Wilhelm Reich, fand sie nicht nur Eingang in die Theoriebildung, sondern wurde auch integraler Bestandteil der experimentellen Suche nach neuen Lebensweisen. Versatzstücke psychoanalytischer Theoreme wurden sowohl leitend bei der Entwicklung antiautoritärer Erziehungsmodelle in den Kinderläden und Alternativschulen als auch bei der kollektiven Reflexion in den Wohngemeinschaften und Kommunen.[40] Auch diese Praktiken heben einen Aspekt hervor,

39 Theodor W. Adorno, »Thesen über Bedürfnis«, in: ders., *Soziologische Schriften* I, Frankfurt/M. 1997, S. 392-396, hier: S. 395.

40 Trotz ihrer Wichtigkeit ist die Rolle der Psychoanalyse als Technologie des Selbst um 1968 nicht gut erforscht. Eine Ausnahme stellt der Aufsatz von Uta Gerhardt dar, »Hedonismus und Revolution. Zur Rezeption der Psychoanalyse in der Ber-

den Hegel mit der Idee der Erziehung zur Bürgerschaft in sittlichen Gemeinwesen vor Augen hatte, nämlich den der Vernunft. Mit Hilfe der Vernunft legen sich die Mitglieder von Gegengemeinschaften Rechenschaft darüber ab, ob die von ihnen als unmittelbar empfundenen Bedürfnisse befreiend oder knechtend sind.

In seinen programmatischen »Notizen zur Gründung revolutionärer Kommunen in den Metropolen« rechtfertigt der spätere Mitbegründer der Kommune 1 Dieter Kunzelmann die Etablierung gemeinschaftlicher Wohnformen mit der Notwendigkeit der Vermittlung kollektiver und individueller Erfahrungen. Damit die Aktivist:innen nach einer politischen Aktion nicht wieder »in das Treibhaus [...] bürgerlicher Individualexistenz«[41] zurückkehren müssen, ist es essentiell, Bedingungen für gemeinsame Erfahrungen zu etablieren. Mit Marx geht Kunzelmann von einem Zusammenfallen von Welt- und Selbstveränderung aus: »Die Kommune ist nur dann fähig, systemsprengende Praxis nach außen zu initiieren, wenn innerhalb der Kommune effektiv die Individuen sich verändert haben, und diese können sich nur verändern, wenn sie jene machen.«[42] Dies beinhaltet neben der Auflösung von Abhängigkeits- und Herrschaftsverhältnissen im Alltagsleben auch explizit die »Destruierung der Privatsphäre« und die »Aufhebung bürgerlicher Individualitäten«.[43] An der Umsetzung dieses Programms versuchte sich die berühmte Kommune 1, die zwischen 1967 und 1969 in verschiedenen Wohnungen in West-Berlin existierte. Die von Kunzelmann geforderte »neue Qualität der Vermittlung der Individuen« durch ein »Abarbeiten aller Individuen aneinander«[44] beinhaltete zunächst das reihenweise Erzählen der eigenen Biographie, um den Solipsismus der bürgerlichen Individualität aufzubrechen und sich

liner Studentenbewegung der sechziger Jahre«, in: *Luzifer-Amor. Zeitschrift zur Geschichte der Psychoanalyse* 27, 54 (2014), S. 25-55. Für einige wichtige zeitgeschichtliche Dokumente siehe Klaus Horn (Hg.), *Gruppendynamik und der ›subjektive Faktor‹. Repressive Entsublimierung oder politisierende Praxis*, Frankfurt/M. 1973; Horst-Eberhard Richter, *Die Gruppe. Hoffnung auf einen neuen Weg, sich selbst und andere zu befreien*, Gießen 1995.

41 Dieter Kunzelmann, »Notizen zur Gründung revolutionärer Kommunen in den Metropolen«, in: Albrecht Goeschel (Hg.), *Richtlinien und Anschläge. Materialien zur Kritik der repressiven Gesellschaft*, München 1968, S. 100-104, hier: S. 100.

42 Ebd.

43 Ebd., S. 101.

44 Ebd., S. 102.

besser kennenzulernen.[45] Die Kommunard:innen stellten darüber hinaus jedoch auch den Anspruch, alle Fragen des persönlichen Lebens kollektiv zu entscheiden. Schon in der K1 kam es jedoch früh zu Problemen mit der gemeinschaftlichen Entscheidungsfindung. Die Mitbegründerin Dagmar Przytulla beschreibt beispielsweise im Rückblick die Folgen des unhinterfragten Fortwirkens patriarchaler Strukturen innerhalb der Kommune, in der Frauen nicht als gleichberechtigte Genossinnen, sondern nur als Anhängsel der Männer betrachtet wurden. Dieser Sexismus prägte auch die kollektive Entscheidungsfindung. Als Przytulla von Kunzelmann schwanger wurde und sich wünschte, das Kind zu behalten, wurde ihr von der Kommune vorgeworfen, die Schwangerschaft nicht vorher besprochen zu haben. Die zusätzliche Distanzierung durch Kunzelmann, der sich lieber dem politischen Kampf widmen als mit einem Kind herumschlagen wollte, führte zu einer illegalen Abtreibung und schließlich zum Auszug Przytullas.[46]

Noch im selben Jahr wie die Kommune 1 gründete sich ebenfalls in Berlin die Kommune 2, die sich als Alternativmodell verstand, aber von ähnlichen gesellschafts- und subjektivitätstheoretischen Prämissen ausging. Die K2 dokumentierte ihre Gruppenprozesse ausführlich in dem Buch *Die Revolutionierung des bürgerlichen Individuums*, welches eine seltene Primärquelle zu den Formen und Effekten gemeinschaftlichen Lebens darstellt. Wie bei der Kommune 1, so war auch für die Kommune 2 zunächst die Ermöglichung politischer Handlungsfähigkeit entscheidend: Es war unmöglich geworden, sich auf einer Demonstration gegen Ungerechtigkeit zu empören, das dort Erlebte danach aber allein im Rahmen einer isolierten bürgerlichen Existenzweise zu verarbeiten. Die Kommune diente in diesem Sinne als »sicherer Hafen«, in dem durch die Freisetzung materieller Ressourcen und durch emotionale Anteilnahme von Genoss:innen die Bedingungen für politische Arbeit gewährleistet waren. Prinzipien der Kommune waren der horizontale Finanzausgleich, die gemeinsame Planung des Konsums, die gemeinsame Aufteilung reproduktiver Arbeit und die gemeinsame Kindererziehung.

45 Dieter Kunzelmann, *Leisten Sie keinen Widerstand! Bilder aus meinem Leben*, Berlin 1998, S. 62.

46 Dagmar Przytulla, »Niemand ahnte, dass wir ein ziemlich verklemmter Haufen waren«, in: Ute Kätzel (Hg.), *Die 68erinnen. Porträt einer rebellischen Frauengeneration*, Berlin 2002, S. 201-219, hier: S. 210 f.

Nach einem halben Jahr begann die Kommune mit der Praxis der Reihenanalyse, bei der nach einem festgelegten Ablauf jedes Mitglied über Tagesereignisse und deren psychische Verarbeitungen, damit aber auch über Kindheitserlebnisse und andere biographische Hintergründe sprach. Ein Gruppenmitglied stellte so lange Fragen, bis es zu Widerständen[47] oder Sperren bei der jeweiligen Analysand:in kam, so dass ein anderes Kommune-Mitglied die Rolle der Fragestellenden übernahm.[48] Das psychoanalytische Setting wurde tentativ dadurch imitiert, dass eine ausgediente Matratze als »Analysecouch« fungierte. Nachdem dieses von den Kommunard:innen als dilettantisch empfundene Verfahren verschiedene Probleme verursachte, wie etwa die Reproduktion informeller Hierarchien in der Gruppe, eine fehlende Kontinuität der Analysesitzungen und zu starke affektive Bindungen zwischen Analysand:innen und Analytiker:innen, die häufig auch sexuelle Beziehungen miteinander unterhielten, konsultierten die Bewohner:innen den befreundeten Münchner Psychoanalytiker Hans-Werner Saß, der ihnen zahlreiche Ratschläge zur Verbesserung des Analyseverfahrens unterbreitete. Die Umstellung von der Reihenanalyse auf feste Analysepaare führte einerseits zu einer größeren Sicherheit seitens der Analysand:innen und damit auch zu einer größeren Bereitschaft, sich zu öffnen, vermochte jedoch andererseits die grundsätzlichen Schwierigkeiten, die psychoanalytische Beziehung auf Gruppen anzuwenden, nicht zu lösen.[49] Wie die Kommune im Nachhinein selbstkritisch festhält, war es der Gruppe zwar gelungen, den individuellen »Charakterpanzer« zu durchbrechen, jedoch nicht, zu einer Neukonstitution kollektiver Subjektivität zu gelangen.[50] Das Experiment der Kommune 2 endete ebenso wie das der Kommune 1 zunächst mit individuellen Rückzügen und schließlich mit der resignierten Auflösung.

47 Die Identifikation von Widerständen spielt in den Gruppenanalysen eine entscheidende Rolle. Erstaunlich ist jedoch, dass die Freud'sche Kategorie des Durcharbeitens keinen systematischen Stellenwert einnimmt. Dies ist auch bei Horst-Eberhard Richters Pionierwerk zur Gruppenanalyse der Fall, vgl. Richter, *Die Gruppe*.

48 Zur Bedeutung der Reihenanalyse als Modifikation der Freud'schen Theorie Gerhardt, »Hedonismus und Revolution«, insbes. S. 42 f.

49 Vgl. Kommune 2, *Versuch der Revolutionierung des bürgerlichen Individuums. Kollektives Leben mit politischer Arbeit verbinden!*, Berlin 1969, Kap. V.

50 Ebd., S. 269.

Die Gefahren der gewählten Vermittlungsprozesse waren den Kommunard:innen bereits vor der Kommune-Gründung bekannt gewesen. Sie machten die Verwendung psychoanalytischen Vokabulars für die Entstehung einer »inquisitorischen Atmosphäre« oder eine »bürgerliche Klatsch- und Intrigenatmosphäre« verantwortlich, die damals bereits als »Psychoterror« kritisiert wurde und die eine Situation erzeugt hatte, in der niemand wirklich etwas von sich preisgeben wollte.[51] Genau diese Probleme hatte man durch die Einrichtung der Kommune zu überwinden gehofft. Das Festhalten an psychoanalytischen Verfahren dürfte allerdings der Hauptgrund für die Erosion der K2 darstellen, die die Kommunard:innen selbst schonungslos rekonstruieren. Die Reihen- beziehungsweise Gruppenanalyse versucht, die Hierarchie zwischen Analysand:in und Analytikerin dadurch aufzubrechen, dass die Rollen rotieren. Die formale Struktur des psychoanalytischen Gesprächs bleibt jedoch intakt. Dies führt zum einen zu einem allgemeinen Rollenkonflikt, weil die Kommunard:innen als (potentielle) Analytiker:innen ihre Gefühle unterdrücken, als (potentielle) Analysand:innen von ihnen jedoch erwartet wird, sich zu öffnen. Diese Rollenvertauschung führt zudem zu einem Netzwerk an gegenseitigen Übertragungen und Gegenübertragungen, zumal die Analyse-Beziehungen parallel zu sexuellen und anderen emotionalen Beziehungen existieren. Diese Dynamik führt in letzter Konsequenz zu einem »Überwuchern unseres Zusammenlebens mit psychologischen Problemen«: »Beschäftigung während einer Diskussion, Kritzeleien, Versprechen und andere Fehlleistungen wurden sofort in den Zusammenhang mit der Problematik der jeweiligen Analyse gestellt und gedeutet; keiner konnte vorzeitig vom Tisch aufstehen, etwas lauter die Tür zumachen oder ein Kind ungeduldig ansprechen, ohne daß die anderen dahinter tieferliegende Erwartungen, Abwehrhaltungen, Widerstände oder ähnliches gesehen hätten.«[52] Anders als retrospektive Kommentare[53] suggerieren, bestand der Fehler der Kommune 2

51 Ebd., S. 18, S. 21.

52 Ebd., S. 270.

53 In seiner anlässlich des 40-jährigen Jubiläums von 1968 erschienenen Abrechnung zieht der Historiker Götz Aly gar eine Parallele der 1968er zu den 1933ern. Die »individuelle Veränderungswut« und die »Lust an der tabula rasa« seien lediglich »Spätausläufer des Totalitarismus« (Götz Aly, *Unser Kampf 1968,* Frankfurt/M. 2008, S. 8). Weniger empörend, aber inhaltlich in dieselbe Stoßrichtung

also nicht in einer Politisierung des Privaten, sondern im Gegenteil in einer Privatisierung der Politik: Der Raum des Politischen wurde immer mehr von persönlichen Problemen okkupiert. Diese Fixierung auf das Persönliche – im Repräsentationstheater der Psychoanalyse von vornherein angelegt, das sich ausschließlich auf der Bühne der triadischen Mama-Papa-Ich-Beziehung abspielt – vereitelt letztlich genau den ursprünglichen Zweck der Kommune, nämlich die Entwicklung kollektiver politischer Handlungsfähigkeit.

Dies heißt natürlich nicht, dass Reflexionen über die eigene Biographie im Rahmen einer Transformation der zweiten Natur keine Rolle mehr spielen sollten. Nur durch das Hinzutreten des Vernunftmoments werden die Entwicklungen etwa der libidinalen Struktur des Menschen, seiner kulturellen Praktiken und Alltagsgewohnheiten entnaturalisiert, werden sie, wie Hegel sagt, »Geist«. Auch bei diesem vierten Modell der Selbst-Veränderung drängt sich jedoch eine schwächere Variante auf, die sich ergibt, wenn man die Analyse der Psyche in eine Konstellation mit anderen Aspekten der Selbstveränderung wie einem hedonistischen Pluralismus, einer politischen Erziehung und einer Akzeptanz historisch formierter Grenzen versetzt. Auf diese Weise wird der Status der individuellen Biographie-Arbeit relativiert, was einer Überwucherung der gegengemeinschaftlichen Sittlichkeit durch das Persönliche entgegenwirkt. So wird auch erst die entlastende Wirkung einer gegenhegemonialen Gewöhnung erzielt: in dem Wissen, nicht immer erst reflektieren zu müssen, sondern sich auf die Richtigkeit eines Lebens gemäß den eigenen Instinkten und Neigungen zumindest ein Stück weit verlassen zu können.

argumentiert auch Sven Reichhardt, wenn an »den 68ern« eine »Dauerreflexion mit Totalisierungstendenzen« beklagt (Sven Reichhardt, *Authentizität und Gemeinschaft. Linksalternatives Leben in den siebziger und frühen achtziger Jahren*, Berlin 2014, S. 391). Solche Diagnosen sind akademisierte Varianten des heute weit verbreiteten Urteils, die »68er« seien zu weit gegangen: Ausgehängte Türen, freie Liebe, Diskussion aller möglichen Alltagsfragen hätten die Rechte des Individuums missachtet und sein Bedürfnis nach Privatheit mit Füßen getreten. Solche Kritiken fallen aber hinter die Erkenntnisse von 1968 zurück. Sie re-naturalisieren individuelle Triebe, Wünsche und Bedürfnisse und immunisieren sie gegen soziale Vermittlung, das heißt, sie führen selbst in die Unfreiheit.

Etwa zeitgleich zu den gruppenanalytischen Experimenten in der bundesdeutschen Studierendenbewegung entwickelte sich im Kontext des US-amerikanischen Feminismus die Praxis des *Consciousness Raising*, die als eine der bislang anspruchsvollsten Versuche gelten kann, demonstrative, erzieherische, befreiende und reflexive Komponenten beim Versuch der Veränderung der eigenen Lebensform miteinander zu kombinieren. In vielen Standpunkttheorien steht das *Consciousness Raising* darum paradigmatisch für die Leistungen, derer es seitens einer Gegengemeinschaft bedarf, um eine soziale Positionierung in einen politischen Standpunkt zu verwandeln und sich so einen epistemischen Vorteil zu erschließen.

Wie bei den deutschen Kommunard:innen ging es bei den amerikanischen Feministinnen zunächst um das Aufbrechen individueller Isolation mit dem Ziel der Entwicklung politischer Handlungsfähigkeit. Erste CR-Gruppen entstanden Ende der 1960er Jahre im Umfeld der *New York Radical Women*, aus denen später das Kollektiv *Redstockings* hervorging, zunächst in Privatwohnungen, bevor radikale Feministinnen Ableger in vielen New Yorker Nachbarschaften gründeten. Die New Yorker Aktivistin Kathie Sarachild, Mitbegründerin der ersten CR-Gruppe, hatte 1968 bei einer nationalen *Women's Liberation Conference* nahe Chicago einige Grundprinzipien und erste Erfahrungen mit der Praxis vorgestellt. Diese Prinzipien wurden gemeinsam mit detaillierten Anleitungen und Themenvorschlägen massenhaft verteilt, so dass sich die Praxis rasch in den ganzen USA ausbreitete und dazu beitrug, den radikalen Feminismus zu einer relevanten sozialen Bewegung werden zu lassen (der so genannten *Second Wave*).[54] In Anlehnung an, aber auch in Abgrenzung von den häufig von weißen Frauen dominierten radikalfeministischen Kreisen bildeten sich auch in Kontexten des schwarzen Feminismus *Consciousness Raising*-Praktiken heraus, wobei die bekannteste die des Combahee River Collective ist.[55]

54 Zur Geschichte und den Prinzipien des *Consciousness Raising* vgl. Kathie Sarachild, »Consciousness-Raising: A Radical Weapon«, in: Redstockings (Hg.), *Feminist Revolution*, New York 1979.

55 Barbara Smith, »Doing it from Scratch: The Challenge of Black Lesbian Organizing«, in: Barbara Smith (Hg.), *The Truth that Never Hurts: Writings on Race, Gender and Freedom*, New Brunswick 1995, S. 172.

Consciousness-Raising-Gruppen bestanden in der Regel aus sechs bis zwölf Frauen, die sich einmal in der Woche in einem Wohnzimmer trafen. Die Treffen hatten bestimmte vorher festgelegte Themen, wie Ehe, Kindheitserfahrungen, Mutterschaft, Sexualität und sexualisierte Gewalt etc. In der Regel verbrachten die Gruppen drei bis sechs Monate mit dem Austausch persönlicher Erfahrungen, bevor sie sich feministischen Projekten und Kampagnen widmeten, etwa dem Schreiben von Texten, der Organisation von Kinderläden, Kampagnen zu Themen wie Vergewaltigung oder für ein Recht auf Abtreibung.[56] Der Ausschluss von Männern erzeugte einen *safe space*, der es Frauen ermöglichte, sich angstfrei zu öffnen, und unterstrich zugleich den Anspruch auf Autonomie und Unabhängigkeit von männlichen Werten und Institutionen.[57] Das Programm, das Sarachild in Chicago präsentierte, nimmt seinen Ausgang von der Forderung des Ernstnehmens von Gefühlen als politischem Faktor. Während die männliche Kultur dazu neigt, zu Emotionen in ein Verhältnis der Beherrschung und Kontrolle eintreten zu wollen, registriert das *Consciousness Raising* die affektiven Sedimente von Herrschaft in der menschlichen Subjektivität und macht deren Reflexion zum Ausgangspunkt politischer Kritik. Emotionale Ausbrüche von Frauen – »Hysterie, Jammern, Zetern«[58] – sind richtige, aber noch vorpolitische Reaktionen auf erlebte Ungerechtigkeit. Zu erkennen, dass andere Frauen ähnliche Erfahrungen machen, wird ein feministisches »Klassenbewusstsein« erzeugen und so zu einer Massenbewegung führen.

Von den eigenen Gefühlen auszugehen hat Implikationen sowohl für die Themenwahl als auch für die gewählte Methode. Die Liste von Themen, die in den CR-Meetings besprochen wurden, dementiert grundlegend die jahrtausendealte Trennung von *polis* und *oîkos*, die von jeher geschlechtlich markiert war. Dabei wurde nicht nur die Hausarbeit als essentieller Bestandteil kapitalistischer

56 o. A., »Consciousness Raising« in: Anne Koedt, Ellen Levine, Anita Rapone (Hg.), *Radical Feminism*, New York 1973, S. 280.

57 Pamela Allen, »Free Space«, in: Koedt, Levine, Rapone (Hg.), *Radical Feminism*, S. 271. Zu *safe spaces* als historische Praxis und philosophisches Konzept siehe Janna Mareike Hilger, *Safe Space. Sorge und Kritik nach Michel Foucault und Eve Sedgwick*, Frankfurt/M. 2023.

58 Kathie Sarachild, »A Program for Feminist ›Consciousness Raising‹«, in: Shulamith Firestone, Anne Koedt (Hg.), *Notes from the Second Year. Women's Liberation: Major Writing of the Radical Feminists*, New York 1970, S. 78.

Vergesellschaftung identifiziert (ein Punkt, auf dem vor allem der sozialistische Feminismus nachhaltig insistierte), sondern auch der politische Gehalt intimster Erfahrungsgehalte herausgestellt. Die anhaltende Prägung durch erlittene sexualisierte Gewalt, die sozialisatorische Rolle der omnipräsenten sexistischen Bilderwelten, die habitualisierten Rollenerwartungen in der Arbeits- ebenso wie in der privaten Welt, die internalisierte Abwertung der Menstruation und vieles mehr wurde als Ergebnis einer heterosexistischen Dominanzkultur enthüllt. Diese Reflexion beschränkte sich jedoch keineswegs auf die Änderung des Bewusstseins, sondern umfasste auch eine konkrete Transformation sinnlicher Körpererfahrungen: Als Fortentwicklung der CR-Gruppen gründeten sich Anfang der 1970er Jahre überall auf der Welt Spekulum-Gruppen, in denen Frauen Selbstuntersuchungen durchführten und sich so vom objektivierenden Blick des männlichen Gynäkologen emanzipierten; und während Dieter Kunzelmann in Deutschland damit prahlte, dass ihn Vietnam nicht interessiere, weil er Orgasmusschwierigkeiten habe, dekonstruierten die Feministinnen in den USA tatsächlich den Mythos des vaginalen Orgasmus und attackierten damit eine Grundfeste patriarchaler Sexualität. Carol Hanisch, die Erfinderin der berühmten Slogans »Das Persönliche ist politisch«,[59] weist darauf hin, dass mit der Politisierung des Privatlebens gegenüber der sozialistisch geprägten Linken auch eine spezifische Zeitlichkeitsvorstellung einhergeht: Frauen waren nicht länger bereit, ihre Unterdrückung als Nebenwiderspruch anzusehen, der sich »nach der Revolution« von selbst erledigen würde (eine Kritik, die im deutschen Kontext Helke Sander nach dem Tomatenwurf bei der Frankfurter Delegiertenversammlung des SDS 1968 formuliert hat).[60]

Individuelle Erfahrungen wurden so zugleich als subjektiv *und* historisch verstanden. Die Radikalfeministin Pamela Allen beschreibt anhand einer CR-Gruppe in San Francisco, wie diese Erkenntnis in der Praxis umgesetzt wurde. Sie nennt vier Motive, welche die Gruppenprozesse nacheinander strukturieren: 1. Sich öffnen (*Opening Up*): der Prozess, in dem die Frauen anfängliche Schüchternheit überwinden, über ihre Erfahrungen und Gefühle

59 Carol Hanisch, »The Personal Is Political« (1969), online unter ⟨http://www.carolhanisch.org/CHwritings/PIP.html⟩ [letzter Zugriff Juni 2023]

60 Helke Sander, »Rede auf der 23. Delegiertenkonferenz des SDS«, in: Ilse Lenz (Hg.), *Die Neue Frauenbewegung in Deutschland*, Wiesbaden 2010.

sprechen und dabei von den anderen Frauen Verständnis und Bestätigung erhalten, was bereits erste Kollektivitäts- und Solidaritätserfahrungen ermöglicht. 2. Teilen (*Sharing*): der Prozess, in dem die Frauen gezielt nach Gemeinsamkeiten ihrer Erfahrungen suchen und dabei entdecken, dass ihre »persönlichen« Probleme in Wirklichkeit gemeinsame Probleme sind. 3. Analysieren (*Analyzing*): der Prozess, in dem unter Konsultation externen Materials wie Texten und Büchern nach den objektiven sozialen und politischen Ursachen dieser Probleme gesucht wird. 4. Abstrahieren (*Abstracting*): der Prozess, in dem die Frauen zu ihren persönlichen Erfahrungen eine Distanz schaffen sowie ihre Rolle innerhalb eines größeren Gesamtzusammenhang begreifen und so zu einer gesellschaftlichen Lage-Einschätzung und einer politischen Handlungsperspektive gelangen.[61]

Als »Therapie« wurde das *Consciousness Raising* vor allem von seinen Gegner:innen geschmäht, die den CR-Gruppen unpolitische Selbstbeschäftigung vorwarfen, wobei dieser Vorwurf nicht nur von Männern, sondern auch von anderen Feministinnen vorgebracht wurde.[62] Die Mitglieder von CR-Gruppen haben demgegenüber immer wieder auf dem explizit politischen Charakter der Sitzungen bestanden. Allerdings ist ein therapeutischer Effekt durchaus gewollt, da es ja auch im *Consciousness Raising* um eine Transformation der eigenen Subjektivität geht. Dies ist schon im Namen selbst angelegt: Zum Teil wird mit dem Vokabular der Ideologiekritik das herrschende als ein »falsches Bewusstsein« beschrieben, dass durch einen kollektiven Bewusstwerdungsprozess abgeworfen werden soll. Dies hat aber eine explizit affektive Komponente: Der Prozess verwandelt die Beteiligten von isolierten, verblendeten und unglücklichen in solidarische, kritische und handlungsfähige Subjekte. Die radikale transformative Kraft dieser Praxis kommt auch dadurch zum Ausdruck, dass einige beteiligte Frauen ihre Namen änderten, um das patrilineare Modell von Generativität zu durchbrechen (Kathie Amatniek benannte sich beispielsweise 1968 in Sarachild um, also das Kind ihrer Mutter Sara). Das *Consciousness Raising* selbst hat den Charakter einer Kur, mit der die Frauen vor allem Minderwertigkeitsgefühle und Selbstbeschuldigungen überwinden und dadurch lernen wollen, ihre Charaktereigen-

61 Allen, »Free Space«.

62 Hanisch, »The Personal«; Sarachild, »Consciousness-Raising«, S. 145.

schaften nicht als negativ, sondern als positiv wahrzunehmen.[63] Solche Empowerment-Strategien sind nicht nur in der feministischen, sondern auch in vielen anderen identitätspolitischen Bewegungen erfolgreich zum Einsatz gekommen, etwa in der sich parallel formierenden *Black-Power*-Bewegung und in queeren und LGBTQ*-Bewegungen.

Aus dem politisch-therapeutischen Ansatz des *Consciousness Raising* sind allerdings auch Probleme erwachsen. Neben externen Hindernissen, die vor allem in der Denunziation und Delegitimierung der Praxis als solcher bestand, ergaben sich auch durch die Anlage des Prozesses selbst spezifische Herausforderungen. Als ein wiederkehrendes Problem wird häufig fehlende Ehrlichkeit in Bezug auf die eigenen Gefühle beschrieben, insbesondere wenn diese negativ oder aggressiv sind.[64] Auch kann es innerhalb des Prozesses zu anklagenden, verletzenden oder attackierenden Sprechakten kommen. Auf der anderen Seite können politische Kritiken als persönliche Angriffe reinterpretiert werden, um sich nicht inhaltlich mit ihnen auseinandersetzen zu müssen. Kathie Sarachild verwendet den Begriff des »psychologischen Terrorismus«, um konversationelle Dominanztechniken zu beschreiben, bei denen Emotionalisierung zur Vermeidung von politischer Diskussion eingesetzt wird.[65] Die Feministin Jo Freeman hat diese Analyse in einer grundlegenden Selbstkritik des Radikalfeminismus zur Diagnose einer »Tyrannei der Strukturlosigkeit« zugespitzt: In Gruppen, die keine feste institutionelle Struktur haben, bilden sich häufig informelle Hierarchien heraus, die sich umso schwieriger aufdecken und kritisieren lassen.[66]

Auch das *Consciousness Raising* ließe sich vielleicht dadurch aktualisieren, dass der Moment des individuellen Wollens und der einer sozialtransformativen Sittlichkeit wieder miteinander in Spannung versetzt werden. Während es den psychoanalytisch inspirierten Verfahren der Kommunard:innen um die Entwicklung von »Ich-Stärke« geht, das heißt um einen vernunftmäßig reflektierten Umgang

63 Hanisch, »The Personal«, S. 4.

64 Allen, »Free Space«, S. 274.

65 Kathie Sarachild, »Psychological Terrorism«, in: Redstockings (Hg.), *Feminist Revolution*, New York 1979.

66 Jo Freeman, »The Tyranny of Structurelessness« (1970), online: ⟨https://www.jofreeman.com/joreen/tyranny.htm⟩ [letzter Zugriff Juni 2023].

mit den eigenen unbewussten Wünschen und Begierden, will das *Consciousness Raising* gerade von den Gefühlen ausgehen, diese freisetzen und validieren. Affekte müssen also nicht beherrscht, sondern identifiziert, reinterpretiert und kanalisiert werden. Diese Differenz drückt sich auch im Ziel des Verfahrens aus: Während die Psychoanalyse gerade da produktiv wird, wo subjektive Widerstände oder Krisen auftauchen, die dann reflektiert und überwunden werden, versteht sich das *Consciousness Raising* explizit als »nicht-wertend« (*non-judgmental*)[67] und kann daher nur in einem »safe space« stattfinden. Während es der Reihenanalyse um die Kritik individueller Biographien vor dem Hintergrund theoretischer Erkenntnisse geht (vom Allgemeinen zum Konkreten), geht das *Consciousness Raising* von der persönlichen Erfahrung aus und gelangt durch einen kollektiven Abstraktionsprozess zu einer allgemeinen Theorie (vom Konkreten zum Allgemeinen). In der kollektiven Bestätigung des höchstpersönlichen Erlebens und Empfindens liegt ein wesentliches Moment des *Consciousness Raising*. Allerdings erzeugt genau dieses Moment auch die Gefahr des Rückfalls in die liberale Naturalisierung des persönlichen Willens: Eine bestimmte Deutung oder Wahrnehmung wird schon deshalb als wertvoll angesehen, weil sie eben von einer Teilnehmer:in vorgebracht wird. Damit wird der Prozess der sozialen Vermittlung des individuell Erlebten wieder abgeschnitten, also genau derjenige Prozess, der das Individuum zu einer Veränderung der eigenen Gewöhnung und somit zu seiner Befreiung treibt. Eine Abschwächung dieser Gefahr ließe sich wiederum dadurch erreichen, dass er mit anderen Techniken der Selbsttransformation in Korrespondenz tritt: Es dient der Bewusstwerdung auch, freudvolle Effekte zu erleben, eigene Grenzen zu kennen, sich politischen Kritiken auszusetzen, unbewusste Anteile zu reflektieren – und seine Gefühle nicht nur auszudrücken, sondern auch zu verändern.

Bürgerin in einem Reich der Maulwürfe werden

»Es ist komisch und es ist bedrohlich«, so beendet Lauren Berlant das Buch *Cruel Optimism*, »sich von demjenigen zu lösen, was jetzt

67 Allen, »Free Space«, S. 274.

schon nicht funktioniert.«[68] Grausamer Optimismus bezeichnet diejenigen affektiven Investitionen, die wir in Lebensformen tätigen, die eigentlich unser Wohlergehen verhindern: die Phantasie, dass dieser Job, diese Beziehung, diese Ökonomie doch noch gut werden könnte. Angesichts einer drohenden Auslöschung bekommt die Loslösung von dem, was jetzt schon nicht funktioniert, eine existenzielle Bedeutung. »Komisch« (*awkward*) ist diese Loslösung, weil sie mit Verstößen gegen etablierte sittliche Protokolle einhergeht, ohne sich auf eine alternative Normordnung stützen zu können. »Bedrohlich« ist sie, weil es die Intelligibilität in einem sozialen Feld ist, die es ermöglicht, dass ein Leben von anderen anerkannt werden kann und somit lebbar ist. Etwas weniger komisch und bedrohlich ist die Entbindung aus hegemonialen Gewohnheiten, wenn man sie mit anderen zusammen vollziehen kann. Radikale und soziale und politische Bewegungen haben in der Vergangenheit immer wieder nach Techniken gesucht, wie der sich historisch formierten zweiten Natur des Menschen eine andere zweite Natur entgegengesetzt werden kann. Die Ablösung aus den sittlichen Routinen erfolgt durch die Bindung an gegengemeinschaftliche Routinen, durch eine gegenhegemoniale Gewöhnung. Alle diese historischen Experimente waren mit dem Problem konfrontiert, auf der einen Seite individuelle Bedürfnisse, Wünsche und Begehren, die durch die alte Gesellschaft geprägt wurden, und auf der anderen Seite politische, ethische und moralische Ansprüche, die sich noch nicht geschichtlich bewährt haben, miteinander vermitteln zu müssen. Solange zwischen hegemonialen und gegengemeinschaftlichen Praktiken eine Spannung besteht – das heißt, solange noch keine gesamtgesellschaftliche Befreiung eingetreten ist –, kann keine dieser Techniken in dem Sinne »erfolgreich« sein, dass diese beiden Seiten miteinander versöhnt werden. Das Versprechen Hegels, dass Identifikation mit der sittlichen Wirklichkeit Freiheit erzeugt, können Gegengemeinschaften nicht geben. Ziel dieser Praktiken muss es vielmehr sein, genau diese Spannung aufrechtzuerhalten, zu reflektieren und immer wieder neu auszuagieren: Gegenhegemoniale Gewöhnung ist ein *Kampf*. Dabei von bisherigen Versuchen zu lernen könnte bedeuten, sie miteinander in Beziehung zu setzen, sie auf eine Weise zu kombinieren, dass

68 Lauren Berlant, *Cruel Optimism*, Durham 2011, S. 263.

sie stets einen ausreichenden Abstand sowohl von der Gefahr des Rückfalls in den Liberalismus als auch des freischwebenden Dogmatismus, von der Willkür des Natürlichen und der des Politischen behalten. Die Awkwardness und das Bedrohliche bleiben so als ein disruptives Moment gegenhegemonialer Gewöhnung präsent.

Die zeitgenössische Politikform, die diesen Anspruch am intensivsten praktiziert und reflektiert, scheint diejenige der queer-feministischen Bewegung zu sein. Schon Foucault hat die Idee einer alternativen Ästhetik der Existenz am Vorbild schwuler Subkultur entwickelt. Im Anschluss daran haben queere Theoretiker:innen immer wieder betont, dass es bei Queerness nicht nur um eine deviante Sexualität geht, sondern um Lebensformen, die radikal oppositionelle Körperpraktiken, Lebensplanungen, Verwandtschaftsmodelle, Ökonomien, Netzwerke und Existenzästhetiken umfassen können. Diese transgressiven Praktiken zielen nicht einfach darauf, als legitime Lebensweisen im Rahmen eines liberalen Pluralismus anerkannt zu werden, sondern stellen die regulierenden und normalisierenden Normen des Liberalismus grundsätzlich in Frage. Nicht selten verdichten sich diese normalisierungskritischen Intuitionen zu grundsätzlichen Gesellschaftskritiken und queeren Utopien.[69] Queere Subkulturen entwickeln zudem bereits im Hier und Jetzt neue Formen der Kollektivität, welche eine Alternative zu bürgerlichen Modellen der Verwandtschaft und Generativität darstellen, in deren Rahmen sich auch eigene Ethiken herausbilden, welche häufig alternative Verständnisse von Begriffen wie Fürsorge, Sicherheit oder Alterität beinhalten.[70] Auf dem queeren Begehren wird dabei zunächst gerade *gegen* die Transformationsversuche seitens der Mehrheitsgesellschaft bestanden (*we're here, we're queer, get used to it*), aber nicht im Sinne einer Essentialisierung der Erstnatur, sondern als Verteidigung einer Potentialität von Existenzweisen jenseits sozialer Fixierungen.

69 Vgl. José Esteban Muñoz, *Queering Utopia. The Then and There of Queer Futurity*, New York 2009; Michael Warner (Hg.), *Fear of a Queer Planet*, Minneapolis 1993; zur Queer Theory als Theorie der Gegen-Normativität siehe Mike Laufenberg, *Queere Theorien zur Einführung*, Hamburg 2022, insbes. S. 152-158; auch bereits ders., *Sexualität und Biomacht. Vom Sicherheitsdispositiv zur Politik der Sorge*, Bielefeld 2014.

70 Vgl. zu einer queeren Ethik allgemein Lucy Nicholas, *Queer Post-Gender Ethics. The Shape of Selves to Come*, London 2014; Maria Ruti, *The Ethics of Opting Out. Queer Theory's Defiant Subjects*, New York 2017.

Queere Praktiken stellen also ein Beispiel für eine gegengemeinschaftliche Politik der zweiten Natur dar, die viele der historisch überkommenen Selbstveränderungstechniken aufnehmen und kombinieren: Sie umfassen (unter anderem) hedonistische, pädagogische, begrenzende, psychoanalytische und bewusstseinserweiternde Praktiken. Sie sind *demonstrativ*, weil sie »Neid und Lust und Nachahmung« erzeugen, statt abstrakte Ideale zu predigen (das ist ihr »landauerianischer« Aspekt). Sie sind *bildend*, weil sie die Kultivierung ganz neuer Bräuche und Rituale, Normen und Werte, Subjektivierungen und Adressierungen anstreben (das ist ihr »trotzkistischer« Aspekt). Sie sind *befreiend*, weil queere Lebensweisen auf der Berechtigung der eigenen Begehren insistieren und sich heteronomen Reprogrammierungsversuchen verweigern (das ist ihr »marcuseianischer« Aspekt). Sie sind *reflexiv*, weil sie Auskunft über den vorbewussten Ursprung von Begehrensmustern erhalten wollen (das ist ihr »psychoanalytischer« Aspekt). Und sie sind *therapeutisch*, weil der Austausch mit anderen Gemeinschaftsmitgliedern empowernd wirken kann, indem er etwa Scham, Selbstzweifel und Angst zu überwinden hilft (das ist ihr »radikalfeministischer« Aspekt).

Der Ausdruck *queer* verweist dabei darauf, dass diese Praktiken einen irreduzibel transgressiven oder konfliktuellen Charakter behalten. Die Distanz zur Mainstream-Gesellschaft soll nicht geschlossen, sondern immer wieder neu verhandelt werden; nicht ohne Grund werden in der queeren Theoriebildung immer wieder Figuren der Differenz, des Werdens, der Abweichung und der Überschreitung aufgerufen. Eine queere Gegengemeinschaft ist daher auch nicht einem traditionellen Sinn als »Gemeinschaft«, also als eine geteilte Präsenz oder Essenz zu verstehen, sondern als ein heterogener sozialer Bezugsrahmen, der immer auch Raum für anti-soziale Anteile lässt.[71] Queere Praktiken greifen jedenfalls die

71 Einige Queer-Theoretiker:innen wie Lee Edelman und Leo Bersani haben auf dem dezidiert anti-sozialen Charakter queeren Lebens bestanden. Mit einer Theorie der Gegengemeinschaften ist diese Intervention nur vereinbar, wenn sie den antisozialen Impuls der Nicht-Dazugehörigkeit nicht libertär verabsolutieren, sondern als dynamisierenden Teil einer queeren Sozialität anerkennen. Zu dieser Debatte siehe den Schwerpunkt »The Antisocial Thesis in Queer Theory«, in *Publications of the Modern Languages Association* 121, 3 (2006), S. 819-827. – Eine ähnliche Herausforderung für gegengemeinschaftliche Sittlichkeit lässt sich auch aus der Perspektive der *disability-justice*-Bewegung formulieren: Gegengemein-

paradoxe Marx'sche Figur einer Verankerung revolutionärer Lebensweisen in einer bereits existierenden »wirklichen Bewegung« auf, »welche den jetzigen Zustand aufhebt«.[72]

In seinem *Kontrasexuellen Manifest* macht Paul B. Preciado konkrete Vorschläge für derartige queere, das heißt gegenhegemoniale Gewöhnungen. Der Begriff der Kontra-Sexualität nimmt den habituellen Charakter hegemonialer Lebensweisen ernst und setzt dagegen eine »Kontra-Disziplin« und »Kontra-Produktivität«. Diese Gegen-Praktiken der »Arbeiter:innen des Anus« – eine explizite Nachfolgefigur des Marx'schen Proletariats – konstituieren eine »kontrasexuelle Gesellschaft« mit eigener Verfassung, in der biologische Geschlechter, heterosexuelle Reproduktion und patriarchale Verwandtschaftsmodelle als abgeschafft erklärt werden. Dieses Modell setzt sich explizit gegen die Phantasie einer fluiden und hedonistischen queeren Kultur, die mit einer Kommerzialisierung und neoliberalen Domestizierung vereinbar ist. Vielmehr insistiert es auch auf einem mühsamen, unflexiblen und sperrigen Charakter gegenhegemonialer Gewöhnung. Artikel 12 dieses kontrasexuellen Gesellschaftsvertrags beschreibt auch eine eigene Pädagogik, welche die radikale Transformation des Körpers und die Unterbrechung naturalisierter Unterdrückung durch eine radikale Resignifikation der Körperteile zum Ziel hat.[73] Preciados kontrasexuelle Pädagogik gibt also eine Antwort auf die Frage, wie wir uns am besten gegen-sittlich erziehen können: Indem wir uns zu Bürger:innen eines Reichs von Maulwürfen machen.

schaften müssen immer auch offen bleiben für Formen der Madness und der Neuro-Diversität, das heißt für Subjektivitäten, die sich nicht leicht an konventionelle Gemeinschaftsformen gewöhnen lassen. Vgl. hierzu etwa Vanessa E. Thompson, »Policing in Europe: Disability Justice and Abolitionist Intersectional Care«, in: *Race & Class*, 63, 3 (2021), S. 61-76.

72 Bini Adamczak hat bereits Mitte der Nuller Jahre polysexuelle Partys, in denen die heteronormative Werte-Ordnung temporär suspendiert sind, als »wirkliche Bewegung« bezeichnet, welche »den jetzigen Zustand aufhebt«, siehe ihre »Kritik der polysexuellen Oekonomie (Grundrisse)«, in *diskus* 1 (2006), online ⟨https://copyriot.com/diskus/06-1/theorie_der_polysexuellen_oekonomie.htm⟩ [letzter Zugriff Juni 2023]. Eine ähnliche Funktion hat zuletzt McKenzie Wark dem Raving zugesprochen, das sie als »Kommunismus des Fleisches« beziehungsweise »Femmunismus« bezeichnet, McKenzie Wark, *Raving*, Durham 2023, S. 23.

73 Vgl. Paul B. Preciado, *Kontrasexuelles Manifest*, Berlin 2003, S. 31.

8. Politik für Maulwürfe

Institutionen des sozialen und politischen Lebens, die innerhalb gesellschaftlicher Konstellationen entstehen, welche von Herrschaftsverhältnissen durchzogen sind, sind nicht neutral. Sie neigen dazu, diese Herrschaftsverhältnisse zu reproduzieren und die in ihnen dominanten Gruppen zu privilegieren. Dies gilt für alle Bereiche der bürgerlichen Gesellschaft: ihre Privat- und Intimverhältnisse, ihre ökonomischen Bedingungen und ihre staatlichen und politischen Organe. Die Ehe, der Markt und das Parlament etwa sind keine prä-etablierten Container, die von beliebigen Akteur:innen mit beliebigen Inhalten gefüllt werden könnten. Sie sind vielmehr bereits die *Form* und der *Ausdruck* heteronormativer, kapitalistischer und rassistischer Herrschaft. Der Kampf um Befreiung kann daher nie einfach (das heißt: nie nur oder vorrangig) ein Kampf um Inklusion oder Integration in diese Institutionen sein. Der Kampf um Befreiung muss immer (das heißt: immer auch und vorrangig) ein Kampf gegen die bestehenden und für andere Institutionen sein.

Die Ausgangsperspektive dieses Kampfes ist die der Unterdrückten und ihrer kollektiven Lebenszusammenhänge, das heißt die Persepektive von Gegengemeinschaften. Gegengemeinschaften artikulieren eine Verweigerung gegenüber Forderungen nach und Einladungen zur Integration und Assimilation. Aus Perspektive der Gegengemeinschaften oder »von unten« betrachtet, erscheint nicht die Ausweitung der dominanten Institutionen, sondern die Universalisierung der eigenen Positionierung als geboten, wodurch zugleich das Herrschaftsverhältnis gesprengt und die eigene Position darin aufgehoben wird. Praktisch ist dies nur möglich durch den Aufbau von Gegenwissen, Gegennormen, Gegenkulturen und Gegenaffekten, also einer Gegen-Sittlichkeit, die zwar innerhalb der bestehenden Gesellschaftsformation konstituiert ist, dabei aber zugleich über diese hinausweist. Diese Strategien der Welterzeugung dürfen allerdings nicht als Ergebnis einer voluntaristischen Kraftanstrengung verstanden werden, sondern sind in objektive Bedingungen eingelassen, die sich als heterogene Formen des Kampfes beschreiben lassen: Der globale *racial capitalism* zwingt immer mehr Menschen zu kämpfen, schon allein deshalb, weil er sie zunehmend als überflüssiges Leben aus den zentralen Integrationsmedien der bürgerlichen Gesellschaft ausstößt. Es ist die Verbindung dieser Kämpfe und die Verdichtung gegengemeinschaftlicher Sittlichkeiten, die es ermöglichen, eine andere Zukunft zu denken.

Abolition und die Kritik des Reformismus

Das Projekt der Abolition impliziert schon dem Namen nach eine Kritik am Reformismus: Die Befreiung von Herrschaft kann nicht durch graduelle, partielle, schrittweise Verbesserung, sondern nur durch radikale, umfassende und dringende Abschaffung erreicht werden. Mit Reformismus sind hier alle politischen Strategien gemeint, die ihre Energien in die Ausweitung, Umsetzung, Erfüllung, Reparatur oder Korrektur bestehender staatlicher, wirtschaftlicher oder zivilgesellschaftlicher Institutionen richten, während abolitionistische Strategien für deren Zurückdrängung und den Aufbau neuer Institutionen streiten. Damit ist nicht ausgeschlossen, dass auch abolitionistische Perspektiven aus strategischen Gründen Reformen fordern und begrüßen, solange sie konkrete Verbesserungen erreichen können oder den Spielraum für radikale Politiken vergrößern – in der Geschichte haben Aboltionist:innen immer wieder auch Forderungen an den Staat gestellt. Der zentrale Bezugspunkt bleibt dabei aber die Aufhebung, nicht die Verbesserung der bestehenden Gesellschaft. Der gemeinsame Bezugspunkt zeitgenössischer abolitionistischer Ansätze ist hier der von W. E. B. Du Bois in seinem Hauptwerk *Black Reconstruction* entwickelte Begriff der *abolition democracy*.[1] Die formale Emanzipation von der Versklavung, so Du Bois, stellt keine wirkliche Befreiung dar, solange mit der Freilassung der Versklavten nicht auch Möglichkeiten der ökonomischen Unabhängigkeit und der politischen Partizipation einhergehen. Eine bloß rechtliche Emanzipation ist nicht nur unvollständig, sondern führt auch zur Reproduktion von Systemen der (Über-)Ausbeutung mit anderen Mitteln. Die *abolition democ-*

1 W. E. B. Du Bois, *Black Reconstruction in America, 1860-1880*, New York 1998; zum Konzept der *abolition democracy* vgl. Angela Davis, »Abolitionistische Demokratie«, in: Daniel Loick, Vanessa E. Thompson (Hg.), *Abolitionismus. Ein Reader*, Berlin 2022, S. 59-80; Andrew Dilts, »Krise, Kritik und Abolition«, in: Loick, Thompson (Hg.), *Abolitionismus*, S. 81-112.

racy erinnert also daran, dass Emanzipation ein (bis heute) unerfülltes Versprechen beinhaltet: nicht nur Inklusion in die, sondern Umwälzung der bestehenden Verhältnisse. Diese grundlegende Reformismuskritik wurde von neueren abolitionistischen Theoretiker:innen, Gruppen und Bewegungen weiter ausgearbeitet und zugespitzt.

Erstens folgt eine abolitionistische Haltung aus der Schwere des Übels, das kritisiert wird. Versklavung ist so grundlegend moralisch falsch, dass sie keine graduellen Verbesserungen kennt: Es gibt keine »bessere«, »fortschrittlichere« oder »inklusivere« Versklavung. Hierin liegt ein deontologisches Moment der abolitionistischen Kompromisslosigkeit: Abolitionistische Aktivist:innen insistieren auf dem *unbedingten* Charakter menschlicher Dignität, die *nie* zur Disposition gestellt werden darf. Alberto Toscano hat daher eine Parallele zwischen den Gegner:innen der Versklavung im 19. Jahrhundert und der Philosophie Kants gezogen. Wie Kant begreifen die Abolitionist:innen bestimmte moralische Grundsätze als kategorisch gebietend, so dass in diesen Bereichen keine Abwägungen oder Einschränkungen möglich sind, weshalb sie von ihren Gegner:innen als »Fanatiker:innen« diskreditiert wurden.[2] Zeitgenössische Abolitionist:innen stehen in dieser Tradition, wenn sie staatliche Gewaltinstitutionen wie das Gefängnis oder das Grenzregime, zu deren struktureller Funktionsweise die Produktion vorzeitiger Tode gehört, für *prinzipiell* unvereinbar mit grundlegenden moralischen Prinzipien erklären.

Zweitens erweitert der abolitionistische Ansatz den Blick auf die breiteren gesellschaftlichen Ermöglichungsbedingungen des kritisierten Phänomens. Lincolns *Emancipation Declaration* hat zwar den Rechtsstatus von Millionen versklavter Menschen geändert, aber nicht in die ökonomischen und politischen Verhältnisse eingegriffen, die die Versklavung überhaupt erst ermöglicht hatten. Auf diese Weise konnten sich unter der Hand Herrschaftsverhältnisse etablieren, die denjenigen der Versklavung gleichen oder in ihrer Kontinuität stehen; Saidiya Hartman spricht daher von den »Nachleben der Versklavung«.[3] Ohne materielle Subsistenzmittel waren viele ehemals Versklavte gezwungen, Arbeitsbedingungen

2 Alberto Toscano, *Fanaticism: On the Uses of an Idea*, London/New York 2017.

3 Saidiya Hartman, *Scenes of Subjection. Terror, Slavery, and Self-Making in Nineteenth-Century America*, Oxford 1997.

zu akzeptieren, die ihren früheren Tätigkeiten auf den Plantagen ähnelten und den Kapitalist:innen auch weitreichende Verfügungsgewalt über die schwarzen Körper einräumte, wobei zum ökonomischen Zwang noch strategisch betriebene rassistische Politiken der Segregation seitens des Staates sowie die alltägliche Gewalt extralegaler Akteur:innen wie des Ku-Klux-Klans hinzukamen. Abolitionistische Kritiken haben diese historische Analyse übernommen und Schlussfolgerungen für andere Transformationsvorhaben gezogen. Isolierte Reformbestrebungen, selbst wenn sie erfolgreich sind, sind häufig machtlos dagegen, dass sich unter der Hand ähnliche Herrschaftsverhältnisse reproduzieren. So hat Angela Davis gezeigt, dass Kampagnen gegen die Todesstrafe, die eine Umwandlung der Todesstrafe in lebenslange Haft forderten, zur Entstehung der Masseninhaftierung beigetragen haben.[4] Ähnlich haben Polizeireformen, die nur auf individuelles Fehlverhalten oder auf technische Lösungen abstellen, dabei aber gesellschaftliche Rahmenbedingungen ausblenden, häufig statt einer De-Investition vielmehr eine noch stärkere Investition öffentlicher Ressourcen in staatliche Gewaltmittel zur Folge.[5] Diese ironischen Umschläge von Reformbemühungen in Herrschaft lassen sich nur vermeiden, wenn man die kritisierten Phänomene in ihrem dynamischen Zwischenspiel mit anderen sozialen Prozessen versteht und Verbindungen zu anderen gesellschaftlichen Schauplätzen herstellt. Fred Moten und Stefano Harney drücken die Perspektivverschiebung des Abolitionismus treffend so aus: »Was ist der Gegenstand der Abolition? Nicht unbedingt die Abschaffung der Gefängnisse, sondern die Abschaffung einer Gesellschaft, in der Gefängnisse möglich sind, in der Sklaverei möglich ist, in der Lohn möglich ist, und darum also nicht Abschaffung als Beseitigung von allem, sondern Abschaffung als die Gründung einer neuen Gesellschaft.«[6]

Drittens wehren sich abolitionistische Kämpfe dagegen, die Last der Anpassung an neue Institutionen gerade den vormals ausgeschlossenen oder marginalisierten Gruppen aufzuerlegen.

4 Angela Davis, »Strategien zur Abschaffung des Gefängnisses«, in: Loick, Thompson (Hg.), *Abolitionismus*, S. 504-514.

5 Mariame Kaba, »Police Reforms You Should Always Oppose«, in: dies., *We Do This Till We Free Us. Abolitionist Organizing and Transforming Justice*, Chicago 2021.

6 Fred Moten, Stefano Harney, *Die Undercommons. Flüchtige Planung und Schwarzes Studium*, Wien 2016, S. 42 [Übersetzung geändert].

Auch diese Dynamik lässt sich an der Emanzipation versklavter Menschen nachvollziehen. Wie Saidiya Hartman detailliert nachgezeichnet hat, ging die Inklusion ehemaliger Sklav:innen in den Kreis der Rechtspersonen mit ihrer Unterwerfung unter ein umfassendes pädagogisches Subjektivierungsregime einher, das ihnen den Zwischenstatus einer »belasteten Individualität« zugewiesen hat.[7] Mit ihren »Rechten«, so sollten die neuen Rechtssubjekte lernen, gingen auch »Pflichten« einher. In Ratgebern, Schulen und religiösen Unterweisungen wurde ihnen beigebracht, ihr Leben auf eine bestimmte Weise zu führen, wozu die unbedingte Vermeidung von Untätigkeit, Alkoholgenuss und Umherreisen zählte; ein stark ausgeprägter Diskurs über Arbeitsethik, Reinlichkeit, Selbstoptimierung und Männlichkeitsideale internalisierte den zuvor durch die Peitsche repräsentierten Arbeitszwang. Diese Inklusion in bestehende Institutionen war es, die schwarze Menschen für eine spätere Kriminalisierung und Dehumanisierung disponierte. Eine ähnliche Kritik an der Reproduktion dominanter Subjekt-Formen wurde in feministischen, queeren, proletarischen und zahlreichen anderen Bewegungen formuliert: Eine Frau, die sich in der Männerwelt behaupten, eine lesbische Person, die sich in der heteronormativen Welt behaupten, und eine Arbeiterin, die sich in der Welt des Bürgertums behaupten muss, werden es immer schwerer haben als diejenigen, für die diese Welten gemacht waren. In diesem Kontext hat Audre Lorde den bekannten Slogan geprägt, man könne das Haus des Herrn nicht mit den Werkzeugen des Herrn einreißen.[8] Eine abolitionistische Politik dreht daher die Perspektive um: Sie fragt nicht danach, wie Unterdrückte in die Welt der Unterdrücker:innen aufgenommen werden können, sondern danach, wie die Welt so umgestaltet werden kann, dass sie den Erfahrungen und Bedürfnissen der Unterdrückten entspricht.

Viertens haben Reformen einen ideologischen Verschleierungseffekt, indem sie zur Rechtfertigung herrschaftsförmiger Institutionen beitragen. Abolitionist:innen haben dies zuletzt vor allem mit Bezug auf die Polizei gezeigt: Reformen wie die Erhöhung der *diversity* im Personal, die Verbesserung der Kommunikation und der Beziehung zwischen Polizei und Communities oder die Einbin-

7 Hartman, *Scenes of Subjection*, Kap. 4.

8 Audre Lorde, »The Master's Tools Will Never Dismantle the Master's House«, in: dies., *Sister Outsider: Essays and Speeches*, Berkeley 1984.

dung lokaler Gewerbetreibender unter dem Stichwort des »community policing« ändern nichts an der strukturellen Funktionsweise dieser Institution staatlicher Gewalt und führen auch nicht zu einer quantitativen Abnahme etwa von Anzeigen, Kontrollen und Akten der Polizeigewalt, erhöhen aber ihren demokratischen Anschein und unterbinden so die Artikulation grundlegender Kritik.[9] Diesen ideologischen Effekt kennt man ebenfalls aus anderen Themen- und Konfliktfeldern: Minimale oder symbolische Zugeständnisse können zu einem Zugewinn an scheinbarer Legitimität führen; dafür stehen etwa die Begriffe des Pinkwashing und des Greenwashing.

Fünftens hat die Orientierung an Reformen seitens emanzipatorischer Bewegungen häufig eine Kooptierung und Korruption von Kritik zur Folge. Dies lässt sich für alle Bereiche der gesellschaftlichen Integration beobachten. Im Bereich der Politik führt das Engagement in Parteien oder die Angewiesenheit auf staatliche Fördergelder zu einer Übernahme institutionell akzeptabler Narrative und prä-etablierter Interpretationsrahmen, wodurch radikalere Perspektiven und Analysen pazifiziert oder marginalisiert werden.[10] Im Bereich des Intimlebens führt die Übernahme dominanter Lebensweisen (wie denjenigen der Ehe und der Kleinfamilie) zur Aufgabe utopischer Begehren und zur Domestizierung nicht-normierter Formen von Verwandtschaft und Kollektivität.[11] Im Bereich der Wirtschaft laufen Transformationsstrategien, die auf Änderung des individuellen Konsumverhaltens oder Verbrauchersouveränität setzen, Gefahr, die strukturellen Zwänge kapitalistischer Konkurrenz aus den Augen zu verlieren. Olúfémi Táíwò fasst solche Tendenzen unter dem Begriff der »Elite Capture«: eine unbemerkte Gefangennahme oppositioneller Bestrebungen durch die Eliten. Solange wir uns nur damit befassen, den Raum, in dem wir uns befinden, zu

9 Kaba, »Police Reforms«, Alex Vitale, «Grenzen der Polizeireform«, in: Loick, Thompson (Hg.), *Abolitionismus*, S. 191-251.

10 INCITE! Women of Color Against Violence, *The Revolution Will Not Be Funded. Beyond the Non-Profit-Industrial Complex*, Durham 2017.

11 Dean Spade, *Normal Life. Administrative Violence, Critical Trans Politics, and the Limits of Law*, Durham 2015; Michael Warner, *The Trouble with Normal. Sex, Politics, and the Ethics of Queer Life*, Cambridge 2000. Für einen Überblick über queere Strategien, sich der Assimilation zu verweigern, siehe Mattilda Bernstein Sycamore (Hg.), *That's Revolting! Queer Strategies for Resisting Assimilation*, New York 2008.

verschönern oder den Zutritt zu diesem Raum zu erweitern, so Táíwò, wird das an seiner grundlegenden Architektur nichts ändern – wir müssen anfangen, neue, andere Räume zu bauen.[12]

Sechstens führt die Einladung eines Teils unterdrückter oder ausgeschlossener Gruppen, an den Privilegien der dominanten Institutionen zu partizipieren, zu deren Spaltung und einer Aufkündigung von Solidarität. Du Bois hat mit dem Begriff des »Lohns für Weißsein« (*white wages*) zu erklären versucht, warum sich in der *Reconstruction*-Ära die weißen Arbeiter:innen eher mit ihren weißen Ausbeuter:innen statt mit schwarzen Arbeite:innen identifizierten.[13] Seine Erklärung lautet, dass sie für ihr Weißsein eine Art immateriellen Zusatzlohn erhalten. Dieser Lohn funktioniert zum einen psychologisch, indem weißen Arbeiter:innen ein Gefühl der Überlegenheit über ihre schwarzen Kolleg:innen vermittelt wird, verschafft ihnen zum anderen aber auch reale Vorteile, etwa auf dem Arbeits- oder Wohnungsmarkt. Eine ähnliche Dynamik hat Silvia Federici für die Herausbildung der Trennung von Lohn- und Hausarbeit analysiert.[14] Während in der Feudalgesellschaft die meiste Arbeit noch von der gesamten Familie im Haushalt beziehungsweise auf dem eigenen Hof erledigt wurde, basiert der Kapitalismus auf einer geschlechtlichen Arbeitsteilung, wobei die Hausarbeit zugleich als Nicht-Arbeit umcodiert und somit entwertet wurde. Dies verschafft den Männern, obwohl sie selbst in der Fabrik ausgebeutet werden, immerhin in Bezug auf ihre Ehefrauen ein Gefühl der Überlegenheit; weibliche Arbeit erscheint nicht länger als für die Produktion essentielle Tätigkeit, sondern als persön-

12 Olúfẹ́mi O. Táíwò, *Elite Capture. How the Powerful Took Over Identity Politics (And Everything Else)*, Chicago 2022, Kap. 4 – Ruth Wilson Gilmore hält es für grundlegend unmöglich, eine von vornherein für Kooptierung unanfällige Politik zu entwickeln. Die Taktiken radikaler Graswurzelbewegungen können ebenfalls von Rechten übernommen werden. Dies spricht aber nicht unbedingt gegen diese Politiken, sondern nur für eine gesteigerte Sensibilität des Abolitionismus für die Gefahren der Kooptierung, Ruth Wilson Gilmore, »In the Shadow of the Shadow State«, in: dies., *Abolition Geography. Essays Towards Liberation*, London/New York 2022, S. 450.

13 Du Bois, *Black Reconstruction*, S. 700; dazu David R. Roediger, *The Wages of Whiteness. Race and the Making of the American Working Class*, London/New York 2007.

14 Silvia Federici, *Caliban und die Hexe. Frauen, der Körper und die ursprüngliche Akkumulation*, Wien 2004, Kap. 2.

licher Dienst an den Ehemännern. In beiden Fällen wurden weiße männliche Arbeiter, die selbst vom Kapitalismus ausgebeutet wurden, durch die Einräumung von Privilegien in das Ausbeutungssystem eingebunden und damit von Gruppen in objektiv ähnlichen Situationen getrennt.

Siebtens führen reformistische Strategien innerhalb der eigenen politischen Strukturen häufig zu einer Herausbildung von subtilen oder informellen Hierarchien, die diejenigen privilegieren, die über größeres Kapital in der Währung der Mainstreamgesellschaft verfügen (Akademiker:innen und Intellektuelle, Männer, Weiße, Cis-Personen – Menschen, die sich in den dominanten Institutionen leichter bewegen können und weniger anecken). Zwar sind auch abolitionistische Gruppen und Initiativen gegen die Entstehung solcher internen Asymmetrien nicht gefeit, sie verschreiben sich jedoch immerhin einem Ethos, das auf die Leadership derjenigen setzt, die von gesellschaftlicher Herrschaft am meisten betroffen sind.[15] Diese Idee ist bereits im Statement des Combahee River Collective von 1977 ausgedrückt, das auf die allgemeine Bedeutung der Befreiung schwarzer Frauen verweist: »Wir könnten unsere Position ganz unten nutzen [...], um einen klaren Sprung in die revolutionäre Aktion zu wagen. Wenn schwarze Frauen frei wären, würde das bedeuten, dass alle anderen auch frei sein müssten, da unsere Freiheit die Zerstörung aller Unterdrückungssysteme voraussetzen würde.«[16] Die organisatorische Zentrierung auf die am meisten Marginalisierten hat also nicht nur den Grund, egalitäre Prinzipien auch innerhalb der eigenen Organisationen konsequent zur Anwendung bringen zu wollen, sondern ergibt sich aus den standpunkttheoretischen Prämissen abolitionistischer Analyse und Kritik: Es ist die Universalisierung der subordinierten, nicht die der dominanten Position in einer Herrschaftsrelation, die Befreiung ermöglicht.

Achtens basiert eine abolitionistische Kritik auf einem dynamischen statt auf einem statischen Verständnis von Macht. Reformistische Strategien verstehen Macht als ein Ding, das man in Besitz nehmen, oder als eine Ressource, zu der man Zugang erhalten

15 Angela Y. Davis, Gina Dent, Erica Meiners, Beth E. Richie, *Abolition. Feminism. Now*, Chicago 2022, S. 55.

16 Combahee River Collective, »Combahee River Collective Statement«, in: Barbara Smith (Hg.), *Home Girls. A Black Feminist Anthology*, New York 1983, S. 215.

kann; je mehr man davon hat, desto besser kann man die Gesellschaft re-programmieren. Indem sie demgegenüber den Blick auf die konstruktive Erzeugung neuer statt auf die Übernahme alter Institutionen richten, fassen abolitionistische Strategien auch das Wesen der Macht besser. Wie Ruth Gilmore schreibt, muss Macht als eine »Fähigkeit« verstanden werden, »die sich aus aktiven und sich verändernden Beziehungen zusammensetzt«: »Menschen können Macht *herstellen* und tun dies auch.«[17] Insofern besteht eine grundlegende Transformation der Gesellschaft nicht in der Machtübernahme, sondern in der Veränderung sozialer Beziehungsweisen, die neue und andere Machtpotentiale freisetzt. Diese autonome Handlungskompetenz des Volkes oder der Multitude jenseits etablierter Gremien wird verdeckt, wenn sich Politik nur auf bereits eingespielte Routinen und Protokolle beschränkt.

Neuntens ist eine an dominanten Institutionen orientierte Politik auch auf deren grundsätzliche Krisenanfälligkeiten und Lernblockaden abonniert. Für den Marxismus sind nicht nur zyklische Krisen irreduzibler Teil kapitalistischer Akkumulation, auch ist es eine Frage der Zeit, bis der inhärente Expansionszwang an seine inneren und äußeren Grenzen kommt. Solche Theoreme, deren Triftigkeit für lange Zeit durch die anhaltende Stabilität kapitalistischer Integration in Frage gestellt schien, erhalten durch die globalen Faschisierungs- und Autoritarisierungstendenzen, die Krise des Grenzregimes und den drohenden ökologischen Kollaps eine immer schwerer zu übersehende Plausibilität. Die Konstitution einer kollektiven Handlungsfähigkeit jenseits der dominanten Institutionen, die sich zu einer Antwort auf all diese fundamentalen Herausforderungen als unfähig erwiesen haben, erscheint so nicht nur als strategische Notwendigkeit, sondern als überlebenswichtige Vorbereitung auf die Katastrophe. Gerade die Nicht-Integration in die logistischen, affektiven und symbolischen Kreisläufe der bürgerlichen Gesellschaft entpuppt sich dadurch als die Voraussetzung für den Aufbau und die Weiterentwicklung von Communities der Sorge und des menschlichen (und nicht-menschlichen) Wohlergehens.

Schließlich hat *zehntens* die Orientierung an bestehenden Institutionen nicht nur strategische, sondern auch epistemische, ana-

17 Ruth Wilson Gilmore, *Golden Gulag. Prison, Surplus, Crisis, and Opposition in Globalizing California*, Berkeley 2017, S. 248.

lytische und sozialdiagnostische Implikationen. Weil sie bestimmte politische Praktiken und Institutionen privilegiert, werden andere abgewertet, als sekundär oder unnormal disqualifiziert, geraten in Vergessenheit oder sind innerhalb der vorherrschenden Matrix gar nicht erst intelligibel. Abolitionistische Praktiken hingegen sind sensibel für versteckte, subtile und alltägliche Praktiken des Widerstands und der Verweigerung, legen subalterne Archive an, hegen andere Formen der Wissenstradierung und Generativität und entwickeln alternative Skalen der Erfolgsbewertung politischer Handlungen. Gilmore verweist auf die Fülle abolitionistischer Traditionen, wenn sie sagt: »Abolition ist keine *Abwesenheit*, sondern eine *Anwesenheit*. Was die Welt werden wird, existiert bereits, in Fragmenten und Stücken, Experimenten und Möglichkeiten.«[18] Der Aufbau »lebensbejahender« Institutionen in diesem Sinne ist nur durch eine Änderung der Aufmerksamkeit und eine Hinwendung zu bereits existierenden subalternen Praktiken möglich, die einem bloß auf den Zutritt zu den oder die Verbesserung von herrschaftsförmigen Institutionen gerichteten Blick entgehen.

Keines dieser Argumente ist so zu verstehen, dass radikale soziale Bewegungen sich nicht auch an staatliche Instanzen adressieren, Reformen anstreben, Fördergelder annehmen oder mit etablierten Institutionen zusammenarbeiten können. Auch bedeuten sie nicht, dass es diesseits einer abolitionistischen Umwälzung nicht auch signifikante Unterschiede gäbe: eine liberale Demokratie ist dem Faschismus, die »Ehe für alle« dem Familienmodell des christlichen Nationalismus vorzuziehen. Reformismuskritik ist nicht mit einer quietistischen Haltung zu verwechseln, die Marx »politischen Indifferentismus«[19] genannt hat, nach der die Ausformungen und Variationen von dominanten gesellschaftlichen Instanzen keine Rolle spielen und diesseits einer radikalen Zäsur keine signifikanten Veränderungen möglich sind. Abolitionist:innen haben zur Frage der Reform intensive taktische Überlegungen angestellt, deren Er-

18 Ruth Wilson Gilmore, »Making Abolition Geography in California's Central Valley«, *The Funambulist*, 20th December 2018, ⟨https://thefunambulist.net/magazine/21-space-activism/interview-making-abolition-geography-california-central-valley-ruth-wilson-gilmore⟩ [letzter Zugriff Juni 2023].

19 Karl Marx, »Der Politische Indifferentismus«, in: *Marx-Engels-Werke*, Bd. 18, Berlin 1976, S. 299-304.

gebnis etwa in das Konzept der »nicht-reformistischen Reform«[20] eingeflossen ist – Reformen, die nicht nur bestehende Institutionen verbessern, sondern die Ausgangsbedingungen für radikalere Veränderungen verbessern und imaginative Horizonte erweitern statt sie zu schließen. Eine abolitionistische Perspektive impliziert aber, dass diese Kämpfe nie einen Primat haben dürfen, sondern immer nur einen begrenzten instrumentellen Status als strategische Erwägungen beanspruchen dürfen.

Von *Dual Power* zu *Multiple Powers*

Wenn sich eine radikale soziale Transformation nicht realistisch durch eine Ausweitung oder Verbesserung bestehender Institutionen erreichen lässt, müssen neue Institutionen an ihre Stelle treten. Das historische Vorbild ist hier das Programm einer *Radical Reconstruction* nach dem offiziellen Ende der Sklaverei: nicht die Integration vormals Versklavter in den Kreis der Rechtssubjekte, sondern der fundamentale Neuaufbau der Gesamtgesellschaft nach egalitären Prinzipien.[21] Abolitionistische Theoretiker:innen betonen daher immer wieder, dass Abschaffung nicht einfach als Wegfall existierender Strukturen zu betrachten ist (Gefängnisabolition zum Beispiel bedeutet nicht, dass einfach die Gefängnistüren geöffnet werden und der Rest der Gesellschaft gleich bleibt).[22] Abolition ist vielmehr ein wesentlich konstruktiver, konstituierender und generativer Prozess: Sie besteht in der Neuerfindung von Schauplätzen, Modi und Mitteln der politischen, ökonomischen und kulturellen Partizipation. An die Stelle karzeraler »Lösungen« für soziale Probleme werden etwa der Ausbau der Sorge-Infrastruktur zur Befriedigung menschlicher Grundbedürfnisse wie Gesundheit und Wohnen, die Garantie materieller Voraussetzungen für demokratische Teilhabe und die radikale Demokratisierung von Entscheidungsfindungsprozessen, etwa durch die Einrichtung von Rätestruktu-

20 Critical Resistance, »Reformist Reforms vs. Abolitionist Steps in Policing«, online: ⟨https://criticalresistance.org/abolish-policing/⟩ [letzter Zugriff Juni 2023]; vgl. auch Amna Akbar, »Reform (der Polizei) – ein abolitionistischer Horizont«, in: Loick/Thompson, *Abolitionismus*, S. 316-420.

21 Davis u. a., *Abolition. Feminism. Now*, S. 58-65.

22 Davis, »Strategien«.

ren, gefordert. Zentral ist dabei, dass diese Errungenschaften nur dann Teil eines abolitionistischen Programm sein können, wenn sie auf authentische Weise unter der Kontrolle der Communities selbst stehen und nicht einfach Teil entweder staatlicher Sozialpolitik oder neoliberaler Individualisierung sind. Gegen-Institutionen werden daher nicht vom Staat gefordert, sondern durch unterdrückte und marginalisierte Gruppen selbst etabliert. Die bekanntesten Beispiele sind Experimente mit *Transformative Justice* und *Community Accountability* zur Herstellung interpersoneller Sicherheit und der Bekämpfung von patriarchaler Gewalt in Nahbeziehungen, die Organisation von Strukturen der Gegenseitigen Hilfe, insbesondere in akuten Krisensituationen wie Naturkatastrophen, die Einrichtung freier Schulen und Bereitstellung radikaler Bildungsangebote, aber auch konfrontative Aktionen wie Platz-, Haus- oder Fabrikbesetzungen.

Um eine wirkliche sozialtransformative Kraft zu entfalten (und nicht einfach nur auf der Ebene vereinzelter Überlebenstaktiken zu verbleiben), müssen diese Institutionen wirklich so tragfähig sein und sich zu einem verlässlichen Netzwerk verdichten, dass sie den Charakter echter Gegen-Institutionen annehmen. Die Strategie eines Aufbaus von Gegenmacht von unten lässt sich unter dem Oberbegriff der *dual power* (Doppelmacht) zusammenfassen. Ursprünglich wurde dieser Begriff von Lenin verwendet, um die Situation zwischen der Februar- und der Oktoberrevolution 1917 zu beschreiben.[23] Zwar lag die offizielle Macht noch bei der bürgerlichen Provisorischen Regierung, den Bolschewiki war es durch den Aufbau von basisdemokratischen Sowjets jedoch bereits gelungen, eine Gegenmacht unter den Arbeiter:innen und Soldat:innen aufzubauen, die effektiv die ökonomischen und militärischen Entscheidungen traf. Die politische Machtergreifung der Oktoberrevolution war so bereits durch eine Umwälzung der realen Entscheidungsfindungsprozesse in den Schauplätzen des sozialen Lebens selbst vorbereitet worden. Diese Macht, so Lenin, wird nicht nur von einem anderen Organ ausgeübt als der Regierung, sie ist auch »von anderer Art«: In der Tradition der Pariser Kommune von 1871 artikulieren die Arbeiter:innen- und Soldat:innenräte nicht nur einen konkurrierenden Souveränitätsanspruch, sondern die Auf-

23 W. I. Lenin, »Über Doppelherrschaft«, in: ders., *Sämtliche Werke*, Bd. 20.1, Wien 1928, S. 125-128.

lösung der Idee der Souveränität selbst – die Entscheidungen des Volkes bedürfen keiner Vermittlung durch externe Exekutivinstanzen wie die Polizei oder einen bürokratischen Apparat mehr. Der Begriff der *dual power* wurde im 20. und 21. Jahrhundert von antikolonialen, linkskommunistischen und anarchistischen Gruppen und Intellektuellen aufgegriffen, weiterentwickelt und revidiert.[24] Diese Ansätze halten am basisdemokratischen Impetus fest, lehnen eine Re-Zentralisierung popularer Machtquellen im Staat jedoch ab. Als explizit sozialrevolutionäre Strategie sieht die Idee der *dual power* den Aufbau befreiender Gegen-Institutionen vor, die den existierenden, unterdrückerischen Institutionen entgegengesetzt werden.[25] Dazu zählen von den Arbeiter:innen selbst kontrollierte Betriebe, Konsumgenossenschaften und Mietkooperativen, Gemeinderäte und partizipative Stadtplanung, Zufluchtsorte und Refugien, ökologische Gärten und kommunale Landwirtschaftsprojekte, selbstorganisierte Interventionsteams und nachbarschaftlich verankerte Konfliktschlichtungsinstanzen. Begleitet werden diese institutionellen Erfindungen durch eine Umwälzung der Lebensform und Kultur, etwa durch Ideale der freien Liebe und Polyamorie, das Aufbrechen heteronormativer Intimitäts- und Verwandtschaftsmodelle, die Freisetzung kreativer und künstlerischer Potentiale oder die psychedelische Veränderung von Wahrnehmungsgewohnheiten.[26] Diese Gegen-Institutionen können sich in Form von munizipalistischen Föderationen vernetzen und ein internationalistisches Gegengewicht zu den xenophoben Abschottungslogiken der Nationalstaaten bilden. Das Ziel dieses Zusam-

24 Etwa die britische Gruppe Plan C (»WTF is Dual Power?«, ⟨https://www.weareplanc.org/modules/wtf-is-dual-power/⟩) und die amerikanischen Gruppen Black Rose (»Building Dual Power«, ⟨https://blackrosefed.org/retreat-advance-dual-power/⟩) und Black Socialists (»Our Strategy«, ⟨https://blacksocialists.us/our-strategy⟩). Das Journal ROAR hat dem Konzept 2019 einen Schwerpunkt gewidmet, in dem auch viele Beispiele vorgestellt werden: ⟨https://roarmag.org/issues/dual-power/⟩. Siehe für eine zeitgenössische systematische theoretische Begründung der Dual-Power-Strategie das Kollektiv CounterPower, *Organizing for Autonomy. History, Theory, and Strategy for Collective Liberation*, New York 2020.

25 Siehe auch Michael Hardt, Antonio Negri, *Assembly. Eine neue demokratische Ordnung*, Frankfurt/M. 2018, S. 313-317.

26 Eine fiktionalisierte Erzählung einer solchen Transformation findet sich in M. E. O'Brien, Eman Abdelhadi, *Everything for Everyone: An Oral History of the New York Commune, 2052-2072*, New York 2022.

menschlusses von Gegen-Institutionen bleibt die »Weltkommune« beziehungsweise eine globale Föderation nach dem Modell des Interkommunalismus. Neben unzähligen Graswurzelprojekten sind die von den Zapatistas kontrollierten Gebiete im mexikanischen Chiapas, die autonome Verwaltung im kurdischen Rojava oder die selbstorganisierte solidarische Cooperative Jackson in Mississippi häufig bemühte Beispiele für *dual-power*-Konzepte in größerem Maßstab.

Der Begriff der *dual power* eignet sich gut als Überbegriff für eine Vielzahl nicht-reformistischer Transformationsbestrebungen, die in ganz heterogenen Bewegungen und Traditionen entwickelt wurden. Allen ist der Versuch gemeinsam, »die Welt zu verändern, ohne die Macht zu übernehmen«,[27] also eine effektive Kraft in den verschiedenen Schauplätzen sozialer Integration zu entfalten, dabei aber eine Distanz zu den etablierten Instanzen zu wahren. Der Aufbau einer Machtkonkurrenz ist in einigen Kontexten eher implizit: Gemeinschaften entflohener Sklaven, die sich in Maroon-Communities in den Wäldern oder Bergen zusammengeschlossen haben,[28] dekoloniale Befreiungskämpfe, die auf ein De-Linking von den politischen, ökonomischen und epistemischen Netzwerken der imperialen Macht des Westens setzen,[29] oder der radikalfeministische Separatismus, der versucht, *safe spaces* für Frauen abseits patriarchaler Unterdrückung zu schaffen,[30] betreiben zwar formal einen Auszug oder Exodus aus den Herrschaftsverhältnissen, dies impliziert aber immer wieder auch eine offene Konfrontation mit den bestehenden Herrschaftsverhältnissen. Das anarchistische Konzept der sozialen Revolution, das Aktivist:innen wie Bakunin und Kro-

27 John Holloway, *Die Welt verändern, ohne die Macht zu übernehmen*, Münster 2002.

28 Richard Price (Hg.), *Maroon Societes. Rebel Slave Communities in the Americas*, Baltimore 1996; Christen Smith, »Beatriz Nascimento: Quilombo and Geographies of Liberation«, ⟨https://decolonisegeography.com/blog/2021/06/beatriz-nascimento-quilombo-and-geographies-of-liberation/⟩ [letzter Zugriff Juni 2023].

29 Walter D. Mignolo, »Delinking: The Rhetoric of Modernity, the Logic of Coloniality and the Grammar of De-Coloniality«, in: *Cultural Studies*, 21, 2 (2007); Glen Coulthard, *Red Skin, White Masks. Rejecting the Colonial Politics of Recognition*, Minneapolis 2014.

30 Marilyn Frye, »Some Reflections on Separatism and Power«, in: Diana Tietjens Meyers (Hg.), *Feminist Social Thought. A Reader*, New York 1997, S. 406-414.

potkin in Abgrenzung zur marxistischen »politischen Revolution« propagierten, zielt ganz direkt auf die Umwälzung sozialer Sphären und somit die Beseitigung kapitalistischer Logiken.[31] In den 1960er und 70er Jahren hat in Italien die Massenbewegung der *autonomia operaia* die Inspiration durch das *dual-power*-Konzept wieder explizit gemacht;[32] laut der operaistischen Doktrin vom Primat der Aktivität des Proletariats ist das Kapital gegenüber der lebendigen Arbeit nur sekundär und muss durch die Organisierung der Arbeitermacht in den Betrieben, aber auch den Schulen und im Haushalt abgeschüttelt werden. Dementsprechend bemühten sich die Operaist:innen um die Etablierung autonomer Zonen, in denen die Gesamtheit der gesellschaftlichen Arbeit unter Kontrolle der Arbeitenden selbst steht, um so die volle »Selbst-Valorisierung«, also den Selbstgenuss des produzierten Mehrwerts durch das Proletariat, vorzubereiten.[33] Zur gleichen Zeit versuchten in den USA die Black Panthers ebenfalls unter dem Stichwort der Autonomie die Umsetzung einer in den Nachbarschaften verankerten lokalen Selbstorganisation; mittels des Zusammenspiels von einerseits der Abwehr rassistischer Polizeigewalt durch bewaffnete Patrouillen und andererseits der Übernahme zentraler Sozialdienste wie der Bereitstellung von Mahlzeiten, Krankenversorgung, Rechts- und Mietberatung sowie Bildung probierten die Panthers, den Einfluss des kapitalistisch-rassistischen Regimes auf das Leben der Communities zu verdrängen.[34]

Die Vielzahl sozialer Bewegungen, die jeweils analoge Konzepte für eine nicht-reformistische Transformation entwickelt haben, entspricht der Multiplizität von Herrschaftsachsen, die die gegenwärtige Weltgesellschaft durchziehen. Kein Subjekt kann heute mehr glaubhaft behaupten, dass die eigene Befreiung bereits mit der universellen Befreiung der gesamten Menschheit koinzidiert. Die Erprobung solidarischer Wirtschaftspraktiken, der Aufbau

31 Als Überblick Alexander Berkman, *Das ABC des Anarchismus*, Berlin 1999, S. 50.

32 Mario Tronti, *Arbeiter und Kapital*, Frankfurt/M. 1966, S. 38.

33 Antonio Negri, *Books for Burning. Between Civil War and Democracy in 1970s Italy*, London/New York 2005.

34 Exemplarisch Robyn C. Spencer, *The Revolution Has Come: Black Power, Gender, and the Black Panther Party in Oakland*, Durham 2016; Yohuru Williams, Jama Lazerow (Hg.), *Liberated Territories. Untold Local Perspectives on the Black Panther Party*, Durham 2008.

ökologischer Lebensformen und Kommunen, die Etablierung einer queeren Subkultur, die Verhinderung rassistischer Polizeikontrollen, die Organisation des Zugangs zu Abtreibungen und anderen Mitteln der reproduktiven Selbstbestimmung, die Errichtung von Zufluchtsstätten für Geflüchtete und Migrant:innen – all dies sind Beispiele konkreter und direkter abolitionistischer Konstitution, die aber nicht mehr von ein und demselben revolutionären Milieu repräsentiert, sondern von einer Pluralität von Akteur:innen betrieben werden. Statt von einer *dual power* wäre es daher heute angemessener, von einer Strategie der *multiple powers* zu sprechen, einer Multitude von Machtquellen, die jeweils versuchen, einzelne, aber miteinander zusammenhängende Blöcke der bestehenden Gesellschaftsformation anzugreifen.

Diese Heterogenität von sozialen Bewegungen verweist auf zwei (miteinander zusammenhängende) Grundprobleme des Konzepts der Gegenmacht. Erstens ist auf den ersten Blick offensichtlich, dass es zurzeit keine revolutionäre Kraft gibt, weder eine einzelne noch eine Koalition von Kräften, die es mit dem globalen heteropatriarchalen *racial capitalism* im Ernst aufnehmen könnte. Abolitionistische Projekte erweisen sich zwar in der Erfindung von Taktiken häufig als erstaunlich kreativ, sie haben aber in den allermeisten Fällen nur einen zeitlich und räumlich sehr begrenzten Charakter. Dies gibt Strategien, die auf die Entfaltung von Gegenmacht zielen, den Anschein einer von der Realität völlig entkoppelten, rein akademischen Trockenübung. Zweitens stehen die einzelnen Gegenbewegungen selbst häufig in einem konfliktuellen Verhältnis miteinander. Herrschaft ist nicht binär; man steht nicht entweder auf der richtigen oder der falschen Seite der Barrikade. Vielmehr kann sich sowohl innerhalb von Gegengemeinschaften als auch zwischen ihnen Herrschaft reproduzieren. Eine Person, die auf der einen Achse unterdrückt ist, kann auf einer anderen Achse selbst Herrschaft ausüben oder von ihr profitieren. (»Wir streiten gemeinsam mit schwarzen Männern gegen Rassismus, während wir mit schwarzen Männern auch über Sexismus streiten«, wie bereits das Combahee River Collective schreibt.[35]) Das Vorhaben, die Strategie der Gegenmacht für eine zeitgenössische Politik radikaler Transformation zu revitalisieren, muss also das grundlegende Problem an-

35 Combahee River Collective, »Combahee River Collective Statement«, S. 213.

gehen, systemtranszendierende Tendenzen wieder stärker innerhalb real existierender, objektiver Bedingungen zu verankern. Nur auf diese Weise kann es gelingen, einerseits die Gemeinsamkeit pluraler Bewegungen nicht abstrakt zu postulieren, sondern an eine geteilte Erfahrung zurückzubinden, und andererseits die Motivation für die Konstitution eines transformativen Subjekts nicht aus der moralischen Überzeugung und der voluntaristischen Kraft vereinzelter Individuen und Kollektive, sondern aus den selbst zur Veränderung treibenden objektiven Verhältnissen zu beziehen.

Von der Arbeit zum Kampf

Eine materialistische Gesellschaftsanalyse muss erklären, wie es sein kann, dass es überhaupt jemals zu sozialen Veränderungen kommt. Wenn – gemäß den in der *Deutschen Ideologie* dargelegten Prämissen von Marx und Engels – die menschlichen Gedanken und Handlungen (das »Bewusstsein«) durch die gesellschaftlichen Prozesse (das »Leben«) bestimmt sind, wie kann es dann sein, dass die Menschen in ihrem Kopf nicht einfach immer nur das Bestehende verdoppeln? Marx' und Engels' Antwort auf diesen scheinbaren Widerspruch besteht darin, das gesellschaftliche Leben selbst als dynamisch und konfliktuell zu denken. Es gibt etwas im Bestehenden selbst, das über sich selbst hinausweist. Dies ermöglicht es der marxistischen Geschichtsphilosophie, auch innerhalb des Kapitalismus ein Moment seiner eigenen Negation zu identifizieren. Der Kommunismus ist, wie Marx sagt, »die wirkliche Bewegung, die den jetzigen Zustand aufhebt«.[36] Dass er bereits »wirklich« ist, bedeutet, dass er weder ein Ideal oder eine Utopie ist, die dem Kapitalismus von außen konfrontiert werden muss, noch durch einen voluntaristischen Willensakt eines Herkulessubjekts kreiert werden kann. Die Negation des Kapitalismus ist vielmehr konstitutiver Bestandteil des Kapitalismus selbst: Er kann nicht existieren, ohne sich selbst stets zu untergraben. Im *Manifest* deuten Marx und Engels diese Selbstnegation zum einen krisentheoretisch: der aus der kapitalistischen Konkurrenz resultierende Expansionsdrang führt regelmäßig zu Überproduktionen und Ressourcenvernichtung; zum anderen

36 Karl Marx, »Die deutsche Ideologie«, in: *Marx-Engels-Werke* (MEW), Bd. 3. Berlin 1969, S. 35.

subjekttheoretisch: der Kapitalismus ist auf die Existenz des Proletariats angewiesen, also einer Klasse, die sowohl die Mittel als auch die Motivation zur Revolution hat. Die Bourgeoisie, schlussfolgert bekanntlich das *Manifest*, produziert ihre eigenen Totengräber.[37]

Die Abolition kapitalistischer Ausbeutung ist also eine subjektive Handlung des Proletariats, die aber zugleich durch objektive Voraussetzungen ermöglicht wird. Die Klärung des Verhältnisses zwischen der subjektiven und der objektiven Qualität in diesem Prozess ist das grundlegende Problem jeder radikalen Gesellschaftstransformation. Das Rätsel der politischen Subjektivierung lautet somit: Wie können aus sozialen Figuren politische Figuren werden? Wie werden aus Arbeiter:innen Proletarier:innen? Im Marxismus wurde diese Frage mit der Verwandlung der Klasse an sich (ökonomischer Faktor) in die Klasse für sich (politische Subjektivität) theoretisiert. Marx bindet diesen Übergang an die Erfahrung der Arbeitswelt: Das Kapital muss eine große Menge an Menschen am selben Ort zusammenbringen, in der Fabrik. Den Arbeiter:innen steht damit die Gemeinsamkeit ihrer Interessen, etwa die Erhöhung des Lohns oder die Verkürzung des Arbeitstags, unmittelbar vor Augen (im Gegensatz zu den Kapitalist:innen, die miteinander in Konkurrenz stehen und sich damit gar nicht als Klasse begreifen können). Die Arbeiter:innen werden daher damit beginnen, Koalitionen zu bilden und ihre Interessen gegen das Kapital zu vertreten. Sie hören dann auf, einfach ökonomische Verkäufer:innen ihrer Arbeitskraft zu sein, und verwandeln sich in ein politisches Subjekt.[38] Marx hat auf diesem Weg die Entstehung des Klassenbewusstseins aus den soziologischen Erfahrungsrealitäten kapitalistischer Industriearbeit abgeleitet.

Dieses Schema funktioniert nicht mehr. Die im Manifest deklarierte »Unvermeidlichkeit« des Untergangs des Kapitalismus war ein offensichtlicher Irrtum. Ein anderer und geradezu komplementärer Ansatz, auf die Krise des Klassenbewusstseins zu reagieren, besteht in einer Neubeschreibung der Erfahrungsdimension, die politische Subjektivierung zur Folge haben kann, durch eine Revision des Marx'schen Begriffs von Arbeit. Die Interventionen

37 Karl Marx, Friedrich Engels, *Manifest der kommunistischen Partei*, in: *Marx-Engels-Werke* (MEW), Bd. 4. Berlin 1972, S. 474.

38 Karl Marx, »Das Elend der Philosophie«, in: *Marx-Engels-Werke* (MEW), Bd. 4, Berlin 1972, S. 180-182.

zahlreicher politischer Bewegungen und theoretischer Ansätze aus verschiedenen Richtungen haben in den letzten 50 Jahren zu einer massiven Ausweitung des Arbeitsbegriffs und damit zu einer Dezentrierung der Rolle des Industrieproletariats geführt. Mit dem Rückenwind der Erfolge der Massenstreiks und militanten Aktionen der Arbeiterbewegung hat der Marxismus in Italien eine gegenteilige theoretische Entwicklung genommen als in Deutschland. Während für die Frankfurter Schule die Idee eines revolutionären Subjekts zum Platzhalter zusammenschrumpft, werden im Operaismus die Arbeiter:innen zum eigentlichen Movens der Geschichte. Zentral ist dabei die theoretische Anstrengung, die Tätigkeiten der Gesamtgesellschaft für die soziale Reproduktion des Kapitalismus in die Analyse einzubeziehen. Damit Industrie überhaupt möglich ist, muss zugleich eine ganze Reihe sozialer Beziehungen und Subjektivitäten produziert werden; Mario Tronti formuliert dies so, dass im fortgeschrittenen Kapitalismus die ganze Gesellschaft zu einer Funktion der Fabrik wird.[39] Auch die Bildung, die Kultur und die Freizeit spielen für die Produktion eine essentielle Rolle. Diese Prämisse hat Toni Negri subjekttheoretisch gedeutet, wenn er an die Stelle des fordistischen Massenarbeiters die postfordistische »Sozialarbeiterin« treten sieht, die sich vor allem durch affektive und kommunikative Fähigkeiten auszeichnet.[40] Sowohl reproduktive Arbeit als auch unproduktive Freizeit haben für die Wertschöpfung eine zentrale Bedeutung – so lässt sich Arbeit nicht mehr kategorial von Nicht-Arbeit trennen. In seinen gemeinsam mit Michael Hardt verfassten Schriften hat Negri die Konsequenzen dieser Auflösung der Grenzen zwischen Fabrik und Gesellschaft ausbuchstabiert. »Auf dem Feld biopolitischer Produktion gibt es keine Stechuhren«, heißt es in *Empire*, »das Proletariat produziert in seiner Gesamtheit überall den ganzen Tag lang.«[41] In Weiterführung, aber auch dezidierter Kritik operaistischer Theoriebildung hat zudem der autonomistische Feminismus, wie er sich seit den 1970er Jahren um die *Lohn-für-Hausarbeit*-Kampagne formiert hat, zur Ausweitung des Arbeitsbegriffs beigetragen. Der Marxismus ig-

39 Tronti, *Arbeiter und Kapital*, S. 31

40 Antonio Negri, »Proletarians and the State«, in: ders., *Books for Burning*, S. 118-180.

41 Antonio Negri, Michael Hardt, *Empire. Die neue Weltordnung*, Frankfurt/M./New York 2004, S. 409.

noriert demnach die zentrale Bedeutung der vor allem von Frauen geleisteten Reproduktionsarbeit für die Wertschöpfung. Mariarosa Dalla Costa, Selma James, Silvia Federici und viele andere argumentieren daher für die Anerkennung affektiver, fürsorglicher und sexueller Tätigkeiten *als Arbeit*.[42] In dieser Tradition steht auch der familienabolitionistische Ansatz von Sophie Lewis, die dafür argumentiert, Schwangerschaft als »Schwangerschaftsarbeit« zu begreifen.[43] Ein dritter theoretischer Kontext, der zur Dezentrierung der Fabrikarbeit beigetragen hat, ist der *Black Marxism* und die *Black Radical Tradition*. Beide weisen auf die Rolle der Überausbeutung auf den Plantagen, den Ressourcendiebstahl im Kolonialismus und die etwa in Gefängnissen abgepresste unbezahlte Arbeit für die Herausbildung und Konsolidierung des globalen Kapitalismus hin.[44] Alle diese Ansätze laufen darauf hinaus, dass die konventionelle Trennung von produktiver (Lohn-)Arbeit und unproduktiver Hausarbeit, kultureller Nichtarbeit oder unbezahlter Zwangsarbeit nicht zu halten ist – auch das Lernen der Studentin, das Trösten der Mutter und die Langeweile der Gefängnisinsassin sind demnach gleichermaßen Formen von Arbeit.

Hardt und Negri haben die Multitude als Begriff für das politische Subjekt vorgeschlagen, das einem solchen erweiterten Arbeitsbegriff entspricht. Die Multitude erstreckt sich über die Gesamtheit des sozialen Feldes und wird zur generischen Antagonistin des Empire stilisiert. In eine ähnliche Richtung gehen die gegen so genannte »Identitätspolitik« gerichteten Vorschläge von Autor:innen aus dem Umfeld der *Social Reproduction Theory*, verschiedene politische Kämpfe wieder stärker in der gemeinsamen Erfahrung der Arbeit zu verankern.[45] Diese Ausweitung der Klassensubjektivität hat aber das spiegelbildliche Problem zur Fokussierung auf gesellschaftliche Randgruppen. Währen Marcuse sich auf reale rebellische Subjektivitäten berufen konnte, den Bezug zu den gesellschaftlichen (Re-)

42 Exemplarisch Mariarosa Dalla Costa and Selma James, *The Power of Women and the Subversion of the Community*, Bristol 1976, Silvia Federici, *Revolution at Point Zero. Housework, Reproduction, and Feminist Struggle*, Oakland 2012.

43 Sophie Lewis, *Full Surrogacy Now. Feminism Against the Family*, London/New York 2021.

44 Robinson, *Black Marxism*.

45 Tithi Bhattacharya (Hg.), *Social Reproduction Theory. Remapping Class, Recentering Oppression*, London 2017; Nancy Fraser, *Der Allesfresser. Wie der Kapitalismus seine eigenen Grundlagen verschlingt*, Berlin 2023.

Produktionsmitteln jedoch aufgeben musste, können der Postoperaismus und in der Stoßrichtung ähnliche Projekte sich zwar auf die Gesamtheit des sozialen Feldes beziehen, verlieren dadurch aber die Verbindung zu einem tatsächlichen oppositionellen Bewusstsein. Durch die Ausweitung des Arbeitsbegriffs kommt es nicht nur zu einer Reduktion der vielfältigen Erfahrungsdimensionen menschlichen Handelns auf das Moment der Produktion, sondern auch zu einer Verdeckung der zahlreichen internen Unterdrückungen, Konkurrenzen, Widersprüche und Friktionen innerhalb der Multitude. Die Spaltungen etwa zwischen schwarzen und weißen, männlichen und weiblichen, Kopf- und Hand-Arbeiter:innen können mit einem reduktiven Vokabular, das miteinander kämpfende Gruppen ein und demselben Klassensubjekt zuweist, nicht angemessen gefasst werden. Hardt und Negri wählen deshalb den Ausweg, das Vorhaben einer sozialen Situierung transformativen Potentials ganz aufzugeben und den Kommunismus als eine nicht historische, sondern ontologische Möglichkeit der Multitude zu verstehen.

Die Ableitung der Entstehung eines Klassenbewusstseins aus der Erfahrung der Arbeit kann das Rätsel der politischen Subjektivierung – also die Frage nach der Verwandlung von sozialen in politische Figuren – nicht lösen. Es gibt allerdings noch eine andere Weise, in Anlehnung an Marx die passiven Grundlagen transformativer Praxis innerhalb der bestehenden Gesellschaftsformation zu rekonstruieren. Dieses zweite Paradigma ist das des *Kampfes*. Dabei soll der Kampf allerdings nicht als ein Mittel zur Machtgewinnung verstanden werden, sondern als zentrales Medium der Vergesellschaftung; der Kampf ist das, was Kultur und Gesellschaft überhaupt erst hervorbringt. Dass Geschichte die Geschichte von Klassenkämpfen ist, bedeutet, dass der Kampf kein Phänomen der Transition von einer in eine andere Gesellschaftsformation ist, sondern die einzelnen Gesellschaften weiterhin prägt. Louis Althusser hat daher auf dem Primat des Kampfes bei der Analyse von Klassen insistiert. Die Klassen sind nicht fertige Antagonistinnen, die wie zwei Fußballteams unabhängig voneinander existieren, bis sie sich treffen, um einen Konflikt auszutragen, sondern ihre Existenz *als* Klassen ist bereits Ergebnis eines Kampfes: »Ausbeutung ist bereits Klassenkampf.«[46]

46 Louis Althusser, »Reply to John Lewis«, in: ders., *Essays in Self-Criticism*, London 1976, S. 33-100, hier: S. 50.

(Kapitalistische) Arbeit ist also keine Voraussetzung, sondern ein Resultat des Klassenkampfs – sie ist Resultat davon, dass eine Klasse einer anderen die soziale Form der Ausbeutung als allgemeine Produktionsweise aufzwingen konnte. Wenn aber der Kampf der Ausbeutung (logisch und historisch) vorausgeht, dann geht es bei dem Rätsel der politischen Subjektivierung nicht darum, eine passive in eine aktive Klasse zu verwandeln. Das Proletariat kämpft bereits, es ist bereits aktiv – es weiß es nur nicht immer.

Diese Primärsetzung des Kampfes ermöglicht es, den Begriff des Kampfes über den Klassenkampf hinweg auszuweiten und auch Erfahrungsqualitäten und Identitäten einzubeziehen, die nicht direkt auf die Arbeit bezogen sind. Kämpfe sind Austragungsweisen gesellschaftlicher Widersprüche. Der Marxismus hat den Klassenantagonismus als Ausdruck eines gleichsam logischen Widerspruchs zwischen gesellschaftlicher Arbeit und privater Aneignung gedeutet. Widersprüche treten aber auch in anderen Formen auf: als offener Wettstreit konkurrierender Subjekte um die größere Macht und Gewalt, als Verstoß sozialer Praktiken gegen ihre eigenen konstitutiven Regeln, als normative Paradoxien, die etwa aus der Inkorporierung emanzipatorischer Forderungen innerhalb eines ausbeuterischen Paradigmas resultieren, als antinomische Rollenkonflikte innerhalb einer von verschiedenen Handlungserwartungen geprägten Subjektivität, als Hybridität und Fragmentierung sozialer Welten, als anachronistisches Festhalten an überkommenen Institutionen oder Symboliken unter veränderten Bedingungen, als Erfahrung von Grenzen und Schranken. Diese vielfältigen Widersprüche drücken sich tendenziell in Form sozialer Auseinandersetzungen aus, die entweder zwischen antagonistischen Akteur:innen ausgetragen werden oder die – auch das ist ein Kampf – die betroffenen Akteur:innen »mit sich selbst ausmachen«.

Klassenkampf ist einer unter mehreren sozialen Kämpfen, die miteinander auf komplexe Weisen verknüpft sind. Viele davon lassen sich mit der Kategorie der Arbeit nicht angemessen beschreiben. In seiner großen Studie über die Versklavung hat Orlando Patterson der Annahme widersprochen, die primäre Funktion des Sklaven liege in der Ausbeutung durch Arbeit. Zumindest in Fällen der vor-kapitalistischen Versklavung, so Patterson, wurden Menschen nicht vorrangig als Arbeitskräfte versklavt, und für viele Sklavenhalter war die Versklavung eher ein Verlustgeschäft.[47] Bei der Versklavung gehe es vielmehr um die direkte Gewaltausübung und Beherrschung, die den sozialen Tod des versklavten Subjekts impliziert. Auch viele Formen der patriarchalen Gewaltausübung gegenüber Frauen lassen sich nicht auf einen ökonomischen Grund reduzieren. Vielmehr geht es hier ebenfalls, mit Eva von Redecker gesprochen, um Formen der Sachherrschaft: der willkürlichen männlichen Verfügungsgewalt über den weiblichen Körper.[48] Neben solchen Formen der direkten gewaltförmigen Beherrschung lassen sich heute zudem Formen der organisierten Vernachlässigung (*organized abandonment*)[49] identifizieren. Dazu zählen zum einen Formen von staatlicher Gewalt wie die massenhafte Einsperrung schwarzer Menschen in Gefängnisse, die Internierung von Millionen von Geflüchteten in Camps und Lagern oder die alltägliche Polizeigewalt und Schikane in den Vorstädten. Zum anderen stellen auch etwa ökonomische Prekarisierung, also die Verbannung von immer mehr Menschen aus den Kreisläufen der Lohnarbeit und der sozialen Grundversorgung, und ökologische Zerstörung und Ressourcenextraktivismus, die ganze Bevölkerungsgruppen lebbarer Umwelten beraubt, Formen nicht der biopolitischen Nutzbarmachung, sondern der nekropolitischen Vernachlässigung dar. Die gewaltbetroffenen, unterdrückten, exkludierten und marginalisierten Gruppen, die diesen vielfältigen und unterschiedlichen Formen sozialer Herrschaft ausgesetzt sind, finden ebenso vielfältige und unterschiedliche Strategien des Umgangs damit. Diese reichen von der offenen Konfrontation und politischen Organisation über subversive Akte oder Sabotage, Flucht- und Desertationsbewegungen, abweichende Körperpraktiken, individuelle Überlebenstaktiken bis hin zu den »hidden transcripts«[50] von kaum sichtbaren, aber alltäglich eingespielten Verweigerungsformen. Eine Abtreibung durchführen lassen, im Kofferraum eine Grenze überqueren, Schulden haben, um die richtigen Worte ringen, Coming-Out, keine Wohnung finden, Blaumachen, Corona kriegen, einen Dildo umschnal-

47 Orlando Patterson, *Slavery and Social Death. A Comparative Study*, Cambridge 1985, S. 99.

48 Eva von Redecker, *Revolution für das Leben. Philosophie der neuen Protestformen*, Frankfurt/M. 2020.

49 Ruth Wilson Gilmore, »Race and Globalisation«, in: dies., *Abolition Geography*.

50 James C. Scott, *Domination and the Art of Resistance: Hidden Transcripts*, New Haven 1990.

len, von der Polizei kontrolliert werden, zur Psychoanalyse gehen, eine Asthma-Erkrankung entwickeln – all dies sind nicht unbedingt politisierte oder intentional geführte, aber allgegenwärtige und unvermeidbare Weisen *zu kämpfen.* »Wie die Krise, ist auch der Kampf ein politisch neutrales Wort«, schreibt Gilmore, »in diesem Szenario kämpft jeder, weil es keine Alternative dazu gibt.«[51]

Im Gegensatz zu Marcuses Randgruppentheorie muss der Begriff des Kampfes, als soziale Realität verstanden, rebellische Subjektivität nicht für marginalisierte Minderheiten reservieren. Kämpfe um Bewegungsfreiheit, reproduktive Gerechtigkeit oder ökologische Lebbarkeit spielen sich nicht an den Rändern, sondern im Zentrum der Weltgesellschaft ab. Im Gegensatz zum (Post-)Operaismus kann die Analyse von Kämpfen zugleich auch Konkurrenzen, Exklusionen und Beherrschungen innerhalb und zwischen unterdrückten Gruppen Rechnung tragen. Gruppenspezifische Emanzipationsblockaden, die von unbewussten Vorurteilen bis zur offenen Parteinahme für die Reaktion reichen können, müssen in diesem Konzept nicht unsichtbar gemacht oder verharmlost werden – anders als im Begriff des Proletariats oder der Multitude legt in der Analyse von Kämpfen nichts nahe, dass es sich bei den kämpfenden Subjekten von vornherein um emanzipatorisch-revolutionäre Kräfte handelte. Der Begriff des Kampfes ist einerseits breit genug, um heterogene Erfahrungsdimensionen, Bewusstseinsinhalte und politische Ausrichtungen fassen zu können, statt sie, wie der Begriff der Arbeit, auf nur ein Moment menschlicher Aktivität reduzieren zu müssen. Andererseits ist er spezifisch genug, eine signifikante Ähnlichkeit in der Alltagsrealität unterschiedlicher Akteure bezeichnen zu können. Die Tatsache, dass »jede:r kämpft«, bedeutet, dass das Projekt der Entfaltung von Gegenmacht nicht (voluntaristisch oder moralistisch) an abstrakte Normen oder objektive Interessen appellieren muss, sondern sich auf eine in realen sozialen Praktiken verankerte, subjektiv erfahrbare Gemeinsamkeit

51 Ruth Wilson Gilmore, »Globalisation and US Prison Growth«, in: dies., *Abolition Geography*, S. 210. – Diese Zentrierung der Kategorie des Kampfes ist nicht zu verwechseln mit einer Ontologisierung von Konfliktualität, wie sie in einigen Spielarten des Postmarxismus zirkuliert, siehe prägnant Oliver Marchart, *Das unmögliche Objekt. Eine postfundamentalistische Theorie der Gesellschaft*, Berlin 2013. Der Kampf ist eine historische, keine ontologische Kategorie. Dies impliziert auch, dass es möglich – und wünschenswert – ist, ihn zu beenden.

berufen kann. Marx' materialistische Einsicht, dass jede subjektive transformative Aktion auf objektiven Voraussetzungen beruht, wird so aufgegriffen, aber nicht ökonomistisch, sondern konflikttheoretisch ausgedeutet.

Wenn der Kampf allerdings, wie Gilmore schreibt, ein politisch neutraler Begriff ist, dann folgt aus dem Kämpfen allein noch kein prädeterminiertes revolutionäres Bewusstsein. Der umkämpfte Charakter sozialer Relationen impliziert vielmehr im Gegenteil, dass sich die Unbestimmtheit politischer Positionierung nie abstellen lässt: Kämpfe sind per definitionem kontingent und ergebnisoffen, das betrifft auch die Identitäten der Beteiligten selbst. Es gibt keinen Weg, die Verwandlung sozialer in politische Figuren von vornherein vorauszusehen oder zu garantieren. Allerdings ist die irreduzible, prä-subjektive Umkämpftheit sozialer Verhältnisse für die Frage der Konstitution von Gegenmacht auch nicht folgenlos. Schon die schiere Explikation des Kampfcharakters alltäglicher Vergesellschaftungen – im ökonomischen, privaten, politischen und zivilgesellschaftlichen Leben – hat eine politische Implikation. Sie dementiert alle – liberalen bis hin zu faschistischen – Formen der Naturalisierung sozialer Dominanz. Auf diese Weise unterscheiden sich auch linke von rechten Formen der Gegenmacht: Während emanzipatorische Akteur:innen ihre Position als historisch gewordene ausweisen, beruhen reaktionäre Revolten auf dem Begehren der Restauration einer ahistorischen, biologischen oder kosmischen Ordnung. Schließlich erlaubt es die konflikttheoretische Reformulierung von Marx' Insistenz auf den objektiven Bedingungen subjektiver Konstitution auch, Gruppen zu identifizieren, in deren Subjektivität sich die Umkämpftheit der dominanten Integrationsmedien besonders kristallisiert. Einsatzpunkt abolitionistischer Politik kann es dann sein, diese Gruppen zusammenzubringen, die Geteiltheit ihrer Lebensrealitäten aufzudecken, Koalitionen zu schmieden und Kräfte zu bündeln – und so die Voraussetzungen für die Entfaltung von *multiple powers* und ihrer institutionellen Verbindung zu schaffen.

Diese Neufassung der Vermittlung von sozialer Situierung und politischer Subjektivierung ist nicht nur eine theoretisch-analytische Revision, sondern korrespondiert auch mit realen geschichtlichen Entwicklungstendenzen. Der Übergang von der *Arbeit* zu den *Kämpfen* als der objektiven Grundlage für die Verbindung gegengemeinschaftlicher Praktiken entspricht einem empirischen globalen Zerfall der Lohnarbeit als zentraler gesellschaftlicher Integrationsinstanz. Hatte die bürgerliche Demokratietheorie den *citoyen,* den Bürger, als zentrales politisches Subjekt adressiert, war die marxistische Vorstellung für lange Zeit auf die Perspektive des industriellen Fabrikarbeiters zentriert. Spätestens seit den globalen Rebellionen 2020 zeichnet sich eine neue Kategorie ab, mit der sich eine Pluralität sozialer Erfahrungen und politischer Perspektiven beschreiben lässt, ohne deren Heterogenität leugnen oder ausblenden zu müssen: die Kategorie der Überflüssigen oder der Surplus-Populationen.

Zygmunt Bauman beobachtet in seinem Buch *Verworfenes Leben* seit Beginn der Moderne die explosionsartige Zunahme dessen, was er als »menschlichen Abfall« oder den Ausstoß des globalen Kapitalismus bezeichnet, das heißt Menschen, die der technische Fortschritt überflüssig gemacht hat: Arbeitslose, Geflüchtete, Ghetto-Bewohner:innen, Verschuldete. Für Bauman ist dieser Abfall »unvermeidlicher Nebeneffekt«[52] jeder gesellschaftlichen Ordnung, die auf ökonomischen Fortschritt abzielt, weil sie unweigerlich vorherige Lebensweisen entwerten und abhängen muss. Aus einer an Marx geschulten Perspektive lässt sich diese Diagnose präzisieren. In einer Gesellschaft, in der die Produktionsmittel im Privateigentum stehen, sind die allermeisten Menschen von deren Eigentümer:innen existenziell abhängig: Sie können »nur mit ihrer Erlaubnis arbeiten, also nur mit ihrer Erlaubnis leben«.[53] Aus der inhärenten Logik des Lohnarbeitsverhältnisses folgt, dass das Kapital in Bezug auf die Existenz von Arbeitslosigkeit, das heißt von verworfenem Leben, nicht nur indifferent ist, sondern auf sie an-

52 Zygmunt Bauman, *Verworfenes Leben. Die Ausgegrenzten der Moderne*, Hamburg 2005, S 12.

53 Karl Marx, »Kritik des Gothaer Programms«, in: *Marx-Engels-Werke* (MEW), Bd. 19, Berlin 1962, S. 13-32, hier: S. 15.

gewiesen ist; nur wenn das Angebot an Arbeiter:innen höher ist als die Nachfrage, ist es für die Kapitalist:innen möglich, einen Arbeitslohn zu zahlen, der gering genug ist, dass für die Kapitalistin noch ein Profit bleibt. Um frei agieren zu können, braucht es daher nicht nur immer ausreichend Lohnarbeiter:innen, sondern auch ausreichend Arbeitsloser, es kommt so zu einem Antrieb zum Bevölkerungswachstum. Zum Kapitalismus gehört daher der Pauper genauso wesentlich wie die Lohnarbeiterin. Diese Gruppe von überschüssigen und überflüssigen Arbeiter:innen nimmt historisch immer mehr zu. Da durch die technische Entwicklung der Produktivkräfte immer mehr in immer weniger Zeit produziert werden kann, nimmt der Anteil lebendiger Arbeit am Produktionsprozess immer weiter ab. Weil jede einzelne Kapitalistin unter Konkurrenzbedingungen von Zwang zu Profitmaximierung getrieben ist, kann sie nicht einfach ihren Arbeiter:innen den gleichen Lohn für weniger Arbeit bezahlen, sie kann also auf die Freisetzung von Arbeitskraft nicht mit Arbeitszeitverkürzung reagieren. Im Gegenteil stößt sie einen Teil der Arbeiter:innen aus dem Lohnarbeitsverhältnis aus und pauperisiert sie, während sie die Ausbeutung des anderen intensiviert.[54] In beiden Operationen drückt sich das gleiche soziale Verhältnis aus, das der Disponibilität: Menschen sind verfügbar, das heißt zugleich entsorgbar (eine Doppeldeutigkeit, die im englischen Begriff der *disposability* noch besser zum Ausdruck kommt).

Die Existenz einer »Surplusarbeiterpopulation« ist für Marx nicht nur der Effekt der Kapitalakkumulation, sondern hat für den Kapitalisten auch eine unmittelbare Funktion, die Marx im *Kapi-*

54 In Marx' eigenen Worten: »Das Gesetz, wonach eine immer wachsende Masse von Produktionsmitteln, dank dem Fortschritt in der Produktivität der gesellschaftlichen Arbeit, mit einer progressiv abnehmenden Ausgabe von Menschenkraft in Bewegung gesetzt werden kann – dies Gesetz drückt sich auf kapitalistischer Grundlage, wo nicht der Arbeiter die Arbeitsmittel, sondern die Arbeitsmittel den Arbeiter anwenden, darin aus, daß, je höher die Produktivkraft der Arbeit, desto größer der Druck der Arbeiter auf ihre Beschäftigungsmittel, desto prekärer also ihre Existenzbedingung: Verkauf der eignen Kraft zur Vermehrung des fremden Reichtums oder zur Selbstverwertung des Kapitals. Rascheres Wachstum der Produktionsmittel und der Produktivität der Arbeit als der produktiven Bevölkerung drückt sich kapitalistisch also umgekehrt darin aus, daß die Arbeiterbevölkerung stets rascher wächst als das Verwertungsbedürfnis des Kapitals.« Karl Marx, *Das Kapital*, in: *Marx-Engels-Werke* (MEW), Bd. 23, Berlin 1968, S. 674.

tal als das einer »disponible[n] industrielle[n] Reservearmee« beschreibt: »Sie schafft für seine wechselnden Verwertungsbedürfnisse das stets bereite exploitable Menschenmaterial.«[55] Die Aussicht, die Arbeitslosen für die Ausbeutung zu reaktivieren, gilt jedoch nur für einen Teil der Surpluspopulation. Ein wachsender anderer Anteil der »Überbevölkerung« ist für die Reservearmee-Funktion irrelevant und muss auch gesamtgesellschaftlich nicht mehr zur Verfügung gehalten werden, sie werden in die die Verarmung gedrückt.[56] Diese Menschen haben keine andere Wahl als zu warten, zu migrieren oder zu verelenden. Zu dieser Gruppe gehören nicht nur arbeitsfähige Arbeitslose und arbeitsunfähige »Verkommene, Verlumpte, Arbeitsunfähige«, sondern auch die »Vagabunden, Verbrecher, Prostituierte«,[57] die Marx als das Lumpenproletariat bezeichnet, das politisch schwer zu organisieren ist, weil es beständig anfällig für Korruption durch die herrschende Klasse ist. Ebenso wenig lässt es sich jedoch etwa durch Sozialreformen oder öffentliche Unterstützung in die Medien der gesellschaftlichen Teilhabe integrieren; humanitäre oder wohlfahrtsstaatliche Maßnahmen werden niemals ausreichend sein, die Folgen des allgemeinen kapitalistischen Entwicklungsgesetzes einzudämmen. Mike Davis hat in seinem Buch *Planet of Slums* eindrücklich die Auswirkungen dieser Entwicklungen der Weltwirtschaft auf die Städte, insbesondere die Mega-Städte der so genannten Dritten Welt beschrieben: Bereits jetzt leben mehr als eine Milliarde Menschen in Slums, eine Zahl, die sich laut Berechnungen der Vereinten Nationen in den nächsten Jahrzehnten dramatisch erhöhen wird. Blickt man auf die empirischen Lebensumstände der »informellen Arbeiterklasse«, die die am schnellsten wachsende soziale Klasse auf dem Planeten darstellt, so ergibt sich das Bild einer überflüssig gewordenen Menschheit.[58]

Was Bauman, Davis und viele andere Zeitdiagnostiker:innen zu Beginn des 21. Jahrhunderts als massenhaftes verworfenes Leben registrieren, existiert in spezifischen Geographien, Genealogien,

55 Ebd., S. 661.

56 Für eine detaillierte Analyse dieses Prozesses im gegenwärtigen *racial capitalism* siehe Gargi Bhattacharyya, *Rethinking Racial Capitalism. Questions of Reproduction and Survival,* London 2018.

57 Marx, *Kapital,* S. 672.

58 Mike Davis, *Planet of Slums,* London 2017, S. 174-198.

Zusammensetzungen, Artikulationen und Funktionen.[59] Ebenso wie die Trennung zwischen kapitalistischer Ausbeutung und Überausbeutung und zwischen produktiver und reproduktiver Arbeit, so verläuft auch die Trennung zwischen Bevölkerung und Überbevölkerung, zwischen verfügbarem und entsorgtem Leben, entlang komplexer rassifizierter und vergeschlechtlichter Stratifikationslinien. Die Organisation dieser Spaltungen resultiert aus dem Zusammenspiel verschiedener gesellschaftlicher Institutionen und ihrer jeweiligen Krisen, die nicht einfache Spiegelungen ökonomischer Interessen sind, sondern einer relativen Eigenlogik unterliegen. So beschreibt Gilmore die spezifische Aufbewahrung von Surplus-Bevölkerungen als rassistische Masseninhaftierung in Kalifornien als Ergebnis eines Zusammenspiels von vier verschiedenen Surplus: einem Surplus an Bevölkerung, Finanzkapital, Land, und staatlichen Kapazitäten. Der »prison fix« ist eine Möglichkeit, diese unterschiedlichen Krisen gemeinsam zu adressieren, indem die kalifornische Volkswirtschaft in das größte Gefängnisausbauprogramm in der Geschichte der Menschheit transformiert wurde.[60] Ebenfalls aus dem Zusammenspiel von Surplus-Bevölkerung und einem Überschuss an staatlichen Kapazitäten lässt sich die massenhafte Internierung von Geflüchteten an den europäischen Außengrenzen und vielen anderen Teilen der Welt erklären. Militärische Konflikte um Ressourcen und geostrategische Einflussgebiete, neokolonialer Extraktivismus, der Raub oder die Zerstörung von Lebensgrundlagen zwingen immer größer werdende Gruppen von Menschen zu Flucht und Migration. Zugleich können diese Gruppen innerhalb des europäischen Nationalstaatsmodells, das auf der Fiktion einer Kontinuität von Geburt und Territorium basiert, nicht politisch abgebildet werden.[61] Ebenso wie eine kapitalistische Gesellschaft

59 Für eine Beschreibung der spezifischen geographischen Konstellationen von »Surplusifizierung« siehe etwa die Beiträge in Michael McIntyre, Heid J. Nast (Hg.), »Marx, Surplus Populations, and the Spatial Dialectic of Reproduction and ›Race‹«, in: *Antipode* 43, 5 (2011), S. 1457-1955.

60 Gilmore, *Golden Gulag*, S. 54-85.

61 Vgl. auch Daniel Loick, »No Border oder Barbarei. Rosa Luxemburg und die Krise des Grenzregimes«, in Burkhard Liebsch (Hg.), *Die Grenzen der einen sind (nicht) die Grenzen der Anderen*, Berlin 2020, S. 110-126; ders., »Das Anrecht auf Grausamkeit. Recht und Affekt; Moria, abolitionistische Strategien«, in: *Kritische Justiz* 3 (2021), S. 348-360.

strukturell außerstande ist, zusätzliche Arbeitskraft so einzusetzen, dass alle anderen weniger arbeiten müssen, kann ein Nationalstaat mobile Menschen repräsentieren. Stattdessen setzt er seine überschüssigen materiellen und symbolischen Ressourcen zur Etablierung von massiven Vorrichtungen der organisierten Vernachlässigung ein. Wenn auch mit anderer rechtlicher Legitimierung, so dient das Camp ebenso wie das Gefängnis der gewaltsamen räumlichen Konzentration rassifizierter Surplus-Bevölkerungen.

Die Produktion überflüssiger Bevölkerungsgruppen geht auch mit einer tiefgreifenden Krise der Geschlechterverhältnisse einher. Zum einen verallgemeinern sich durch die Erosion geregelter Lohnarbeitsverhältnisse und der damit einhergehenden Abdrängung der Armen in illegalisierte Ökonomien informelle, prekäre oder unbezahlte Arbeitsformen, die häufig von Frauen geleistet werden, wie Care-Arbeiten und Hausarbeiten.[62] Die Dringlichkeit dieser Arbeit wird durch die Toxifizierung von Lebensgrundlagen, die Slumisierung des urbanen Raums und den Abbau staatlicher Pflege-Infrastrukturen verstärkt. Zugleich kristallisiert sich die Disponibilität – als Verfügbarkeit und Entsorgbarkeit – des Lebens in Bezug auf den weiblichen Körper besonders stark. Dies zeigt sich nicht nur am staatlichen Zugriff auf die Reproduktionsfunktion von Frauen durch die Kriminalisierung reproduktiver Autonomie, sondern auch durch die Ausübung direkter, häufig sexualisierter Gewalt auf den Körper von Frauen, bis hin zu Vergewaltigungen und Feminiziden.[63] Zugleich sehen sich Leben, die außerhalb der reproduktiven Funktion des heteronormativen Verwandtschaftsmodells verortet werden, immer krasseren Vernichtungsdrohungen ausgesetzt.[64] Wie vor allem *die queer-of-color*-Kritiken von Roderick Ferguson und anderen zeigen, verschränken sich die unterschiedlichen Ausschlusslinien auch auf komplexe Weise miteinander; so waren es zum Beispiel vor allem migrantische und rassifizierte Gruppen, denen man häufig eine deviante Sexualität zuschrieb und

62 Mit Bezug auf die COVID-19-Pandemie Alessandra Mezzadri, »The Social Reproduction of Pandemic Surplus Populations and Global Development Narratives on Inequality and Informal Labour«, in: *Development & Change* 53, 6 (2022), S. 1230-1253.

63 Sayak Valencia, *Gore Capitalism*, Cambridge 2018.

64 Eric A. Stanley, *Atmospheres of Violence. Structuring Antagonism and the Trans/Queer Ungovernable*, Durham 2021.

sie deshalb auf doppelte Weise zur Gefahr sozialer Homogenität erklärte.[65]

So lassen sich die irreversiblen Entwicklungen der Produktion von Surplus-Populationen in allen wesentlichen Partizipationsmedien der bürgerlichen Gesellschaften beschreiben: der Ökonomie, dem Staat, der heterosexuellen Familie. Die beteiligten Herrschaftsverhältnisse erzeugen jeweils ausgestoßene Gruppen, die sich schon deshalb nicht mehr absorbieren lassen, weil sie zahlenmäßig zu groß geworden sind. Das entscheidende Merkmal, das sie zu Formen von überflüssigem Leben macht, ist, dass sie nicht in klassische Formen der Lohnarbeit integriert sind und auch nicht mehr für sie zur Verfügung stehen – sie sollen nicht reaktiviert, sondern permanent verbannt werden. Ihre Subjektivität ist darum auch oft gar nicht mehr zentral durch die Erfahrung der Arbeit bestimmt, sondern durch eine Vielzahl anderer Orientierungen, Wünsche, Begierden und Interessen; ihr Politisierungspotential lässt sich deshalb nicht auf die soziale Situierung in Arbeitsverhältnissen reduzieren, sondern muss aus der konfliktuellen Positionierung ihrer Vergemeinschaftung selbst erklärt werden. Dabei sind diese Gruppen keine »Randgruppen« mehr: Sie sind nicht in der Peripherie, sondern im Zentrum des sozialen Lebens verortet. Doch anders als Marx meinte, üben sie durchaus Widerstand – in unendlich vielen, mal subtilen, mal offenen Weisen, die sich zudem häufig widersprechen.[66] In der Tradition des Versuchs von Initiativen wie den Black

65 Roderick A. Ferguson, »Queer-of-Color-Kritik, historischer Materialismus und kanonische Soziologie«, in: Mike Laufenberg, Ben Trott (Hg.), *Queer Studies. Schlüsseltexte*, Berlin 2023, S. 309-351;vgl. dazu Mike Laufenberg, *Queere Theorien zur Einführung*, Hamburg 2022, S. 121-124.

66 Aufgrund ihrer Nicht-Integriertheit in die Lohnarbeitsökonomie ist der Streik nicht das entscheidende Kampfmittel von Surplus-Populationen. Sie sind darauf angewiesen, ihre Forderungen durch andere Störungen zu Gehör zu bringen, etwa dem Erscheinen von Körpern in der Öffentlichkeit, vgl. Vanessa E. Thompson, »Surplus People of the World, Unite! On Borders, Policing, and Abolition«, in: Simon Campbell u. a. (Hg.), *Border Abolition Now*, London 2024, im Erscheinen. Es wäre allerdings auch verkürzt, die politische Ausdrucksweise von Surplus-Populationen auf die Form des *riot* zu beschränken, wie dies etwa bei Joshua Clover geschieht (*Riot. Strike. Riot. The New Era of Uprisings*, London/New York 2016). Surplusifizierung erzeugt nicht nur Disruptionen und Instabilitäten, sondern auch gegengemeinschaftliche Sozialformationen, deren Transformationspotential weniger spektakuläre, konstituierende und generative Praktiken umfasst, in denen es etwa um Bedürfnisbefriedigung, Zuflucht oder Schutz geht.

Panthers und anderen schwarzen Revolutionär:innen, gerade das Lumpenproletariat zur politischen Aktion zu motivieren, und der antikolonialen Kämpfe der »Verdammten dieser Erde«[67] erscheint das Programm der Abolition als ein geeigneter gemeinsamer Nenner dieser Widerstände. Mit der Überflüssigwerdung der Menschheit ist deutlich geworden, dass Integration und Assimilation auch empirisch gesehen keine Optionen sind – die Welt muss von unten ganz neu geschaffen werden. Dies geht nur durch eine Koalition der Überflüssigen – durch die Entfaltung multipler Mächte, die in den Sittlichkeiten von Gegengemeinschaften verankert sind.[68]

Eine Politik für Maulwürfe

Es gibt kein »revolutionäres Subjekt«, also kein Subjekt, in dessen sozialer Position eine revolutionäre Politisierung schon automatisch oder organisch angelegt wäre. Allerdings ist die Bereitschaft zur grundlegenden Infragestellung von Herrschaftsverhältnissen auch nicht vollkommen arbiträr, sie ist nicht bei allen gleichermaßen ausgebildet. Wenn es bereits innerhalb der bestehenden Gesellschaft Momente gibt, die über sie hinaustreiben, dann ist transformatives Potential sozial *situiert*, es ist Resultat *spezifischer* Erfahrungen. Jede:r kämpft – aber es gibt Kämpfe, in denen sich gesellschaftliche Widersprüche in einer größeren Prägnanz oder Dringlichkeit artikulieren als andere und die darum von den kämpfenden Subjekten auch mit einer größeren Intensität erlebt werden.[69] Auf diese Weise

67 Frantz Fanon, *Die Verdammten dieser Erde*, Frankfurt/M. 1981.

68 Ian Shaw, Marv Waterstone, »A Planet of Surplus Life: Building Worlds Beyond Capitalism«, in: *Antipode* 53, 6 (2021), S. 1787-1806; AbdouMaliq Simone, *The Surrounds. Urban Life Within and Beyond Capture*, Durham 2022; Thompson, »Surplus People of the World«.

69 Die These, dass abolitionistische Politisierungspotentiale situiert, aber nicht determiniert beziehungsweise kontingent, aber nicht arbiträr sind, könnte ein Kompromissvorschlag in der spannenden Debatte um die Organisierungsfähigkeit von Surplus-Populationen sein, die von dem radikalen Kollektiv Endnotes angestoßen wurde, vgl. Endnotes, »An Identical Abject-Subject?« in: *#endnotes 4*, online: ⟨https://endnotes.org.uk/articles/an-identical-abject-subject⟩; Bue Rübner Hansen, »Surplus Population, Social Reproduction, and the Problem of Class Formation«, in *Viewpoint Magazine*, Oktober 2015, online: ⟨https://

bilden diese Akteur:innen besondere Erfahrungen heraus, die auch mit besonderen Kompetenzen und Fähigkeiten einhergehen. Es gibt kein revolutionäres Subjekt – aber es gibt Subjekte, die im Umwälzen (und Umgewälztwerden) geübt sind.

Als Felder solcher signifikanten Antagonismen lassen sich gegenwärtig die Krisen der zentralen Domänen der bürgerlichen Gesellschaft identifizieren: die Ökonomie, der Staat, die Familie. In jeder dieser Sphären können zurzeit *wirkliche Bewegungen* beobachtet werden, *welche den jetzigen Zustand aufheben*. Deren subjektive Transformationsbestrebungen sind jeweils in objektiven sozialen Realitäten verankert.

– Gruppen, die vom Privateigentum an Produktionsmitteln ausgeschlossen sind, aktualisieren mit den Kämpfen um die Commons die kommunistische Utopie einer Gesellschaft, die statt auf individuelle Leistung auf menschliche Bedürfnisse ausgerichtet ist.[70] Commons sind dabei auf doppelte Weise in die objektive Erfahrungswelt der Eigentumslosen eingelassen: Erstens zwingen ökonomische Verarmung, Verschuldung und Deprivation Surplus-Populationen dazu, Subsistenzstrategien jenseits der offiziellen Ökonomien zu entwickeln, die auf unentlohnter Produktion, unentgeltlicher Zirkulation und kollaborativer Konsumtion aufgebaut sein können.[71] Formen der Gegenseitigen Hilfe in Krisensituationen sind ein Beispiel, das direkt bei der Sorge und Verpflegung von Bedürftigen ansetzt, Fabrikbesetzungen sind ein anderes, das die Herstellungsform von Waren selbst unter die Disposition demokratischer Entscheidung stellt. Zweitens verschärft sich auch innerhalb der kapitalistischen Produktionsweise der Widerspruch, dass das Prinzip des Eigentums einerseits auf exklusiver Verfügungsgewalt beruht, sich in

viewpointmag.com/2015/10/31/surplus-population-social-reproduction-and-the-problem-of-class-formation/⟩ [letzter Zugriff Juni 2023].

70 Antonio Negri, Michael Hardt, *Common Wealth. Das Ende des Eigentums,* Frankfurt/M. 2010; Nick Dyer-Witheford, »Commonism«, in: Turbulence Collective (Hg.), *What Would It Mean to Win?,* Oakland 2010.

71 Vg. die Praktiken in Griechenland während der Schuldenkrise, Margarita Tsomou, »Last Exit. Zum Aufschwung solidarischer Ökonomien im Griechenland der Krise«, in: *WestEnd. Neue Zeitschrift für Sozialforschung* 11 (2014), S. 79-92. Zum Konzept der Gegenseitigen Hilfe zuletzt Dean Spade, *Mutual Aid. Building Solidarity During this Crisis (and the Next)*, London/New York 2020.

offener Kooperation aber andererseits bessere und nachhaltigere Produkte entwickeln lassen.[72] Zumindest die oft prekären Arbeiter:innen im immateriellen Sektor der Ökonomie haben mit *open source* und *open access* einen großen Bereich der digitalen Commons geschaffen, bei denen Grundprinzipien kapitalistischer Produktion nachhaltig ausgeschaltet sind.

– Gruppen, die vom Staat als dem zentralen Medium der bürgerlichen Gesellschaft für politische Partizipation ausgeschlossen sind, entwickeln alternative Konzepte der Zugehörigkeit und politischen Selbstorganisation.[73] Zum einen stellen rassifizierte Communities, die zu den primären Opfern der staatlichen Gewaltapparate wie Polizei und Gefängnissen gehören, mit Forderungen nach Defunding und Abolition die Notwendigkeit einer mit Zwangsbefugnis ausgestatteten Exekutivgewalt generell in Frage.[74] Sie praktizieren auch in ihren eigenen Sozialformationen Ideale der radikalen Solidarität und üben sich in konvivialen Formen des Umgangs mit Konflikten und Kontestation.[75] Zum anderen erfordert die immer größer werdende Gruppe staatenloser Geflüchteter auch eine rigorose Ablösung der Möglichkeit der politischen Teilhabe vom Prinzip der Territorialität und Nation: *Papers for all or no papers at all.*[76] Lokale Experimente, die sich an der Idee des Refugiums oder des Sanctuary orientieren, setzen die menschliche Bedürfnisse als Maßgabe an die Stelle von Titeln oder Papieren.[77]

72 Yochai Benkler, *The Wealth of Networks*, New Haven 2006.

73 William C. Anderson, *The Nation on No Map. Black Anarchism and Abolition*, Oakland 2021, S. 55.

74 Kaba, *We Do This;* Derecka Purnell, *Becoming Abolitionists. Police, Protest, and the Pursuit of Freedom*, London/New York 2021; Koshka Duff (Hg.), *Abolishing the Police*, London 2021; Loick/Thompson, *Abolitionismus*.

75 Vanessa E. Thompson, *Black Socialities. Urban Resistance and the Struggle Beyond Recognition in Paris,* Manchester 2024, im Erscheinen.

76 Natasha King, *No Borders. The Politics of Immigration Control and Resistance*, London 2016; Harsha Walia, *Undoing Border Imperialism*, Oakland 2013: Ida Danewid, »›These Walls Must Fall‹: The Black Mediterranean and the Politics of Abolition«, in The Black Mediterranean Collective (Hg.), *The Black Mediterranean. Bodies, Borders and Citizenship*, Cham 2021, S. 145-166.

77 Jennifer Bagelman, *Sanctuary City. A Suspended State*, London 2016; Vicki Squire, »From Community Cohesion to Mobile Solidarities: The City of Sanctuary Network and the Strangers into Citizens Campaign«, in: *Political Studies* 59 (2011),

– Gruppen, die von der Familie oder anderen heteropatriarchalen Verwandtschaftsregimen ausgeschlossen sind, haben alternative Formen der Intimität, Fürsorge, Generativität und des Beziehungslebens aufgebaut. Die Verbannung aus den familialen ebenso wie aus den staatlichen Versorgungssystemen hat während der AIDS-Krise die Gay Community dazu gezwungen, neue, nicht-biologische Formen der Verwandtschaft zu entwickeln, um sich um Betreuung und Betrauerung von erkrankten Freund:innen zu kümmern.[78] Stigmatisierung und der Ausschluss aus den kulturellen Diktaten der Ehe hat queere Subkulturen zur Exploration alternativer Beziehungsformen gedrängt, die sich der Normalisierung und Kommodifizierung erwehren. Die Unverfügbarkeit der hetero- und cis-sexuellen Protokolle in der Sexualität haben queeren Lebensformen zugleich dabei geholfen, verdrängte Begehren ebenso zu bejahen wie deren Veränderbarkeit und Polymorphie.[79]

Diese verschiedenen Bewegungen haben eine abolitionistische Stoßrichtung, insofern sie an ihrer anti-assimilatorischen Perspektive festhalten. Es geht ihnen nicht um Inklusion, also eine Universalisierung des dominanten Standpunktes, sondern um Abolition, also eine Universalisierung des subordinanten Standpunktes, was zugleich die Auflösung der entgegengesetzten Standpunkte selbst zur Folge hat. Die Träger dieser abolitionistischen Forderungen erheben also, wie man in Anlehnung an Marx' Formulierung aus der »Kritik der Hegelschen Rechtsphilosophie« sagen kann, zum Prinzip der Gesellschaft, was die Gesellschaft zu ihrem Prinzip erhoben hat: die Negation von Eigentum, Staat und Geschlecht.

»Im schöpferischen Vermögen der Multitude, der Menge, die das Empire trägt, liegt gleichermaßen die Fähigkeit, ein Gegen-Empire aufzubauen, den weltweiten Strömen und Austauschverhältnissen eine andere politische Gestalt zu geben«, schreiben Hardt

S. 290-307; Ananya Roy, »The City in the Age of Trumpism: From Sanctuary to Abolition«, in: *Environment and Planning D: Society and Space* 37 (5), (2019), S. 761-778.

78 Mike Laufenberg, *Sexualität und Biomacht. Vom Sicherheitsdispositiv zur Politik der Sorge*, Bielefeld 2014.

79 Tyler Bradway, Elizabeth Freeman (Hg.), *Queer Kinship. Race, Sex, Belonging, Form*, Durham 2022.

und Negri.[80] Die Konstruktion einer solchen Gegenmacht hängt davon ab, ob es gelingt, die heterogenen *wirklichen Bewegungen* zu einem gemeinsamen Transformationsprojekt zu verbinden. Für Laclau und Mouffe erfolgt der Kampf um diskursive Hegemonie durch das Bilden von »Äquivalenzketten«; mehrere Einzelbewegungen können feststellen, dass sie einen gemeinsamen Feind haben – etwa den Neoliberalismus –, und sich so als komplementär artikulieren. Die Art und Weise, wie diese Äquivalenzketten gebildet werden, konstituiert eine bestimmte Bewegung erst als »links« oder »rechts«; die Bewegungen haben demzufolge keinen eigenen positiven Inhalt, sondern sind allein durch ihre Verknüpfungen und Abgrenzungen definiert.[81] So kann sich der Feminismus entweder nationalistisch oder internationalistisch, die Arbeiterbewegung kann sich als anti-ökologisch oder als ökologisch, die schwarze Bewegung als homophob oder als queer artikulieren etc. Richtig an Laclaus und Mouffes Theorie der Äquivalenzketten ist es, auf der Unbestimmtheit des Verhältnisses von sozialen und politischen Figuren zu insistieren: Nur weil Menschen kämpfen (*jede:r kämpft*) heißt das noch nicht, dass sie sich für eine emanzipatorische Transformation einsetzen, alles hängt davon ab, wie sie ihre Kämpfe erfahren, interpretieren, kanalisieren, organisieren und assoziieren. Verkürzt ist es allerdings, die Verknüpfungen von Kämpfen nur als Koalitionen politischer Kampagnen zu verstehen, die von den konkreten Lebensrealitäten der Kämpfenden vollkommen geschieden wären. Die »alternative politische Organisierung«, die sich im Empire unterirdisch herausbildet, ist kein Resultat einer Verbindung von Programmen, sondern einer Verbindung von Gemeinschaften, genauer gesagt von Gegengemeinschaften – von kollektiven Lebenszusammenhängen unterdrückter, ausgeschlossener oder marginalisierter Gruppen, die sich zu den dominanten gesellschaftlichen Strukturen in einem Verhältnis der Distanznahme befinden.

Das Schließen von *Bündnissen* zwischen Initiativen mit unterschiedlichen politischen Ausrichtungen gehört zum Tagesgeschäft der politischen Organisierung. Meistens beschränkt sich dabei die Zusammenarbeit auf eine strategische Kooperation zwischen Akteur:innen mit ähnlichen Interessen. Nur selten unternehmen

80 Hardt/Negri, *Empire*, S. 13.

81 Ernesto Laclau, Chantal Mouffe, *Hegemonie und radikale Demokratie. Zur Dekonstruktion des Marxismus,* Wien 1991, Kap. 4.

solche Koalitionen den Versuch einer tatsächlichen *kollaborativen Universalisierung der eigenen Standpunkte.*[82] Historisch gesehen gab es zwei prominente Versuche, heterogene Gegengemeinschaften zur Konstitution einer Gegen-Macht mit Universalitätsanspruch zu verbinden. Aufbauend auf Fred Hamptons Strategie einer multi-racial klassenbasierten *Rainbow Coalition* in Chicago luden die Black Panthers gemeinsam mit einer Vielzahl anderer oppositioneller Gruppen (wie dem American Indian Movement, den Students for a Democratic Society und der Gay Liberation Front) 1970 in Philadelphia zur Revolutionary Peoples' Constitutional Convention (RPCC) ein, die den Grundstein für die Verfassung einer Gegen-Gesellschaft erarbeiten sollte.[83] Die Arbeitsgruppenberichte des Kongresses bezeugen die Pluralität der Prinzipien, die in die neue Verfassung eingehen sollte: Sie umfassen Forderungen nach dem Recht auf geschlechtliche Transition, das Recht von Kindern auf ganzheitliche Erziehung, unbeschränkte Reise- und Migrationsfreiheit und das Recht auf künstlerische Ausdrucksweise ebenso wie antikoloniale Befreiung, gleiche Rechte für Frauen und das Recht auf umfassende materielle Absicherung.[84] In den Dokumenten zeigt sich, dass es der RPCC nicht nur um eine strategische Verbindung von Kampagnen ging, sondern um die kollaborative Reorganisation des sozialen Lebens der beteiligten Gemeinschaften selbst, wie sie von den Panthers durch die Etablierung von »Überlebensprogrammen« wie dem freien Frühstück für Kinder, Kliniken,

82 Zum Problem der konkurrierenden Universalisierung, siehe noch immer Judith Butler, »Competing Universalities«, in: Judith Butler, Ernesto Laclau, Slavoj Žižek, *Contingency, Hegemony, Universality. Contemporary Dialogues on the Left*, London 2000, S. 136-181; zur Geschichte aufständischer Universalisierungen siehe Massimiliano Tomba, *Insurgent University. An Alternative Legacy of Modernity*, Oxford 2019; zu einigen Problemen einer Politik der Übersetzung zwischen heterogenen Emanzipationsprojekten Maria Lugones, *Pilgrimages/Peregrinajes: Theorizing Coalition Against Multiple Oppressions*, London 2003; für eine Beschreibung queerer Migrationspolitik als Ausdruck einer spezifisch queeren »koalitionären Subjektivität« siehe Karma R. Chavez, *Queer Migration Politics. Activist Rhetorics and Coalitional Possibilities*, Chicago 2013.

83 Dazu George Katsiaficas, »Organization and Movement: The Case of the Black Panther Party and the Revolutionary Peoples' Constitutional Convention of 1970«, in: *About Place Journal* II, IV (2013).

84 Revolutionary Peoples' Constitutional Convention, *Workshop Reports* (1970), online: ⟨https://aboutplacejournal.org/wp-content/uploads/2014/02/RPCC-WORKSHOP-REPORTS1.pdf⟩ [letzter Zugriff Juni 2023].

Schulen, Rechtsberatung und Sicherheitskonzepten auch schon vorangetrieben wurde.

Einen ebenso universellen Ansatz, diesmal in globalem Maßstab, verfolgte die zapatistische Befreiungsorganisation EZLN, als sie 1996 zum »Ersten Intergalaktischen Treffen für die Menschheit und gegen Neoliberalismus« in den lakedonischen Urwald einlud. Ursprünglich anlässlich des Inkrafttretens des neoliberalen Freihandelsabkommens NAFTA formiert, verbinden die Zapatistas eine Politik der indigenen Befreiung mit der globalen Befreiung für Demokratie, Brot und Freiheit. Auch bei diesem Treffen zeigte sich der Zusammenhang zwischen einerseits dem Anspruch auf Veränderung nicht nur von politischen Forderungen, sondern von Lebensformen und andererseits der Pluralität der beteiligten Perspektiven und Programme. Die von den Zapatistas avisierte »Internationale der Hoffnung« wollte die Heterogenität von Gegengemeinschaften nicht sistieren, sondern für eine Welt eintreten, »in der viele Welten Platz haben«.[85] An diese Vorläufer können abolitionistische Strategien heute anknüpfen, wenn sie die *wirklichen Bewegungen, die den jetzigen Zustand aufheben* – die Gemeinschaften der Armen, der Staatenlosen und der Queers –, zusammenbringen, um die Welt von innen umzuwälzen.

***

Der Maulwurf, so heißt es Mitte des 19. Jahrhunderts in der deutschen Tier-Enzyklopädie *Brehms Tierleben,* verursacht nur »unsäglichen Ärger und Schaden«. Allen Schutzmaßnahmen zum Trotze ist er von jeher eine Last für die aristokratischen Parks, die bürgerlichen Gärten und die bäuerlichen Felder. Seine Hügel sehen unschön aus, sein unersättlicher Hunger zerstört die Saat, seine Gänge behindern die Erntemaschinen. Sein Fleisch schmeckt eklig und sein Körper ist hässlich, so dass er, selbst getötet, dem Menschen, so Brehm, »gar keinen Nutzen«[86] bringt.

Überraschenderweise kam es zu Beginn des 20. Jahrhunderts in

85 Subcommandante Marcos, *Our Word is Our Weapon. Selected Writings*, New York 2004; daran anschließend sprechen CounterPower von einer »Solidarität im Haus der Differenz«, siehe *Organizing for Autonomy*, S. 29.

86 Alfred Edmund Brehm, *Illustrirtes Thierleben*, Erster Band, Hildburghausen 1864, S. 691.

Europa zu einem plötzlichen Anstieg des Bedarfs an Maulwurf-Pelzen. Die Haut des Maulwurfs wurde vermutlich 1901 durch die allgemein als Fashion-Ikone geltende Gattin von Edward VII., Queen Alexandra, als Accessoire der High Society popularisiert. Dies führte dazu, dass Maulwurfspelze innerhalb von einem Jahrzehnt zu einem gigantischen Geschäft wurden, für das über 100 Millionen Maulwürfe ihre Haut und somit ihr Leben lassen mussten. Die Maulwurfsforscher Opitz und Pinkert schreiben: »Die Verdammten (unter) dieser Erde werden ökonomisch verwertet im Rahmen von Produktionsverhältnissen, deren Ordnung sie in Frage stellen; sie sind zugleich einem System unentbehrlich, dessen Auflösung ihre Existenz schon beinhaltet.«[87] Maulwürfe waren keine kurzfristigen Bedrohungen der Eigentumsordnung mehr, sondern waren innerhalb eines wirtschaftlichen Sektors zu einem zentralen Faktor geworden. Dass sie zu einem bestimmten Zeitpunkt der Geschichte ohne ihr eigenes Zutun mit einem Mal wichtig wurden, hat ihnen nicht genützt, im Gegenteil: Ihre Bekämpfung erfolgte fortan nicht mehr als Verteidigung der Produktionsverhältnisse gegen eine externe Bedrohung, sondern im Rahmen einer Verwertung innerhalb dieser Verhältnisse. Im Zentrum der Produktion zu stehen und von Vernichtung bedroht zu sein war für die Maulwürfe dasselbe.

Die Maulwürfe werden es mit den Folterinstrumenten der kapitalistischen Naturbeherrschung, mit den Schlingen, Fallen, Giftködern, elektromagnetischen Abschreckvorrichtungen, Ultraschallgeräten, Teer-, Lärm-, Flut-, Gas- und Räucheranlagen nie direkt aufnehmen können. Sie können gegen ihre Feinde nicht die gleichen Waffen richten, die diese gegen sie einsetzen. Im Kräfteverhältnis der Gewalt sind die Maulwürfe im Nachteil: Hegels Ankündigung, sie könnten Siebenmeilenstiefel anziehen und einst in jugendlicher Gestalt erscheinen, und Marx' Versicherung, sie würden nicht nur die Erde um-, sondern auch den Kapitalismus begraben, hat sich als illusorisch herausgestellt. Aber die Maulwürfe werden niemals aufhören, das zu machen, was sie am besten können. Sie können ihre Gänge ausdehnen und ihre Territorien erweitern. Sie können sich fortpflanzen und vermehren. Sie können Befestigungen anlegen und Verbindungen eingehen. Sie können Zäune

87 Alfred Opitz, Ernst-Ullrich Pinkert, *Der alte Maulwurf: Die Verdammten (unter) dieser Erde. Geschichte einer revolutionären Symbolfigur*, Berlin 1979, S. 73.

ignorieren und Maschinen sabotieren. Wenn der Boden dann, so ausgehöhlt, »zu beben beginnt«,[88] werden diejenigen einen Vorteil haben, die es gelernt haben, zu graben.

88 Gilmore, *Golden Gulag*, S. 248.

Danksagung

Ein großer Teil dieses Buches wurde während eines Forschungsaufenthalts als Feodor-Lynen-Fellow am Barnard College in New York im Frühjahr und Sommer 2022 geschrieben. Frederick Neuhouser danke ich für die Gastfreundschaft und seine konstruktiven Hinweise zum Projekt, der Humboldt-Stiftung für die Finanzierung. Jenny Weyel, Chad Kautzer und Johanna Weyel danke ich für das Glück, Teil ihrer Familie werden zu dürfen. Auch beim Centre for Social Critique in Berlin bedanke ich mich herzlich: Während eines Fellowships 2018 sind erste Vorüberlegungen entstanden, und einem Manuskriptworkshop kurz vor Abgabe verdanke ich rettende Hinweise in letzter Minute.

In den letzten Jahren hatte ich das Privileg, Teile des Buches bei zahlreichen Konferenzen, Kolloquien und Workshops vorstellen zu dürfen. Ich danke allen Gastgeber:innen und Diskutierenden aus Amsterdam, Berlin, Bethlehem, Chicago, Düsseldorf, Frankfurt, Freiburg, Gießen, Groningen, Lissabon, Lüneburg, München, Münster, Paris, Potsdam und Seoul. Der Frankfurter Arbeitskreis für Politische Theorie und Philosophie stellt schon seit langer Zeit einen für mich unverzichtbaren Zusammenhang für kollaboratives Denken dar; viele der von mir konsultierten Texte haben wir gemeinsam gelesen und diskutiert. Das Abolition-Democracies-Projekt an der Uni Amsterdam ist ebenso zu einem wichtigen Diskussionskontext geworden wie meine dortigen Seminare mit Studierenden. Melanie Brazzell, Robin Celikates, Charlie Ebert, Sabine Hark, Katharina Hoppe, Rahel Jaeggi, Mike Laufenberg, Saskia Müller, Francesca Raimondi, Juliane Rebentisch, Eva von Redecker, Christian Schmidt und Franziska Wildt haben das Buch teilweise oder ganz gelesen und überaus bereichernd kommentiert, kritisiert und ergänzt. Dem Austausch mit Linda Martín Alcoff, Manuela Bojadžijev, Jana Cattien, Axel Honneth, Chad Kautzer, Henrike Kohpeiß, José Medina, Roberto Nigro, Niklas Plaetzer und Frieder Vogelmann verdanke ich wichtige Einsichten und Wendungen, auch wenn das den Betreffenden vielleicht gar nicht immer klar war. Penelope Deutscher war für dieses Projekt eine konstante, kritische, vor allem aber unendlich großzügige Leserin und Gesprächspartnerin. Die intensive Kollaboration mit Vanessa Thompson zu abolitionistischer Theorie und Praxis ist für mich in den letzten beiden Jahren zu einer der wichtigsten Erkenntnis-, Inspirations- und Kraftquellen geworden.

Dem Suhrkamp Verlag danke ich für die Aufnahme des Buches in das Programm, Philipp Hölzing für die schöne Zusammenarbeit und das sorgfältige und sorgsame Lektorat, Nikolai Ballast für die Erstellung des Namenregisters.

Die Theoriebildung zehrt auch von dem, was AbdouMaliq Simone die »urban surrounds« nennt. Ich kenne keine Städte, die für eine Theorie der Gegengemeinschaften eine bessere Umgebung abgegeben hätten, als Frankfurt und New York. Das Buch ist auch eine Liebeserklärung an sie.

Gegengemeinschaften sind nicht vor allem eine Frage für die Theorie, sondern für das Leben. Ich danke allen Gemeinschaften und Gegengemeinschaften, die mich an ihnen teilhaben lassen. Meinen Eltern und Geschwistern. Meinen flirrend-knarzigen Freundschaftskontexten. Anna und Katharina, meiner queer family. Meiner WG. Saskia für eine besondere Art des Zusammenseins.

Für das Nika.

Nachweise

Teile einzelner Kapitel sind bereits erschienen. Alle Teile wurden für das Buch stark überarbeitet und zum Teil revidiert.

Kapitel 2: »Subalterne Sozialität. Zur normativen Struktur von Gegen-Gemeinschaften«, in: *Jahrbuch Praktische Philosophie in globaler Perspektive*. Jg. 4 (2020), S. 105-134. Englische Version als »The Ethical Life of Counter-Communities«, in: *Critical Times* (2021) 4 (1), S. 1-28.

Kapitel 4: »Fugitive Freedom and Radical Care: Towards a Standpoint Theory of Normativity«, in: *Philosophy & Social Criticism*, im Erscheinen.

Kapitel 5: »Towards an Abolitionist Concept of Beauty: The Aesthetics of Counter-Communities«, in: *Theory & Event*, im Erscheinen.

Kapitel 7: »Gegenhegemoniale Gewöhnung. Modelle zur Transformation der Zweiten Natur«, in Thomas Khurana, Dirk Quadflieg, Francesca Raimondi, Juliane Rebentisch und Dirk Setton (Hg.), *Negativität. Kunst, Recht, Politik*, Berlin 2018, sowie »Analyse collective et consciousness-raising«, übersetzt von Lea Gekle und Salima Naït Ahmed, *Archives de Philosophie* (2023) 1, S. 189-202.

Namenregister

Sozialphilosophie im Suhrkamp Verlag
Eine Auswahl

Judith Butler
- Anmerkungen zu einer performativen Theorie der Versammlung. stw 2258. 312 Seiten
- Die Macht der Geschlechternormen und die Grenzen des Menschlichen. stw 1989. 414 Seiten
- Die Macht der Gewaltlosigkeit. Über das Ethische im Politischen. Gebunden. 250 Seiten

John Dewey
- Sozialphilosophie. Vorlesungen in China 1919/20. stw 2232. 259 Seiten

Rainer Forst
- Kritik der Rechtfertigungsverhältnisse. Perspektiven einer kritischen Theorie der Politik. stw 1962. 240 Seiten
- Normativität und Macht. Zur Analyse sozialer Rechtfertigungsordnungen. stw 2132. 254 Seiten
- Die noumenale Republik. Kritischer Konstruktivismus nach Kant. stw 2363. 360 Seiten

Jürgen Habermas
- Auch eine Geschichte der Philosophie. 2 Bände. stw 2384. 1792 Seiten
- Ein neuer Strukturwandel der Öffentlichkeit und die deliberative Politik. Klappenbroschur. 108 Seiten

Sally Haslanger
- Der Wirklichkeit widerstehen. Soziale Konstruktion und Sozialkritik. stw 2174. 283 Seiten

Axel Honneth
- Anerkennung. Eine europäische Ideengeschichte. Gebunden. 238 Seiten

NF 123/1/2.24

- Der arbeitende Souverän. Eine normative Theorie der Arbeit. Gebunden. 400 Seiten
- Die Armut unserer Freiheit. Aufsätze 2012-2019. stw 2313. 350 Seiten
- Die Idee des Sozialismus. Versuch einer Aktualisierung. Erweiterte Ausgabe. stw 2224. 199 Seiten

Rahel Jaeggi
- Entfremdung. Zur Aktualität eines sozialphilosophischen Problems. Mit einem neuen Nachwort. stw 2185. 337 Seiten
- (zus. mit Nancy Fraser) Kapitalismus. Ein Gespräch über kritische Theorie. Herausgegeben von Brian Milstein. Aus dem Amerikanischen von Jürgen Schröder. stw 2307. 329 Seiten
- Kritik von Lebensformen. stw 1987. 451 Seiten

Daniel Loick
- (zus. mit Vanessa Thompson) (Hg.) Abolitionismus. Ein Reader. stw 2364. 619 Seiten
- Juridismus. Konturen einer kritischen Theorie des Rechts. stw 2212. 342 Seiten
- (zus. mit Rahel Jaeggi) (Hg.) Nach Marx. Philosophie, Kritik, Praxis. stw 2066. 518 Seiten

Martin Saar
- Die Immanenz der Macht. Politische Theorie nach Spinoza. stw 2054. 459 Seiten
- (zus. mit Rainer Forst, Martin Hartmann und Rahel Jaeggi) (Hg.) Sozialphilosophie und Kritik. stw 1960. 743 Seiten

Zhao Tingyang
- Alles unter dem Himmel. Vergangenheit und Zukunft der Weltordnung. stw 2282. 266 Seiten

NF 123/2/2.24

Georg Wilhelm Friedrich Hegel im Suhrkamp Verlag

stw-Werkausgabe in zwanzig Bänden. Redaktion: Eva Moldenhauer und Karl Markus Michel. Mit einem Registerband. (Die Ausgabe ist text- und seitenidentisch mit der 1969 ff. erschienenen Theorie-Werkausgabe.) 12618 Seiten

Die Bände sind auch einzeln lieferbar

1: Frühe Schriften. stw 601. 637 Seiten

2: Jenaer Schriften. 1801-1807. stw 602. 593 Seiten

3: Phänomenologie des Geistes. stw 603. 599 Seiten

4: Nürnberger und Heidelberger Schriften 1808-1817. stw 604. 623 Seiten

5: Wissenschaft der Logik I. Erster Teil. Die objektive Logik. Erstes Buch. stw 605. 457 Seiten

6: Wissenschaft der Logik II. Erster Teil. Die objektive Logik. Zweites Buch. Zweiter Teil. Die subjektive Logik. stw 606. 575 Seiten

7: Grundlinien der Philosophie des Rechts oder Naturrecht und Staatswissenschaft im Grundrisse. Mit Hegels eigenhändigen Notizen und den mündlichen Zusätzen. stw 607. 531 Seiten

8: Enzyklopädie der philosophischen Wissenschaften im Grundrisse 1830. Erster Teil. Die Wissenschaft der Logik. Mit den mündlichen Zusätzen. stw 608. 393 Seiten

NF 115/1/6.09

9: Enzyklopädie der philosophischen Wissenschaften im Grundrisse 1830. Zweiter Teil. Die Naturphilosophie. Mit den mündlichen Zusätzen. stw 609. 539 Seiten

10: Enzyklopädie der philosophischen Wissenschaften im Grundrisse 1830. Zweiter Teil. Die Naturphilosophie. Dritter Teil. Die Philosophie des Geistes. Mit den mündlichen Zusätzen. stw 610. 432 Seiten

11: Berliner Schriften 1818-1831. stw 611. 432 Seiten

12: Vorlesungen über die Philosophie der Geschichte. stw 612. 568 Seiten

13: Vorlesungen über die Ästhetik I. stw 613. 546 Seiten

14: Vorlesungen über die Ästhetik II. stw 614. 462 Seiten

15: Vorlesungen über die Ästhetik III. stw 615. 578 Seiten

16: Vorlesungen über die Philosophie der Religion I. stw 616. 442 Seiten

17: Vorlesungen über die Philosophie der Religion II. Vorlesungen über die Beweise vom Dasein Gottes. stw 617. 540 Seiten

18: Vorlesungen über die Geschichte der Philosophie I. stw 618. 560 Seiten

19: Vorlesungen über die Geschichte der Philosophie II. stw 619. 600 Seiten

20: Vorlesungen über die Geschichte der Philosophie III. stw 620. 566 Seiten

NF 115/2/6.09

Einzelausgaben

Die Philosophie der Kunst. Vorlesung von 1826. Herausgegeben von Annemarie Gethmann-Siefert, Jeong-Im Kwon und Karsten Berr. stw 1722. 297 Seiten

Die Philosophie des Rechts. Vorlesung von 1821/22. Herausgegeben von Hansgeorg Hoppe. stw 1721. 237 Seiten

Zu Georg Wilhelm Friedrich Hegel
Eine Auswahl

Materialien zu Hegels ›Phänomenologie des Geistes‹. Herausgegeben von Hans Friedrich Fulda und Dieter Henrich. stw 9. 445 Seiten

Materialien zu Hegels Rechtsphilosophie. Herausgegeben von Manfred Riedel. Band 1. stw 88. 437 Seiten

Der Weg zum System. Materialien zum jungen Hegel. Herausgegeben von Christoph Jamme und Helmut Schneider. stw 763. 307 Seiten

Herbert Schnädelbach (Hg.). Hegels Philosophie – Kommentare zu den Hauptwerken. Drei Bände.
stw 1475-1477. 1500 Seiten
- Band 1: Ludwig Siep, der Weg der »Phänomenologie des Geistes«. stw 1475 384 Seiten
- Band 2: Herbert Schnädelbach, Hegels praktische Philosophie. stw 1476. 400 Seiten
- Band 3: Hegels »Enzyklopädie der philosophischen Wissenschaften« (1830). Von Hermann Drüe, Annemarie Gethmann-Siefert, Christa Hackenesch, Walter Jaeschke, Wolfgang Neuser und Herbert Schnädelbach. stw 1477. 568 Seiten

NF 115/3/6.09